C·H·Beck

PAPERBACK

W0073704

Christian Geinitz

CHINAS GRIFF NACH DEM WESTEN

WIE SICH PEKING IN UNSERE WIRTSCHAFT EINKAUFT

C.H.Beck

MEINEM VATER (1937–2020)

Originalausgabe
© Verlag C.H.Beck oHG, München 2022
www.chbeck.de
Umschlaggestaltung: geviert.com, Michaela Kneißl unter
Verwendung von Motiven von Shutterstock
Satz: C.H.Beck.Media.Solutions, Nördlingen
Druck und Bindung: Pustet, Regensburg
Gedruckt auf säurefreiem und alterungsbeständigem Papier
(hergestellt aus chlorfrei gebleichtem Zellstoff)
Printed in Germany
ISBN 978 3 406 75595 8

myclimate

klimaneutral produziert
www.chbeck.de/nachhaltig

INHALT

SCHLUSS

«Multipliziert man ein Problem mit der Bevölkerungszahl Chinas, ist es ein sehr großes Problem.
Aber wenn man es durch die Bevölkerung Chinas teilt, wird es sehr klein.»

Wen Jiabao, chinesischer Ministerpräsident,
in Harvard (2003)

«Alles, was in den Schilderungen Chinas der Wahrheit entsprechen mag, entstammt dem Reiseführer Lonely Planet China.»

Tilman Ramstedt, deutscher Schriftsteller,
in «Der Kaiser von China» (2008)

Vorwort

China fasziniert, China polarisiert. Im Ausland erzeugt es Bewunderung, aber auch Angst, zuletzt in der Corona-Krise: Das Virus stammt aus Wuhan, wurde es dort möglicherweise gezüchtet? Dann war es allerdings auch die Volksrepublik, die die Epidemie als erste in den Griff bekam, auf beachtenswerte und zugleich drakonische Weise.

Die Wirtschaft des großen Landes stößt gleichermaßen auf Bedenken wie auf Hochachtung. Nie zuvor in der Menschheitsgeschichte ist ein Standort so schnell vorangekommen, aber geht es dabei mit rechten Dingen zu? Solange die Asiaten ihre eigenartige sozialistische Marktwirtschaft nur zu Hause praktizierten, ließ das die meisten Ausländer kalt. Seit einigen Jahren aber dringen die Chinesen über die Grenzen vor, mit ihren Baumaschinen entlang der Neuen Seidenstraße und mit ihren Investoren, die in Deutschland und dem Rest Europas Unternehmen kaufen.

Angst entsteht aus Unkenntnis. Dieses Buch möchte Material und Interpretationen liefern, um Chinas Gang hinaus in die Welt besser zu verstehen. Es hätte seinen Zweck schon erfüllt, wenn dem Leser die Vielzahl der chinesischen Eigentümer hierzulande klarwürde und möglicherweise auch die Motivation, die hinter den Übernahmen steckt. Zweifellos werden Deutschland und Europa immer chinesischer, wie sie auch immer amerikanischer geworden sind. Es kann nicht schaden, sich auf die neue Weltordnung rechtzeitig einzustellen.

Berlin, im März 2022
Christian Geinitz

WIE STARK IST CHINA WIRKLICH? ERST KOMMEN DIE WAREN, JETZT DIE AUFKÄUFER

Eine neue «Rote Gefahr»?

Droht uns eine neue «Rote Gefahr»? Diesmal aus China? Ein Schreckgespenst dieses Namens hat den Westen schon mehrfach in Furcht versetzt und seine Abwehr mobilisiert. Bisher bezogen sich die Befürchtungen auf den theoretischen und den real-existierenden Kommunismus, auf die revolutionären Thesen von Marx und Engels, auf die Sowjetunion und den Ostblock, auf die Stellvertreterkriege in Indochina, Lateinamerika und anderswo. Bei «Roter Gefahr» denkt man an die weitverbreitete Furcht vor Kommunisten und Sozialdemokraten im 19. Jahrhundert – «Ein Gespenst geht um in Europa» –; später gesellte sich die Angst vor der Ausweitung der Oktoberrevolution in Russland hinzu. Für die Zeit nach dem Zweiten Weltkrieg kommen die Schrecken von Vietnam und Kambodscha in den Sinn, die McCarthy-Ära, die Kuba-Krise und der lange Kalte Krieg.

In jener Zeit wappneten sich die Vereinigten Staaten und andere westliche Nationen gegen Infiltrationen und Erhebungen im Inland ebenso wie gegen Angriffe von außen. Der «Red Scare» ging in erster Linie von Moskau aus, und er stützte sich auf dessen militärische Stärke. Trotz des Untergangs der Sow-

jetunion sind die Bedenken gegenüber Russlands Expansions-
drang zwar nicht verflogen. Zu Recht, wie man an der Anne-
xion der Krim sieht. Die Vorzeichen und die Symbolik aber
haben sich grundlegend geändert. Niemand käme heutzutage
auf den Gedanken, das Regime von Wladimir Putin als «rote»
Gefahr zu bezeichnen.

Wie aber sieht es mit der Bedrohung aus China aus, nach der
dieses Buch fragt? Vor einer «Gelben Gefahr» warnten schon
Kolonialpolitiker, Hochschullehrer und Künstler im 19. und
frühen 20. Jahrhundert. Deutlich rassistisch gefärbt, sahen sie
den Niedergang Europas voraus, weil es der schieren Men-
schenmenge, der vermeintlich barbarischen Aggressivität und
dem selbstvergessenen Arbeitseifer der Asiaten wenig entgegenzusetzen habe. Dieser Fremdenhass richtete sich pauschal
gegen «die» Asiaten, nicht zuletzt gegen Japan, das 1905 den
Krieg gegen Russland gewonnen hatte. Überdies dienten die
Ressentiments als willkommene Rechtfertigung für imperiale
Ambitionen und militärische Interventionen, etwa gegen den
Boxeraufstand 1900/1901.

Passt aber die Bezeichnung «Rote Gefahr» zu China, ist es
überhaupt «rot» zu nennen? Immerhin regiert dort seit 1949
unangefochten die Kommunistische Partei (KPC) unter der
Roten Fahne mit den fünf Sternen. Der große symbolisiert die
Partei, die kleinen stehen für die vier Klassen der Bauern, der
Werktätigen, der Kleinbürger und der kommunistisch konver-
tierten Bourgeoisie. Auch Hammer und Sichel spielen nach wie
vor eine Rolle, unter ihnen versammelt sich die KPC alle fünf
Jahre zum Parteitag in der Großen Halle des Volkes am Platz
des Himmlischen Friedens. Dort beschwört der Vorsitzende,
Staatspräsident Xi Jinping, gern den Sozialismus und Karl
Marx.

Die Verfassung stellt glasklar fest, woher der ideologische
Wind weht. In der Präambel heißt es: «Die sozialistische Umgestaltung des Privateigentums an den Produktionsmitteln ist ab-

geschlossen, das System der Ausbeutung des Menschen durch den Menschen ist abgeschafft, und das sozialistische System ist etabliert worden.» Und Artikel 1 legt unmissverständlich fest: «Die Volksrepublik China ist ein sozialistischer Staat unter der demokratischen Diktatur des Volkes, der von der Arbeiterklasse geführt wird und auf dem Bündnis der Arbeiter und Bauern beruht.»

Die Verfassung billigt der Kommunistischen Partei eine Führungsrolle zu, und tatsächlich ist sie bis heute übermächtig in Politik, Gesellschaft und Wirtschaft. Selbst in den internationalen Joint-Ventures, etwa bei Volkswagen, regiert sie mit. Laut Zentralkomitee unterhalten fast eine Million privater Unternehmen Parteizellen, darunter sind annähernd 50000 Betriebe mit ausländischem Kapital. Kommunistisch muten auch die vielen Staatsunternehmen an. Ihre Vorherrschaft ist in Artikel 7 der Verfassung verankert: «Die staatseigene Wirtschaft, das ist die sozialistische Wirtschaft unter Volkseigentum, ist die dominierende Kraft in der Volkswirtschaft.»

Wie dominierend sie ist, zeigt sich im internationalen Vergleich. Unter den 30 umsatzstärksten Konzernen der Welt finden sich neun aus der Volksrepublik – bis auf den Versicherungskonzern Ping An gehören sie alle dem Staat. Mit fast 400 Milliarden Dollar Umsatz ist der Energiekonzern State Grid das größte Unternehmen auf dem Planeten hinter dem amerikanischen Handelsgiganten Walmart. Auf den Plätzen drei und vier folgen Amazon und Apple, dann aber geht es mit chinesischen Staatskonzernen weiter, mit den Rohstoffriesen China National Petroleum und Sinopec.

Von der Planwirtschaft zur gesteuerten Marktwirtschaft

Wie es sich für ein sozialistisches Land gehört, gibt es in China Fünfjahrespläne und weitere zentrale Entwicklungsdirektiven. Doch trotz all dieser Reminiszenzen herrscht in dem riesigen Reich natürlich kein kommunistisches Regime im traditionellen Sinne. Von Klassenkampf und Revolution ist nur noch in Aufsätzen und Sonntagsreden zu hören. Die Planwirtschaft ist einer gesteuerten Marktwirtschaft gewichen, in der Privatunternehmen und Privatpersonen sich so lange bereichern können, wie sie der Partei nicht in die Quere kommen.

Längst sind die Produktionsmittel in der Hand einer neuen Klasse von Kapitalisten, die nicht selten mit den Parteiführern identisch sind, längst ist es wieder erlaubt, Arbeitskräfte auszubeuten, Vermögen anzuhäufen und zu vererben, den eigenen Wohlstand zur Schau zu stellen. Seit den 1990er Jahren steht der Terminus «sozialistische Marktwirtschaft», der westlichen Ökonomen wie eine Contradictio in adiecto erscheinen muss, sogar in der Verfassung. Hingegen wurde der Begriff «Planwirtschaft» komplett gestrichen. Im einschlägigen Artikel 15 heißt es nun nicht mehr: «Der Staat führt eine Planwirtschaft auf der Basis des sozialistischen Gemeineigentums durch.» Sondern: «Der Staat wird eine sozialistische Marktwirtschaft realisieren.»

Als Vater dieser Veränderungen gilt der Nachfolger von Deng Xiaoping an der Spitze Chinas, der seit 1989 amtierende Parteichef und spätere Staatspräsident Jiang Zemin. Er hatte auf dem Parteitag 1992 die «sozialistische Marktwirtschaft» ausgerufen, weil viele Staatsbetriebe völlig an der Nachfrage vorbeiarbeiteten. Ähnlich wie heute erwirtschafteten sie zwar hohe Umsätze, aber kaum Gewinne, stattdessen häuften sie Überkapazitäten und riesige Schulden an. Der greise Deng spielte ebenfalls eine zentrale Rolle in dieser nächsten Phase des wirtschaftlichen Umbaus. Im Januar und Februar 1992 bereiste der Siebenundachtzigjährige den chinesischen Süden und verteidigte den marktwirtschaftlichen Kurs wortgewaltig gegen die konservativen Betonköpfe in der KPC.

«Wenn wir neben dem Sozialismus nicht gleichermaßen an Reform und Westöffnung festhalten sowie fortschreiten, die Wirtschaft und den Lebensstandard der Bevölkerung zu verbessern, endet es in unserem Untergang», mahnte Deng. Seiner Meinung nach hätte es nach den Unruhen am Platz des Himmlischen Friedens im Juni 1989 ohne die Reformen einen Bürgerkrieg gegeben, ähnlich wie während der Kulturrevolution: «Der eigentliche Grund, warum unser Land noch immer stabil ist, liegt in der Politik der Wirtschaftsreform begründet sowie in der steten Verbesserung der Lebensqualität großer Teile der Bevölkerung.»

Nach Dengs Tod 1997 kündigte Jiang Zemin mitten in der Asienkrise eine Erweiterung der sozialistischen Marktwirtschaft an, um künftig mehr Staatsunternehmen privatisieren zu können. Das ursprüngliche Ziel bestand darin, aus den 300000 öffentlichen Betrieben rund 1000 Großkonglomerate zu schmieden und den Rest abzuwickeln oder zu verkaufen. Dieser Vorstoß ist, wie wir heute wissen, auf halbem Weg steckengeblieben; nach wie vor gibt es sagenhafte 167000 Staatsunternehmen.

Falsch wäre auch der Eindruck, die wirtschaftliche Öffnung hätte die politischen und rechtlichen Freiheiten wesentlich vorangebracht. Wie wenig schon Deng davon hielt, zeigt sich in seiner Mitverantwortung für die blutige Niederschlagung der Studentenunruhen am Platz des Himmlischen Friedens 1989. Während seiner langen Amtszeit ließ der Patriarch weder freie Wahlen noch eine unabhängige Justiz oder überhaupt eine echte Gewaltenteilung zu, das Machtmonopol der Partei ging ihm über alles. Auf seiner als Ausweis von Fortschrittlichkeit und Westöffnung gelobten Reise durch den Süden stellte Deng

1992 klar: «Historische Erfahrungen haben gezeigt, dass unsere politische Macht nur über eine Diktatur zu konsolidieren ist. Eigentlich sollten wir unser Volk Demokratie genießen lassen. Um aber unseren Feinden überlegen zu sein, müssen wir Diktatur praktizieren, die demokratische Diktatur des Volkes.»

Vielleicht gelinge es erst in dreißig Jahren, also etwa 2022, ein «funktionierendes System» zu schaffen, überlegte Deng damals. Der Endzweck aller Anstrengungen liege noch viel weiter in der Zukunft. «Unser Ziel lautet, einen Sozialismus chinesischer Prägung aufzubauen. Wenn wir das in hundert Jahren geschafft haben, ist das bereits ein riesengroßer Erfolg. Auf unseren Schultern liegt eine schwere Bürde», schrieb Deng seinen Nachfolgern ins Stammbuch. Diese Last meint der heutige Führer Xi Jinping aufnehmen und weitertragen zu müssen. Nicht zuletzt, indem er seine eigenen Hundert-Jahr-Ziele definiert hat, auf die noch einzugehen sein wird.

Xi rekurriert mehr als seine unmittelbaren Vorgänger auf Marx und Mao. Gleichwohl ist China nach vierzig Jahren des kapitalistischen Aufstiegs nur noch der Theorie und der Symbolik nach ein «rotes» Land. Eher könnte man es leninistisch nennen, denn bei der «Volks»-Republik handelt es sich um einen autoritären, straff geführten Einparteienstaat, in dem Demokratie und Rechtsstaatlichkeit nicht viel zählen und dessen Wirtschaft der Regierung und den kommunistischen Eliten untertan ist.

Diese Fremdbestimmung hat über die Jahre nicht abgenommen, im Gegenteil: Unter Xi Jinping haben die Zugriffsmöglichkeiten des Staates auf den Einzelnen zugenommen, die Abwehrrechte der Bürger sind geschrumpft. Mithilfe neuer Techniken, in denen China führend ist, kann es zur totalen Überwachung kommen. Über das System der «Sozialkredite» werden Privatpersonen und Unternehmen belohnt und bestraft, gemäß Kriterien, die niemand anders festsetzt als die allmächtige Kommunistische Partei. Der langjährige China-Korrespondent der «Süddeutschen Zeitung», Kai Strittmatter, hat ein lesenswertes Buch über diese «Neuerfindung der Diktatur» geschrieben. Er kommt zu dem Schluss, dass China unter Xi Jinping nicht nur selbstbewusster, sondern auch deutlich autoritärer geworden sei: «Chinas Diktatur unterzieht sich gerade einem Update mit den Instrumenten des 21. Jahrhunderts.»

Chinas Militärmacht wächst rasant

Das vorliegende Buch fragt, wie real die Möglichkeit ist, dass von diesem eigenartigen Zwittersystem aus Kaderordnung und Turbokapitalismus eine Gefahr für den Westen, für Europa, für Deutschland ausgeht. Dabei geht es zuvorderst um die wirtschaftliche Expansion, aber es schadet nicht, auch auf andere Instrumente zur Machtdurchsetzung zu blicken, etwa auf Chinas Militärkraft. Wie beachtlich sie ist, wurde am 1. Oktober 2019 für alle Welt anschaulich, als Peking aus Anlass des 70. Geburtstags der Volksrepublik die größte Militärparade aller Zeiten erlebte. Daran nahmen 15 000 Soldaten, mehr als 160 Flugzeuge sowie 580 Panzer und andere Waffensysteme teil.

Glänzend orchestriert, folgte der Höhepunkt am Schluss des Aufmarsches. Da zeigte die Volksbefreiungsarmee ihre Interkontinentalraketen vom Typ «Dong Feng 41». Der Name «Ostwind» nehme bereits die mögliche Abschussrichtung nach Westen vorweg, sagen Militärfachleute, denn der Flugkörper könne in kürzester Zeit Europa erreichen. Innerhalb einer halben Stunde ließen sich zehn nukleare Sprengköpfe bis in die USA tragen. Chinas Staats- und Parteichef Xi Jinping, der auch Oberbefehlshaber ist, sagte anlässlich dieser Machtdemonstration, niemandem sei es möglich, die Grundlagen «dieser großen Nation» zu erschüttern. «Keine Macht kann den Fortschritt des chinesischen Volkes und der Nation aufhalten.»

Unzweifelhaft ist China eine militärische Großmacht. Das Land ist eines von nur fünf ständigen Mitgliedern im Weltsicherheitsrat der Vereinten Nationen, ist Atommacht, hat mehr Soldaten unter Waffen als jedes andere Land, rund zwei Millionen, und erhöht seinen Wehretat in überproportional großen Schritten. 2019, im letzten normalen Jahr vor der Corona-Krise, wuchs die Wirtschaft um 6,1 Prozent, die Rüstungsausgaben aber legten um 7,5 Prozent auf knapp 1200 Milliarden Yuan zu. Das sind etwa 190 Milliarden Dollar oder 1,3 Prozent der Wirtschaftsleistung.

Mit seiner Mannstärke liegt China vor den Vereinigten Staaten mit ihren 1,4 Millionen Soldaten, beim Budget rangiert Peking aber weit hinter Washington auf Platz zwei. Amerika gibt viermal so viel Geld aus, etwa vier Prozent seines Bruttoinlandsprodukts (BIP). Nun ist es sicher richtig, dass die Volksrepublik nicht alle ihre Zahlen veröffentlicht. Das Internationale Friedensforschungsinstitut in Stockholm (Sipri) nimmt an, dass der tatsächliche Wehretat etwa 1700 Milliarden Yuan oder 260 Milliarden Dollar umfasst. Kaum ein anderes Land habe in den vergangenen Jahren derart aufgerüstet, stellen die Schweden fest.

In nicht einmal zehn Jahren ließen die Chinesen ihre Rüstungsausgaben inflationsbereinigt um mehr als 80 Prozent anschwellen. Der «Economist» schreibt, seit Deng Xiaopings Zeiten habe kein anderer Führer die Volksbefreiungsarmee derart auf Vordermann gebracht wie der amtierende Militärchef Xi Jinping. Dieser habe sich vorgenommen, die Truppen bis zum 100. Geburtstag der Volksrepublik 2049 auf «Weltklasse-Niveau» zu bringen. Das heiße nichts anderes, so das britische Nachrichtenmagazin, als dann Amerika schlagen zu können.

Das klingt alarmierend, vorerst aber kann China den USA militärisch nicht das Wasser reichen. Trotz der massiven Aufrüstung erreichen die chinesischen Rüstungsausgaben noch nicht einmal die Nato-Vorgabe von zwei Prozent des BIP, auf die die Amerikaner in ihrem Verteidigungsbündnis so sehr pochen. Das mag ein schwacher Trost für andere asiatische Staaten sein, mit denen Peking im Ost- und Südchinesischen Meer um Territorien streitet. Zu denken ist hier an Japan, Vietnam oder Taiwan, das «zurückzuerobern» Peking sich ausdrücklich vorbehält. In diesen und anderen Konflikten verlässt sich die Volksrepublik zunehmend auch auf ihre Waffenpräsenz. Aber dass China Richtung Europa oder Amerika expansiv werden könnte, gilt so lange als ausgeschlossen, wie die Nato funktioniert, sich Peking nicht mit Moskau verbündet und die atomare Abschreckung greift. Militärisch ist die neue «Rote Gefahr» für uns also wohl keine Bedrohung. Jedenfalls vorerst.

Aber Peking rüstet eben nicht nur mit Waffen auf, sondern auch wirtschaftlich. In diesem Zusammenhang waren die Jahre 2019 bis 2021 eine denkwürdige Phase für die ostasiatische Macht. Die internationale Politik und die Weltpresse konzentrierten sich in dieser Zeit vor allem auf den Handelsstreit mit den Vereinigten Staaten und natürlich auf die Corona-Pandemie, die von China ausging. In geringerem Maße kamen auch die Proteste in Hongkong und die zunehmende Einverleibung der Kronkolonie zur Sprache, zudem die Lage der Uiguren in Xinjiang und vielleicht noch der Jahrestag des Massakers am Platz des Himmlischen Friedens 1989. Da Donald Trump bis zu seiner Abwahl im Januar 2021 Ost und West gleichermaßen vor sich hertrieb, die «Agenda setzte», wie man heute sagt, schien das Riesenreich in eine passive, ja reaktive Rolle gedrängt zu werden. Das galt umso mehr, als sich die Volksrepublik angesichts der Covid-19-Welle eine Zeitlang abschottete und einigelte.

Doch die Perspektive trügt. Aus chinesischer Sicht waren 2019 und 2021 positiv besetzte Jahre; und selbst das Corona-Jahr 2020 hätte schlimmer kommen können. Die Ostasiaten sehen viel Anlass für Genugtuung und für Stolz. Sie sind sich sicher, dass Peking trotz allen Gepolters aus Washington und trotz der zwischenzeitlichen Abkühlung seines Wirtschaftswachstums das Agenda-Setting in absehbarer Zeit selbst übernehmen wird.

Chinas wirtschaftliche Aufrüstung

Mit großem Selbstbewusstsein begingen die Chinesen in diesen Jahren gleich mehrere große Jubiläen. Vor hundert Jahren, 1921, wurde die Kommunistische Partei KPC gegründet. Seit 1949 ist sie ununterbrochen an der Macht. Damit hat China die 1922 gegründete und 1991 aufgelöste Sowjetunion als das am längsten autoritär regierte große Land im 20. Jahrhundert überholt. 2024 wird die KPC dann auch die KPdSU als die am längsten an der Macht befindliche kommunistische Partei hinter sich lassen. 2021 jährte sich zudem Chinas Beitritt zur Welthandelsorganisation WTO zum zwanzigsten Mal, mithin die Integration in die globalisierte Wirtschaft, die den rasanten ökonomischen Aufstieg der Asiaten erst möglich gemacht hatte.

Ein weiterer Geburtstag wurde eher im Stillen begangen, jener des Startschusses für den wirtschaftlichen Aufschwung vor 40 Jahren. Auf der entscheidenden Sitzung des Zentralkomitees der KPC im Dezember 1978, dem so genannten Dritten Plenum, schwang sich Deng Xiaoping zum eigentlichen Herrscher der Volksrepublik auf, obwohl er niemals mehr als nur Stellvertreter des Ministerpräsidenten und des Parteivorsitzenden war. Von 1979 an setzte Deng als De-facto-Führer des Riesenreiches die wirtschaftliche Öffnungspolitik durch, die bis heute andauert. Er nahm Teile der verheerenden Kollektivierung in der Landwirtschaft zurück und erlaubte den Bauern, ihre Produkte selbständig zu vermarkten. Gleichzeitig ließ Deng in den Ostküstenprovinzen Guangdong (Kanton), Fujian und Hainan Sonderwirtschaftszonen errichten, die bis in die Gegenwart hinein das Rückgrat der chinesischen Industrie bilden.

Schon in den 1960er Jahren hatte Deng in deutlicher Gegnerschaft zu Mao darüber sinniert, dass individuelles Gewinnstreben und individueller Wohlstand kein Privileg des Kapitalismus seien, sondern sich in den Sozialismus einfügen ließen. Sein berühmtestes Zitat aus jener Zeit lautet: «Egal ob sie gelb oder schwarz ist, eine Katze, die Mäuse fängt, ist eine gute Katze.» Gegen Ende seines Leben, auf der bereits erwähnten Reise durch den Süden 1992, fasste Deng seine Wirtschaftsprogrammatik noch einmal zusammen: «Der Sozialismus kann erst dann seine Überlegenheit demonstrieren, wenn er alle zivilisatorischen Vorzüge der Menschheit integriert, einschließlich der kapitalistischen. Sozialismus heißt gemeinsam reich werden.»

Es ist imposant, was China seit Dengs Zeiten aus sich gemacht hat, wie sehr seine Einwohner «gemeinsam reich» geworden sind. Zu Beginn der Öffnungspolitik steuerte das Land wenig mehr als zwei Prozent zur weltweiten Wirtschaft bei. Bis Ende der 1990er Jahre verdreifachte sich dieser Anteil. 2006 überstieg er erstmals die Zehn-Prozent-Marke. Seitdem hat sich der Wert (kaufkraftbereinigt) abermals verdoppelt, wie der Weltwährungsfonds IWF ausgerechnet hat: China erwirtschaftet heute also rund ein Fünftel des Bruttoinlandsprodukts auf dem Planeten.

Hinter den nackten Zahlen stehen Millionen Menschen, denen es heute viel, viel besser geht als früher. Dass die Armut in der Welt stark zurückgegangen ist, haben wir vor allem der Volksrepublik zu verdanken. Seit Deng Xiaopings Herrschaft ist die Zahl der Chinesen, die mit weniger als 1,90 Dollar am Tag auskommen müssen (wiederum kaufkraftbereinigt), von 750 Millionen auf weniger als zehn Millionen Personen geschrumpft. Statt 66 Prozent der Bevölkerung sind heute weniger als ein Prozent mittellos. Der Rückgang betrifft mehr als doppelt so viele Menschen, wie in den USA leben.

Vergessen darf man dabei allerdings nicht, dass der Kommunismus zuvor einen großen Anteil an der bitteren Armut in China gehabt hatte. Die Kollektivierung der Landwirtschaft und Maos verfehlte Modernisierungspolitik im «Großen Sprung nach vorn» waren für Abermillionen von Hungertoten verantwortlich, die Kulturrevolution der Jahre danach stürzte das Land weiter ins Chaos. Als Mao 1976 starb, war der Lebensstandard geringer als bei seiner Machtübernahme 1949. Nicht der Krieg mit den Japanern, nicht der Bürgerkrieg mit den Kuomintang, nicht die früheren Kolonialherren hatten das Elend über das Land gebracht, sondern der Maoismus. Dieselbe Partei, die sich heute für die erfolgreiche Bekämpfung der Armut auf die Schultern klopft, hatte sie zuvor mitverursacht.

Gleichwohl ist der chinesische Aufstieg seit Maos Tod beachtlich. Wer sich die Zeit nimmt, in den Datenbanken der Weltbank zu stöbern, aus denen die Armutszahlen stammen, stößt auf viele Wohlstandsindikatoren, die kaum bekannt sind, aber die chinesische Erfolgsgeschichte der vergangenen 40 Jahre eindrucksvoll illustrieren.

1980, zu Beginn der wirtschaftlichen Öffnung, nutzten 2,6 Millionen Chinesen ein Flugzeug, heute sind es 551 Millionen im Jahr. Auch das Luftfrachtaufkommen ist um das Zweihundertfache gestiegen. Wie stark das Land technisch aufgerüstet hat, zeigt sich daran, dass heute auf 100 Einwohner 104 Verträge für Mobiltelefone kommen. Das ist mehr als im Weltdurchschnitt und viel mehr als im vergleichbar großen Indien mit nur 87 Verträgen. In China gibt es fast 400 Millionen Breitbandanschlüsse für 1,4 Milliarden Menschen, in Indien sind es kaum 18 Millionen für 1,35 Milliarden Einwohner. Jeder zweite Chinese nutzt das Internet, aber nur jeder dritte Inder. Dafür ist nicht zuletzt die Verstädterung verantwortlich. Vor vierzig Jahren lebten 80 Prozent der Chinesen auf dem

Land, ein größerer Anteil als in Indien. Heute sind es in der Volksrepublik lediglich 42 Prozent, auf dem Subkontinent hingegen noch immer 66 Prozent.

Bei aller Anerkennung sollte man nicht übersehen, dass Urbanisierung, Industrialisierung und der Verkehrsausbau einen hohen Preis haben – gerade im Hinblick auf den Schutz von Klima, Ressourcen und Umwelt, der zum vordringlichen Thema unserer Zeit zu werden verspricht. Der chinesische Energieverbrauch je Kopf hat sich im genannten Zeitraum vervierfacht, der Kohlendioxidausstoß pro Person verfünffacht. Inzwischen sind die Emissionen je Einwohner ähnlich hoch wie in den Industrieländern und fünfmal höher als in Indien. 2012 fanden Gesundheitsforscher heraus, dass die Luftverschmutzung jedes Jahr etwa 1,2 Millionen Chinesen das Leben kostet, das sind fast 40 Prozent aller Umwelttoten auf der Welt. Nur Fehlernährung, Bluthochdruck und das Rauchen sind in der Volksrepublik noch gefährlicher als der Dreck in der Atemluft.

Patente Chinesen, chinesische Patente: Anschub für Innovationen

Des ungeachtet ist die Lebenserwartung während der Boomphase deutlich gestiegen. Chinesen, die in unserer Zeit zur Welt kommen, werden im Schnitt 76 Jahre alt, zehn Jahre älter als 1980 und acht Jahre älter als heutige Inder. Die Sterblichkeit von Neugeborenen und Kindern unter fünf Jahren ist in beiden Ländern enorm gesunken, aber in Indien ist sie weiterhin viermal so hoch wie im Reich der Mitte. Zu verdanken ist das in China der Ausbildung von Ärzten und Krankenschwestern und den steigenden Gesundheitsausgaben. Peking steckt je Einwohner siebenmal so viel Geld in die medizinische Versorgung wie Neu-Delhi.

Ähnliche Erfolgsmeldungen lassen sich für die Schul- und Universitätsausbildung finden. In der jüngsten Pisa-Studie, die im Dezember 2019 veröffentlicht wurde, nahmen Schüler aus Peking und Schanghai sowie aus den reichen Ostküstenprovinzen Zhejiang und Jiangsu weltweit Spitzenplätze ein, sowohl beim Lesen als auch in Mathematik und in den Naturwissenschaften. Vor zehn Jahren schrieben sich weniger als zehn Prozent eines Abiturjahrgangs als Studenten ein, inzwischen sind es 45 Prozent. Jedes Jahr gehen mehr als acht Millionen Absolventen von chinesischen Hochschulen ab, doppelt so viele wie in den Vereinigten Staaten. China setzt vehement auf eigene Forschung und Entwicklung (F&E) und braucht dafür Millionen Ingenieure und Entwickler. Zur Jahrtausendwende – der oberste Wirtschaftsreformer Deng Xiaoping verstarb 1997 – kamen auf eine Million Einwohner 540 F&E-Mitarbeiter, heute sind es mehr als 1200.

Statt 0,9 Prozent seiner Wirtschaftsleistung wie früher investiert China heute fast 2,2 Prozent in Forschung und Entwicklung, das ist mehr als im EU-Durchschnitt. Der Erfolg gibt den Asiaten recht: Jedes Jahr meldet das große Land 1,4 Millionen Patente an. Das sind 44 Prozent aller Anträge auf der Welt und etwa genauso viele, wie die nächstplatzierten vier Industrieregionen zusammen schaffen: die USA, Japan, Südkorea und Europa. Es stimmt, dass die Zahl der Anmeldungen noch nichts über die Qualität der Innovationen aussagt. Aber zum einen führen die Chinesen auch die Liste der tatsächlich erteilten Patente bei der Weltorganisation für geistiges Eigentum Wipo an; mit 420 000 Schutzrechten im Jahr liegen sie um ein Drittel vor den Amerikanern. Zum anderen hat sich die Volksrepublik im so genannten Patentzusammenarbeitsvertrag PCT 2020 zum ersten Mal vor die USA an die erste Stelle geschoben.

Im Rahmen dieser internationalen Patentanmeldung unterzieht die Wipo die Produkte einer vorläufigen Prüfung, damit sie in aller Welt geschützt sind und nicht in jedem Land einzeln

angemeldet werden müssen. In zwanzig Jahren hat der Andrang aus China einen zweihundertfachen Anstieg erlebt: 1999
hatte Peking der Organisation kaum 270 internationale Anträge vorgelegt, heute sind es fast 60000. An der Spitze der
patentesten Unternehmen der Welt steht schon seit längerem
ein chinesisches: der Telekommunikationsausrüster und Smartphone-Hersteller Huawei aus Shenzhen, der in Amerika und
Westeuropa derzeit für so viel Aufregung sorgt. Von den zehn
innovativsten Unternehmen der Welt stammen drei aus China,
drei aus Japan, zwei aus Südkorea, eines aus den USA und eines
aus Schweden. Das erste deutsche Unternehmen folgt erst auf
Platz 13, der Autozulieferer Robert Bosch.

China gibt in der Innovationsförderung weiter kräftig Gas:
Im neuen Fünfjahresplan wurde 2021 festgeschrieben, dass
sich bis 2025 die Zahl der Patente je 10000 Einwohner auf
zwölf fast verdoppeln soll. Die Ausgaben für Forschung und
Entwicklung will man jedes Jahr um mehr als sieben Prozent
steigern, der Anteil der digitalen Wirtschaft am Bruttoinlandsprodukt soll von knapp acht auf zehn Prozent wachsen.

Die Chinesen sind längst da, auch bei uns zuhause

Die Chinesen werden also von Tag zu Tag stärker. Bedeutet das
aber auch, dass sie zu uns kommen werden, wie dieses Buch na-
helegt? Nun, sie sind längst da – sogar bei uns zu Hause. Das
Smartphone, das uns morgens weckt, stammt mit hoher Wahr-
scheinlichkeit aus der Volksrepublik, mehr als 80 Prozent aller
in der Welt verkauften Handys laufen dort vom Band. Die
Asiaten haben auch unser Bett geschreinert und die Bezüge ge-
näht. Die vermeintlich in Schweden gefertigte Nachttischlampe
ist ebenfalls «Made in China», desgleichen die elektrische
Zahnbürste. Der Gürtel und das T-Shirt stammen von dort, die

Turnschuhe sowieso. Die Kinderzimmer sind voll mit fernöstlichem Spielzeug und in China gedruckten Büchern. Wer sucht, findet auch in der Küche und am Frühstückstisch Waren von dort, nicht nur Kühlschrank, Wasserkocher oder Kaffeemaschine, sondern auch Erdbeeren, Tee und Fruchtgetränke. Was kaum jemand weiß: Die Volksrepublik ist der größte Apfelsafthersteller der Welt. Die amerikanische Wirtschaftsjournalistin Sara Bongiorni hat ein ganzes Buch über ihren schwierigen – und amüsanten – Versuch geschrieben, mit ihrer Familie ein Jahr lang auf chinesische Produkte zu verzichten. Es war fast unmöglich, führte jedenfalls zu viel Verzicht.

China, wohin man blickt: Das meiste in Deutschland verkaufte Parkett ist von dort, die meisten Sonnenbrillen, drei Viertel aller Personal-Computer, jedes zweite Fernsehgerät. Seit 2015 ist das Reich der Mitte über alle Warengruppen hinweg betrachtet der wichtigste Lieferant für Deutschland. Zu Beginn der Öffnungspolitik Ende der 1970er Jahre lag es erst auf Rang 35 der Importländer. Doch schon 1990 schaffte es Position 14, in den frühen Zweitausendern stieg es dann in die Top Ten auf.

In dieser Zeit hat sich die Art der Güter stark verändert. Ursprünglich lieferte China vor allem Textilien, Kleidung und Schuhe, heute führen elektrische und elektronische Geräte die Liste an. Von den jährlich 110 Milliarden Euro Importwert entfallen mehr als ein Drittel auf Computer, Datenspeicher und Unterhaltungselektronik. Dahinter folgen Haushaltsgeräte, Batterien, Elektromotoren und Maschinen. Das Statistische Bundesamt in Wiesbaden führt haarklein Buch über die enormen Handelsmengen. Jedes Jahr verschifft China 20 Millionen «Telefone für zellulare Netzwerke» zu uns und mehr als 15 Millionen «Tragbare Computer». Allein diese Laptops, Handys und Smartphones sind 14 Milliarden Euro wert. Angesichts der wachsenden Warenflut ist es nicht übertrieben zu sagen, dass wir in großen Teilen von der Einfuhr aus China abhängig sind. Und dass unser Wohlstand samt jahrelang geringer Inflation auch darauf beruht, dass die Asiaten noch immer viel preisgünstiger produzieren als wir selbst.

Nach den Waren kamen die Menschen aus Fernost nach Deutschland. Bis zu 37000 Chinesen waren zwischenzeitlich an hiesigen Hochschulen eingeschrieben, mehr als aus jedem anderen Land der Welt. Das zweitplatzierte Indien, das fast genauso viele Einwohner zählt, bringt es nicht einmal auf die Hälfte. In normalen Jahren, außerhalb von «Corona», ist jeder zehnte ausländische Student in Deutschland ein Chinese. Ähnlich hoch ist der Anteil der Volksrepublik am Wissenschaftspersonal aus dem Ausland. Nur aus dem EU-Land Italien, für das volle Freizügigkeit der Studenten und Arbeitskräfte gilt, kommen mehr Hochschullehrer, Assistenten oder akademische Hilfskräfte in die Bundesrepublik. Dass Peking einen derart engen Austausch mit Wissenschaftseinrichtungen im Westen sucht, ist kein Zufall. Das Riesenreich braucht innovative und hochkompetente Akademiker, wenn es sich, wie beabsichtigt, zu einer Industrienation, zu einer Wissensgesellschaft nach dem Vorbild Amerikas oder Deutschlands entwickeln will.

Die Chinesen strömen nach Deutschland

Auch außerhalb der Unistädte treffen wir immer mehr Chinesen, seit sie 2012 die Deutschen als Reiseweltmeister abgelöst haben. Für die Besucher aus Fernost gilt die Bundesrepublik als das beliebteste Ziel in Europa. Nach Auskunft der Deutschen Zentrale für Tourismus hat sich die Zahl der jährlichen Übernachtungen in den zehn Jahren vor Corona auf drei Millionen mehr als verdreifacht. Aus keinem anderen nichteuropäischen Staat zog es mehr Touristen und Geschäftsreisende an Rhein, Ruhr, Mosel, Elbe oder Spree als aus der Volksrepublik und aus Hongkong. Bis 2030 könnten es den damaligen Berechnungen zufolge fünf Millionen Reisende werden. Natürlich hat die Pandemie diese Entwicklung stark gebremst, der Reisemarkt ist auch in der Bundesrepublik geradezu zusammengebrochen. Das ändert aber nichts an dem großen Interesse der Chinesen an Deutschland und an ihrem fortdauernden Willen, es irgendwann einmal zu besuchen. Deshalb stellt sich die Tourismusindustrie auf eine bald wieder anziehende Nachfrage aus dem Reich der Mitte ein.

Das hat natürlich mit der schieren Größe des Landes zu tun, mit den engen Wirtschaftsbeziehungen, mit Erleichterungen in der Ausstellung von Pässen und Visa in der pandemiefreien Zeit und damit, dass es in einer normalen Saison von China aus in kein anderes Land der EU mehr Direktflüge gibt als nach Deutschland. Vor allem aber liegt der Reiseboom am zunehmenden Wohlstand. Die Zahl der Chinesen, die sich Fernreisen leisten können, beträgt rund 100 Millionen Personen und wächst jedes Jahr zweistellig. Am neuen Flughafen in Berlin, einer der beliebtesten Städte, erfolgen die Durchsagen inzwischen auf Chinesisch, gleich nach den englischen Aufrufen.

Vielleicht haben die Asiaten nicht den besten Ruf, ähnlich wie russische oder arabische Gäste. Aber sie sind in der Reiseindustrie und im Einzelhandel gern gesehen, weil sie die Spendierhosen anhaben; «Shopping» ist eine ihrer liebsten Freizeitaktivitäten. Jeder Chinese gibt während seines Aufenthalts mehr als 500 Euro aus, fast 40 Prozent der in Deutschland getätigten zollfreien Einkäufe gingen vor der Pandemie auf das Konto von Chinesen.

Besonders beliebt war der bekannteste deutsche Einkaufstempel und wird es auch wieder sein, das KaDeWe in Berlin. In diesem größten Warenhaus Kontinentaleuropas stellen die Chinesen seit Jahren die wichtigste ausländische Käufergruppe, hier und am nahegelegenen Kurfürstendamm haben sie sich mit Designerkleidung, Handtaschen und anderen Luxusartikeln eingedeckt. Längst hat das KaDeWe chinesisch-sprachige Verkäufer eingestellt, um die begehrte Kundschaft zu umgarnen, längst kann diese ihre Rechnungen mit Alipay begleichen, einem in China alltäglichen Zahlungssystem per Mobiltelefon.

Auch die Topf- und Besteckhersteller WMF und Zwilling, die bei betuchten Chinesen sehr gefragt sind, akzeptieren Alipay, desgleichen die Drogeriemarktketten Müller, dm und Rossmann. Sie verkaufen vor allem Bioprodukte, hochwertige Kosmetik und Babynahrung an die Kunden aus Fernost. Denn die sitzen zuhause allzu oft Fälschern auf und sind gern bereit, im Ausland für gute Ware gutes Geld zu bezahlen. Was für die Produkte aus Asien gilt, gilt also auch für die chinesischen Touristen, Arbeitskräfte und Studenten: Sie sind aus dem täglichen Leben in Deutschland nicht mehr wegzudenken, und sie werden immer mehr.

Jetzt kommt auch ihr Kapital

Erst Waren, dann Menschen und jetzt das Kapital. Es war nur eine Frage der Zeit, bis chinesische Unternehmen Deutschland als Ziel für Investitionen entdeckten.

Und wie sie es entdeckt haben! Fast zehn Jahre lang ist die Zahl der Firmenkäufe aus Fernost steil gestiegen. 2009 hatte es in Deutschland erst eine Handvoll Fusionen und Übernahmen gegeben, zum Gesamtpreis von wenigen Millionen Dollar – Millionen wohlgemerkt, nicht Milliarden. Kaum sieben Jahre später, 2016, zählte die Wirtschaftsprüfungsgesellschaft EY dann schon 68 «Mergers and Acquisitions» (M&A) im Volumen von 12,6 Milliarden Dollar. Ein Jahr später kauften sich die Chinesen für 13,7 Milliarden Dollar in 54 deutsche Unternehmen ein.

Die Jahre 2016 und 2017 markierten Spitzenwerte, seitdem hat sich der Zulauf stark beruhigt. 2018 auf knapp 11 Milliarden Dollar, 2019 auf 4,7 Milliarden und im Corona-Jahr 2020 dann auf nicht einmal 380 Millionen Dollar. Die Verringerung in der Zahl der Transaktionen war nicht ganz so auffällig, 2019 gab es 39 chinesische Fusionen und Übernahmen in Deutschland und 2020 dann 28 Fälle; das waren so viele (oder wenige) wie zuletzt 2013.

Der Rückgang seit 2019 ist gewaltig und hat verschiedene Gründe (nicht nur Corona), auf die weiter unten genauer einzugehen sein wird. Zu erwähnen seien hier schon die politischen Abwehrmaßnahmen gegen den chinesischen Zugriff in Deutschland und Europa, die strikteren chinesischen Kapitalkontrollen sowie die Strategiewechsel auf Käuferseite: Dass die Übernahmesummen viel schneller fallen als die Menge der geschluckten Unternehmen zeigt, wie sich die Chinesen derzeit auf kleinere und mittlere, also preisgünstigere Unternehmen konzentrieren.

Das Interesse ist aber nach wie vor groß: Geht man vom Volumen aus, ist es mindestens dreimal so hoch wie 2009 – vor kaum zwölf Jahren. Auffällig ist auch, dass Deutschland selbst in der Phase der Abkühlung eine überaus begehrte Adresse für chinesische Übernahmen in Europa ist. Frankreich zum Beispiel zieht nicht einmal ein Drittel so viel Geld aus China an. Dabei muss man einschränkend sagen, dass alle diese Betrachtungen relativ sind, da schon ein einziger Milliarden-Deal ausreicht, um ein Land im entsprechenden Jahr nach vorn zu katapultieren.

Klar aber ist, dass es den Chinesen schon lange nicht mehr darum geht, willkürlich irgend einen Betrieb in Deutschland zu erwerben, nur um in Europa einen Fuß in der Tür zu haben, international mitspielen zu können und das Label «Made in Germany» verwenden zu dürfen. Vielmehr folgt der Kauf einer klaren Strategie der chinesischen Unternehmen und des chinesische Staates, die nicht selten identisch sind.

Genau darum soll es im Folgenden gehen: Das vorliegende Buch will nicht nur zentrale M&As inner- und außerhalb

Deutschlands genauer unter die Lupe nehmen, sondern es fragt auch nach der dahinterliegenden Motivation. Welche Pläne, welche Absichten verfolgen Behörden und Unternehmen mit der Expansion? Wie kommen sie voran, wo stoßen sie auf Hindernisse? Wie weit ist die Sinisierung der europäischen Wirtschaft schon fortgeschritten? Wie nutzt Peking die besonderen Verhältnisse für seine Zwecke aus, etwa die Marktoffenheit, aber auch die zunehmende Zersplitterung der EU und der Beitrittskandidaten? Was sagen die chinesischen Erfolge über die Schlagkraft des staatlich gelenkten Kapitalismus aus? Wie positioniert sich der Westen in diesem Systemwettbewerb? Und schließlich: Sind unsere Tage gezählt angesichts der fernöstlichen Übermacht an Menschen, Geld, Innovationen und Zielstrebigkeit?

Im Kern geht es um die Frage: Wie viel China verkraftet der Westen? Sind unsere alten Modelle noch zeitgemäß, oder sind wir zu schwerfällig geworden für die schnellen globalen Veränderungen? Wie können wir unseren Wohlstand sichern, wie unseren Einfluss? Indem wir dem Althergebrachten vertrauen, dem freien, egalitär partizipatorischen Prinzip? Oder indem wir uns die Entwicklungsdiktaturen wie China zum Vorbild nehmen und ihren Spielregeln folgen?

In diesem Gezerre zwischen West und Ost, Gestern, Heute und Morgen spielen die Vereinigten Staaten eine zentrale Rolle. Eigentlich dem liberalen, fairen und regelbasierten Wirtschaften verpflichtet, haben sie unter Präsident Donald Trump ihre Stärke zunehmend ausgenutzt, um anderen Ländern ihren Willen aufzuzwingen. Amerika war nie ein Kind von Traurigkeit, wenn es darum ging, eigene Interessen durchzusetzen, notfalls mit Gewalt und am Völkerrecht vorbei. Neu aber war in der Trump-Ära, sagen Kritiker, dass Washington seine Handels- und Finanzmacht derart kaltschnäuzig einsetzte. Nicht nur gegen Nordkorea oder Iran, die altbekannten «Schurkenstaaten», sondern eben auch gegen China. Und all das oft genug im

Widerspruch zu früheren Regeln und Verträgen, ohne Rücksicht auf die Verbündeten und mitunter sogar gegen sie. Unter dem neuen Präsidenten Joe Biden scheint sich die amerikanische Ichbezogenheit etwas gelegt zu haben. Unter ihm sind die USA ins Pariser Klimaabkommen zurückgekehrt, haben maßgeblich an den Beschlüssen der Konferenz von Glasgow im November 2021 mitgewirkt und suchen auch ganz generell die Nähe zu Europa und zu den übrigen Nato-Partnern. An der harten Haltung gegenüber China hat sich jedoch, sieht man von einer etwas konzilianteren Rhetorik ab, nicht viel geändert.

Die amerikanische Holzhammermethode stößt in Europa und Deutschland auf Unverständnis. Doch auch hierzulande wird zunehmend die Frage aufgeworfen, ob das robuste Vorgehen möglicherweise der einzige erfolgversprechende Weg ist, um mit wettstreitenden Modellen wie dem der Chinesen umzugehen, die sich oft ebenfalls wie die Axt im Walde aufführen. Falls das so ist, dann droht in die internationalen Beziehungen das Gesetz des Dschungels einzuziehen, das Recht des Stärkeren. Darauf sind möglicherweise die Amerikaner, Russen und Chinesen vorbereitet, nicht aber die Deutschen und andere Europäer.

DER MASTERPLAN
«MADE IN CHINA 2025»

Pekings Griff nach den Sternen

Welch ein Triumph für die Chinesen! Und welch großer Schritt für die Menschheit, wenigstens für ein Fünftel davon. Am 3. Januar 2019, pünktlich um 22:22 Uhr, hoppelt der Jadehase wie geplant von der Mondgöttin davon. Und das am Südpol des Erdtrabanten, auf jener stets der Erde abgewandten Seite, wo noch nie zuvor eine Landung geglückt ist. Der Jadehase heißt auf Chinesisch Yutu und ist ein sogenannter Rover, ein Expeditionsgefährt zur Erkundung der Mondoberfläche. Hierher gebracht hat ihn die Mondgöttin Chang'e, eine Raumsonde der chinesischen Weltraumbehörde CNSA.

Die erfolgreiche Mission ist zwar nicht die erste, die vom Weltraumbahnhof Xichang aus gestartet wurde. Ende 2013 hatten bereits zwei Vorgänger von Yutu 2 und Chang'e 4 den Mond erreicht. Aber damals, auf der Vorderseite, waren die Chinesen den anderen Weltraumnationen lediglich nachgefolgt. Hingegen ist die jetzige Landung im so genannten Von-Karman-Krater des südlichen Aitken-Beckens eine echte Pionierleistung. Da die Mondrückseite von der Erde aus im Funkschatten liegt, mussten die Asiaten zuvor einen Satelliten so im Weltraum parken, dass er die Signale von beiden Himmelskörpern empfangen kann. Mit der Expedition haben die Chinesen unbekanntes Terrain betreten und sich über Nacht an die Spitze der Mondfahrt gesetzt. In wenigen Jahren sollen die ersten Taikonauten auf dem Erdbegleiter landen, später will Peking hier oben einen wissenschaftlichen Stützpunkt errichten: Chang'e 8 soll herausfinden, ob 3-D-Drucker aus dem Boden des Mondes Gebäudeteile für die geplante Station fertigen können. Space Hightech made in China.

Keine zweieinhalb Jahre nach der Mondmission landeten die Chinesen schon ihren nächsten Weltraumcoup. Im Mai 2021 setzte Tianwen 1, die «Himmelsfrage», sicher auf der Marsoberfläche auf. Das Erkundungsgefährt hieß diesmal nicht Jadehase, sondern gemäß einer öffentlichen Abstimmung Zhurong, benannt nach einem Gott des Südens und des Feuers; die Chinesen nennen den Mars Huoxing, Feuerplaneten. Wiederum konnten sie einen beachtlichen Erfolg feiern, gerade im Vergleich zu anderen Raumfahrtnationen. Die Europäer, Briten, Inder, Japaner und Saudis sind alle Richtung Mars gestartet und haben zum Teil auch die Umlaufbahn erreicht, sie konnten auf dem Planeten aber nie erfolgreich aufsetzen. Ein russischer Lander schaffte es zwar, aber die Funkverbindung zur Erde riss sofort ab, weshalb auch diese Mission als gescheitert gilt. Und während die Amerikaner etliche Versuche brauchten, bis sie es 1976 endlich auf die Oberfläche schafften, glückte den Chinesen gleich der erste Versuch. Zhurong schickte rechtzeitig zum 100. Geburtstag der Kommunistischen Partei fulminante Bild-, Film- und auch Tonaufnahmen von Windgeräuschen zur Erde. Ganz Chinese, knipste der Rover so manches Selfie als Erinnerungsfoto von sich und der hinter ihm geparkten Landeeinheit.

Tianwen 1 ist erst der Anfang auf dem Mars und könnte einen neuen Wettlauf zum Roten Planeten nach sich ziehen. Schon 2033 will Peking einen bemannten Flug schicken, möglicherweise noch vor dem Projekt des US-Unternehmers und Visionärs Elon Musk. Es ist daher nicht ganz unwahrscheinlich, dass der erste Mensch auf unserem Nachbarplaneten kein

Amerikaner, Russe oder Europäer sein wird, sondern ein Chinese. In einem nächsten Schritt will die CNSA dort eine Station aufbauen und einen regelmäßigen Shuttleservice von der Erde aus einrichten, alle zwei Jahre, wenn sich die beiden Planeten am nächsten stehen. Wie gut sie die bemannte Raumfahrt beherrschen, auch das haben die Chinesen 2021 bewiesen, in ihrem bisher erfolgreichsten Jahr im All. Im Juni erreichten erstmals drei Taikonauten die im Bau befindliche chinesische Raumstation, die in 340 bis 420 Kilometern Höhe um die Erde kreist. Auch hier zeichnet sich ein Wachwechsel ab: Sobald die internationale Raumstation ISS wie geplant ihren Dienst einstellt, wird China das einzige Land sein, das noch einen ständigen Außenposten im All unterhält.

Wie alle staatlichen Großvorhaben folgt das Weltraumprogramm mehreren langfristigen Plänen. Einer davon heißt «Zhongguo zhizao 2025», wörtlich «Hergestellt» oder eingängiger «Made in China 2025». Darin spielt die Luft- und Raumfahrttechnik eine zentrale Rolle. Sie zählt zu jenen zehn Schlüsselindustrien, in denen China langfristig zum Weltmarktführer werden will. Die anderen Branchen heißen: Informations- und Kommunikationstechnik der neuesten Generation; Automatisierung und Robotik; Hightech-Schiffbau und Meerestechnik; Fortschrittlicher Schienenverkehr; Energieeffizienz und Elektromobilität; Umweltschonende Stromerzeugung; Highend-Landmaschinen; Neue Werkstoffe; Biomedizin und Hochleistungsmedizintechnik

In all diesen Feldern strebt China eine wirtschaftliche und technische Vormachtstellung an. «Made in China 2025» ist das Drehbuch für diese Zukunftsgeschichte, die zugleich tiefe historische Wurzeln hat.

Xi Jinpings Chinesischer Traum

Der Langfristplan «Made in China» wurde 2015 vom Staatsrat vorgestellt, der chinesischen Regierung unter Premierminister Li Keqiang. Doch eigentlich steht jemand noch Mächtigeres dahinter. Die Initiative ist eingebettet in die umfangreichen Utopien des Staatspräsidenten Xi Jinping, des stärksten Mannes in Asien seit Jahrzehnten. Die China-Forscher am Berliner MERICS-Institut nennen das Vorhaben ein «Prestigeobjekt» des Staatslenkers. Xi ist der Generalsekretär der Kommunistischen Partei Chinas (KPC) und sitzt dem Ständigen Ausschuss des Politbüros vor. Diese siebenköpfige Gruppe mit Li Keqiang an zweiter Stelle ist das wichtigste Entscheidungsgremium des Landes und die mächtigste Führungseinheit der Welt neben dem Weißen Haus in Washington.

Da Xi auch Oberbefehlshaber der Armee ist, die Innere Sicherheit kontrolliert und die Begrenzung seiner Amtszeit aufheben ließ – seit den Achtzigerjahren ein Schutzmechanismus gegen die Ein-Mann-Herrschaft –, gilt er als der mächtigste chinesische Führer seit Mao Tse-tung (1893–1976) und Deng Xiaoping (1904–1997). Mit diesen wird er auch deshalb in einem Atemzug genannt, weil die KPC 2017 sein «Gedankengut für das neue Zeitalter des Sozialismus chinesischer Prägung» als Leitlinie in die Parteiverfassung aufnahm. Vor ihm hatten es nur Mao und Deng in die Statuten geschafft.

Xis langfristige Absichten speisen sich aus diesem Manifest und aus seinen Vorstellungen zum «Chinesischen Traum». Er benutzte diesen Begriff schon bald nach seiner Inthronisierung als KPC-Chef Ende 2012, kurz bevor er Staatsoberhaupt wurde. «Der Chinesische Traum», so sagte er damals, «ist die große Wiedergeburt der chinesischen Nation». Seitdem hat er dieses Bekenntnis Dutzende Male wiederholt, so dass die Formulierung «Zhongguo Meng» nicht nur jedem Chinesen in

Fleisch und Blut übergegangen, sondern auch zur Leitplanke für den Entwicklungspfad des Staates geworden ist, oder besser: für die Autobahn, auf der China in die Zukunft rast.

Konkret geht es Xi darum, Langfristziele zu setzen, die als «Zweimal hundert Jahre» vermarktet werden. Bis 2021, 100 Jahre nach der Gründung der KPC, sollte sich China zu einer Gesellschaft mit «bescheidenem Wohlstand» entwickelt haben, was auch rechtzeitig erreicht wurde. Spätestens 2049, 100 Jahre nach der Machtübernahme der Partei und der Gründung der Volksrepublik, will China ein reiches, starkes und modernes sozialistisches Land sein.

Anknüpfen an alte Größe

In diesem Appell an die «Wiedergeburt der Nation» schwingt eine historische Note mit, eine Erinnerung an alte, glorreiche Zeiten. Wirtschaftlich betrachtet erstreckte sich diese Erfolgsgeschichte über fast 400 Jahre, von 1500 bis 1890. In dieser Epoche, so hat der britische Ökonom Angus Maddison berechnet, stand China unangefochten ganz vorn in der Welt. In seiner besten Zeit erwirtschaftete das Kaiserreich ein Viertel des globalen Bruttoinlandsprodukts. Erst im 19. Jahrhundert stießen westliche Mächte, allen voran Großbritannien, die Chinesen auf durchaus zweifelhafte Weise vom Thron.

Damals führte der Import von Opium durch die Ostindienkompanie, den größten Rauschgifthändler seiner Zeit, zur Ausbreitung der Sucht in China, zur Unterminierung von Produktivität und Verwaltung, zu gewaltigen Handelsbilanzdefiziten und nicht zuletzt zu den beiden Opium-Kriegen von 1839 und 1856. Die Niederlagen der kaiserlichen Truppen zwangen China zur Öffnung seiner Märkte für Ausländer – beendeten also den Protektionismus, mit dem die Qing-Dynastie bis dahin

gut gefahren war – und leiteten den wirtschaftlichen und politischen Abstieg des Riesenreiches ein. Die Hegemonialmacht
musste ihre jahrhundertelang gepflegte Vorstellung von der
eigenen Überlegenheit aufgeben und verkam de facto zu einem
Kolonialgebiet ausländischer Mächte. Augenfälligstes Beispiel
war die Abtretung Hongkongs an Großbritannien nach dem
Ersten Opiumkrieg 1843. Erst 1997 fiel die Kronkolonie als
Sonderverwaltungszone an China zurück.

Neben dem Verlust Hongkongs hat sich bis heute die Zerstö-
rung des Alten und des Neuen Sommerpalasts in das kollektive
Gedächtnis der Chinesen eingebrannt. Die Vernichtung der
prächtigen Pekinger Anlagen im Jahr 1860 war eine Vergel-
tungsaktion von Briten und Franzosen gegen die Folterung und
Tötung einiger ihrer Gesandten gewesen. Nach dem Wiederaufbau zerstörten die Ausländer den Neuen Sommerpalast
ein zweites Mal, diesmal während des Boxeraufstands 1900,
als acht fremde Mächte gegen die Rebellen zu Felde zogen,
darunter Briten, Franzosen, Amerikaner, Russen und auch
Deutsche. Heute bekommen chinesische Schulklassen auf ihren
Führungen durch die Anlagen zu hören, dass ihr Land eine solche Schmach nie wieder hinnehmen wird und dass der «Chinesische Traum» die Nation an ihren alten, angestammten Platz
zurückführt.

Der Anspruch auf Weltmacht

Die Volksrepublik ist auf bestem Wege zurück zu ihrer vormaligen Größe, was kaum erstaunen kann. Schon rechnerisch ge-
bührt einem Land, in dem zwischen 18 und 19 Prozent der
Weltbevölkerung leben, ein ähnlich hoher Anteil an der Wirtschaftskraft des Planeten. Derzeit bringt es China, nominal betrachtet, auf 16 Prozent des internationalen BIPs. Doch wenn

Xi Jinping seinen Traum von der Wiedergeburt der großen Nation weiter mit Leben füllt, dürfte China schon in absehbarer Zeit jene Stellung erlangen, die es bis ins 19. Jahrhundert innehatte und die ihm seiner Größe wegen auch zusteht: an der Spitze der Weltwirtschaft. China als Supermacht, das müssen sich Skeptiker klar machen, ist keine Überraschung, kein Sonderfall, keine Umwälzung, es bedeutet die Rückkehr zur Normalität. In der langen Geschichte des Landes ist nicht sein Aufstieg als historischer Ausrutscher zu sehen, sondern das Jahrhundert der Schwäche nach 1890.

In Xi Jinpings rosiger Zukunftsvision haben auch, um zum Jadehasen und zum Feuergott zurückzukehren, Landungen auf dem Mond und dem Mars ihren Platz. Es ist kein Zufall, sondern eine Verpflichtung auf und eine Verbeugung vor Xis Konzept des Chinesischen Traums, dass das zweite Wissenschaftsmodul auf der chinesischen Raumstation Mengtian bzw. Himmelstraum heißt. Die Entdeckung des Universums ist für Xi «ein Teil des Traums, um China stärker zu machen», wie er nach der Mondlandung sagte. Es verwundert daher nicht, dass es die Erkundung des Kosmos in die Doktrin «Made in China 2025» (MIC) geschafft hat. Darin heißt es in einem Satz, der ein bisschen nach «Raumschiff Enterprise» klingt: «Wir werden die bemannte Raumfahrt vorantreiben sowie die Erforschung des Mondes und die allmähliche Erkundung der Tiefen des Weltalls.»

Wie viele überwölbende Entwicklungspläne, so geht auch die MIC-Initiative nicht sehr in die Einzelheiten. Sie ist eher als Ordnungsrahmen zu verstehen, der mit detaillierten Programmen und Ausführungsbestimmungen gefüllt werden kann. Seit 2015 ist das Konzept mehrfach verändert und erweitert worden, die Stoßrichtung aber bleibt eindeutig: Es geht darum, aus China eine Macht zu formen, die den bisherigen Industrienationen mindestens ebenbürtig, bestenfalls sogar überlegen ist. Die Wirtschaft soll diese neue Stärke vor allem aus dem verarbeitenden Gewerbe ziehen, aus der Industrie, weniger aus Dienstleistungen, denn diese hätten der Welt letztlich die Finanzkrise eingebrockt, konstatiert das MIC-Papier von 2015. Deren Folgen müssten die entwickelten Volkswirtschaften durch eine «Industrielle Renaissance» erst mühsam wieder abschütteln.

Zur künftige Rolle der Heimat heißt es unmissverständlich: «Der Aufstieg und Untergang der Weltmächte hat wiederholt gezeigt, dass es ohne eine starke Produktionsbasis keinen nationalen Wohlstand gibt. Eine international wettbewerbsfähige Industrie aufzubauen, ist für China der einzige Weg, um seine Stärke zu steigern, die Sicherheit des Staates zu schützen und eine Weltmacht zu werden.»

Nun könnte man einwenden, dass die Volksrepublik ja längst in den Kreis der führenden Volkswirtschaften aufgestiegen ist. Das stimmt. Seit einigen Jahren verzeichnen die Weltbank und der Internationale Währungsfonds IWF China als die größte Wirtschaftsmacht der Welt hinter den Vereinigten Staaten und der Europäischen Union. Kaufkraftbereinigt ist das Bruttoinlandsprodukt sogar größer als in allen anderen Wirtschaftsräumen. Unangefochten hält China jetzt schon den Titel als wichtigster Industriestandort. 90 Prozent seiner Ausfuhr stammen aus dem verarbeitenden Gewerbe, das jedes Jahr etwa 40 Prozent zum Wirtschaftswachstum beisteuert. Generell ist die Volksrepublik der mit Abstand größte Exporteur, nicht etwa Deutschland, das sich fälschlicherweise noch immer als «Ausfuhrweltmeister» verkauft, aber an dritter Stelle hinter den USA rangiert. 2020 lösten die Ostasiaten die Deutschen auch als wichtigste Maschinenlieferanten ab.

Aber dieses Wachstum, das das Land so schnell so weit gebracht hat, flacht immer mehr ab. Das liegt unter anderem daran, dass einige Wettbewerbsvorteile ausgereizt sind, die Arbeitskosten zum Beispiel, die inzwischen höher sind als in anderen aufstrebenden Märkten Asiens, Afrikas oder Lateinamerikas. Diesen «Wettbewerb nach unten» kann Peking nicht gewinnen, weshalb es sich an der so genannten Ersten Welt messen muss, an den USA, Europa, an Japan oder Südkorea.

Abschied vom alten Wachstumsmodell

Falls es diesen Sprung nicht schafft, würde China in der «Falle mittlerer Einkommen» feststecken, wie Ökonomen es nennen, also im jetzigen Wohlstand verharren. Dessen Entwicklung ist zwar beachtlich: Von 1979, dem Beginn der Öffnungspolitik, bis heute hat sich das Pro-Kopf-Einkommen annähernd verfünfzigfacht. Insofern hat Xi Jinping tatsächlich eines seiner «Hundertjahr-Ziele» erreicht: China ist heute, 2021, ein Land mit «bescheidenem Wohlstand».

Doch der chinesische Triumph ist relativ. Mit einem nominalen Bruttoinlandsprodukt (BIP) je Einwohner von etwa 10 000 Dollar im Jahr rangiert die Volksrepublik nur auf Platz 78 in der Welt, etwa auf dem Niveau der Malediven. Damit gilt China nach der Definition der Weltbank, von der diese Zahlen stammen, als Land mit «oberem mittleren Einkommen». Die Schwelle zu den Staaten mit hohem Einkommen beginnt erst bei mehr als 12 500 Dollar je Kopf. Diese Hürde dürfte China schon bald überspringen, aber die Unterschiede innerhalb dieser Spitzengruppe sind enorm. Zum Vergleich: Jeder Deutsche erwirtschaftet mehr als 46 000 Dollar im Jahr.

In die Top-Liga aufzusteigen ist möglich, in jüngster Zeit gelang Kroatien und Panama die Aufnahme in den Club der Reichen. In Asien haben sich Taiwan, Südkorea, Hongkong oder Singapur von Entwicklungs- zu Schwellenländern und dann zu Industrie- und Dienstleistungsnationen emporgearbeitet. Der Erfolg dieser Tigerstaaten beruht auf einem Rezept, das sich China zum Vorbild nimmt: massiv in die Wissensgesellschaft zu investieren, strategisch wichtige Branchen zu definieren und eine unbeirrbare Industriepolitik zu fahren, die die Interessen des Staates und der Wirtschaft auf eine Linie bringt, notfalls mit harter Hand.

Im Falle Pekings dient die Modernisierung der Wirtschaft auch dem Selbsterhaltungstrieb der Partei. Denn in einigen jener Nationen, die seit Jahrzehnten in der berüchtigten «Middle Income Trap» festhängen – Brasilien etwa, Südafrika, Thailand oder Weißrussland –, steht es mit dem inneren Frieden nicht zum besten. Das ist die größte Furcht der chinesischen Führung: dass der Fortschritt, an den sich die Bevölkerung seit 40 Jahren gewöhnt hat, zum Erliegen kommt und deshalb Instabilitäten drohen. Explizit warnt die MIC-Strategie, es bestehe die Gefahr, dass die Nation in eine «doppelte Klemme zwischen Industrie- und Schwellenländern» gerate.

Noch immer gilt in China ein unausgesprochener Gesellschaftsvertrag zwischen Partei und Volk, der zuletzt nach dem Massaker am Platz des Himmlischen Friedens 1989 erneuert wurde. Er besagt, vereinfacht gesprochen, dass die Bevölkerung die Dominanz der KPC und die Einschränkung der Freiheitsrechte akzeptiert und daher von umstürzlerischen Aktionen absieht. Im Gegenzug verspricht das Regime dreierlei: das Land zusammenzuhalten, ausländische Dominanz abzuwehren und den Wohlstand des einzelnen zu mehren. Die ersten beiden Punkte, die bis ins zwanzigste Jahrhundert hinein keineswegs selbstverständlich waren, sind nicht gefährdet. Die Proteste im Inland, etwa in Tibet oder in der Uiguren-Region Xinjiang, können die Integrität Chinas ebenso wenig erschüttern wie die Territorialkonflikte mit anderen Mächten im Süd- und im Ostchinesischen Meer. Und trotz der zwischenzeitlichen Unruhen in Hongkong gehört die ehemalige britische Kronkolonie ebenso wie Macao inzwischen untrennbar zum «Mutterland»: Die Niederschlagung der Proteste sowie die Festnahmen und Gerichtsverfahren auf Grundlage des neuen, von Peking erdachten «Sicherheitsgesetzes» haben gezeigt, wo die wahren Machthaber sitzen und dass sie nicht mit sich spaßen lassen.

Das Wohlstandsversprechen aber, die dritte große Zusage an das Volk, ist immer schwerer zu erfüllen, je schneller die ehemaligen Wettbewerbsvorteile schwinden und je geringer das Wachstum wird. Die Gefahr, dass das Volk gegen die Partei aufbegehrt, wächst, wenn die nachfolgenden Generationen die Gewissheit der vergangenen Jahrzehnte verlieren, dass es ihnen und ihren Kindern immer besser gehen wird. Und so bildet die Furcht der KPC vor dem eigenen Macht- und Bedeutungsverlust ein wesentliches Motiv für die Wirtschaftsreformen. Wie die Denkfabrik MERICS richtig feststellt, setzen Regierung und Partei alles daran, «das Versprechen von Prosperität zu erfüllen und ihre Legitimität weiterhin aufrechtzuerhalten». Deshalb gebe es für Chinas Führung «keine Alternative zur schrittweisen Verbesserung der Industrie- und Wirtschaftsbasis».

Die Veränderungen in Fernost dienen letztlich auch unserem Wohlstand. Da China inzwischen «systemrelevant» für die Weltwirtschaft zu nennen ist, hat der Rest des Planeten kein Interesse an einer Krise in dem Riesenreich. Der Weltwährungsfonds IWF hat Peking mehrfach dazu aufgerufen, die Produktivität zu erhöhen, ähnliche Äußerungen kommen von seinem Schwesterinstitut, der Weltbank. In der gemeinsam mit chinesischen Regierungsökonomen verfassten Studie «Innovatives China» kam die Bank 2019 ganz unabhängig von der damals noch unbekannten Pandemie zu dem Schluss, dass die Volksrepublik «keinen Dampf» mehr habe, weil die früheren Wachstumstreiber an Schwung verlören. Falls sich China nicht modernisiere, sinke das Wachstum in den 2020er Jahren von sechs auf vier Prozent und im Jahrzehnt danach auf weniger als zwei Prozent.

Peking hat schon viele Anstrengungen zum Umbau seiner Wirtschaft angekündigt. Kurzgefasst soll sie produktiver und innovativer werden, statt Masse soll Klasse zählen. Für diese Aufwertung bildet die Made-in-China-Strategie den zentralen Stützpfeiler. «Verglichen mit den fortschrittlichen Volkswirtschaften ist die Produktion in China groß, aber nicht stark», fasst es das Entwicklungspapier des Staatsrats zusammen. «Es gibt offensichtliche Lücken in der Innovationsfähigkeit, in der Effizienz des Rohstoffeinsatzes, in der Qualität der industriellen Infrastruktur und im Digitalisierungsgrad. Es besteht die dringende Notwendigkeit, die technologische Entwicklung zu verbessern und zu beschleunigen.»

Von der Werkbank der Welt zur Hightech-Nation

Die MIC-Initiative legt das wirtschaftliche Fundament für die Utopien des Übervaters Xi Jinping, einschließlich seiner «Jahrhundertziele» bis 2049. Um ihnen näherzukommen, listet der Plan die Defizite in ungeschminkter Form auf: die Abhängigkeit von ausländischen Schlüsseltechnologien; das Fehlen weltbekannter Marken; die Umweltverschmutzung und den Ressourcenverbrauch; die unzulängliche Digitalsteuerung von Maschinen und Anlagen; die geringe Internationalisierung der Betriebe. Zusammenfassend heißt es selbstkritisch: «Die globale Wettbewerbsfähigkeit der Unternehmen ist mangelhaft.»

Das soll sich in den kommenden Jahren grundlegend ändern. Statt bloß chinesische Produkte soll es künftig eigene chinesische Marken geben, statt Schnelligkeit und Größe müssten Qualität und Stärke regieren. Wie in früheren Entwicklungsplänen geht es darum, die Autarkie und den Selbstversorgungsgrad (self-sufficiency) zu steigern, und zwar mithilfe von eigenen Entwicklungen und Weltneuheiten (indigenous innovations).

Bis 2025, so die Vorgaben des Staatsrats, müssten 70 Prozent der wesentlichen Ersatzteile und der wichtigsten Materialien aus heimischer Produktion stammen; derzeit sind es nicht einmal 50 Prozent. Die eigenen Betriebe – und nicht länger die ausländischen Akteure im Land – gelte es fit zu machen, um die große Transformation Chinas von der Werkbank der Welt zum führenden Hightech-Standort zu bewältigen.

Dabei ist es längst nicht mehr so, dass in Fernost Billigprodukte zusammengelötet oder zusammengenäht und dann in den Westen verkauft würden. Diese Aufgabe überlässt China immer häufiger den rückständigeren Regionen in Südostasien. Hingegen stammen inzwischen viele hochwertige und hochpreisige Elektronikprodukte aus China. Die Bertelsmann Stiftung hat ausgerechnet, dass dort 90 Prozent aller Mobiltelefone, 80 Prozent aller Computer und 28 Prozent aller Autos entstehen. Immer mehr von ihnen werden nicht exportiert, sondern am Standort selbst verkauft. In keiner anderen nennenswerten Volkswirtschaft wachsen die Märkte für Verbrauchs- und Kapitalgüter stärker, nirgendwo nimmt die kaufkräftige Mittelschicht schneller zu.

Aber zum einen dominieren nach wie vor internationale Konzerne die gewinnträchtigen Industrien – man denke etwa an Apple, das fast alle seine iPhones in China zusammensetzen lässt –, zum zweiten wird hier trotz der vielen Patente noch immer zu wenig geforscht und entwickelt, zum dritten ist die Produktion noch immer sehr arbeitsintensiv, braucht also viele Hände. Gemäß dem «World Robotics Report 2021» kommen in Japan und Deutschland auf 10 000 Arbeiter mehr als 370 Industrieroboter, in Singapur sind es 605, in Südkorea sogar über 930. In China hingegen hat die International Federation of Robotics nicht einmal 250 solcher Maschinen gezählt.

Einerseits ist diese Arbeitsintensität gut, um genügend Beschäftigung für das Riesenreich zu schaffen. Andererseits aber wünscht sich China besser qualifizierte und höher bezahlte Arbeitskräfte, damit Wohlstand und Wettbewerbsfähigkeit steigen. Das erklärte Ziel, die Produktivität und den Markterfolg

zu steigern sowie zugleich die Umweltbelastung und den Ressourceneinsatz zu senken, ist nur durch kräftige Investitionen
in Innovationen, Automatisierung und Ausbildung möglich.

Vorreiter der Vierten Industriellen Revolution 4.0

«Made in China» macht in einigen Kapiteln ungewöhnlich
präzise Vorgaben, wie diese wirtschaftliche Modernisierung zu
leisten sei. Bedauernd stellen die Autoren fest, dass 2015 der
Anteil der Ausgaben für Forschung und Entwicklung an den
Betriebserlösen der Industrie nur 0,95 Prozent betragen habe.
Bis 2025 sei der Quotient auf 1,68 Prozent zu steigern, heißt
es. Statt 0,4 Patente je eine Milliarde Yuan Umsatz (etwa
130 Millionen Euro) erteilt zu bekommen, müssten die Unternehmen künftig 1,1 Patente schaffen. Ähnlich penibel sind die
Auflagen für den Anstieg der industriellen Wertschöpfung, der
Produktivität, der Digitalisierung und des Energieeinsatzes.
Eine weitere MIC-Forderung lautet, dass statt 50 Prozent wie
2015 zehn Jahre später 82 Prozent der Betriebe ans Breitband-
netz angeschlossen sein müssen. Der Energieverbrauch je Produkt soll bis 2025 um 34 Prozent fallen, der Kohlendioxidausstoß und der Wasserkonsum um 40 Prozent.

Auf diese Weise will die Regierung ihre Schlüsselindustrien
an die bisher überlegene Konkurrenz in den entwickelten Ländern heranführen, sowohl bei den Umwelt- und Energiestan-
dards als auch bei der Integration von Informationstechnik in
die Produktionsabläufe. Ohne es so zu nennen, orientiert sich
Peking am deutschen Konzept der «Industrie 4.0», das auch
unter dem Stichwort «Internet der Dinge» bekannt ist. Der
Staatsrat nennt es in seiner Richtlinie «Intelligentes Fertigungsnetz» oder «Smart Manufacturing». In dieselbe Richtung geht
der Begriff «Vierte Industrielle Revolution», den die Chinesen

gern verwenden und der auch Pate gestanden hat bei der deutschen Bezeichnung «4.0».

Bei allen vier Revolutionen ging und geht es um die Massenfertigung und um die Arbeitsteilung zwischen Mensch und Maschine. Die erste Umwälzung war die Mechanisierung mit Hilfe von Wasser- und Dampfkraft, die zweite bezog Elektrizität und Fließbänder mit ein, die dritte stützte sich auf Elektronik, Computer, Informationstechnik. Jetzt, in einem vierten epochalen Schritt, sollen die Maschinen direkt miteinander kommunizieren und so weit wie möglich mitdenken und lernen. Es ist das Ziel dieser Vierten Industriellen Revolution, dass die Kopplung von Echtzeit-Datenaustausch und Künstlicher Intelligenz möglichst effiziente und fehlerfreie Produktionsabläufe gewährleistet, dass sie Kosten und menschliche Arbeit spart, also letztlich Wettbewerbsvorteile und höhere Gewinne einbringt.

Das MIC-Strategiepapier formuliert die neue Zeitenwende so: «Die tiefe Integration von Informationstechnik der nächsten Generation in die Industrie löst weitreichende Veränderungen aus und schafft neue Produktionsmethoden, Industrieformen, Geschäftsmodelle und Möglichkeiten des Wirtschaftswachstums [...] Das verarbeitende Gewerbe in China steht vor der großen Möglichkeit, sich zu ertüchtigen und innovativer zu werden.»

Konkret müssten bis 2025 alle wichtigen Industriefelder voll digitalisiert werden. Auf diese Weise ließen sich die Fertigungszyklen um die Hälfte verkürzen. Die Betriebskosten und die Ausfallraten für fehlerhafte Produkte sänken ebenfalls um 50 Prozent. Man kann sich vorstellen, was solche Qualitäts- und Kostenvorteile im internationalen Wettbewerb bedeuten: dass chinesische Hersteller nicht nur die Märkte für einfache Waren dominieren, sondern künftig auch für Hightech-Produkte.

«Made in China» versus «Made in Germany»

Die Initiative «Made in China 2025» geht weit über das in ihrem Titel genannte Jahr 2025 hinaus. Bis 2035 soll sich die chinesische Wirtschaft «ins Mittelfeld unter den industriellen Weltmächten» vorarbeiten. Dann werde man die Innovationsfähigkeit deutlich gestärkt und viele «Durchbrüche» erzielt haben, etwa im schnellen Mobilfunkstandard 5G. In seinen stärksten Branchen, die nicht näher definiert werden, müsse China bis dahin die Forschung und Entwicklung global anführen. Das bereits erwähnte Endziel ist noch viel ambitionierter: 2049, wenn sich die Ausrufung der Volksrepublik durch Mao zum 100. Mal jährt, «wird China die Führungsnation unter den Industriemächten der Welt sein», prophezeit die MIC-Strategie. Das Ziel lautet, sich bis dahin an die Spitze der Innovationen zu stellen und die fortschrittlichsten Techniken und Produktionssysteme der Welt selbständig zu entwickeln. Die Zwischenetappe 2035, die auch in anderen Strategien eine große Rolle spielt, wurde gewählt, weil das Datum genau zwischen dem 100. Geburtstag der Parteigründung 2021 und jenem der Volksrepublik 2049 liegt.

Die große Frage ist, inwieweit Chinas Aufstieg auf Kosten anderer Wirtschaftsmächte geht. Es ist nicht zu übersehen, dass die Volksrepublik mit ihrem Fahrplan westlichen Vorbildern folgt und diese zugleich abzulösen gedenkt – allen voran Deutschland. Schon die Bezeichnung «Made in China» wurde ganz bewusst gewählt. Analog zu «Made in Germany» erfährt das Etikett einen grundlegenden Bedeutungswandel: Es soll nicht länger für minderwertige Billigprodukte stehen, sondern für hohe Qualität, modernste Technik, ansprechendes Design und auch für soziale und ökologische Fairness.

Ein ganz ähnlicher Imagewandel ist Deutschland im 19. Jahrhundert geglückt. Bis in die Gründerzeit hinein galt das ländlich geprägte und zerfaserte Deutsche Reich als rückständig, vor allem gegenüber der Weltmacht England. Wenn deutsche Unternehmen überhaupt erfinderisch waren, hatten sie im Ausland abgekupfert, wie der «Spiegel» in einer amüsanten Rückschau schreibt: «Dreist, dreister, Deutschland: Fast hemmungslos kopierten deutsche Firmen britische Produkte und brachten ihre qualitativ zweitklassige Ware dann zu Dumpingpreisen auf den Markt. Ein extrem niedriges Lohnniveau und nahezu unbegrenzte Arbeitszeiten in Deutschland machten es möglich.»

Diese Einschätzung erinnert sehr an das heutige China, und tatsächlich war «Made in Germany» damals eher ein Makel als ein Gütesiegel. Die Briten hatten diesen Zwangsaufdruck 1887 eingeführt, um ihre Verbraucher von deutschen Importprodukten abzuschrecken. Doch die Stigmatisierung löste, zusammen mit der Industrialisierung und der Reichseinigung, eine großangelegte Qualitätsoffensive in Deutschland aus, die der chinesischen Strategie von heute nicht unähnlich ist. Zur Jahrhundertwende waren deutsche Produkte in Großbritannien dann nicht nur billiger, sondern auch besser als die nationalen Angebote. Dadurch mauserte sich «Made in Germany» zum Qualitätsausweis, der es bis heute geblieben ist.

Auf vergleichbare Weise will auch China, dass seiner Herkunftsbezeichnung künftig mit Achtung begegnet wird, schließlich lassen sich mit besseren Gütern bessere Preise erzielen. Noch freilich ist es nicht so weit. Eine Befragung des britischen Meinungsforschungsinstituts You-Gov zusammen mit der Universität Cambridge hat ergeben, dass bei internationalen Verbrauchern chinesische Waren noch immer den schlechtesten Ruf haben. Hingegen genießen deutsche Produkte nach wie vor das höchste Ansehen. Und das trotz der Imageverluste nach dem Diesel-Skandal und der lang andauernden deutschen Unfähigkeit, den Berliner Flughafen oder den Stuttgarter Hauptbahnhof zu Ende zu bauen.

Wie erwähnt, orientiert sich der MIC-Plan auch da an Deutschland, wo es um das «Intelligente Fertigungsnetz» geht. Das Center for Strategic and International Studies, eine Washingtoner Denkfabrik zur Außenpolitik, stellt fest, dass die chinesische Strategie «ihre Inspiration direkt aus dem deutschen Plan zur Industrie 4.0 gewonnen hat». Aber nicht nur das: Die 150 Experten des Industrie- und Informationsministeriums in Peking, die die Roadmap für den Staatsrat ausgearbeitet haben, schössen sich direkt auf die bisherigen Kernkompetenzen des Westens ein, schreibt das CSIS: «In gewisser Weise bedeutet das MIC einen Frontalangriff auf die fortgeschrittenen Industrien in den USA, Europa und Ostasien.»

Das Council on Foreign Relations in New York, einer der einflussreichsten Think Tanks der Welt, findet noch drastischere Worte: «Die Absicht von ‹Made in China› ist nicht so sehr, zu Hochtechnik-Standorten wie Deutschland, den USA, Südkorea oder Japan aufzuschließen, sondern vielmehr sie allesamt zu ersetzen.»

Besonders gefährlich sei der Doppelanspruch, unabhängig von ausländischer Technik zu werden und gleichzeitig die Weltmärkte zu dominieren. Die angestrebte Rate von 70 Prozent Eigenanteil bei zentralen Bauteilen und Materialien widerspreche nicht nur den Regeln der Welthandelsorganisation WTO, der China seit 2001 angehört. Das Ziel bringe auch solche konkurrierenden Volkswirtschaften ins Trudeln, die auf Exporte und internationale Wertschöpfungsketten angewiesen seien. «Das könnte Länder wie Südkorea oder Deutschland zugrunderichten, wo die Hightech-Wirtschaft einen großen Teil der Industrieproduktion und der Ausfuhr ausmacht.»

Darin liegt das Riskante für Deutschland und die anderen alternden Platzhirsche: dass China sie nicht nur von seinen eigenen Märkten verdrängt, den größten und aussichtsreichsten der Welt, sondern sie auch noch in Drittstaaten und zuhause angreift.

Verteidigung zuhause, Angriff in der Fremde

Die Grundidee der Expansion ist immer ähnlich: Zunächst sollen die chinesischen Anbieter den eigenen Markt aufrollen und dann in die Welt hinausgehen. In einzelnen Branchen gehen die Planungen bis ins Detail. MERICS schreibt, dass gemäß den staatlichen Vorgaben in der Volksrepublik bis 2025 etwa 40 Prozent aller Speicherchips für Mobiltelefone und 70 Prozent aller Industrieroboter aus heimischer Produktion stammen müssen. Dasselbe gelte für hochwertige Medizintechnik sowie für 80 Prozent der Elektroautos und der Bauteile für Erneuerbare Energien. Das Stockholmer Institute for Security & Development Policy (ISDP) zitiert dieselben «halb offiziellen Ziele» und ergänzt, dass bis 2025 zehn Prozent aller in China eingesetzten Großraumflugzeuge auch dort gefertigt sein müssen.

Wie gut oder schlecht China bei den Regierungsvorgaben vorankommt, zeigt das Beispiel der Industrieroboter. Zwar ist, wie erwähnt, deren Dichte im verarbeitenden Gewerbe viel geringer als in Deutschland, aber die Asiaten holen mächtig auf. 2014 hatten sie erst 57000 solcher Geräte neu aufgestellt, inzwischen aber ist die Volksrepublik der mit Abstand wichtigste Robotermarkt der Welt. 2020 zählte der Weltverband 168000 Installationen, das waren mehr Auslieferungen als in ganz Europa und Amerika zusammen. Laut der International Federation of Robotics entfallen auf China mehr als ein Drittel aller in der Welt neu angeschlossenen Industrieroboter. Während der Gesamtmarkt in der Corona-Zeit schrumpfte, legte er in China um 20 Prozent zu.

Die Absatzmenge ist das eine, viel wichtiger aber ist für die Made-in-China-Initiative eine andere Frage: Wie sieht es mit der Herkunft der Hightech-Maschinen aus? Die Antwort lautet: Nicht so gut wie erhofft, wenn man sich die Zahlen genauer anschaut. 2019 stammten gerade einmal 29 Prozent der im eigenen Land eingesetzten Roboter von chinesischen Herstellern. Das waren zwar zwei Prozentpunkte mehr als im Jahr zuvor. Aber trotz des starken Wachstums dürfte das Siebzig-Prozent-Ziel bis 2025 nicht zu schaffen sein. Möglicherweise sind die Regierungsvorgaben also zu ambitioniert. Das ändert aber nichts daran, dass sie weiterhin gelten und die Unternehmen zum Handeln zwingen.

Der Drang ins Ausland ist sowohl wirtschaftlich wie politisch motiviert. Je reifer die chinesischen Betriebe werden und je anspruchsvoller ihre Kunden, desto mehr wollen sie sich in internationalen Wertschöpfungsketten vernetzen, Techniken und Marken im Ausland erwerben, die Produktionsabläufe nach internationalem Vorbild verbessern. Hinzu kommt, dass sich das Wachstum auf dem chinesischen Heimatmarkt deutlich abgeschwächt hat, dass manche Märkte längst gesättigt und viele Überkapazitäten aufgelaufen sind. Da bietet sich die Diversifikation im Ausland geradezu an, vor allem für solche Gesellschaften, die durch ihre Geschäftserfolge zuhause jahrzehntelang große Kapitalreserven angehäuft haben.

Den Ausländern Konkurrenz zu machen – etwa im Flugzeugmarkt – oder Pflichtquoten für heimische Produkte einzuführen, ist so lange unbedenklich, wie das Vorgehen im Einklang mit der WTO steht und solange im Gegenzug Ausländer ungehemmt Zugang nach China erhalten. Doch das wird immer schwieriger, da der Druck auf internationale Betriebe zunimmt. Sie werden mit Auflagen gegängelt, von öffentlichen Ausschreibungen oder Subventionen ausgeschlossen, müssen sich zunehmende Einflussnahme und Beobachtung durch Staat und Partei gefallen lassen. Anstatt dass multinationale Anbieter von der MIC-Initiative profitierten, passiere genau das Gegenteil, moniert MERICS:

«Die chinesische Führung greift systematisch in die Heimatmärkte ein, um den eigenen Unternehmen zu helfen und ihre

Dominanz zu fördern und um ausländische Wettbewerber zu benachteiligen. Das zeigt sich in den neuen smarten Produktionsprozessen genauso wie in anderen Hightech-Industrien, die die Strategie im Auge hat. Im Kern geht es ‹Made in China› um einen Austausch: China beabsichtigt, bei sich zuhause die ausländische Technik nach und nach mit heimischer zu ersetzen – und gleichzeitig die Grundlage dafür zu legen, dass chinesische Technologiefirmen auf die internationalen Märkte kommen.»

Im MIC-Plan selbst liest sich das allerdings völlig anders. Dort steht, dass China seine Märkte liberalisieren und die Zusammenarbeit mit westlichen Konzernen vertiefen will. Ausländische Investitionen sollen erleichtert, immer mehr Industriezweige geöffnet werden. Peking möchte die Marktzugangskontrollen lockern, vor allem für die Stahl-, Chemie- und Schiffsindustrie. Es gelte, internationale Unternehmen genau wie einheimische zu behandeln und das Geschäftsumfeld transparenter und berechenbarer zu gestalten. Der Staatsrat will überdies die Zoll- und Fremdwährungsbestimmungen verbessern sowie den Zufluss ausländischen Kapitals derart erleichtern, dass die Gründung von Gemeinschaftsunternehmen einfacher gelingt.

Allerdings darf all das nicht unkonditioniert geschehen, sondern nur im Einklang mit dem übergeordneten Ziel, China in eine moderne Wissensgesellschaft zu verwandeln. So müssen die umworbenen Auslandsgesellschaften «fortschrittliche Technologien sowie Top-Talente» mitbringen. Und sie sollen in Entwicklung, Patentvergabe und digitale Abläufe investieren, etwa in das Crowdsourcing, die Auslagerung von Aufgaben an die Internetgemeinschaft. Die MIC-Strategie fordert Ausländer dazu auf, globale Forschungs- und Entwicklungszentren nach China zu verlagern und hier Highend-Produktionen aufzubauen, für die Informationstechnik, für Neue Werkstoffe oder Biopharmaka. Kurz gesagt, behält die Führung die Hand am

Schlagbaum und will nur solche Firmen ins Land lassen, die sie für die Erfüllung des Chinesischen Traums gebrauchen kann.

Going Out: Der Zukauf im Ausland

Nachdenklich stimmt zudem, dass die vermeintliche Öffnung für Fremde nicht für sich allein steht, sondern zumeist im Zusammenhang mit eigenen Ambitionen im Ausland. Es ist genau dieser Drang nach draußen, die so genannte «Outbound-», «Going-Out-» oder «Go-Abroad-Strategie», die im Westen für die größte Unruhe sorgt. Die Unsicherheit ist verständlich, denn in der 38-seitigen englischen Zusammenfassung der MIC-Initiative kommen die Begriffe gleich zwölfmal vor. An zentraler Stelle heißt es:

«Es geht um einen umfassenden Plan, um von den ausländischen und heimischen Mitteln und Märkten zu profitieren. Indem China seine ‹Opening-Up-Strategie› beschleunigt und mit den Prinzipen des ‹Going Out› und ‹Bringing In› kombiniert, wird es in neue Felder vorstoßen und die internationale Zusammenarbeit verbessern. Wir werden die Globalisierung wichtiger Branchen vorantreiben und Unternehmen dazu anleiten, ihre internationale Wettbewerbsfähigkeit zu stärken.»

Die Going-Out-Initiative ist viel älter als die Made-in-China-Strategie, sie wird von dieser aber erheblich beschleunigt. Schon seit dem Jahr 2000 ermuntert Peking die heimischen Unternehmen, sich im Ausland umzusehen, doch erst seit 2014, unmittelbar vor Veröffentlichung der MIC, greifen die wesentlichen bürokratischen und finanziellen Entlastungen, die dafür notwendig sind. Seither brauchen Investoren ihre Auslandsakquisitionen bis zu einem Wert von 300 Millionen Dollar nicht mehr genehmigen zu lassen, es reicht, sie den Behörden anzuzeigen. Außerdem ist es jetzt viel einfacher als früher, die für den Kauf nötigen Devisen zu erhalten, also Yuan in Dollar oder Euro umzutauschen.

Man darf nicht vergessen, dass die chinesische Valuta die auch Renminbi («Volkswährung») heißt, noch immer nicht frei konvertibel, also handelbar ist, sondern dass alle größeren Transaktionen von der Zentralbank freigegeben werden müssen. Das behördliche Okay zu einer Transaktion bedeutet also noch lange nicht, dass das Geld für die Auslandsakquise auch wirklich fließt. Genau diese Kapitalverkehrskontrollen sind aber im Zuge der Seidenstraßen- und der Made-in-China-Initiative immer weiter gesenkt worden, so dass insgesamt das «Going-Out» erheblich erleichtert wurde.

Wie zu zeigen sein wird, hat Peking die Zügel inzwischen wieder angezogen. Nicht jedes Auslandsvorhaben wird bewilligt, nicht jede Summe freigegeben. Die Zwangsverpflichtung der Unternehmen auf die höheren Strategieziele hat vielmehr zugenommen, so dass im wahrsten Wortsinne nur «politisch korrekte» Projekte Realisierungschancen erhalten. Falsch wäre indes der Eindruck, die Führung steuere jeden einzelnen internationalen Auftritt chinesischer Unternehmen in ihrem Sinne. Diese Art der zentralen Entscheidung, der Planwirtschaft, hat Peking längst hinter sich gelassen. Vielmehr legt die Politik Spielräume fest, in denen sich die Geschäftsleute bewegen können und sollen. Es gibt Anreize und Strafandrohungen und vor allem den Appell, gemeinsam für eine bessere, für eine große Zukunft des Landes einzustehen. Wie Cora Jungbluth von der Bertelsmann Stiftung richtig sagt: «Die Going-Global-Strategie bildet den zentralen politischen Rahmen für alle Auslandsaktivitäten chinesischer Unternehmen.» Sie sei keine Vorschrift, sondern eher eine Einladung: «Die Strategie verbindet politische und unternehmerische Interessen, sofern diese kongruent sind.»

Die implizite Aufforderung, sich an ausländischen Unternehmen zu beteiligen, ist freilich auch ein Eingeständnis, dass frühere Modernisierungsversuche in der Heimat nicht vollständig aufgegangen sind. Etwa das Bemühen, Knowhow in Zwangs-Joint-Ventures abzugreifen oder Unternehmen aus Industrienationen mit dem Versprechen «Marktzugang gegen Technologietransfer» ins Land zu locken. Die MIC-Initiative soll diese Scharte auswetzen, indem sie nicht darauf wartet, dass die Ausländer mit ihren Kenntnissen und Produkten ins Land kommen, sondern sie sozusagen zuhause abholt. In dem Staatsratspapier heißt es glasklar, dass die Regierung ihren Landsleuten dabei unter die Arme greifen wird, sich in fremde Betriebe einzukaufen:

«Wir werden Unternehmen dabei unterstützen, im Ausland Beteiligungen einzugehen sowie Eigen- und Wagniskapital zu investieren. Auch werden wir den Firmen dabei helfen, im Ausland Entwicklungsstützpunkte, Versuchszentren sowie globale Marketing- und Dienstleistungsgeschäfte aufzubauen.»

Wichtig sei auch, an internationalen Börsen Aktien und Anleihen zu platzieren sowie das geistige Eigentum zu vertretbaren Kosten im Ausland zu schützen. Des Weiteren geht es den Strategen um das Internetdesign in der Fremde, um zielgruppenorientierte Werbung, um die Markenförderung und um die Errichtung grenzüberschreitender Wertschöpfungsketten. Hier wird deutlich, wie wichtig es Peking nimmt, zunächst die Marktanteile im Inland zu erhöhen, um aus dieser gestärkten Position heraus anschließend im Ausland zu punkten. So sollen bis 2025 rund 60 Prozent aller in China verkauften Baumfäll-Maschinen (Harvester) und 60 Prozent aller Traktoren mit einer Leistung von mehr als 200 PS aus heimischer Produktion stammen. In derselben Zeit will man, so meldet es die schwedische Denkfabrik ISDP, fünf international wettbewerbsfähige Unternehmen für Landmaschinen und drei weltweit etablierte Agrarmarken aufbauen.

Auch «weiche Faktoren», auf die der Westen so viel Wert legt, kommen in den Empfehlungen der Regierung nicht zu kurz. Der Staatsrat will die ins Ausland strebenden chinesischen Unternehmen dazu anhalten, «sich in die lokale Kultur zu integrieren und mehr Bewusstsein für gesellschaftliche Verantwortung zu entwickeln».

Welche Art von Schützenhilfe ist in all diesen Ankündigungen gemeint, private oder staatliche? Die Richtlinie erwähnt, dass künftig die Marktkräfte eine größere Rolle spielen sollen. Denn diese sorgten für einen effizienten Ressourceneinsatz, sie stärkten die Unternehmen und ihre Kreativität. Es sei nötig, Monopole aufzubrechen sowie «unvernünftige Begrenzungen der Privatwirtschaft abzuschaffen». Doch trotz solcher Bekenntnisse kommt das private Engagement in der Entwicklungsdoktrin kaum vor. Das liegt auch daran, dass immer dann, wenn es sich um Unternehmen dreht, unklar ist, ob private oder öffentliche Gesellschaften gemeint sind.

Der Einfluss des Staates

Obgleich die Zahl der SOE genannten Staatskonzerne während der Öffnungspolitik zurückgegangen ist, spielen sie weiterhin eine entscheidende Rolle. Sie machen zwar nur noch fünf Prozent aller chinesischen Unternehmen aus. Weil sie aber so groß sind und die Unterstützung der Eliten genießen, bringen sie ein enormes Gewicht auf die Waage. Die Europäische Handelskammer in Peking hat rund 167 000 Staatsbetriebe gezählt, die zusammen die Hälfte der chinesischen Wirtschaftsleistung aufbringen. Viele von ihnen werden von der Regierung gepäppelt, bei Aufträgen bevorzugt, und sie erhalten leichter Kredite von den (ebenfalls staatlichen) Banken.

Während die Fremdfinanzierung von Privatunternehmen in den vergangenen Jahren stark gesunken sei, saugten die SOEs inzwischen 80 Prozent aller Kredite auf, schreibt die Kammer.

Deshalb hätten sich die Schulden der öffentlichen Unternehmen seit 2007 vervierfacht. Wie ineffizient sie arbeiten, zeigt sich daran, dass der Rückfluss auf das eingesetzte Vermögen, die so genannte Gesamtkapitalrentabilität, seit 2004 von sechs auf drei Prozent gefallen ist. Auch die Privatwirtschaft leidet unter schwindender Profitabilität, schneidet aber deutlich besser ab. Ihre Gewinne sind im Verhältnis zur Bilanzsumme von 14 auf 10,5 Prozent gefallen.

Viele chinesische Schlüsselbranchen werden von SOEs dominiert, die Finanzwirtschaft etwa, die Energieversorgung, das Transportwesen, die Telekommunikation, die Montan-, Öl- und Chemieindustrie, weite Teile des Schiffs-, Eisenbahn-, Flugzeug- und Autobaus. Auch international spielen sie ganz oben mit. Fast jedes vierte der hundert umsatzstärksten Unternehmen der Welt kommt aus China, und die meisten davon befinden sich in Staatsbesitz. Schaut man auf die Marktkapitalisierung, also den Börsenwert, stellt China zwölf der hundert teuersten Konzerne. Die Mehrheit von ihnen gehört ebenfalls der öffentlichen Hand. Von besonderem Gewicht sind in beiden Listen die vier großen Staatsbanken, die ICBC, die China Construction Bank, die Agricultural Bank und die Bank of China.

Dass, wie es manchmal heißt, die Rolle von Chinas Staatswirtschaft abnehme, geben die Daten nicht her, im Gegenteil. 2019, im letzten normalen Jahr vor «Corona», wuchs das gesamte Bruttoinlandsprodukt um 6 Prozent. In derselben Zeit aber legte der Umsatz der hundert zentralstaatlich verwalteten SOEs um 7 Prozent zu. Den Gewinnanstieg für alle SOEs gab das Finanzministerium mit 4,7 Prozent an, jenen der zentralstaatlich geführten sogar mit 8,7 Prozent. Im Pandemiejahr 2020 wuchsen die Erlöse der Staatsbetriebe mit 2,1 Prozent ähnlich schwach wie die Gesamtwirtschaft, und die Gewinne fielen um 4,5 Prozent. Doch im folgenden Jahr der Erholung hatten die SOEs schnell wieder Oberwasser, allein in den ersten fünf Monaten stiegen ihre Umsätze im Vergleich zum Vorjahreszeitraum um fast 31 Prozent, die Gewinne legten sogar um 170 Prozent zu. Das hatte natürlich etwas mit dem Basis-Effekt zu tun, also mit der schlechten Lage während der Corona-Zeit ein Jahr zuvor. Auffällig ist aber dennoch, das sich die Regierungskonglomerate noch schneller berappelten als die Gesamtwirtschaft. Deren Wachstum betrug im ersten Quartal 2021 rund 18 Prozent, im ganzen Jahr dann 8,1 Prozent.

Der niederländische Sinologe Frank Dikötter bemerkt treffend zu der überragenden Position der Staatsunternehmen in China: «Die Situation hat sich [seit Maos Zeiten] nicht wesentlich geändert, da die Partei nach wie vor die alleinige Macht in der Hand hält, der Bevölkerung den Wohlstand zu entziehen. Das Land gehört dem Staat, die Banken gehören dem Staat, die Industrie gehört dem Staat, und die größten Unternehmen gehören dem Staat oder werden indirekt von ihm kontrolliert.»

Die SOEs waren lange auch die treibenden Kräfte außerhalb der Heimat. Der amerikanische Think-Tank Council on Foreign Relations rechnet ihnen in normalen Zeiten zwei Drittel der chinesischen Auslandsinvestitionen zu. Das Washingtoner Forschungsinstitut Rhodium Group berichtet, je nach Jahr, von 41 bis 70 Prozent Staatsanteil in Auslandsengagements. In der schwierigen Phase von 2019 und 2020 sind die Fusionen und Übernahmen im Ausland durch Regierungsunternehmen dann stark gesunken; vor allem in Europa, das sich den Chinesen gegenüber generell zugeknöpfter gibt. Die Denkfabrik MERICS meldet für dort nur noch 11 Prozent Staatsbeteiligung im Jahr 2019 und 18 Prozent im Jahr 2020.

Bemerkenswert ist indes die Resilienz der SOEs: Während das private Engagement im Corona-Jahr um fast die Hälfte schrumpfte, blieben die Direktinvestitionen der chinesischen Staatsbetreibe in Europa konstant. Die Pandemie hat ihnen das EU-Geschäft also nicht vermiest. Auch ist unklar, ob ihr Anteil an allen M&As so gering bleibt. 2013 und 2016 waren die staatswirtschaftlichen EU-Aktivitäten im Vergleich zu den privaten schon einmal steil gefallen, nur um anschließend wieder anzuziehen: zwischen 2016 und 2017 zum Beispiel von 29 auf 73 Prozent.

Die Vorherrschaft der Staats in der MIC-Strategie kommt nicht nur in den vielen Übernahmen durch Regierungsunternehmen zum Ausdruck, sondern auch in großzügigen öffentlichen Anreizen und Beihilfen. Die Behörden versprechen innovativen Unternehmen, ihre Steuerlast zu senken, ihnen mehr Aufträge zu erteilen, ihnen vorteilhafte Versicherungen, Kreditgarantien und Leasingmodelle zu verschaffen. Subventionen sollen verstärkt in die Geschäftsabläufe der Betriebe fließen statt in ihre Immobilien. Auch wird es künftig mehr Öffentlich-Private Partnerschaften (PPP) geben. Den Zugang zu nationalen und internationalen Finanzmärkten will man vereinfachen sowie mehr Wagnis- und Beteiligungskapital zur Verfügung stellen.

Was die Auslandsaktivitäten angeht, so beabsichtigt die öffentliche Hand, die Rohstofferkundung sowie den Aufbau von Forschungszentren direkt zu fördern. Und sie möchte ausdrücklich dabei helfen, «Fusionen und Übernahmen zu verwirklichen». Sofern diese Geschäfte vielversprechend und die Risiken beherrschbar sind, dürfen sich die chinesischen Aufkäufer sogar im Ausland verschulden. Diese Verbindlichkeiten lassen sich dann in der Heimat mit Fremd- und Eigenkapital oder über Staatsgarantien absichern.

Prallgefüllte Kassen für die Expansion

Beim Vorstoß chinesischer Unternehmen über die Grenzen baut die MIC-Initiative demnach zu weiten Teilen auf den Staat. Damit der Zugriff auf nichtchinesische Gesellschaften leichter fällt, mobilisiert die Regierung gleich zwei ihrer drei

Förderbanken. Die China Development Bank werde mehr Kredite bereitstellen, kündigt das MIC-Dossier an, und auch die Export-Import-Bank Exim solle ihre Geschäfte verstärkt auf das «‹Going Out› der Industrie» lenken. Damit erhalten chinesische Aufkäufer die beste finanzielle Rückendeckung, die sie sich wünschen können. Es wird geschätzt, dass die beiden Förderbanken – die ihre Auslandsgeschäfte nicht offenlegen – mehr Kredite vergeben als die Weltbank: mindestens 50 Milliarden Dollar im Jahr.

Wie viel Geld Peking insgesamt in seinen Zehnjahresplan MIC pumpt, ist nicht bekannt. Die Europäische Handelskammer in Peking berichtet von «Hunderten Milliarden Euro in Form von Subventionen, Fonds und anderen Hilfskanälen». Allein 2015, im ersten Jahr der MIC-Strategie, seien 300 Staatsfonds aufgesetzt worden, denen umgerechnet 202 Milliarden Euro zur Verfügung gestanden hätten. In den Folgejahren kamen weitere große Geldtöpfe hinzu, etwa der «Neue Nationale Wagniskapitalfonds für Aufstrebende Industrien» mit 5,5 Milliarden Euro oder der «Staatsfonds zur Förderung Fortschrittlicher Fertigung» mit 2,7 Milliarden Euro. Ein Spezialfonds der China Reform Holding darf Staatsbetriebe in ausgewählten Zukunftsfeldern mit fast 14 Milliarden Euro unterstützen.

Als eines der größten Füllhörner gilt der «Nationalfonds für Integrierte Schaltkreise». In einer ersten Finanzierungsrunde schüttete er 18 Milliarden Euro über der Made-in-China-Initiative aus, in einem zweiten Schritt kamen noch einmal 39 Milliarden Euro hinzu. Der «Ifo-Schnelldienst» des gleichnamigen Münchner Forschungsinstituts meldet, das viele Geld solle in die heimischen Halbleiterindustrie fließen, vor allem ins Chipdesign.

Wie so oft in China ist nicht ganz klar, auf welche Vorhaben in welchem Zeitrahmen sich die einzelnen Engagements beziehen und ob sie nicht doppelt und dreifach gezählt werden. Doch wenn man weiß, dass zusätzlich zu den zentralstaatli-

chen Geldspritzen auch die Provinzen «Unmengen an Finanzierungen» (MERICS) bereitstellen, dann scheinen mindestens
300 Milliarden Euro in die MIC-Strategie und in die damit ver-
bundenen Programme zu fließen. Demgegenüber sieht die Förderung in Deutschland geradezu zwergenhaft aus: Für den
Ausbau der Industrie 4.0 stellt die Bundesregierung rund zwei
Milliarden Euro zur Verfügung, einschließlich der Innovations-
hilfen für die Automobilindustrie aus dem Konjunkturpaket
zur Abfederung der Pandemiefolgen. Anders ausgedrückt: Berlin steckt nur 0,06 Prozent der deutschen Wirtschaftskraft in
die neuen Hoffnungsträger, China indes mobilisiert dafür
2,3 Prozent seines Bruttoinlandsprodukts.

Insofern profitieren Unternehmen aus Peking, Schanghai,
Chengdu oder Shenzhen, die es zur Expansion in die Fremde
treibt, auf vielerlei Weise von der chinesischen Zukunfts-
agenda. Sie haben ein klares Bekenntnis der Führung im Rücken, das auf Jahrzehnte angelegt ist. Im chinesischen Heimatmarkt werden die Firmen gefördert und gegen unliebsame
internationale Konkurrenz in Schutz genommen. Überdies
unterstützt Peking die Innovationskraft, den Markenaufbau
und das Wachstum entlang der Wertschöpfungsketten. So gestärkt, fällt es den chinesischen Anbietern viel leichter als früher, sich ins Ausland zu wagen. Auf dem Weg dorthin erhalten
sie weitere staatliche Unterstützung, sei es finanziell, logistisch,
ideell oder technologisch. Eine ähnlich vernetzte und langfristig ausgerichtete Strategie sucht man in der EU, sucht man in
Deutschland vergeblich. Es ist daher kein Wunder, dass China
bisher ohne größeren Widerstand Europas nach der wirtschaftlichen Weltmacht greifen kann.

Flexibilität statt Planwirtschaft:
die Anpassung der Strategie

Das gab ein Rascheln auf der Pressetribüne in der Großen Halle des Volkes in Peking! Als Premierminister Li Keqiang im März 2019 vor dem Nationalen Volkskongress – Chinas Pseudoparlament, das nur einmal im Jahr tagt – seinen Rechenschaftsbericht hielt, fehlte etwas Wichtiges. Die Journalisten, die Lis Rede auf Chinesisch und in vielen anderen Sprachen vor sich auf den Knien liegen hatten, suchten vergeblich nach einem Verweis auf die Initiative «Made in China 2025». In den Vorjahren hatte Li stets darauf Bezug genommen, doch diesmal erwähnte er das Programm mit keinem Wort. Auch sein Vorgesetzter Xi Jinping hatte dazu geschwiegen, als er zweieinhalb Monate zuvor auf der «Zentralen Arbeitstagung zu Wirtschaftsfragen» gesprochen hatte. Dieses Jahrestreffen von Partei und Regierung legt traditionell die Richtschnur für die Wirtschaft und das Finanzwesen fest.

Spekulationen schossen ins Kraut, dass sich China von der MIC-Initiative verabschiedet habe, bis dato ein Lieblingsprojekt der Pekinger Führung. Doch nach allem, was man heute weiß, war die damalige Zurückhaltung von Xi und Li diplomatisch motiviert. Nachdem westliche Regierungen und Forschungseinrichtungen, allen voran in den Vereinigten Staaten, den MIC-Vorstoß als Angriff auf die Vormachtstellung der alten wirtschaftlichen Supermächte gegeißelt hatten, nicht zu Unrecht, wie oben klar geworden sein sollte, schwächten die Chinesen ihre Rhetorik zu dem Thema ab. Die heimischen Medien wurden angewiesen, darüber nicht zu berichten, die Bezeichnung «Made in China 2025» sowie verwandte Begriffe wie «Selbstversorgungsgrad» (self-suffiency rate) verschwanden aus den offiziellen Papieren.

«Das war nur ein taktischer Zug», schreiben die Ökonomen

Max Zenglein und Anna Holzmann in einer Studie zur Entwicklung von MIC 25. «China hat mitnichten von seinem wirtschaftlichen und strategischen Ziel Abstand genommen, mit
den Industrieländern des Westens gleichzuziehen und einen
Wettbewerbsvorsprung in der Hochtechnik und in den neuen
Industrien zu erlangen.» Im Gegenteil: Die MIC-Initiative sei
inzwischen aus dem Stadium einer Blaupause herausgewachsen
und werde konkret angewandt. «Das Programm ist da und
wird bleiben», stellen die Autoren fest. «MIC 25 verkörpert die
offizielle Marschrichtung der KPC für eine ehrgeizige Aufwertung der Industrie. Die fortgeschrittenen Volkswirtschaften
auf dem Planeten müssen sich diesem strategischen Angriff
stellen.»

Der Vorteil eines straff zentralistisch geführten Landes besteht darin, dass es schnell umschalten kann. Bei MIC zeigt sich
das in vielen Veränderungen und Präzisierungen, welche die
Strategie seit 2015 erfahren hat, niedergelegt in gut 500 offiziellen Dokumenten. Die jüngste Fassung des «Technologie-
fahrplans» spezifiziert zum Beispiel, dass die Volksrepublik bis
2025 rund 90 Prozent des Markts für Elektrofahrzeuge dominieren will. Dann sollen auch 80 Prozent der Informationstechnik in Kraftfahrzeugen aus China stammen. Diese mit üppiger
politischer und finanzieller Förderung unterlegten Ermunte-
rungen haben, wie unten genauer zu zeigen sein wird, China
schon jetzt zu einer führenden E-Fahrzeug-Nation gemacht.

Auch wenn der Name «Made in China» (MIC) jüngst ver-
mieden wurde, zielen viele Richtlinien in genau diese Richtung.
Im November 2020 verabschiedete die Führung der Kommunistischen Partei ein Strategiepapier, worin sie das MIC-Ziel
unterstrich, bis 2035 «in Schlüssel- und Kerntechnologien den
Durchbruch zu schaffen». Es gehe um «innovationsgetriebene
Entwicklungen» und «strategische Projekte» in der Künstlichen Intelligenz (KI), in der Quantentechnik, bei Halbleitern,
in der Gesundheit, in der Luft- und Raumfahrt und anderen

Feldern. Ein besonderes Augenmerk komme «strategischen Zukunftsbranchen» zu, darunter neuen Informationsverfahren, der Biotechnologie, moderner Energieerzeugung, neuen Materialien, Highend-Geräten, Elektrofahrzeugen oder der Umwelttechnik. Internet, Big Data und KI sollten – wie es bereits die «Vierte Industrielle Revolution» im MIC-Dokument vorsieht – integriert und mit den fortschrittlichsten Produktionsverfahren verkoppelt werden. Zudem müsse die Wirtschaft eine «grüne Transformation» mit einer deutlich sinkenden Kohlendioxidintensität erfahren. Wichtig ist vor allem, dass es der Führung um «technologische und wissenschaftliche Eigenständigkeit» geht, ja darum, die Volksrepublik zu einem «wissenschaftlichen und technologischen Kraftpaket (Powerhouse)» zu entwickeln.

Der 14. Fünfjahresplan und die «Vision 2035»

Die jüngsten Bekenntnisse und Erweiterungen zu den MIC-Zielen finden sich im 14. Fünfjahresplan bis 2025, den der Nationale Volkskongress, Chinas Parlament, auf Vorschlag des Zentralkomitees der KPC im März 2021 verabschiedet hat. Staats- und Parteichef Xi Jinping hat damit zum zweiten Mal nach 2016 diese zentrale Richtschnur vorgelegt. Er wird bis zum Ablauf der Periode in doppelter Funktion im Amt sein und wohl auch den nächsten Plan 2024/25 mitverantworten, also seinen dritten. Das ist ungewöhnlich, denn seit den 1980er Jahren ist die Amtszeit des Präsidenten begrenzt, um nicht, wie zu Maos Zeiten, die Macht zu lange auf einer Person zu konzentrieren. Doch der Volkskongress als oberste Gesetzgebungsinstanz beschloss 2018, Xi die Möglichkeit zu geben, auch nach 2023 in seiner Position zu verbleiben, nach dann zehn Jahren an der Spitze Chinas.

Inhaltlich interessant für die Fragestellung dieses Buches ist, dass der Fünfjahreplan erstmals seit 1995 – damals inmitten der Öffnungspolitik – auch Langfristziele definiert. Der Annex «Vision 2035» stellt bis zu jenem Jahr eine «sozialistische Modernisierung» in Aussicht. Wie so häufig ist diese Formulierung recht wolkig, aber sie rekurriert auf das Zwischenziel von «Made in China», dass die Volksrepublik nicht erst 2050 in den Kreis der Wohlstands- und Wissensgesellschaften vorstoßen wird, wie es noch Deng Xiaoping vorausgesagt hatte, sondern schon 15 Jahre zuvor.

Bis dahin soll sich Chinas Bruttoinlandsprodukt (BIP) verdoppeln, womit das Land dann endgültig an den USA vorbeiziehen und zur größten Volkswirtschaft der Welt aufsteigen würde. Trotz dieser Spitzenstellung spricht der Fünfjahresplan nur von einer «gemäßigt entwickelten Wirtschaft», ähnlich wie die MIC-Strategie China im Jahr 2035 lediglich «im Mittelfeld unter den industriellen Weltmächten» einordnet. Den Visionen nach wird das Pro-Kopf-Einkommen – gemessen als BIP je Einwohner – zu jenem Zeitpunkt mindestens 30 000 Dollar betragen, annähernd eine Verdreifachung zu heute. Spätestens dann wird die kaufkräftige, gut ausgebildete Mittelklasse die größte Bevölkerungsgruppe sowie das Rückgrat von Wirtschaft und Gesellschaft bilden. Das Papier «Vision 2035» sieht vor, dass sich China bis zu jenem Stichjahr zu «einem starken, technisch fortschrittlichen Land entwickelt, das ein globaler Anführer in Innovationen und neuen Industrialisierungsformen ist». Das ist im Grunde nichts anderes als der alte MIC-Wein in neuen Schläuchen, was auch für das Endziel im Jahr 2049 gilt. Dann will China, wie der texanische Politikprofessor Jon Taylor in einer Analyse dieser Visionen schreibt, eine «vollständig entwickelte, reiche und starke Nation» sein – deren Wirtschaftskraft doppelt so hoch sein werde wie die der Vereinigten Staaten.

Die zweite Besonderheit in den jüngsten Fünfjahreszielen bis 2025 liegt im Konzept des «Doppelten Wirtschaftskreislaufs»

(Dual Circulation), das Xi erstmals im Mai 2020 im Politbüro vortrug. Der Doppelkreislauf bekräftigt den ohnehin geplanten grundlegenden Wirtschaftsumbau des Landes: weg von der Orientierung auf Außenhandel und Investitionen hin zu verstärkter Binnennachfrage und mehr heimischen Innovationen. Dieses Ziel verfolgt Chinas Führung schon lange, aber das Thema hat in den vergangenen Jahren zusätzlich an Brisanz gewonnen. Zum einen, weil die USA seit Donald Trumps Präsidentschaft zunehmend eine konfrontative Stellung gegenüber Peking einnehmen, die eigenen Märkte abschoten und das auch von ihren Partnern erwarten. Daran hat sich unter dem neuen starken Mann in Washington, Joe Biden, nicht viel geändert.

Die Europäer und Australier sowie Teile Asiens und Afrikas sind ebenfalls zurückhaltender gegenüber China geworden. Hinzu kommen die Erfahrungen aus der Corona-Krise, welche die großen Abhängigkeiten im globalen Handels- und Investitionsgeschehen offenlegen, insbesondere die Gefahr von Lieferengpässen und Unterbrechungen in den Wertschöpfungsketten. Das gilt nicht nur für Schutzmasken, Arzneimittel und Impfstoffe samt deren Vorprodukten, sondern auch für die Rohstoffbeschaffung sowie für zentrale Industrie- und Elektronikbauteile, ohne die ganze Branchen stillstehen, wie man am Halbleitermangel in der Autoindustrie gesehen hat.

Hier kommt die Dual Circulation ins Spiel, eine eng an MIC-25 orientierte zweigleisige Entwicklungsstrategie. Sie zielt darauf ab, sowohl Chinas Inlandsnachfrage anzukurbeln («interner Umlauf»), als auch im Ausland mit Handel und Investitionen aktiv zu bleiben («internationaler Umlauf»). Die entscheidende Bedeutung kommt aber dem inneren Kreislauf zu, wie Xi Jinping klarstellte: Der Entwicklungsplan sehe vor, «den Binnenmarkt als Hauptstütze zu nehmen, während sich die Binnen- und Außenmärkte gegenseitig beflügeln». Der zentrale Punkt dabei ist, den internen Umlauf so zu vergrößern und zu beschleunigen, dass er Störungen im externen Umlauf abfedert.

Das bedeutet aber auch, vom Weltmarkt möglichst viel innovative Kapazität abzusaugen, um sie in der Heimat ohne die Zugriffsmöglichkeiten von anderen einzusetzen. Die Verbindung oder Verschleifung der internen mit den externen Zirkeln dient also dem dualen Zweck, Disruptionen von außen vorzubeugen – das ist die Post-Trump- und Post-Covid-Lehre – und gleichzeitig die eigene inländische Leistungsfähigkeit massiv zu erhöhen. Die Ziele dafür sind und bleiben Autarkie und Technologieführerschaft – spätestens bis zum Jahr 2049.

Zoey Zhang von der Amerikanischen Handelskammer in Schanghai bewertet die Ideen des «Parallelumlaufs» im neuen Fünfjahresplan so: «Diese Strategie ist zum Leitmotiv für Chinas Maßnahmen zur Ankurbelung der wirtschaftlichen Erholung nach dem Ausbruch von Covid-19 geworden.» Es gehe jetzt darum, «dass Chinas Wirtschaft eigenständiger wird, um sich von den Launen der Weltwirtschaft unabhängiger zu machen». Ähnlich sieht es Alicia García Herrero, Professorin an der Hongkonger Universität für Wissenschaft und Technik: «Bei der Strategie des Parallelumlaufs geht es in Wirklichkeit um Selbstversorgung als Reaktion auf ein feindlicheres externes Umfeld.»

Im Unterschied zu früheren Versuchen, den Binnenkonsum anzukurbeln, wolle China in Zukunft nicht etwa mehr Waren und Dienstleistungen importieren, sondern eher weniger und stattdessen die Nachfrage aus eigenen Quellen decken: «Eine wichtige Konsequenz für die Welt ist, dass China nicht länger auf die Einfuhr von Hochtechnik angewiesen sein wird, was negative Folgen für wichtige Exporteure wie Deutschland, Japan, Südkorea und die USA haben dürfte.» Auch die Firmenzukäufe im Ausland sieht die Ökonomin im Zusammenhang mit dem Doppelten Wirtschaftskreislauf: «Die Übernahme ausländischer Unternehmen in Bereichen, in denen China unter den größten Engpässen leidet, kann eindeutig helfen, wie im Fall der Halbleiterindustrie. Aber dieser Weg scheint zuneh-

mend schwieriger zu werden, da die entwickelten Volkswirtschaften chinesische Übernahmen strenger prüfen.»

Soweit die hochambitionierten Pläne der Führung in Peking
zu den Auslandsaktivitäten der chinesischen Unternehmen,
vom frühen «Going Out» über die Made-in-China-Initiative
bis hin zum aktuellen Fünfjahresplan und der «Vision 2035».
Doch nirgendwo ist Papier so geduldig wie in dem Land, das es
erfunden hat, dem Reich der Mitte. Deshalb ist es wichtig herauszufinden, inwieweit die ehrgeizigen Vorlagen und Strategien
auch wirklich in die Tat umgesetzt werden. Dieser Frage sollen
die folgenden Kapitel nachgehen.

WIE DIE STRATEGIE MIT LEBEN GEFÜLLT WIRD – UND WORAN ES NOCH HAKT

Von der Theorie zur Praxis: Erst Empfänger, jetzt Geber

«Grau, teurer Freund, ist alle Theorie, und grün des Lebens goldner Baum», sagt Mephisto in Goethes «Faust» zu einem Schüler, der sich nach einem geeigneten Studienfach erkundigt. Die Frage nach Theorie und Praxis, nach dem Unterschied von Absicht und Ausführung, ist sehr berechtigt, vor allem bei politischen Programmen. Im vorliegenden Fall gilt es herauszufinden, ob die hochfliegenden chinesischen Strategien, die oben beschrieben wurden, graue Theorie bleiben – oder ob sie mit Leben erfüllt werden.

Johann Wolfgang von Goethe und sein Werk sind übrigens in China durchaus bekannt. Yaohan Woerfugang Gede, wie er auf Mandarin heißt, wurde erstmals in den 1920er Jahren in China veröffentlicht. Im Schanghaier Vorort Anting, wo der deutsche Autobauer Volkswagen große Werke unterhält, steht sogar eine Bronzekopie des berühmten Doppelstandbilds von Goethe und Schiller aus Weimar. Allerdings wurde bisher erst ein kleiner Teil des Klassikers übersetzt. Das ändert sich gerade in einem Megaprojekt der Germanistischen Fakultät an der Universität Schanghai. Die Wissenschaftler haben sich nicht weniger vorgenommen, als alle Schriften Goethes auf Chinesisch herauszubringen: mit Hilfe von sage und schreibe neunzig Übersetzern und einer üppigen Förderung aus einem Fonds des Propagandaministeriums. 2025 soll das Gesamtwerk vorliegen, rechtzeitig zum Etappenziel der Made-in-China-Initiative (MIC 25).

Das ist vermutlich Zufall, aber dass die Chinesen bei der «grauen Theorie» nicht stehenbleiben, sondern sich durchaus an die Verwirklichung gewaltiger Vorhaben trauen, das zeigen die Mammut-Edition aus Schanghai und die Wirtschaftsstrategien aus Peking auf ganz ähnliche Weise. Sowohl MIC 25 als auch die so genannte Seidenstraßen-Initiative, auf die noch einzugehen sein wird, werden seit Jahren mit großer Verve vorangetrieben, damit auch den Chinesen – um auf das Mephisto-Zitat zurückzukommen – des «Lebens goldner Baum» ergrünen möge.

Was «Made in China» angeht, so gilt es im Folgenden zu klären, wie schnell die Auslandsakquisitionen vorankommen, wo sie auf Hindernisse stoßen und inwieweit sie im Einklang mit den strategischen Vorgaben stehen. Dazu empfiehlt es sich, zunächst einige Begriffe zu klären und dann in die Statistiken zu schauen. Wenn Unternehmen im Ausland Geld in Vermögensanlagen stecken, zum Beispiel in Maschinen, Gebäude oder ganze Firmen, dann werden diese Engagements als Direktinvestitionen bezeichnet, im Englischen Foreign Direct Investment (FDI) oder Outbound Direct Investment (ODI). Geldflüsse in die Gegenrichtung heißen Inbound Direct Investment (IDI). Es geht den Käufern darum, «direkten» Einfluss auf die Geschäfte im Ausland zu nehmen, Zugang zu Gewinnen und Knowhow zu erlangen und das einzelne Engagement in eine überwölbende Konzernstrategie zu integrieren. Direktinvestitionen verbinden langfristige Wirtschaftsinteressen mit einem Kontrollanspruch.

Das unterscheidet diese Art der Kapitaltransfers von kurzfristigen Portfolioinvestitionen, bei denen Anleger Aktien oder Anleihen eines Unternehmens erwerben, um von dessen Wertzuwächsen und Dividenden zu profitieren. Portfolioinvestoren nehmen allenfalls «indirekt» auf das Geschäft Einfluss, zum Beispiel als Stimmberechtigte auf Hauptversammlungen. Beteiligungsgesellschaften, die vordringlich an Wertsteigerungen interessiert sind und ihre Anteile dann wieder verkaufen, werden auch als Finanzinvestoren bezeichnet, mancher nennt sie «Heuschrecken». Hingegen gelten dauerhaft engagierte Direktinvestoren als «strategische» Geldgeber.

Seit Beginn der Öffnungspolitik 1978/79 unter Deng Xiaoping ist China ein bevorzugtes Ziel ausländischer Direktinvestitionen. Eines der frühesten westlichen Unternehmen, das den Sprung nach Osten wagte, war Volkswagen. Im April 1983 lief in Schanghai der erste VW-Santana vom Band, achtzehn Monate später gründeten die Wolfsburger ein Gemeinschaftsunternehmen mit dem staatlichen Autobauer Saic, das bis heute existiert. In den folgenden dreißig Jahren gaben sich internationale Konzerne die Klinke in die Hand, trugen viel Geld ins Land, verdienten prächtig, bauten eine Produktionsstätte nach der anderen auf und begründeten so den Ruf des Landes als «Werkbank der Welt». Viele Jahre lang war die große Nation der weltweit wichtigste oder zweitwichtigste Empfänger ausländischer Investitionen. Selbst im Corona-Jahr 2020 lag China beim «Inbound Investment» IDI mit 149 Milliarden Dollar nur knapp hinter den USA. Und während die Amerikaner gegenüber dem Vorjahr mehr als 100 Milliarden eingebüßt hatten, konnten die Asiaten das Niveau trotz der Pandemie halten. Rechnet man Hongkong hinzu, dessen IDI sich 2020 um fast zwei Drittel auf 119 Milliarden Dollar erhöhten, liegt China beim Investoreninteresse ohnehin ganz vorn. Zum Vergleich: Deutschland, das elfmal so viele Einwohner hat wie die Sonderverwaltungszone, büßte 2020 ein Drittel seiner Zuflüsse ein und war nur für 36 Milliarden Dollar gut.

Und wie verhalten sich chinesische Unternehmen im Ausland? Lange Zeit exportierten sie zwar, wagten sich mit ihrem

Kapital jedoch nur sehr zaghaft über die Grenzen. Selbst wenn es ihnen nicht an Devisen und Genehmigungen für den Gang in die Fremde fehlte, dann doch an Expertise, Strategien, an Kontakten und Sprachkenntnissen. Und überhaupt: Solange der Heimatmarkt zweistellig wuchs und die Welt mit einfachen Massenprodukten «Made in China» zufrieden war, gab es kaum Gründe, anderswo Risiken einzugehen. Um abermals leicht abgewandelt mit Goethe zu sprechen: Warum in die Ferne schweifen, liegt das gute Geld doch so nah?

Dazu einige Zahlen aus der Datenbank der UNCTAD, der Konferenz der Vereinten Nationen für Handel und Entwicklung. In der Frühzeit der wirtschaftlichen Liberalisierung im Fernen Osten, zwischen 1980 und 1991, flossen etwa 24 Milliarden Dollar an Direktinvestitionen in die Volksrepublik. Im selben Zeitraum investierten chinesische Unternehmen nicht einmal sechs Milliarden Dollar im Ausland. In der zweiten Öffnungsphase, von den Reformen Jiang Zemins 1992 bis zum Beitritt zur Welthandelsorganisation WTO 2001, pumpten die internationalen Konzerne weitere 370 Milliarden Dollar nach China. In die Gegenrichtung flossen nur 29 Milliarden Dollar, also nicht einmal ein Zehntel dieses Werts.

Bis zum Ende der Finanzkrise 2010 liefen in der Volksrepublik weitere 714 Milliarden Dollar als IDI auf, die ODI in die andere Richtung erreichten immerhin 249 Milliarden. Dass sich die Schere etwas schloss, lag vor allem daran, dass chinesische Unternehmen die Gunst der Stunde ergriffen, um sich zu geringen Preisen im Ausland einzukaufen. Aber nicht vor 2015, also 36 Jahre nachdem sich das Reich der Mitte der Weltwirtschaft zugewandt hatte und 14 Jahre nach dem WTO-Beitritt, überstiegen die chinesischen Investitionen im Ausland erstmals den Wert der Geldflüsse aus der Gegenrichtung. In jenem Jahr trugen die Ausländer 136 Milliarden Dollar ins Land, die Chinesen ihrerseits wandten 146 Milliarden Dollar außerhalb ihrer Grenzen auf.

Die Chinesen als größte Investoren der Welt

Diese Schubumkehr in den internationalen Kapitalströmen war eine Zäsur nicht nur für China, sondern für die globale Wirtschaft insgesamt. Sie bedeutete, dass sich die Volksrepublik – die offiziell noch immer als Schwellenland gilt – mit mehr Geld in die Welt hinaus wagte, als alle anderen Länder ihr anvertrauten, darunter die vermeintlich übermächtigen Industrienationen. Der so genannte Nettokapitalexport, die Differenz zwischen ODI und IDI, betrug 2015 zehn Milliarden Dollar. Beschleunigt von der Made-in-China-Initiative, kletterte er im Folgejahr auf seinen bisherigen Höchststand von 62 Milliarden Dollar. Auch 2017 und 2018 war der Saldo zwischen chinesischen Überseeinvestitionen und den Geldflüssen aus dem Ausland mit 24 Milliarden und 5 Milliarden Dollar noch immer positiv.

2019 schlug das Pendel zwar wieder zurück, so dass die Ausländer etwas mehr Geld nach China brachten, als umgekehrt hinausfloss. Im ersten Corona-Jahr 2020 betrug dieses Delta dann 16 Milliarden Dollar. Das ändert aber nichts daran, dass China im internationalen Vergleich weiterhin zu den Topinvestoren zählt. Zum Zeitpunkt des WTO-Beitritts 2001 hatte die Nation auf Platz 26 unter den größten Direktinvestoren auf der Welt rangiert. Bis 2016 arbeitete sie sich an die zweite Stelle vor. Lediglich die Unternehmen aus den USA, dem Paradeland der Globalisierung und des weltweiten Kapitalismus, gaben damals mehr Geld im Ausland aus als jene aus dem vermeintlich kommunistischen Staat in Fernost.

2017 rutschte die Volksrepublik vorübergehend auf den dritten Platz ab, doch 2018 eroberte sie Rang zwei zurück, diesmal hinter Japan. 2019 schafften die Chinesen abermals nur Platz drei hinter Japan und Deutschland. Doch 2020 standen sie wieder ganz oben: Corona-bedingt zwar mit einer relativ geringen Summe von 133 Milliarden Dollar, aber das war trotzdem mehr, als die Wettbewerber aufbrachten. Mit anderen Worten: Die Volksrepublik ist nicht weniger als der wichtigste Auslandinvestor der Welt. Sie gibt für Unternehmen in der Fremde mehr Geld aus als die USA und Deutschland zusammen. Gemeinsam mit der Sonderverwaltungszone Hongkong waren es 2020 sogar 235 Milliarden Dollar, fast doppelt so viel, wie Japan aufwandte, der Spitzenreiter des Vorjahres. Und wie sieht es insgesamt aus, also akkumuliert über die Jahre? Dazu führt das American Enterprise Institute gemeinsam mit der Heritage Foundation eine Datenbank zu Chinas Auslandsaktivitäten. Demzufolge hat die Volksrepublik seit 2005 in ausländische Unternehmen und Bauvorhaben mehr als zwei Billionen Dollar investiert, also 2000 Milliarden Dollar.

Beschleunigt von den politischen Wünschen und Hilfestellungen, sind die chinesischen Überseeinvestitionen vor allem 2015 und in den Jahren danach geradewegs durch die Decke gegangen. Das gilt vor allem für den wichtigsten Teil der FDI, die Fusionen und Übernahmen (Neudeutsch «Mergers and Acquisitions» oder kurz M&A). Damit sind Beteiligungen von mindestens zehn Prozent am gezeichneten Kapital eines Unternehmens gemeint; bei Aktiengesellschaften heißt es Grundkapital. Neben den M&A zählen auch andere Kapitalflüsse zu den Direktinvestitionen, etwa Neuansiedlungen und Erweiterungen rein chinesischer Unternehmen im Ausland, die sogenannten «Investitionen auf der grünen Wiese» (Greenfield Investment). Diese sind von ihrer Anzahl her durchaus bedeutsam, selten aber von der Investitionshöhe. 2018 zum Beispiel machten Greenfield-Projekte weniger als fünf Prozent der Direktinvestitionen aus.

Für die Frage dieses Buches, ob und in welcher Form die Chinesen nach Deutschland und Europa drängen, stehen die Fusionen und Übernahmen im Vordergrund, also die chinesischen Unternehmenskäufe. Auch dazu gibt es ausreichend Datenma-

terial, wobei leider viele Angaben widersprüchlich sind. So umfassen einige der Listen die enormen Direktinvestitionen der
Festlandchinesen in Hongkong und in den karibischen Steuer-
oasen. Doch dieses Geld landet zu großen Teilen nur aus bilan-
ziellen und fiskalischen Gründen dort, in Wirklichkeit fließt es
letztlich in die Volksrepublik zurück und zählt deshalb nicht
zu den eigentlichen Kapitalbeteiligungen im Ausland. Weitere
Ungenauigkeiten in den Zahlen beruhen darauf, dass manche
Aufstellungen nur die abgeschlossenen Geschäfte zählen, andere hingegen schon die angekündigten Transaktionen. Zuweilen umfasst die Region «Europa» nur die EU, in anderen
Fällen alle Industrienationen auf dem Kontinent einschließlich
Großbritanniens, der Schweiz, Norwegens und mitunter sogar
Israels.

Trotz solcher Verzerrungen ist klar, dass die M&A in den
vergangenen fünfzehn Jahren enorm gestiegen sind. 2005 hatten die Chinesen erst zehn Milliarden Dollar in ausländische
Unternehmen investiert, darunter so gut wie gar nichts in
Europa. 2009, in der Finanzkrise, waren es dann in aller Welt
schon dreimal so viel. Einen der wichtigsten Gründe für diesen
starken Anstieg sieht die amerikanische Wirtschaftskanzlei
White & Case darin, dass die fernöstlichen Unternehmen
wegen der Abschottung ihrer Kapitalmärkte von den internationalen Turbulenzen jener Jahre kaum getroffen wurden.
Gleichzeitig suchten die krisengeschüttelten Firmen in anderen
Weltgegenden händeringend nach reichen Partnern und ge-
währten potentiellen Käufern großzügige Preisnachlässe. Und
so griffen die Chinesen beherzt zu.

In der sich anschließenden fünfjährigen Konsolidierungs-
phase nach der Krise in den Industriestaaten pendelten die
M&A der Chinesen zwischen 30 und 70 Milliarden Dollar im
Jahr. 2015 waren es knapp 58 Milliarden in 380 «Deals», wie
die Wirtschaftsprüfer von PwC berechnet haben. In jenem
Schlüsseljahr der MIC-Initiative fiel der Startschuss für die chi-

nesischen Unternehmen zum Wettlauf um die besten Zukäufe in aller Welt. Und so vervierfachte sich das Transaktionsvolumen für grenzüberschreitende Beteiligungen 2016 annähernd auf mehr als 210 Milliarden Dollar. Die Anzahl der neuen Beteiligungen stieg um das Zweieinhalbfache auf 920 Fälle.

Der enorme Bedeutungszuwachs Chinas als globaler Investor wird auch hier in der Gegenüberstellung mit anderen Nationen deutlich. Wie White & Case festgestellt haben, steckten 2007 hinter den grenzüberschreitenden Fusionen und Übernahmen in nur einem Prozent der Fälle chinesische Käufer. Knapp zehn Jahre später brachten die Chinesen schon 14 Prozent des weltweiten M&A-Kapitals auf. Damit rangierte die Volksrepublik erstmals in ihrer Geschichte an der internationalen Spitze, übertroffen nur von den USA mit 19 Prozent. Seitdem hat der chinesische Appetit auf fremde Firmen zwar deutlich abgenommen, wie unten genauer zu erläutern sein wird, aber im Fokus steht nach wie vor eine ganz bestimmte Weltregion: der alte Kontinent Europa.

Die begehrtesten Ziele: Europa und Deutschland

Bereinigt man die Investitionslandkarte um Hongkong und um die Steuerparadiese, dann standen lange das rohstoffreiche Australien, Nordamerika sowie Asien mit dem Hauptziel Singapur ganz vorn in der Gunst chinesischer Unternehmen. Ähnlich wichtig wie diese Industrienationen waren bis ins erste Jahrzehnt des neuen Jahrhunderts hinein auch die Schwellen- und Entwicklungsländer in Afrika und Asien, einschließlich Russlands. Doch diese Ausrichtung hat sich grundlegend geändert. Inzwischen dominieren nur noch die entwickelten Volkswirtschaften die Tabelle. Und dabei sind die chinesischen Investoren besonders begierig auf Firmen aus Europa.

Einige Beispiele aus den Berechnungen der Wirtschaftsprüfer von PwC: Im Jahr 2014 betrafen je 30 Prozent aller neuen chinesischen Auslandsbeteiligungen amerikanische und europäische Firmen, 24 Prozent asiatische. Beim Transaktionsvolumen lagen die Asiaten mit 30 Prozent damals noch vor den Europäern und den Amerikanern. Seitdem jedoch haben die Europäer in beiden Feldern die Nase vorn. 2016, im ersten vollen «MIC-Jahr», waren in 33 Prozent aller Fälle europäische Unternehmen das Ziel chinesischer Übernahmen. Der dafür gezahlte Preis machte sogar 45 Prozent des Gesamtbetrags aus, so dass keine andere Region der Welt attraktiver für das Reich der Mitte war als der alte Kontinent. Diese (hohen) Anteile haben sich seitdem gehalten oder sogar noch erhöht. Heute entfallen nach wie vor ein Drittel der Deals und sogar die Hälfte des gezahlten Kaufpreises auf Europa. Asien als zweitattraktivste Region zieht nur noch ein Fünftel des chinesischen Geldes an.

Schaut man aus Sicht der EU auf die Investoren aus aller Welt, die ihr Geld hier ausgeben, dann liegt China zwar nicht ganz vorn. Es hat sich aber über die Jahre in die Spitzengruppe vorgearbeitet. Das wird deutlich beim Blick auf die Daten der Europäischen Kommission. Sie stellt die Kapitalzuflüsse ausländischer Unternehmen regelmäßig jenen Summen gegenüber, die sie im selben Jahr aus der EU abziehen. Bezogen auf diesen Nettosaldo waren 2018 die Kanadier die bedeutendsten Investoren in der EU. Dahinter folgten die Schweizer und dann – allerdings mit weitem Abstand – die Chinesen. Was die reinen M&A angeht, zeigen auch hier die Quellen, dass sich China in der EU über die Jahre beträchtlich nach vorn gearbeitet hat, dass aber andere Drittstaaten wie die kleine Eidgenossenschaft oder die großen USA nach wie vor weiter vorn liegen.

In Deutschland standen die fernöstlichen Aufkäufer 2014 – vor Ausrufung der Made-in-China-Initiative – noch auf Platz sechs. Zwei Jahre später hatten sie Rang vier eingenommen, übertroffen lediglich von den Vereinigten Staaten, der Schweiz

und Frankreich. Bis heute liegen außerhalb der EU (samt Großbritanniens) nur die USA und die Schweizer vor den Chinesen.

Es lohnt sich, das europäische Engagement aus Fernost genauer unter die Lupe zu nehmen, vor allem die M&A. Die Beratungsgesellschaft EY hat berechnet, dass die Unternehmen
aus der Volkrepublik zwischen 2006 und 2014 im Durchschnitt jedes Jahr 94 europäische Unternehmen im Wert von
14 Milliarden Dollar gekauft haben. 2015, im Jahr der Verabschiedung der MIC-Strategie, waren es dann plötzlich
209 M&A für 30 Milliarden Dollar. Gegenüber dem auch
schon starken Jahr 2014 bedeutete das einen weiteren Zu-
wachs um 27 Prozent bei der Zahl der Transaktionen und um
40 Prozent beim Volumen. Damit nicht genug: Als MIC 2016
richtig zu greifen begann, verleibten sich die Chinesen 309
europäische Unternehmen für 86 Milliarden Dollar ein. Das
war im Volumen fast eine Verdreifachung gegenüber dem Vorjahr!

Und wie sah es in Deutschland aus? Dort zählten die Experten von 2006 bis 2014 im Jahresmittel 16 chinesische Beteiligungen für 593 Millionen Dollar. Die 40 M&A 2015 für
530 Millionen lagen in ihrem Wert zwar unter dem Durchschnitt. Doch die Folgejahre sprengten dann alle Vorstellungen:
2016 kauften sich die Asiaten für 12,6 Milliarden Dollar in 68
deutsche Betriebe ein. 2017 zahlten sie sogar einen Spitzenpreis
von 13,7 Milliarden für 54 Firmen. Das bedeutete, dass die
Bundesrepublik ganz oben auf ihrem Einkaufszettel stand: In
den beiden Jahren entfielen 15 bzw. 24 Prozent des gesamten
Akquisitionsvolumens in Europa auf deutsche Unternehmen.

Freilich sagt die Betrachtung kurzer Zeiträume nicht viel
über die grundsätzliche Attraktivität eines Standorts aus. Denn
Großprojekte, die in einem bestimmten Jahr abgerechnet werden, verzerren die Statistik zu diesem Zeitpunkt. Zum Beispiel
war 2015, im Jahr der MIC-Ankündigung, plötzlich die kleine
Schweiz das Hauptinvestitionsziel der Asiaten. Damals kaufte

die staatliche China National Chemical Corporation (Chem-China) 98 Prozent der Anteile an dem Schweizer Saatgut- und Agrarchemiekonzern Syngenta – für sagenhafte 43 Milliarden Dollar. ChemChina nahm Syngenta anschließend von der Börse, verschmolz ihre eigenes Agrargeschäft mit den Schweizern und verlegte den Hauptsitz von Basel nach Schanghai. Der Syngenta-Deal gilt bis heute als die größte chinesische Auslandsübernahme überhaupt.

Aussagekräftiger als Momentaufnahmen wie diese ist eine Langfristbetrachtung. Auch da spielen die Deutschen ganz vorn mit. Den Zahlen der Forschungsinstitute Rhodium und MERICS zufolge haben die Chinesen seit der Jahrtausendwende fast 25 Milliarden Dollar für hiesige Unternehmen ausgegeben. Die in Europa nächstplatzierten Ziele Italien und Frankreich haben lediglich 16 und 15 Milliarden Dollar angezogen. In der ganzen Welt rangiert Deutschland auf Rang sieben. Innerhalb Europas war in den vergangenen zwanzig Jahren nur das besonders liberale Großbritannien begehrter als die Bundesrepublik. Doch deutet viel darauf hin, dass sich das chinesische Interesse am Vereinigten Königreich nach dem Brexit merklich abkühlt. Den jüngsten Daten zufolge fließen inzwischen 30 Prozent der in Europa jährlich getätigten chinesischen Direktinvestitionen nach Deutschland. Großbritannien ist mit 12 Prozent nicht einmal halb so attraktiv, dahinter folgt Frankreich mit 10 Prozent.

Verlieren die Chinesen die Einkaufslust? Mitnichten!

Am einkaufslustigsten zeigten sich die Chinesen im Jahr 2016. Seitdem sind sowohl ihre Direktinvestitionen als auch deren wichtigste Untergruppe, die M&A, zurückgegangen. Laut PwC stemmten die Ostasiaten 2017 rund 800 Fusionen und Übernahmen in aller Welt, zwölf Prozent weniger als im Jahr zuvor. Das Transaktionsvolumen sank um 42 Prozent auf 119 Milliarden Dollar. 2018 schrumpften Zahl und Wert noch weiter: um mehr als ein Fünftel auf 627 Fälle und 91 Milliarden Dollar. 2019 stieg die Menge der Zielunternehmen zwar wieder leicht an, diese waren aber viel kleiner und billiger als in den Vorjahren, so dass der gezahlte Preis sich fast halbierte: Für 667 Einkäufe in aller Welt zahlten die Chinesen 58 Milliarden Dollar. Das war nicht viel mehr, als sie 2015, als die Made-in-China-Strategie ausgerufen wurde, für 380 Beteiligungen hatten aufbringen müssen. Für das Corona-Jahr 2020 berichtet PwC von einem weiteren Einbruch auf nur noch 403 Transaktionen im Wert von 42 Milliarden Dollar.

Spiegelbildlich dazu ging es auch in Europa bergab: Statt 309 Abschlüsse wie 2016 verzeichneten die Statistiker von EY in den Folgejahren nur noch 247 und 196 Verträge. Der von den Chinesen gezahlte Preis fiel von 86 Milliarden auf 58 Milliarden und 2018 schließlich auf 31 Milliarden Dollar. 2019, also noch vor «Corona», ging es weiter bergab, auf 182 Deals für 17 Milliarden Dollar. Der Tiefpunkt war dann im ersten Covid-19-Jahr 2020 erreicht, als 132 Abschlüsse nicht einmal mehr 1,5 Milliarden Dollar wert waren.

Einige Beobachter hatten erwartet, dass sich China die pandemiebedingte Schwäche Europas für preisgünstige Zukäufe zu Nutzen machen könnte, schließlich hätten die Investoren in den Finanz- und Staatsschuldenkrisen zuvor schon ähnlich gewieft agiert. Diesen «Ausverkauf angeschlagener europäischer Firmen in großem Stil» habe es aber nicht gegeben, stellt die China-Expertin bei EY, Yi Sun, klar. Das lag sicher auch daran, dass die potentiellen Zukäufer ihrerseits pandemiegeschädigt waren, wie eine EY-Umfrage ergab.

Und wie sah in den vergangenen Jahren ganz speziell die Übernahmelage in Deutschland aus? 2018 ging dort die Zahl der M&A um ein Drittel auf 35 Fälle zurück, der Wert sank um mehr als ein Fünftel auf 10,7 Milliarden Dollar. Die Zahl der Übernahmen und Beteiligungen stieg 2019 zwar etwas auf 39 Fälle und blieb auch 2020 mit 28 Vertragsabschlüssen im Rahmen. Aber das Transaktionsvolumen verringerte sich 2019 zunächst um 57 Prozent und 2020 dann sogar um 92 Prozent. Die verbliebenen 376 Millionen Dollar sind der niedrigste Stand seit zehn Jahren.

Das Zahlengrab von PwC und EY liest sich ermüdend, ist aber wichtig, um einen eindeutigen Abwärtstrend zu illustrieren: Der Drang der Chinesen hinaus in die Welt ist zwar nicht zum Erliegen gekommen, hat aber enorm an Tempo verloren. Ist also alles halb so wild mit ihrem Vorstoß nach Europa und nach Deutschland? Entpuppt sich die große Shoppingtour als Strohfeuer? Mitnichten! Die Rückgänge wirken nur deshalb so massiv, weil sie sich auf die Boomjahre zuvor beziehen, eine Phase der gleichzeitigen Hochkonjunktur in China, Europa und Deutschland. Seit einigen Jahren läuft der Motor der gesamten Weltwirtschaft nicht mehr so rund wie vorher, in Pandemiezeiten gilt das umso mehr. Davon werden die Direktinvestitionen erheblich in Mitleidenschaft gezogen, und zwar nicht nur die der Chinesen, sondern ganz allgemein. Für 2017 hat die UNCTAD einen Rückgang aller globalen FDI um 23 Prozent festgestellt, für 2018 um weitere 13 Prozent. 2019 betrugen die Einbußen zwar nur 1,4 Prozent, dafür ging es im Virusjahr 2020 umso steiler bergab um 35 Prozent. Die Industrieländer haben besonders stark gelitten, nicht zuletzt Europa.

Die Mäßigung der Chinesen in der EU ist also kein singuläres Ereignis, sondern entspricht dem internationalen Trend. Gegenüber normalen Zeiten sehen die heutigen Zahlen viel besser aus. Das Corona-Jahr 2020 war sicher ein Ausreißer, aber vergleicht man das auch schon als schwach geltende 2019 mit den Investitionsphasen vor der Hochkonjunktur und vor Ausrufung von MIC 25, dann gestaltet sich die Lage gar nicht so schlecht. Die 182 in jenem Jahr abgeschlossenen europäischen M&A waren noch immer besser als in jedem anderen Jahr bis 2015. Auch das Transaktionsvolumen war 2019 mit 17,2 Milliarden Dollar deutlich höher als zum Beispiel 2013. Noch eindeutiger ist der Fall in Deutschland. Die dort 2019 gezählten 39 Deals für 4,7 Milliarden Euro wirken im Vergleich zu den drei Vorjahren zwar mickrig. Die Werte bedeuten aber, dass sich die Chinesen in jenem Jahr in Deutschland fast neunmal höhere Unternehmenswerte einverleibt haben als 2015, im Geburtsjahr von «Made in China». Außer in den Boomjahren zwischen 2016 bis 2018 haben die Asiaten nie mehr Geld in der Bundesrepublik investiert als im vermeintlichen Krisenjahr 2019.

Hinzu kommt, dass sich die Lage langsam wieder erholt. «Corona kann das Interesse chinesischer Unternehmen an Europa nicht stoppen», stellte Ende 2020 schon die EY-Expertin Yi Sun fest. «Die chinesische Wirtschaft hat sich relativ schnell wieder vom Pandemieausbruch erholt und ist so kapitalstark, dass sie in Europa investieren kann und wird.» EY berichtet im ersten Halbjahr 2021 in Europa von 92 Deals im Wert von 10,4 Milliarden Dollar. Keine andere Weltregion erreichte auch nur annähernd so hohe Abschlüsse, mehr als 40 Prozent des gesamten Transaktionsvolumens entfielen auf den alten Kontinent. Yi Suns Kollegen von PwC zählten im selben Zeitraum 71 Fusionen und Übernahmen im Wert von 8,8 Milliarden Dollar. Das waren in der Menge 15 Prozent und im Volumen fast 40 Prozent mehr als in den ersten sechs Monaten des Pandemie-Jahres 2020.

Insgesamt lässt sich eine Verschiebung weg von den Megadeals hin zu kleineren Abschlüssen beobachten, auch das verzerrt die Statistik. Die meisten amtlichen Listen werten nur solche Verträge als «Merger», in denen mehr als zehn Prozent der Anteile den Besitzer wechseln. Dadurch fallen auch Milliardeninvestitionen unter den Tisch. So kündigte die staatliche Beijing Automotive Industry Holding (BAIC) im Juli 2019 an, sich zu fünf Prozent am Grundkapital der Daimler AG zu beteiligen. Das auf fast 2,8 Milliarden Dollar geschätzte Transaktionsvolumen überstieg den Wert sämtlicher chinesischer M&A in Europa im ersten Halbjahr 2019. Wäre es in die Statistiken eingeflossen, hätte Deutschland, wie in den Vorjahren, die Liste angeführt. Auch 2018 hätte unter diesem Blickwinkel ganz anders ausgesehen. Damals kaufte Geely die ersten 9,7 Prozent von Daimler für mehr als acht Milliarden Dollar.

Die Statistiken lassen ebenfalls außer Acht, wenn Chinesen in Drittländern europäische Firmen erwerben. Der größte Zukauf in den USA war 2020 die Beteiligung von Tencent an Universal Music. Das ist schon lange kein amerikanisches Unternehmen mehr, sondern gehört mehrheitlich der französischen Vivendi-Gruppe. Auch der zweitgrößte chinesische US-Deal jenes Jahres über Grifols Diagnostic Solutions war eigentlich gar kein amerikanischer. Denn er fand zwischen dem Schanghaier Aufkäufer RAAS und der spanischen Muttergesellschaft Grifols aus Barcelona statt.

Der Übernahmemotor läuft erst mit halber Kraft

Es gibt ein noch viel gewichtigeres Argument, warum das Ende der Fahnenstange bei den chinesischen Übernahmen im Ausland noch lange nicht erreicht ist: die schiere Größe der Volksrepublik. Gemessen am Bruttoinlandsprodukt ist der Bestand der chinesischen Auslandsinvestitionen noch gering. Er entspricht in etwa der Bedeutung von Slowenien oder von Mexiko, von deren internationalen Aktivitäten die wenigsten je gehört haben werden. Die Industrieländer-Organisation OECD gibt den Quotienten für China mit rund 16 Prozent an. Demgegenüber beträgt er in Südkorea 26 Prozent, in Japan und den USA fast 40 Prozent, in Deutschland 51 Prozent und in der gesamten EU sogar 86 Prozent. Nur in 12 der 45 untersuchten Staaten ist der Bestand der im Ausland gehaltenen Beteiligungen im Vergleich zur eigenen Wirtschaftskraft geringer als in China. Sogar der Weltdurchschnitt liegt fast dreimal über dem Wert aus Peking.

Das bedeutet, dass der chinesische Übernahmemotor bisher allenfalls mit halber Kraft läuft und dass der Westen gut daran täte, sich für einen weiteren Ansturm auf seine Unternehmen zu wappnen. Weitsichtig formuliert dazu das European Think-tank Network on China (ETNC): «Wir haben einen weiteren massiven Anstieg von ODI zu erwarten, schon jetzt ist Europa ein bevorzugtes Ziel für chinesische Investitionen. Die politischen Entscheider müssen sich auf eine neue Kraft einstellen, die die wirtschaftliche und politische Landschaft in Europa umformen wird.»

Tatsächlich zeichnet sich bereits eine Erholung unter den chinesischen Zukäufen ab, wenngleich auf niedrigem Niveau. Und das nicht nur in Europa, dessen Rückkehr auf den chinesischen Einkaufszettel schon erwähnt wurde, sondern in der ganzen Welt. Im ersten Halbjahr 2021 zählten die Fachleute von PwC im Vergleich zum Vorjahreszeitraum neun Prozent mehr Deals in aller Welt, deren Wert um 49 Prozent zunahm. Die Konkurrenz von EY kommt zu ähnlichen Ergebnissen und weist 251 Transaktionen für 25 Milliarden Dollar aus. Die gesamten chinesischen Direktinvestitionen im Ausland (ODI) seien um mehr als 12 Prozent auf 71 Milliarden Dollar gestiegen. Die Aufholjagd erscheint den EY-Experten als nicht sonderlich erstaunlich. Schließlich sei die Gesamtwirtschaft Chinas, das sich als erste große Region vom Pandemie-Schock erholte, im ersten Halbjahr 2021 um fast 13 Prozent gewachsen, der Außenhandel habe sogar ein Allzeithoch erreicht.

Loletta Chow, die bei EY der Netzwerkabteilung für Übersee-Investitionen vorsteht, schränkt ein, dass sich im weiteren Jahresverlauf die Lage wieder etwas abgekühlt habe. In einigen Zielgebieten im Ausland gebe es Corona-Rückfälle, außerdem liege das Investitionsabkommen mit dem Riesenmarkt EU weiterhin auf Eis. Tatsächlich betrug die Zunahme des Bruttoinlandsproduktes im Gesamtjahr 2021 dann «nur» 8,1 Prozent, aber das war noch immer der höchste Anstieg seit zehn Jahren. Die strategische Ausrichtung, also das politisch, wirtschaftlich, ideologisch und technologisch gewollte «Hinaus in die Welt» bleibe unverändert, so Chow. Sie bezieht sich dabei auf den jüngsten Fünfjahresplan für die Handelsentwicklung, den das Finanzministerium in Peking ausgearbeitet hat. Er läuft bis 2025, d. h. bis zum zentralen Etappenjahr der Made-in-China-Initiative. Das Papier lege eindeutig fest, so Chow, «dass das Land chinesische Unternehmen bei der Neugestaltung der globalen Industrie- und Lieferketten weiter unterstützen wird, indem es die Synergie zwischen in- und ausländischen Industrien fördert und die Verbreitung chinesischer Produkte, Dienstleistungen, Technologien, Marken und Standards im Ausland (going abroad) unterstützt».

Die Kollegen der anderen großen Wirtschaftsprüfungs- und Beratungsgesellschaft PwC schwanken ebenfalls zwischen Zuversicht und Unsicherheit darüber, wie die Pandemie und die angespannte geo- und handelspolitische Lage die Investitionen beeinflussen wird. Die Fachleute erwarten zwar nicht, dass das Gesamtjahr 2021 die Vor-Corona-Phase von 2019 übertreffen wird. Schließlich bildeten die Reisebeschränkungen und andere Covid-19-Hemmnisse weiterhin große Investitionshürden. Auch dauere die Skepsis in den europäischen Zielländern an – in Amerika sogar nach dem Amtsantritt des demokratischen Präsidenten Joe Biden: «Der Regierungswechsel in den USA hat, wie sich herausstellt, zu keinem günstigeren Umfeld für chinesische Investitionen in den USA geführt.» Es könnte daher sein, dass sich Peking stärker auf Asien konzentriere. Gleichwohl werde 2021 vermutlich mehr und höherwertigere M&As sehen als 2020, erwartet PwC. Denn eines sei klar: «Chinesische Unternehmen haben nach wie vor Appetit auf Auslandsdeals.»

Die Brüsseler Denkfabrik Bruegel liest die Zahlen noch positiver. «Mit dem Wiederhochfahren seiner Wirtschaft [nach Corona] hat China auf dem Markt für Fusionen und Übernahmen im Ausland Energie zurückgewonnen», schreiben der chinesische Ökonom Xu Jianwei und seine spanische Kollegin Alicia García-Herrero. Dass die Asiaten wieder im Spiel seien, erklären die Wissenschaftler mit der frühen wirtschaftlichen Erholung im Vergleich zu den anderen Handelsräumen, mit der Aufhebung der Geschäftsrestriktionen und mit den günstigen Finanzierungsbedingungen. Die Geldpolitik bleibe locker, die Zinsen seien weiterhin niedrig, und der Yuan-Renminbi, die chinesische Währung, notiere relativ stark. All das lasse ein baldiges Wiederanschwellen der Übernahmewelle erwarten – und das vor allem in der EU.

Obwohl sie sich gegenüber den Avancen aus Fernost zieren, werden die Europäer am stärksten umgarnt. Selbst nach Austritt der bei chinesischen Investoren besonders beliebten Briten rangiert die Europäische Union in der fernöstlichen Gunst weiterhin ganz vorn. Erst dahinter folgen der Asien-Pazifik-Raum und die Vereinigten Staaten. Innerhalb Europas hatte 2020 wieder einmal Deutschland die Nase vorn, schon als Einzelstaat schafft es Position sechs unter allen Investitionszielen, noch deutlich vor den Briten und Italien.

2021 haben sich die Gewichte verschoben, im ersten Halbjahr lagen die Niederlande an der Spitze, innerhalb der EU waren auch Finnland und Spanien für die Chinesen interessanter als Deutschland. Das lag vor allem daran, dass die Zahl der Megaübernahmen stark abgenommen hat und deshalb die wenigen großvolumigen Verträge zu starken Ausschlägen in der Statistik führen. Wichtig ist: Die EU als Ganze führt die Liste auch in den ersten sechs Monaten 2021 klar an, mit 92 M&A-Vereinbarungen im Umfang von 10,4 Milliarden Dollar. Erst danach folgen Asien (68 Deals zu 9,3 Milliarden Dollar) und Nordamerika (66 Deals zu 4,1 Milliarden Dollar).

Keiner kann die Chinesen besser bremsen als sie sich selbst

Das Gröbste mag vorüber sein in Sachen Corona. Dennoch ist nicht zu leugnen, dass die Sterne in den vergangenen Jahren allgemein nicht gut gestanden haben für unternehmerische Zusammenschlüsse und Übernahmen. Es gibt spezifische Gründe, warum sich die chinesischen Aufkäufer seit einiger Zeit zögerlicher geben als früher, freiwillig oder gezwungener Maßen. Der Übernahmehunger leidet zum einen darunter, dass die Regierungen in den Zielländern die Chinesen immer wehrhafter zurückweisen und zu diesem Zweck das Investitionskontrollrecht verschärfen. Die bekanntesten Fälle in Deutschland stammen aus dem Sommer 2018. Im Juli schaffte es das Bundeswirtschaftsministerium, den Einstieg der staatlichen State Grid Corporation of China beim Berliner Stromnetzbetreiber 50 Hertz zu verhindern. Einen Monat später untersagte das Ministerium die Übernahme des münsterländischen Maschinenbauers Leifeld durch die Yantai Taihai Group. Das war das erste Verbot dieser Art seit Inkrafttreten des deutschen Außenwirtschaftsrechts 2004 und seit der Prüfung von 450 Erwerbsvorgängen, die alle nicht beanstandet worden waren. Im Falle Leifeld, mit dessen Maschinen sich militärische Triebwerkskomponenten und Teile für die Nuklearindustrie herstellen lassen, machte das Wirtschaftsministerium Sicherheitsbedenken geltend. Auf die Abwehrversuche Europas und Deutschlands gegen die chinesische Übernahmeoffensive wird noch ausführlicher zurückzukommen sein.

Aber nicht nur die westlichen Hauptstädte bremsen die Chinesen aus, sondern auch ihre eigenen Politiker. Da die Unternehmen in der frühen Phase von «Made in China 2025» ähnlich willkürlich und rauschhaft zugriffen wie Kaufhauskunden im Schlussverkauf, hat die Regierung seit November 2016 die

Bestimmungen für Auslandsakquisitionen nach und nach verschärft. Die Neuregelungen gipfelten im August 2017 in den sogenannten Leitmeinungen, den «Guiding Opinions for Outbound Direct Investments». Sie wurden von den vier mächtigsten mit der Außenwirtschaft betrauten Staatseinrichtungen gemeinsam verabschiedet, dem Außenamt, dem Wirtschaftsministerium, der Zentralbank und dem Planungsministerium NDRC. Seitdem fallen alle ODI in eine von drei Kategorien: jene, zu denen die Regierung ermutigt, jene, welche sie begrenzt, oder jene, die sie verbietet.

Ganz im Sinne der gegenwärtigen Hauptstrategien zur wirtschaftlichen Expansion, der Made-in-China- und der Seidenstraßen-Initiative (OBOR oder BRI abgekürzt), wurden die chinesischen Unternehmen dazu angehalten, im Ausland in den folgenden Feldern zuzugreifen: in Hochtechnologie, in moderner Industriefertigung, in Forschung und Entwicklung, in der Energiewirtschaft, in den Finanzdienstleistungen und in der Logistik. Auf der Einkaufsliste stehen zudem alle Formen von Infrastruktur, die dem BRI-Projekt dienen. Um die Geldflüsse in die richtigen Bahnen zu lenken, stellen die Ministerien und die Zentralbank den Investoren umfangreiche Förderungen in Aussicht, etwa Zoll- und Umtauscherleichterungen oder Steueranreize.

Auf der anderen Seite der Skala rangieren die verbotenen Geschäfte im Ausland. Darunter fallen, wenig verwunderlich, Militärgüter, Sexartikel und Glücksspiel. Interessant ist die mittlere Gruppe für «begrenzte» Transaktionen. Dazu gehören unter anderem die Käufe von veralteten Produktionsmitteln sowie Investitionen in Immobilien, Hotels, Kinos, in die Unterhaltungsindustrie und in Sportvereine. Seitdem die Leitmeinungen zu den ODI in Kraft sind, werden alle Übernahmeversuche dieser Art gründlich geprüft. Es reicht nicht mehr aus, die Vorhaben behördlich anzuzeigen, sondern sie müssen einzeln genehmigt werden – ähnlich wie das vor der Liberalisierung

2013/2014 der Fall war. Notfalls verlangt die Regierung sogar die Rückabwicklung der Auslandsgeschäfte.

Eine ähnliche Absicht verfolgt die Anordnung Nummer 11 (Order No. 11) des Planungsministeriums NDRC vom März 2018. Sie zielt darauf ab, «innovative ODIs» zu fördern, fehlgeleitete jedoch zu verhindern. So bedürfen Investitionen in ausländische Medienbetriebe oder grenzüberschreitende Wasserprojekte künftig einer Genehmigung des NDRC. Auch müssen Auslandsinvestitionen von mehr als 300 Millionen Dollar, die von Offshore-Standorten aus getätigt werden, dem Ministerium angezeigt werden. Andererseits sieht das Papier Erleichterungen für Auslandsengagements vor, die in Peking auf Zustimmung stoßen. Für diese entfällt zum Beispiel der bürokratische Aufwand, noch vor der Beteiligung an einer Ausschreibung ein Bestätigungsschreiben des NDRC beantragen zu müssen.

Es sei das erklärte Ziel solcher Regelungen, schreibt die amerikanische Wirtschaftskanzlei Latham & Watkins, jene Art von ODIs zu fördern, «die für Chinas Wachstum und Entwicklung von strategischer Bedeutung sind». Hingegen würden alle Auslandsaktivitäten ausgetrocknet, die den «nationalen Interessen der Volksrepublik zuwiderlaufen oder mit irrationalen Risiken behaftet sind.» Schon vor der Verabschiedung der Leitmeinungen und der Verordnung Nr. 11 hatte die Regierung im November 2016 klargestellt, die Politik des «Going-Out» zwar mit unvermindertem Elan weitertreiben zu wollen, zugleich müssten aber alle «unvernünftigen» Zukäufe im Ausland aufgegeben werden.

Als «unvernünftig» gelten nicht nur Investitionen, die sich außerhalb der vorgesehenen Bahnen bewegen, sondern auch solche, die sich nicht vernünftig finanzieren lassen. Seit einigen Jahren achten die chinesischen Finanzbehörden viel strenger darauf, wie hoch die Aufkäufer verschuldet sind oder ob sie in Liquiditätsengpässen stecken. Kommt der Eindruck auf, dass sich die Unternehmen finanziell auf zu dünnem Eis bewegen, werden die Auslandsbestrebungen unterbunden.

Diese Verschärfung steht im Einklang mit der generellen Tendenz, Kapitalabflüsse aus China zu begrenzen. Denn angesichts des schwächeren Wachstums, der zunehmenden wirtschaftlichen und politischen Unsicherheiten und der Furcht vor einer Abwertung des Yuan-Renminbi haben lang Zeit viele Anleger ihr Geld im Ausland in Sicherheit gebracht. Um der Abwertung der Währung entgegenzutreten, verkaufte die Zentralbank für Hunderte Milliarden Dollar Devisenreserven und führte Kapitalkontrollen für Auslandsinvestitionen ein. Der damalige Zentralbank-Gouverneur Zhou Xiaochuan begründete die Eingriffe 2017 damit, dass Auslandsinvestitionen in gewissen Branchen, etwa in Sport oder Unterhaltung, dem Heimatland «nicht dienten» und daher reguliert werden müssten. Hingegen stelle der Kauf von Unternehmen, mit deren Hilfe sich die Produktqualität und das Niveau von Forschung und Entwicklung heben ließen, «keinerlei Problem» dar. Es ist klar, was damit gemeint war: Folgt ihr der Initiative «Made in China 2025», dann seid ihr aus dem Schneider, tut ihr es nicht, dann könnten eure Auslandsträume platzen.

Zurückgepfiffene Drachen: Die Beispiele Anbang und Wanda

Einige spektakuläre Fälle, in denen die chinesische Regierung reiche Investoren zurückpfiff, sind an die Öffentlichkeit gelangt. So drängten die Behörden den Pekinger Versicherungskonzern Anbang, die New Yorker Edelherberge Waldorf Astoria wieder abzustoßen, die das Unternehmen 2015 im größten Hotelkauf aller Zeiten für fast zwei Milliarden Dollar erworben hatte. Nach der Regierungsorder musste Anbang Teile der Luxusimmobilie in Eigentumswohnungen umbauen, um sie weiterzuverkaufen.

Nicht zuletzt wegen solch kostspieliger Überseeakquisitionen ist das Unternehmen heillos überschuldet. Im Zusammenhang mit Ermittlungen zur Finanzsituation der Gesellschaft und zu möglichen dubiosen Geschäften wurde der Gründer und Vorstandsvorsitzende Wu Xiaohui festgenommen. Er hatte Anbang seit 2004 von einem lokalen Autoversicherer zu einem weltumspannenden Konglomerat mit 30 000 Mitarbeitern gemacht. Eigentlich ist die Assekuranz in privater Hand, tatsächlich aber hat dort inzwischen der Staat das Sagen: Wegen strafbarer Finanzgebaren stellte die Regulierungsbehörde Wus Lebenswerk unter staatliches Kuratel. Wenig später wurde er wegen Betrugs und Veruntreuung zu nicht weniger als 18 Jahren Haft verurteilt.

In die internationalen Schlagzeilen brachte es auch der gescheiterte Versuch des chinesischen Mischkonzerns Wanda, den amerikanischen Produzenten von Unterhaltungsshows Dick Clark Productions (DCP) zu übernehmen. Die kalifornische Gesellschaft organisiert zum Beispiel die Verleihung der begehrten Film- und Fernsehpreise «Golden Globes». Die nordostchinesische Wanda-Gruppe, die mit 40 Milliarden Dollar Jahresumsatz zwischenzeitlich zu den 500 größten Unternehmen der Welt zählte, wollte für DCP eine Milliarde Dollar zahlen. Doch gaben die Pekinger Finanzbehörden, die den Kapitalfluss und den Währungsumtausch in solchen Größenordnungen genehmigen müssen, das Geld nicht frei, so dass der Deal platzte. Das war der erste größere Rückschlag für den Wanda-Gründer Wang Jianlin, den «Forbes» in seiner «Milliardärsliste» auf Platz 29 der reichsten Chinesen und an Position 137 in der ganzen Welt führt; sein Vermögen wird auf fast 15 Milliarden Dollar geschätzt.

Früher hatte Wangs Dalian Wanda Group, der bedeutendste Immobilienbesitzer Chinas, recht ungebremst in aller Welt einkaufen können. Für Aufmerksamkeit sorgte der Erwerb der amerikanischen Kinokette AMC Theatres für 2,6 Milliarden

Dollar, wodurch Wanda über Nacht zum größten Lichtspiel-
konzern der Welt aufstieg. Später kam für 3,5 Milliarden Dollar die kalifornische Filmproduktionsgesellschaft Legendary
Entertainment hinzu. In Europa gehört zu Wangs Imperium
unter anderem der englische Luxusjachten-Hersteller Sunseeker, dessen schnittige Boote in verschiedenen James-Bond-
Filmen zu sehen sind.

2017 jedoch leitete der vereitelte Kauf von DCP eine ganze
Reihe von Desinvestitionen der Wanda-Gruppe ein, die auf
Druck des chinesischen Staates erfolgt sein sollen. Zunächst
musste der Konzern Hotels und Tourismusanlagen für neun
Milliarden Dollar verkaufen, ein Jahr später trennte er sich von
Teilen des 2015 erworbenen spanischen Fußballclubs Atlético
Madrid und veräußerte auch die Mehrheit an dem Prestige-
objekt AMC an eine amerikanische Beteiligungsgesellschaft.
Mit Verlust musste sich Wangs Imperium von dem Filetgrund-
stück One Nine Elms in London trennen. Ursprünglich wollte
Wanda im Stadtteil Vauxhall am Südufer der Themse bis 2019
zwei neue Hochhäuser mit Wohnungen und einem Luxushotel
hochziehen. Doch der Milliardentraum zerplatze, bevor die
Bauarbeiten überhaupt begannen.

Der Luftfahrt-Luftikus und die Deutsche Bank:
Die HNA-Gruppe

Den kalten Atem der Pekinger Behörden spürte auch der
Mischkonzern HNA im Nacken. Eigentlich war das im Jahr
2000 auf der chinesischen Ferieninsel Hainan gegründete
Unternehmen ein Luftfahrtkonzern, als Keimzelle gilt die 1993
ins Leben gerufene Fluggesellschaft Hainan Airlines. Gleich zu
Beginn der Initiative «Made in China» kaufte das Konglomerat
kräftig hinzu, zwischen 2015 und 2017 für mindestens 40 Mil-

liarden Dollar. Darunter waren zunächst Akquisitionen im Kerngeschäft: etwa die des weltgrößten Bodenabfertigers Swissport aus der Schweiz, des ebenfalls Schweizerischen Flugzeuginstandhaltungs- und -wartungsunternehmens SR Technics oder die Teilübernahme des französischen Flugcaterers Servair von Air France. Hierzulande sorgte im März 2017 der Erwerb des Flughafens Frankfurt-Hahn für Aufmerksamkeit. Dies umso mehr, als es zuvor schon einen chinesischen Investor für den Platz im Hunsrück gegeben hatte, die Shanghai Yiqian Trading Company. Doch dieses Unternehmen stellte sich als Briefkastenfirma heraus, woraufhin HNA im zweiten Anlauf zum Zuge kam. Und so kaufte die Gruppe dem Land Rheinland-Pfalz für 15 Millionen Euro knapp 83 Prozent der Flughafenanteile ab. Der ehemalige Stützpunkt der amerikanischen Luftwaffe galt als interessant, da er als einer der wenigen Plätze in Zentraleuropa über eine Rund-um-die-Uhr-Genehmigung für den Fracht- und Passagierbetrieb verfügte, und das 365 Tage im Jahr.

Im internationalen Hotelgewerbe rüsteten die Chinesen ebenfalls auf, sie gaben spektakuläre 6,5 Milliarden Dollar für die amerikanische Hilton-Gruppe aus. Weitere riesige Summen flossen dann allerdings in Sparten jenseits der Touristik, womit sich HNA auf unbekanntes und rutschiges Terrain begab. 2016 schluckte der Konzern den kalifornischen Großhändler für Informations- und Kommunikationstechnik Ingram Micro für sechs Milliarden Dollar. Zehn Milliarden Dollar zahlte er für das Leasinggeschäft des New Yorker Finanzhauses CIT Group. Ebenfalls in Amerika glückte der Einstieg in die Investmentgesellschaft Sky-Bridge Capital. In London kaufte HNA den weltweit tätigen Wechselstubenbetreiber International Currency Exchange, in Singapur den Logistikkonzern CWT – und zwar mit erklärtem Verweis auf die Seidenstraßen-Initiative. Für den Erwerb wurde eine eigene Tochtergesellschaft gegründet: HNA Belt and Road Investments Singapore. 2017 landete die HNA

Group einen weiteren Coup in der Schweiz, als sie sich für 580 Millionen Dollar die Mehrheit an der Benzinlager- und Logistikgesellschaft von Glencore sicherte, dem größten Rohstoffhändler der Welt. Hingegen scheiterte im selben Jahr die Übernahme der neuseeländischen Bank UDC Finance, weil den dortigen Aufsichtsbehörden die Eigentumsverhältnisse von HNA unklar erschienen.

Ähnliche Diskussionen gab es, als die Chinesen die Finger abermals nach Deutschland ausstreckten, diesmal hingegen nicht nach einem Provinzflughafen, sondern nach einem Urgestein der europäischen Finanzindustrie: der 1870 gegründeten Deutschen Bank in Frankfurt. Mitte Februar 2017 erwarb die HNA Group für 800 Millionen Dollar die ersten drei Prozent der Aktien. Bis zum Mai kamen weitere sieben Prozent für 1,8 Milliarden Dollar hinzu, so dass die Chinesen in ihren besten Zeiten knapp ein Zehntel des größten Geldhauses der Bundesrepublik kontrollierten. Doch die europäische Bankenaufsicht beäugte die HNA-Gruppe und ihre Hintermänner überaus kritisch. Dem damaligen Vorstandsvorsitzenden der Deutschen Bank, John Cryan, war der neue Großinvestor derart suspekt, dass er sich lange weigerte, HNA-Chef Adam Tan Xiangdong zu treffen.

Auch in der Schweiz geriet HNA ins Visier der Aufsicht. 2017 kaufte sich das Unternehmen in den Basler Duty-Free-Konzern Dufry ein, der sich als weltgrößter Einzelhändler von Reisebedarf und Mitbringseln versteht. Nur zwei Jahre später stießen die Chinesen einen Großteil der Aktien wieder ab. Daraufhin warf ihnen die Eidgenössische Finanzmarktaufsicht Finma vor, beim Kauf und Verkauf von Dufry falsche Angaben gemacht und damit «in schwerer Weise» gegen die geltenden Offenlegungspflichten verstoßen zu haben.

«Desinvestment»: Der Milliardenrückzug
der Pleitegeier

Heute weiß man, dass die internationalen Megaeinkäufe der Südchinesen auf Pump erfolgt sind und von vornherein auf tönernen Füßen standen. Schon 2017 kam es zu massiven Liquiditätsengpässen bei HNA, woraufhin der Aktienhandel mehrerer börsennotierter Tochtergesellschaften ausgesetzt wurde. Ende jenes Jahres summierten sich die Schulden der Gruppe auf fast 108 Milliarden Dollar. Ähnlich wie im Falle des Versicherungsriesen Anbang und des Mischkonzerns Wanda rief die Schieflage von HNA die Pekinger Finanzmarktwächter auf den Plan. Sie forderten den Konzern dazu auf, sich so schnell wie möglich zurück aufs Kerngeschäft zurückzubesinnen und überflüssige Auslandsengagements abzustoßen.

Daraufhin leitete HNA den Verkauf von Vermögenswerten im Wert von mehr als 20 Milliarden Dollar ein, um Schulden zurückzuzahlen. Die Hälfte der Erlöse stammte aus Immobilien, die den Pekinger Ämtern besonders sauer aufstießen. HNA trennte sich von Hotelbeteiligungen bei Hilton, bei Radisson, bei Park Hotels & Resorts sowie bei der spanischen NH-Kette. Die Chinesen haben auch versucht, CWT wieder loszuwerden. Doch das Logistik- und Immobilienunternehmen stand seit der Fusion mit einer in Hongkong börsennotieren HNA-Tochtergesellschaft so wackelig da, dass sich dafür kein Käufer fand. 2019 konnte CWT die ersten Schulden nicht mehr bedienen, da nutzte auch der Verweis auf die Seidenstraßen-Initiative nichts. HNA sah sich gezwungen, sogar Teile seines Kerngeschäfts zu verkaufen, um finanziell wieder zu Kräften zu kommen, etwa Beteiligungen an dem erst 2015 erworbenen irischen Flugzeugleasingunternehmen Avalon und am Schweizer Luftfahrt-Caterer Gategroup.

Aus der Deutschen Bank hat sich die Hainaner Gesellschaft

ebenfalls zurückgezogen. Hielt sie zwischenzeitlich über den Wiener Vermögensverwalter C-Quadrat bis zu zehn Prozent der Anteile und war damit der größte Einzelaktionär, so reduzierte sie 2018 und 2019 ihre Beteiligung immer weiter und gab sie schließlich ganz ab. In Frankfurt sieht man den Rückzug mit einem weinenden und einem lachenden Auge. Auf der einen Seite hätte das Geldhaus in den schwierigen Zeiten, die es seit Jahren durchläuft, dringend einen stabilen Ankerinvestor gebraucht. Auf der anderen Seite kann das Institut froh sein, den undurchsichtigen, immer etwas windig wirkenden HNA-Konzern nicht mehr an Bord zu haben. Die Hessen schulden den Pekinger Behörden Dank, dass sie den Luftfahrt-Luftikus zurückbeordert haben, bevor es zu spät war.

2020 gab die Corona-Krise dem Tourismus- und Airline-Konzern den Rest. 2021 meldete HNA Zahlungsunfähigkeit an, seitdem wird das verschachtelte Konstrukt abgewickelt. Die Zahl der Beteiligungen im In- und Ausland wird trotz des verordneten Rückzugs noch immer auf 320 beziffert. Angeblich beläuft sich der Schuldenberg auf 80 Milliarden Dollar, bei 64000 Geldgebern soll HNA in der Kreide stehen. Auch strafrechtliche Ermittlungen kamen ans Licht, im Spätsommer 2021 wurden der ehemalige HNA-Vorstandschef Tan Xiangdong und der frühere Verwaltungsratchef Chen Feng wegen «krimineller Handlungen» festgenommen. Die Flughafenbeteiligung im deutschen Hahn sollte zunächst in chinesischer Hand bleiben. Die Liaoning Fangda Group aus Peking, ein Mischkonzern mit den Hauptsparten Kohle, Stahl und Pharmazeutika, wollte das gesamte Fluggeschäft von HNA übernehmen und damit auch den Platz im Hunsrück. Doch daraus wurde nichts. Ende 2021 eröffnete das Amtsgericht Bad Kreuznach ein vorläufiges Insolvenzverfahren über das Vermögen der Frankfurt-Hahn-Gruppe.

Ob bei Anbang, Wanda oder HNA, der nicht immer freiwillig erfolgte Verkauf von Immobilien, Hotels, Sportclubs oder

Kinos entspricht genau den Vorgaben der Behörden. Sie legen
fest, von welchen Branchen die chinesischen Investoren die Finger lassen sollen, nicht zuletzt, um sie vor der Überschuldung
zu bewahren. Unverkennbar haben die strafferen Zügel, an
denen die Politik die Firmen führt, den Appetit für Auslands-
käufe wesentlich geschmälert. 2017 und 2018 waren die ersten
Jahre, in denen die Investoren in großem Stil europäische Beteiligungen haben fallen lassen. Nach Schätzungen von MERICS
und Rhodium summierten sich die Veräußerungen allein 2018
auf rund 4,4 Milliarden Dollar.

Das Zurechtstutzen durch Peking bedeutet allerdings nicht,
dass den chinesischen Unternehmen der Gang über die Grenzen
generell erschwert wird. Es gehe lediglich darum, wie es die
französische Investmentbank Natixis so schön formuliert,
«kaltes Wasser in den überhitzten Going-Out-Enthusiasmus
chinesischer Unternehmen zu gießen. Vor allem dann, wenn es
sich bei den Anlagen um Trophäen handelt, die keine klaren
sektoralen und geographischen Verbindungen zu Chinas Industriepolitik aufweisen.» Von ihrer Industriepolitik an sich rücken Partei und Regierung aber keinesfalls ab, im Gegenteil:
Die Verpflichtung auf das Programm «Made in China 2025»
soll sicherstellen, dass die Wirtschaft ihre Kräfte im Ausland
nicht verschwendet, sondern bündelt und auf die «richtigen»
Firmenkäufe konzentriert.

Die Kommunistische Partei sitzt
mit am Tisch

Die Einflussnahme der Pekinger Politik auf die chinesischen
Auslandsgeschäfte lässt sich nicht beurteilen, ohne die Verbindungen der Wirtschaft mit der Kommunistischen Partei KPC zu
betrachten. Dass die Staatsunternehmen eng mit ihr verstrickt

sind, liegt auf der Hand. Auf nationaler wie auf provinzieller
Ebene regiert die Führung mit hinein, besetzt die Leitungspos-
ten, stellt über die Staatsbanken Geld zur Verfügung oder ent-
zieht es, entscheidet über Fusionen und Übernahmen, Börsen-
gänge, Kapitalerhöhungen, schafft eigene Regularien für die
«State Owned Entreprises» (SOE) und setzt diese auch durch.
Die Zentralregierung nutzt zur Steuerung ihrer Betriebe eine
eigene riesige Behörde, die Kommission zur Überwachung und
Verwaltung öffentlicher Vermögenswerte des Staatsrats (SA-
SAC). Das Amt kontrolliert fast 100 Konzerne, die 2020 trotz
der Corona-Pandemie ihren Umsatz bei umgerechnet 5000 Milliarden Dollar stabil halten und den Nettogewinn sogar leicht
auf 216 Milliarden Dollar steigern konnten. So gesehen, ist die
SASAC der mit Abstand wichtigste Akteur in der Weltwirtschaft.

Pro forma sind zwar die Zentral- oder Regionalregierungen
die Eigentümer der Staatsunternehmen, de facto aber spielen
sie, wie in allen bedeutenden Entscheidungen, nur die zweite
Geige hinter der Kommunistischen Partei; oft ist das Personal
ohnedies identisch. 2020 wurde dieses Vorrecht innerhalb der
Staatswirtschaft sogar in einer Verordnung zementiert. Seitdem
gelten die Parteikomitees, die es in allen größeren Unternehmen
gibt – auch in privaten und auch in ausländischen wie etwa
Volkswagen –, ganz offiziell als die eigentlichen Machtzentren
in den SOE. Dort hat jetzt nicht mehr der Vorstand das Sagen,
sondern das Komitee, dem es gestattet ist, weitgehend nach
Gutdünken zu schalten und zu walten: Das Gremium untersteht allein den Parteigranden und kann im Allgemeinen nicht
von Gerichten oder Behörden zur Rechenschaft gezogen werden. Folgerichtig schreibt die Hongkonger Zeitung «South
China Morning Post» in einer Einschätzung: ‹Der Schritt spiegelt den starken Wunsch Pekings wider, die Kontrolle über seinen riesigen Staatssektor zu verschärfen.»

Wie aber sieht es mit den Privatunternehmen aus, die ja auch in Deutschland und Europa unterwegs sind? Gelegentlich heißt es, sie seien viel loser mit dem Regime verbandelt als die Staatsunternehmen, weshalb man sich über ihren Einfluss im Ausland weniger Gedanken machen müsse. Das ist nicht ganz falsch, aber auch nicht ganz richtig. Denn selbst freie Geister ohne Parteibuch dürfen nur so lange Geschäfte machen, wie sie den Interessen der Partei nicht in die Quere kommen. Es gibt eine lange Liste mit Privatunternehmern oder hohen Managern, die entmachtet wurden, kurzfristig oder für immer von der Bildfläche verschwanden oder aus den unterschiedlichsten Gründen im Gefängnis landeten.

Natürlich sind nicht alle Geschäftsleute Engel, es mag fallweise gute rechtskonforme Gründe geben, sie zu verurteilen, auch wenn China kein Rechtsstaat ist. Aber es fällt doch auf, dass sich einige der Angeklagten zuvor mit dem System oder dessen Repräsentanten angelegt hatten und dass es deshalb nicht unwahrscheinlich ist, dass sie (auch) dafür bestraft wurden. Der Immobilienunternehmer Ren Zhiqiang etwa kritisierte im März 2020 die Corona-Politik von Staats- und Parteichef Xi Jinping und wagte es sogar, ihn in einem Zeitungsbeitrag einen Clown zu nennen. Im September desselben Jahres wurde Ren wegen Bestechung und Unterschlagung zu 18 Jahren Haft verurteilt – also zur gleich hohen Strafe wie der Gründer und Vorstandsvorsitzende des Versicherungskonzerns Angang, Wu Xiaohui, von dessen Fall schon die Rede war.

Zum Vergleich: In Deutschland dauert die längste normale oder «zeitige» Freiheitsstrafe 15 Jahre, längere Zeiträume gelten als lebenslänglich und werden nur für Kapitaldelikte verhängt, zumeist für Mord. Dasselbe Strafmaß wie Ren und Wu brummte ein Gericht in der Nähe von Peking Ende Juli 2021 dem Agrarunternehmer Sun Dawu auf, weil er Aufwiegelung betrieben und Menschen versammelt habe, um Staatsorgane anzugreifen. Was die Richter nicht sagten: Der Bauer, der sich zum Milliardär hochgearbeitet hatte, unterstützte Menschenrechtsanwälte und Dissidenten, hatte 2019 einen Ausbruch von Schweinepest öffentlich gemacht und später die Covid-19-Maßnahmen und die offizielle Agrarpolitik hinterfragt.

Selbst Vorzeigeunternehmer sind nicht sicher

Der Unmut der Partei kann sogar Vorzeigebranchen und deren Repräsentanten ereilen. Der bekannteste Fall ist jener von Jack Ma, Gründer des Online-Imperiums Alibaba. Mit einem Vermögen von 48 Milliarden Dollar gilt Ma als viertreichster Chinese und Nummer 26 in aller Welt. 2020 wagte er eine leise, geradezu poetische Kritik am Finanzwesen seiner Heimat. Die Branche stehe noch am Anfang, sagte Ma bei einem Vortrag in Schanghai: «Wir haben zwar große Banken, die sind wie große Flüsse. Wir brauchen aber vor allem kleine Seen, Teiche und Bäche.» Mit diesen Zweifeln an den übermächtigen Staatsbanken hatte Ma, der bisher als Aushängeschild einer neuen, vermeintlich ungebundenen, auch international erfolgreichen Gründergeneration gegolten hatte, die rote Linie überschritten. Die Strafe folgte auf dem Fuß: Nach der Rede zwangen die Behörden Mas Konzern Ant Financial, zu dem der riesenhafte Bezahl- und Finanzdienstleister Alipay gehört, einen schon vollständig vorbereiteten Börsengang in Hongkong und Schanghai abzublasen. Das wäre nicht irgendein Debüt gewesen, sondern mit einem geschätzten Volumen von 30 Milliarden Dollar die umfangreichste Erstnotiz aller Zeiten. Der Grund für die Absage klang vorgeschoben; Ant habe einige Regularien nicht erfüllt, hieß es knapp.

Ma selbst, sonst sehr präsent und eloquent in chinesischen und internationalen Medien, musste fortan schweigen und sich zurückziehen. Erst im Januar 2021 tauchte der ehemalige Englischlehrer nach drei Monaten Funkstille zaghaft wieder auf.

Der chinesischen Staats- und Parteiführung seien Ma und seine Konzerne offenbar zu selbstbewusst und zu mächtig geworden, zitierte damals das ARD-Studio Schanghai ungenannte Analysten. Sein Verschwinden müsse als Warnung verstanden werden: «Nach dem Motto: Selbst die reichsten und einflussreichsten Spitzenmanager in China müssen sich der kommunistischen Staatsführung unterordnen.»

Neben Ma wurden noch andere bekannte Privatunternehmer zurechtgestutzt. 2021 traten Zhang Yiming und Colin Huang überraschend zurück. Ersterer, mit 39 Jahren schon 37 Milliarden Dollar schwer, war der Chef des TikTok-Mutterkonzerns Byte-Dance. Letzterer, der mit 42 Jahren sogar 55 Milliarden Dollar auf die Waage brachte, war der Boss und Miteigentümer des stark wachsenden Online-Händlers Pinduoduo. Die Gründe für den Rückzug der beiden Jungstars sind bis heute unklar, doch wird angenommen, dass, wie bei Ma, der Druck der Staatsführung eine Rolle gespielt hatte. Diesen bekam auch Wang Xing zu spüren, der Chef des Lieferdienstes Meituan. Im Mai 2021 postete der 26-fache Dollarmilliardär einen mehr als 1000 Jahre alten satirischen Text, der sich gegen einen früheren Kaiser richtete. Doch die Mächtigen von heute hätten die Kritik offenbar auf sich bezogen, schreibt ARD-Korrespondent Steffen Wurzel. Um sich vor ihrer Vergeltung zu schützen, habe Xing ein Zehntel seines Vermögens der Wohlfahrt gespendet.

Später gerieten weitere private Konzerne ins Visier des Staates, darunter Tencent, das größte chinesische Konglomerat für Software und Soziale Medien. Gründlich aufgeräumt wurde zudem unter kommerziellen Anbietern von Nachhilfe und Bildungssoftware. Bedenken gegen einen allzu großen Einfluss gerade der Tech-Giganten gibt es auch anderswo, etwa in den USA oder in der EU. Das Besondere in China sei aber, dass die Säuberungen weder rechtsstaatlich noch transparent abliefen und dass die allmächtige Kommunistische Partei dahinter stecke, schreibt Wurzel: «Auch private Unternehmen müssen sich dieser Führungsrolle unterordnen.»

Der weitgehend unkontrollierte Durchgriff der Herrschenden in die Privatwirtschaft kann Aktionären genauso schaden wie Tochtergesellschaften im In- und Ausland. Die Anteilsscheine von Tencent und Meituan verloren nach den Warnschüssen aus der Machtzentrale bis zu einem Viertel ihres Wertes, Milliardensummen wurden vernichtet. Letztlich sind auch deutsche Unternehmen in chinesischem Besitz von Pekings Willkür abhängig, selbst dann, wenn ihre Muttergesellschaften in privater Hand, also etwa an der Börse notiert sind. Es gebe immer Risiken, wenn der Staat die Kontrolle über die Wirtschaft habe, doch der Westen ignoriere diese Gefahren in China häufig, sagte Perth Tolle, die Gründerin der Fondsgesellschaft Life and Liberty Indexes, dem Wirtschaftssender Bloomberg. Es herrsche die falsche Vorstellung vor, dass die Wirtschaft in einem autoritären Gemeinwesen effizienter laufe, weil sie planbarer sei. Die Milliarden an verbranntem Geld rund um die zurechtgestutzten Tech-Konzerne zeigten jedoch, dass es in Wirklichkeit genau umgekehrt sei, so Tolle: «Wenn innerhalb kurzer Zeit in solch einem Ausmaß Aktienwerte vernichtet werden, dann ist das das Gegenteil von wirtschaftlicher Effizienz.»

Sany, Wanda, Fosun: Mit wem darf man sich einlassen?

Deutsche und andere ausländische Firmenverkäufer sollten sich daher genau anschauen, mit wem sie sich einlassen und wie eng die Bindungen der chinesischen Erwerbsinteressenten zu den Machthabern zuhause sind. Auffällig ist, dass die Führer einiger privater Unternehmen aus der Volksrepublik gar nicht erst zum Schmusekurs mit der Partei gezwungen werden müssen, sondern ihr von sich aus hörig sind. Dafür gibt es Beispiele gerade in den Konzernen, die heftig im Ausland zukaufen, auch in Deutschland.

Eine frühe Übernahme, auf die an anderer Stelle noch ausführlich einzugehen sein wird, war 2012 der Kauf des schwäbische Weltmarktführers für Betonpumpen Putzmeister durch den chinesischen Schwermaschinenkonzern Sany Heavy Industry. Die Gesellschaft aus der Provinz Hunan ist börsennotiert, der größte Einzelaktionär ist der Gründer und Chef der Gruppe, Liang Wengen. So gesehen, ist das Unternehmen natürlich ein privates. Das bedeutet jedoch nicht, dass es frei wäre von politischer Einflussnahme, wie ein Blick auf Liangs Biografie zeigt. Die Gründung von Sany verhalf dem 1956 geborenen Bauernsohn, der sein erstes Geld mit selbstgeflochtenen Bambuskörben verdiente, zu sagenhaftem Reichtum. Bis zur Übernahme von Putzmeister stieg er zum wohlhabendsten Festlandchinesen auf. Diese Position hat er inzwischen nicht mehr inne, da ihn zahlreiche Newcomer überholen konnten. Mit einem Privatvermögen von mehr als 14 Milliarden Dollar führte ihn die Reichenliste von «Forbes» 2021 aber noch immer auf Rang 32 in China und auf Platz 148 in der ganzen Welt.

Während seines Aufstiegs hat Liang immer wieder die Nähe zu den Mächtigen gesucht und schließlich auch gefunden. 18 Jahre lang bewarb er sich um die Aufnahme in die Kommunistische Partei, bis sie 2004 endlich gelang. Wie in der Wirtschaft verlief seine Karriere auch in der Politik kometenhaft. Zweimal hintereinander, 2007 und 2012, wurde er zum Delegierten für den Parteitag in Peking gewählt. Beim zweiten Mal war er sogar als Mitglied im engsten Führungskreis, dem Zentralkomitee, im Gespräch – als erster Unternehmer überhaupt in der Geschichte der KPC. Ein weiteres Amt, für das er gehandelt wurde, war das des stellvertretenden Gouverneurs seiner Heimatprovinz Hunan. Von hier stammt Mao Tse-tung, in der Provinzhauptstadt Changsha liegt der Firmensitz von Sany.

2012 war auch das Jahr des Putzmeister-Kaufs. Es ist entlar-

vend, wie sich der neue Eigentümer des urschwäbischen Mittel-
ständlers damals auf dem Parteikongress als Vorzeigekommu-
nist in Szene setzte. «Ich werde unerschütterlich immer die
Interessen der Partei an erste Stelle stellen, wenn sie zu meinen
eigenen im Widerspruch stehen», versprach Liang gegenüber
der Presse. «Mein Eigentum, sogar mein Leben gehören der
Partei.» Nicht nur sich selbst unterwarf der Milliardär der politischen Doktrin, sondern auch seinen Konzern und damit zumindest indirekt auch Putzmeister. «Seit ich Parteimitglied bin,
habe ich die Arbeit der Partei mit der von Sany zusammenfüh-
ren können. Jetzt findet Sany in die richtige Richtung», ließ er
über die Unternehmenswebseite wissen. Nach Angaben der
parteinahen Zeitung «China Daily» bekannten sich im Jahr des
Putzmeister-Kaufs mehr als 5400 Sany-Mitarbeiter zur KPC,
im Aufsichtsrat gehörten sogar sieben von elf Mitgliedern der
Partei an.

Neben dem Sany-Gründer Liang Wengen gehört auch Wang
Jianlin zu Chinas Parteisoldaten in der Privatwirtschaft. Sein
riesiger Immobilienkonzern Wanda fand oben Erwähnung im
Zusammenhang mit einigen geglückten, aber auch gescheiter-
ten Auslandsakquisitionen. In den vergangenen zehn Jahren
hat Wanda fast sechs Milliarden Dollar in Europa investiert.
Wangs Loyalität zur KPC ist ähnlich hoch wie die Liangs, es ist
höchst unwahrscheinlich, dass einer von ihnen sich den Wünschen der Mächtigen entgegenstellt. 1969, noch zu Maos Zeiten, trat Wang im Alter von 15 Jahren in die Volksbefreiungsarmee ein. Dort diente er 17 Jahre lang und brachte es bis zum
Regimentskommandeur. In dieser Zeit wurde er Mitglied der
Kommunistischen Partei, für die er später sogar im Parlament
saß, dem Volkskongress. Er selbst hat von sich gesagt, es sei
ihm wichtig, «nahe an der Regierung, aber fern der Politik» zu
sein.

Als ein weiteres Pars pro toto, wie eng einige Unternehmer-
persönlichkeiten mit der KPC verbunden sind, kann der Grün-

der und Vorstandsvorsitzende des größten privaten Mischkonzerns Fosun gelten, Guo Guangchang. Die Gruppe aus Schanghai
steht in Europa für Investitionen von fast acht Milliarden Dollar, wovon anderthalb Milliarden nach Deutschland flossen.
Zu Fosuns ausgedehntem Herrschaftsbereich gehören zum Beispiel der französische Tourismuskonzern Club Méditerranée
oder in Deutschland die Privatbank Hauck & Aufhäuser und
das Modelabel Tom Tailor, beide ansässig in Hamburg. Auch
Guo zählt zu den absoluten Schwergewichten unter Chinas Geschäftsleuten, sein Privatvermögen wird auf fast sieben Milliarden Dollar geschätzt. 1967 noch während der Kulturrevolution geboren, hat er sich aus dörflichen Verhältnissen
hochgearbeitet, zunächst zum Philosophiestudenten an der Eli-
teuniversität Fudan in Schanghai, später zu einem treffsicheren
Investor und Spekulanten. Der Erfolg hat ihm in der internationalen Presse den Titel «Warren Buffet of China» eingetragen.

Guo ist nicht nur ökonomisch erfolgreich, sondern auch
politisch. Drei Jahre lang arbeitete er hauptamtlich für den
Kommunistischen Jugendverband Chinas, der als Rekrutie-
rungsorganisation der Partei in etwa mit der «Freien Deutschen Jugend» (FDJ) in der DDR vergleichbar ist. Später saß
Guo in der Politischen Konsultativkonferenz des Chinesischen
Volkes, dem Schwesterplenum zum Nationalen Volkskongress,
und dann auch in diesem selbst, also in Chinas Pseudoparlament, das nur einmal im Jahr zusammentritt.

Trotzdem scheint er bei den Mächtigen nicht unumstritten
zu sein, worauf ein skurriler Vorfall Ende 2015 hindeutet. Damals verschwand Guo plötzlich von der Bildfläche, ohne dass
Fosun mitteilen konnte, wo er sich befand. Daraufhin stürzte
der Aktienkurs, bis der Handel ausgesetzt wurde. Wenig später
hieß es, Guo sei von der Polizei festgehalten worden, um den
Behörden «bei Ermittlungen zu helfen». Nähere Angaben gab
es nicht, doch wurde spekuliert, die Korruptionsjäger von
Staats- und Parteichef Xi Jinping hätten den Unternehmer in

die Mangel genommen. Seit Jahren nutzt Xi die Säuberungen in Politik, Wirtschaft und Gesellschaft dafür, seine Machtbasis zu konsolidieren und Widersacher kaltzustellen.

Guo könnte ins Visier geraten sein, da er der «Schanghai-Clique» innerhalb der Kommunistischen Partei nahestehen soll. Mit dieser informellen Gruppe hat der ehemalige Staats- und Parteichef Jiang Zemin versucht, nach Ende seiner Amts- zeit weiterhin Macht auszuüben. Während das unter seinem Nachfolger Hu Jintao noch teilweise gelang, hat Xi Jinping den Einfluss des greisen Jiang (Jahrgang 1926) immer mehr be- schnitten. Möglicherweise, so spekulieren internationale Me- dien wie «Le Monde» aus Paris, wurde Guo Guangchang im Zuge dieses Machtkampfs zurück auf Linie gebracht.

Die genannten Unternehmer, allesamt Multimilliardäre mit enormem Einfluss im In- und Ausland, sind immer nur so groß, wie die Partei sie wachsen lässt. Nicht selten werden sie ge- schrumpft, sobald sie über die Stränge schlagen. Unverkennbar ist jedenfalls, dass Regierung und Partei über persönliche, regu- latorische und institutionelle Kanäle sogar Einfluss auf Kon- zerne nehmen, die ihnen gar nicht gehören. Das muss man be- rücksichtigen, wenn man von chinesischen «Privatunternehmen» spricht, die im Ausland mitmischen.

Sicher ist es nicht so, dass Peking direkt nach den Tochter- unternehmen greift, etwa nach Putzmeister in Aichtal oder nach dem Club Méditerranée in Paris. Das wäre eine absurde Vorstellung. Doch wäre es ebenso einfältig zu glauben, dass die chinesischen Mehrheitsgesellschafter Geschäftspartner wie jene aus der freien Welt wären. Die institutionellen Verwebungen und die Ergebenheitsadressen, egal ob freiwillig oder aufge- zwungen, machen klar, dass die Treue der chinesischen Auf- käufer zuallererst dem eigenen Regime gilt. Andersherum hel- fen die Mächtigen in Peking und in den Provinzen ihren Unternehmen dabei, im Ausland Fuß zu fassen, mit politischer ebenso wie mit finanzieller Unterstützung. Und das recht unabhängig davon, ob es sich um staatliche oder private Betriebe handelt, solange sie die überwölbenden industriepolitischen Ziele von Partei und Regierung verfolgen.

In diesem Zusammenhang wurde bereits erwähnt, welche Branchen die Regierung mittlerweile für «Hui» hält und welche für «Pfui». Das folgende Kapitel will detaillierter untersuchen, inwieweit die international tätigen chinesischen Unternehmen den Pekinger Wünschen tatsächlich entsprechen.

WAS DIE CHINESEN IN EUROPA SUCHEN – UND FINDEN

Der Klimawandel in der Weltwirtschaft und die Fosun-Gruppe

Im Sommer 2019 stöhnte Deutschland unter einer noch nie dagewesenen Hitzewelle. Im Juli verzeichnete der Deutsche Wetterdienst die höchsten jemals gemessenen Temperaturen, zunächst 40,5 Grad nördlich von Aachen und nur einen Tag später sage und schreibe 42,6 Grad im Emsland. Dazu muss man wissen, dass die magische Marke von 40 Grad erstmals überhaupt 1983 überschritten worden war. Der Sprung um mehr als zwei Grad hat also nur 36 Jahre gedauert. Zuvor hatte das Thermometer ein ganzes Jahrhundert gebraucht, um von 39 auf 40 Grad zu klettern.

Für den chinesischen Griff nach Übersee, der im Zentrum des vorliegenden Buches steht, bietet der Glutsommer 2019 ein gutes Beispiel. Mitten in der Ferienzeit zeigten sich die Asiaten bereit, einen der wichtigsten internationalen Touristikanbieter samt seinen deutschen Beteiligungen zu retten: die britische Thomas Cook Group mit ihren hessischen Tochtergesellschaften Condor und Neckermann-Reisen sowie dem Hamburger Veranstalter Öger Tours. Schon seit langem litt Thomas Cook, Europas größter Touristikkonzern hinter TUI, unter einer milliardenschweren Schuldenlast. Um das Ende des weltweit ältesten Reiseunternehmens abzuwenden und sich eigene Zukunftschancen zu sichern, beschlossen die Schanghaier Fosun-Gruppe, von der eben schon die Rede war, und die Gläubigerbanken Ende August 2019, rund 900 Millionen Pfund in das Thomas-Cook-Konglomerat zu pumpen, fast 1,2 Milliarden Dollar.

Geplant war, den Konzern in einen Reise-Teil (mit Öger und Neckermann) und in einen Flug-Teil (mit Condor) aufzuspalten. Letzteren sollten mehrheitlich die Banken übernehmen, Ersteren die Chinesen. Vor dieser Offerte war Fosun mit 18 Prozent an der Cook-Gruppe beteiligt gewesen. In der neuen Reisesparte, die von der Börse genommen werden sollte, hätten die Asiaten mit 75 Prozent dominiert. Am Flugbetrieb, und damit an Condor, hätten sie den Plänen zufolge künftig noch 25 Prozent gehalten. Auf diese Weise wollte Fosun seinem Wunsch näherrücken, zu einem führenden Reiseveranstalter in Europa aufzusteigen. Dazu hatten die Chinesen in einem ersten spektakulären Schritt schon 2015 für 1,1 Milliarden Dollar den französischen Betreiber von Ferienanlagen Club Méditerranée geschluckt.

Wie man weiß, sind die Pläne zu Thomas Cook gründlich gescheitert. Aber die dahinterstehenden Überlegungen, am lukrativen Tourismusmarkt mitzuverdienen, folgen einer klaren Strategie. Zumal in diesem Markt die, eigenen chinesischen Landsleute eine immer größere Rolle spielen, in normalen Zeiten ohne Pandemie ist Europa ihr wichtigstes Reiseziel hinter dem Heimatkontinent Asien. Auch außerhalb Europas will Fosun chinesische Touristen mit und in europäischen Ketten betreuen, was recht gut gelingt. In den fast 70 Ferienanlagen von Club Med in aller Welt stellen die Asiaten inzwischen die größte Besuchergruppe.

Ganz bewusst setzen die Fosun-Manager auf die Loyalität ihrer Landsleute, die es sehr zu schätzen wissen, wenn Veranstalter auf die chinesische Sprache, Kultur, Reise- und Essgewohnheiten eingehen. Obgleich die Zahl der Individualreisenden aus der Volksrepublik stark wächst, machen sich doch noch immer zwei Drittel der Urlauber in Gruppen nach Europa auf. Und diese buchen lieber bei chinaaffinen Anbietern als bei solchen, die ihre Vorlieben nicht kennen.

Der Riesenkonzern Fosun sei hier ausführlicher erwähnt, weil sich an ihm vielerlei illustrieren lässt. Schon genannt wurde die Nähe zur kommunistischen Führung, die selbst Privatunternehmen prägen kann. Fosun ist überdies ein gutes Beispiel dafür, wie systematisch die chinesischen Aufkäufer vorgehen, dass sie sich mit Verve an den «Going-Global-Strategien» beteiligen, welch große Rolle Dienstleistungen dabei spielen und auch, dass die Investoren durchaus scheitern können, etwa weil die Märkte und Regulatoren nicht mitspielen. Der missglückte Zugriff Thomas Cook war nicht weniger als der schwerste Rückschlag chinesischer Investoren im internationalen Tourismus.

Das Fosun-Konglomerat, das als größte private Gruppe Chinas gilt, besteht aus verschiedenen Konzernen. Deren wichtigster, der wiederum Dutzende Beteiligungen hält, ist die Fosun International Ltd. Der erkläre Anspruch der Gesellschaft ist es, ihren Kunden Vertrautes in unvertrauter Umgebung zu bieten. Das weltweit ausgegebene Motto dazu lautet ebenso pompös wie selbstbewusst: «Wir schaffen ein glücklicheres Leben für Familien auf der ganzen Welt.» Fosun hat also einen globalen Anspruch, und dieser wird am Geld nicht scheitern: Mit einem Umsatz von 20 Milliarden und einem Gewinn von 1,2 Milliarden Dollar rangiert die in Hongkong börsennotierte Aktiengesellschaft auf der Forbes-Liste der führenden Unternehmen der Welt auf Platz 459; in China reicht das für Rang 60. Die Vermögenswerte werden mit 117 Milliarden Dollar angegeben. Der für den Fremdenverkehr zuständige Zweig der Gruppe, die separat in Hongkong gelistete Fosun Tourism Group, sieht sich seit der Beteiligung an Club Med als das umsatzstärkste Unternehmen der Welt für Freizeit-Resorts.

Vom Gemischtwarenladen zum strategischen Investor

Im Fosun-Geflecht durchzublicken, ist nicht ganz einfach. In den frühen Neunzigerjahren taten sich fünf Absolventen der Schanghaier Fudan-Universität zusammen, um zunächst Marktforschungen anzustellen und dann in unterschiedliche Industrie- und Dienstleistungsbetriebe zu investieren. Bis heute kontrollieren vier der fünf Gründer das riesige Konstrukt über eine Kaskade von Beteiligungen. Sie halten 100 Prozent an den Fosun International Holdings (FIH) auf den Britischen Jungferninseln. Die FIH wiederum sind Alleineigentümer der fast namensgleichen Fosun Holdings in Hongkong, welche ihrerseits die Mehrheit der Aktien an der erwähnten Firma Fosun International Ltd. hält.

Was früher ein großer Gemischtwarenladen war, ist nach zahlreichen Umbauten, Zukäufen und Veräußerungen inzwischen ein strategisch ausgerichteter Konzern mit großen Ambitionen im In- und Ausland. Die Gruppe gliedert sich in drei Geschäftsbereiche. Zum Zweig «Gesundheit» gehören unter anderem Pharmaunternehmen, Krankenhäuser und Pflegeheime. Unter den Bereich «Glück» fallen die Tourismus-Aktivitäten, aber auch Modehäuser und Chinas bekannteste Brauerei, die einst von den Deutschen gegründete Tsingtao Brewery. Die dritte Sparte wird «Wohlstand» genannt und bündelt die Beteiligungen an Versicherungen, Banken und Industriebetrieben. Vom Umsatz her ist «Glück» das wichtigste Segment, vom Profit her aber klar der Bereich «Wohlstand».

Fosun hat schon lange vor dem Programm «Made in China 2025» angefangen, Unternehmen im Ausland zu kaufen. Einige Dienstleistungs-Akquisitionen stehen heute klar im Widerspruch zur staatlichen Fokussierung auf hochmoderne Industrien. Und doch folgt Fosun dem zentralen Gedanken der Pekinger Planer: mit der Sicherheit des riesigen Heimatmarkts im

Rücken in die Welt hinauszuziehen, um dort im doppelten Sinne Wissen zu «erwerben» und China an die Spitze zu führen.

Es gehe darum, sich zur chinesischen Herkunft zu bekennen, zugleich aber «global Fuß zu fassen», heißt es in den Unternehmensvisionen. Und weiter: «Fosun will Chinas Wachstumsschwung mit den international vorhandenen Ressourcen verbinden.» Man strebe danach, «eine Investmentgruppe von Weltrang zu werden», und das vor allem dadurch, «dass die globale Integration auch in China Wurzeln schlägt». Das Gesicht von Fosun, der Gründer und Miteigentümer Guo Guangchang, formuliert es noch deutlicher. Der Rückhalt für jegliche Auslandsexpansion liege im riesigen Heimatmarkt mit immer wohlhabenderen Kunden, sagte Guo gegenüber seinen Aktionären. Fast 400 Millionen Chinesen zählten zur Mittelschicht, rechnete Guo vor: «So etwas hat es in der Menschheitsgeschichte noch nie gegeben, daraus erwachsen unvorstellbare Möglichkeiten.» Mehr als 40 Jahre nach der wirtschaftlichen Öffnung habe China ein Stadium erreicht, in dem das Wachstum gesund, stabil, nachhaltig und von hoher Qualität sei. «Als Folge davon werden chinesische Firmen, einschließlich Fosun, immer stärker und können inzwischen in der Weltmeisterschaft der Wirtschaft mitspielen.»

In der Tat zeugt Fosun eindrücklich davon, wie sich die Chinesen auf dem internationalen Spielfeld bewegen und wie sie versuchen, auf dem Transfermarkt ausländische «Player» einzukaufen. Allein 2018 steckte die Gruppe annähernd 29 Milliarden Yuan oder vier Milliarden Dollar in neue Investitionen, fast die Hälfte davon im Ausland. In Portugal gehören die führende Krankenhauskette Luz Saúde und die größte börsennotierte Versicherung Fidelida zu Fosun. Die Chinesen sind auch die wichtigsten Aktionäre bei der portugiesischen Handelsbank Millennium BCP, die als größte Bank des Landes Teil des europäischen Börsenindex Stoxx 100 ist. In Großbritannien gehören die «Wolves» zu Guos Imperium – der Fußballclub Wolverhampton

Wanderers –, in Indien das Arzneimittelunternehmen Gland Pharma, in den Vereinigten Staaten der Versicherungskonzern AmeriTrust (ehemals Meadowbrook). Aufsehen erregte 2015 auch die Beteiligung an der kanadischen Unterhaltungsgruppe Cirque du Soleil, dem größten Theaterproduzenten der Welt.

In Frankreich hat die Fosun-Holding nicht nur den Club Méditerranée geschluckt, sondern auch den Hersteller von Margarine und Gesundheitsnahrung St Huber. Ebenso das älteste Pariser Modehaus Lanvin. Überhaupt zeigt sich Fosuns Geschäftsbereich «Glück» besonders interessiert an bekannten Luxusmarken. Er ist beim italienischen Herrenausstatter Raffaele Caruso eingestiegen, beim österreichischen Dessous-Hersteller Wolford, beim amerikanischen Strickwarenproduzenten St. John Knit, beim griechischen Schmuck- und Handtaschenhändler Folli Follie und beim Hamburger Fashionlabel Tom Tailor.

Viele Beteiligungen sind vor den behördlichen Übernahme-Verschärfungen erfolgt, die «falsche» Investitionen verhindern sollen. Vor allem aber achtet Fosun darauf, nur vergleichsweise kleine Beträge in Mode, Luxus, Spiel, Spaß und andere «Glücksverheißer» zu stecken, um unterhalb des Radars der Pekinger Wächter unterwegs zu sein. Wie sich diese amtlichen Beschränkungen auf Chinas Kauflust ganz allgemein auswirken, wie sie interpretiert werden und wo die Staatsmacht ein Auge zudrückt, das sollen die folgenden Abschnitte zeigen.

Als Steigenberger chinesisch wurde: Rosinenpicken statt Kaufrausch

Über die Jahre hinweg sind die Chinesen als Investoren deutlich reifer geworden. In der ersten Periode der «Going-Global-Strategie» zu Beginn des Jahrtausends und während der Finanzkrise in den Industrienationen nach 2008 griffen sie zunächst recht erratisch zu. Ähnliches galt noch, als 2013 im Einklang mit der Seidenstraßen-Initiative grundlegende Erleichterungen für Kapitaltransfers in Kraft traten und als 2015 das Programm «Made in China 2025» folgte. Doch seit 2017/2018 ist eine stärkere Fokussierung auf die Langfristziele zu beobachten. Die Chinesen kaufen nicht länger «auf Teufel komm raus» ein, sondern sie wählen sorgfältig aus. Tun sie das nicht und missachten die Investitionsvorgaben der politischen Führung, dann schreiten die Behörden ein. Und zwar unabhängig davon, ob es sich um staatliche oder private Unternehmen handelt.

Schon immer waren die Erwerber an modernen, technisch ausgerichteten Branchen interessiert, gerade in Europa und Deutschland. Aber diese Konzentration ist gewachsen, während der Hang zu Liegenschaften oder Tourismus abgenommen hat. 2013 zum Beispiel lagen in der EU die Immobilienkäufe noch an vierter Stelle der chinesischen Fusionen und Übernahmen hinter Industrie, Automobilbau und Konsumgütern. Auch Luxuswarenhersteller waren sehr beliebt: In Frankreich, dem Land des «Savoir Vivre», wechselten damals ein Seifen- und ein Käsehersteller den Eigentümer, und jede fünfte chinesische Transaktion betraf ein Weingut! Diese Zeiten sind vorbei, was auch daran liegt, dass Chinas Führung das Prassen und das Verschenken teurer Präsente rigoros bekämpft, um die Korruption einzudämmen.

Wer den feineren Zuschnitt auf die politisch gewollten M&A-Objekte verfolgen will, der wird in den internationalen Datenbanken fündig, die alle wesentlichen Zukäufe erfassen. Etwa im China Global Investment Tracker des American Enterprise Institute, einer konservativen Washingtoner Denkfabrik. In den Listen ist die wachsende Berücksichtigung der von Peking erwünschten Branchen nicht zu übersehen. So werden seit Inkrafttreten der «Leitmeinungen» vom Sommer 2017 und verstärkt durch die «Anordnung Nr. 11» vom Frühjahr

2018 viel weniger Immobiliendeals abgeschlossen als früher. Auch im Fremdenverkehr gab es seit Inkrafttreten der Beschränkungen gerade einmal zwei Vorstöße in Europa. Einer davon war kaum der Rede wert und hatte zudem mit der Notlage des vormaligen chinesischen Eigentümers zu tun: Alibabas Sechs-Prozent-Beteiligung für 180 Millionen Dollar an der Schweizer Reisebedarfs-Kette Dufry. Sie fand im Rahmen des HNA-Rückzugs aus dem Basler Konzern statt, von dem schon die Rede war.

Bedeutsamer gestaltete sich ein chinesischer Tourismus-Zukauf in Deutschland, der, wie so oft, einem Traditionsunternehmen galt. Das dürfte auch der Grund dafür sein, warum die chinesischen Wächterbehörden ihn nicht beanstandeten. Über eine Tochtergesellschaft verleibte sich 2019 der Schanghaier Hotelbetreiber Huazhu Group für 780 Millionen Dollar sämtliche Anteile an der Deutschen Hospitality AG ein. Der Name klingt zunächst fremd, wird aber vertrauter, wenn man genauer hinschaut. Denn den wichtigsten Zweig des 11 000-Mann-Betriebs mit mehr als 800 Millionen Euro Jahresumsatz bilden die Steigenberger Hotels, rund 60 Häuser in zehn Nationen.

In den deutschen Stammlanden, wo der Kaufmann Anton Steigenberger 1930 sein erstes Hotel in Baden-Baden eröffnet hatte, gehören unter anderem der gediegene Frankfurter Hof in Frankfurt, das Parkhotel in Düsseldorf und das berühmte Gästehaus Petersberg am Rhein oberhalb von Königswinter zu den Edelherbergen. Selbst wer nicht so luxuriös nächtigt, kennt vermutlich andere Kategorien der Hospitality-Gruppe, etwa MAXX, Jaz in the City, Zleep oder die InterCity-Hotels an den deutschen Bahnhöfen. Dass «Steigenberger» und «InterCity» jetzt chinesisch firmieren, mag zwar nicht zur neuen Pekinger Skepsis gegen Tourismus- und Hotel-Investitionen passen, es fügt sich aber nahtlos in die «Branding-Strategie» der MIC-Initiative ein: Seit 2019 gehört mit «Steigenberger» nun also eine weitere Weltmarke den Chinesen.

Im Sinne der Traditions- und Markenstrategie war es für die Asiaten auch ein Glücksfall, dass 2019 nach einem Management-Buyout das alte Whisky-Haus Loch Lomond zum Verkauf stand. Für 450 Millionen Dollar sicherte sich im Juni jenes Jahres der Finanzinvestor Hillhouse Capital, der in Peking und Hongkong zuhause ist, alle Anteile an der schottischen Brennerei. Die Überlegung dahinter war, dass der bisher entscheidende EU-Markt nach dem Brexit zwar schwieriger zu werden droht, dass die erwartbaren Zuwächse in Asien die Ausfälle aber überkompensieren werden. Denn tatsächlich gehört das Geschäft mit Whisky trotz Xi Jinpings Antikorruptionskampagne zu den am stärksten wachsenden Konsumenten- und Luxusmärkten in China. Zu diesen will nun der neue asiatische Eigentümer die Türen öffnen. Loch Lomond, benannt nach dem gleichnamigen, in einem berühmten Volkslied besungenen See, ist schottisches Tafelsilber, vergleichbar mit anderen europäischer Luxusmarken in chinesischer Hand.

Einen weiteren Vor-Brexit-Zuschlag in Großbritannien erhielt der Internet-Handelsriese Alibaba Ende 2020. Und wiederum ging es um eine gut eingeführte, internationale Edelmarke. Damals beteiligte sich der Konzern aus Hangzhou mit 300 Millionen Dollar an der Online-Modeplattform Farfetch mit Sitz in London. Den gleichen Betrag brachte der Schweizer Luxusgüterkonzern Richmond auf. Mit noch einmal je 250 Millionen Dollar kauften sich die beiden Partner in einen separat geführten Farfetch-Marktplatz in China ein. Das britische Unternehmen, in das zuvor schon der Alibaba-Konkurrent JD.Com aus Peking fast 400 Millionen Dollar gesteckt hatte, bietet rund 700 Boutiquen und Herstellern hochwertiger Mode eine Verkaufsplattform im Internet, und das in elf Sprachen. Für Alibaba ist der etablierte europäische Anbieter vor allem für den Heimatmarkt China interessant. Ihm dürften die asiatischen Kunden vertrauen, dass sie dort keine Plagiate, sondern Markenware erwerben. Das Geld und die Kauflust der Kunden ist zweifellos da: Spätestens 2025 wird den Erwartungen zufolge auf China die Hälfte der globalen Luxusumsätze entfallen.

Österreichische Skier, Spotify und Onlinespiele: Wo die Wächter ein Auge zudrücken

Ein zweiter Blick in den Investment-Tracker verrät, dass es auch im verfemten Bereich «Unterhaltung und Sport» zu einigen Abschlüssen gekommen ist, die Peking ein Dorn im Auge sein könnten. Dazu zählte im Februar 2018 der Erwerb des spanischen Film- und TV-Rechtehändlers Imagina/Mediapro durch den chinesischen Finanzinvestor Orient Securities für eindrucksvolle 1,3 Milliarden Dollar. Aber die meisten der anderen Transaktionen aus diesem Feld standen durchaus im Einklang mit den Vorgaben. Hier sticht der finnische Sportartikelhersteller Amer Sports hervor, den die südostchinesische Anta-Gruppe 2018 und 2019 für mehr als fünf Milliarden Dollar übernahm.

Wie bei Steigenberger und anderswo folgte die Akquisition dem Vorsatz, sich weltweit gut eingeführte «große Namen» zu sichern. Zu Amer gehört zum Beispiel Atomic, der österreichische Weltmarktführer für Alpinskier, der sich von der Zugkraft der Olympischen Winterspiele 2022 bei Peking große Umsätze verspricht. Über Amer kontrollieren die Chinesen jetzt auch den amerikanischen Sportausrüster Wilson, mit dessen Tennisschlägern unter anderem Roger Federer, Pete Sampras, Steffi Graf und Serena Williams gespielt haben. Außerhalb der Sportwelt kennen Kinozuschauer in aller Welt das Unternehmen, seit sich Tom Hanks in der Robinsonade «Verschollen – Cast Away» mit dem Volleyball «Wilson» unterhielt.

Es muss nicht immer Geld fließen, wenn die Chinesen kommen. Ende 2017 erregte – ebenfalls im Unterhaltungsbereich –

der Aktientausch zwischen dem schwedischen Musikstreaming-Dienst Spotify und dem Internetgiganten Tencent aus Shenzhen einige Aufmerksamkeit. Die Europäer übernahmen damals neun Prozent an Tencent Music Entertainment (TME) im Wert von etwa einer Milliarde Dollar. Im Gegenzug erhielten die Asiaten fast acht Prozent von Spotify im Wert von rund 1,5 Milliarden Dollar und wurden damit zu einem der wichtigsten Eigentümer. Wer in der Zusammenarbeit Koch und wer Kellner ist, lässt sich beim Vergleich der Unternehmensgrößen unschwer erahnen. Tencent macht mit 86 000 Mitarbeitern mehr als 73 Milliarden Dollar Umsatz im Jahr, bei Spotify sind es kaum 7500 Beschäftigte und nicht einmal 9 Milliarden Dollar.

Der Online-Riese Tencent hat im Ausland in den vergangenen Jahren generell kräftig Gas gegeben, nicht immer entlang der durch Peking gesetzten Leitplanken. 2016, also in der Hochphase des damals noch recht ungezügelten Einkaufsbummels, pumpte der Konzern eindrucksvolle 8,6 Milliarden Dollar in den finnischen Computerspiele-Entwickler Supercell. Dafür strich er 84 Prozent der Anteile ein. Vier Jahre später, als längst die genannten Übernahmebeschränkungen in der Unterhaltungsbranche galten, traten die Kantonesen zunächst bescheidener auf, behielten ihren Kurs aber bei. Für 110 Millionen Dollar erwarben sie den norwegischen Onlinespiele-Entwickler Funcom. Anschließend gingen sie für 330 Millionen Dollar eine Minderheitsbeteiligung an dem französischen Entwickler für Mobilspiele Vodoo ein.

Im Dezember desselben Jahres ging es dann wieder richtig zur Sache, als Tencent dem französischen Konzern Vivendi für 3,4 Milliarden Dollar zehn Prozent der Anteile an der Universal Music Group abkaufte. Das in den Niederlanden und den USA beheimatete Unternehmen gilt als der größte Musikanbieter der Welt neben Sony und Warner. Andere chinesische Aufkäufer sind in diesem Feld ebenfalls aktiv, auch in Deutschland. Ende 2018 etwa hatte Shanghai Giant Network für 110 Millionen Dollar das Berliner Softwareunternehmen Wooga übernommen. Es programmiert Erlebnisspiele für Soziale Netzwerke wie Facebook, wo es inzwischen zum fünftgrößten Anbieter aufgestiegen ist.

Die Musik- und Spielebeteiligungen von Tencent und ähnlichen Unternehmen gehören sicher nicht zur ersten Wahl der chinesischen Führung, doch ließ diese ihre Landsleute im Ausland zunächst gewähren – freilich nur, bis sich die Regulatoren 2021 die großen heimischen Internetanbieter ganz allgemein und die Unterhaltungsbranche im Speziellen zur Brust nahmen und sie zurück auf Linie brachten. Besonders stark traf Tencent und Co. eine neue Regel, wonach Kinder – um sie vor Sucht und geistigen Deformationen zu schützen – nur drei Stunden wöchentlich vor Online-Spielen sitzen dürfen, und das auch nur zu bestimmten Zeiten. In Verbindung mit weiteren behördlichen Warnschüssen, die Chinas Tech-Giganten ihre Grenzen aufzeigen sollten, ließ Pekings Grollen die Aktienkurse von Tencent und vielen weiteren Onlinegesellschaften stark fallen. Wie zuvor schon Wanda oder Anbang, von deren Zwangsverkäufen im Ausland weiter oben die Rede war, dürfte auch den Digitalgesellschaften die Lust an «unvernünftigen» Zukäufen vergangen sein.

Nie wieder Halbleiterkrise: Chip-Hersteller auf Chinas Einkaufszettel

Aber welche Akquisitionen sind es, die seit den «Leitmeinungen» und seit der «Anordnung Nr. 11» im Frühling 2018 besonders gefragt und erwünscht sind? Sun Yi, die Expertin der Beratungsgesellschaft EY für chinesische Übernahmen, bestätigt zum einen den Befund, dass der Erwerb bekannter Marken im Vordergrund steht: Die Aufkäufer interessierten sich stets für «klangvolle Namen», sagt sie, offenbar selbst dann, wenn sie nicht recht ins Beuteschema passen. Ebenso wichtig sei es den Ostasiaten aber auch, in Europa «Kompetenzen für ihre ambitionierten Strategien» einzuheimsen, stellt die Ökonomin klar und verweist damit abermals auf «Made in China 2025». Tatsächlich spiegelt der Investment-Tracker das modifizierte MIC-Programm wider, das jetzt noch mehr Wert auf Hightech legt. Im Branchensuchfeld «Technology» spuckt die Datenbank allein für das Jahr 2018 in Europa chinesische Beteiligungen über 6,2 Milliarden Dollar aus, dreieinhalbmal so viel wie im Jahr zuvor.

Einige dieser Deals lohnt es sich genauer anzuschauen. Hervorzuheben ist etwa die vollständige Absorption des französischen Chipherstellers Linxens durch die Tsinghua Unigroup für fast 2,6 Milliarden Dollar. Die aus der Pekinger Vorzeigeuniversität Tsinghua herausgewachsene Gruppe war lange einer der wichtigsten und innovativsten Halbleiterkonzerne in Asien, zu ihren Töchtern gehörte unter anderem Unisoc, Chinas größter Chipdesigner für Mobiltelefone.

An Linxens interessiert die Asiaten das Knowhow für Sicherheits- und Identifikations-Technik: Das Unternehmen aus einem Pariser Vorort entwickelt Halbleiter für Chipkarten und RFID-Antennen zum berührungslosen Lokalisieren und Identifizieren von Personen und Gegenständen. Allerdings ist die Partnerschaft in schweres Fahrwasser geraten, als die Pekinger ihre Schulden nicht mehr bedienen konnten und 2021 in die Insolvenz steuerten.

Ein weiteres großes Halbleitergeschäft des Jahres 2018 in der EU war die Mehrheitsbeteiligung der in Schanghai börsennotierten Wingtech-Gruppe am niederländischen Hersteller elektronischer Bauelemente Nexperia für 880 Millionen Dollar. 2020 kaufte Wingtech dann auch den Rest an Nexperia für weitere 890 Millionen Dollar. Das Unternehmen aus Nijmegen ist eine Abspaltung von NXP, das ursprünglich zu Philipps gehörte. Nexperia stellt Transistoren, Dioden und integrierte Schaltkreise her, ist weltweit tätig und beschäftigt mehr als 12 000 Mitarbeiter. Schon 2016, im ersten vollen Jahr der MIC-Initiative, hatten die Chinesen mit weit geöffnetem Portemonnaie bei NXP Semiconductors zugegriffen. Damals übernahm eine Tochtergesellschaft des Chinesischen Staatsfonds CIC für 2,8 Milliarden Dollar das komplette Geschäft der Holländer mit so genannten RF Power Units. Das sind Transistoren, die zur Verstärkung der Signalstärke von Mobilfunkmasten dienen.

Als in der Sache kaum weniger bedeutsam erwies sich Ende 2020 ein Vorstoß in Frankreich. Da kündigte der Elektronikdesigner Universal Scientific Industrial (USI) aus Schanghai die Komplettübernahme der Asteelflash-Gruppe zum Preis von 450 Millionen Dollar an. Dadurch wuchs der chinesische Konzern über Nacht auf einen Verbund mit 27 Fertigungsstandorten und 24 000 Mitarbeitern in zehn Ländern auf vier Kontinenten heran. USI gehe es aber nicht nur um Größe, präzisierte dessen Chef Jeffrey Chen nach der Vertragsunterzeichnung: «Die Übernahme von Asteelflash ist ein entscheidender Schritt für USI, um seine Strategie der Modularisierung, Diversifizierung und Globalisierung weiterzuverfolgen.»

Asteelflash aus Neuilly-Plaisance am östlichen Stadtrand von Paris ist eine große Nummer im Geschäft, jedenfalls für europäische und chinesische Verhältnisse. 2020 erwirtschafteten seine 5700 Mitarbeiter einen Umsatz von 1,3 Milliarden Dollar, also das Dreifache des Kaufpreises. Das Unternehmen ist der zweitgrößte Fertigungsdienstleister für elektronische Komponenten in Europa, auf Englisch Electronic Manufacturing Services (EMS) genannt. In der ganzen Welt steht es an Position zwanzig. EMS umfasst die vollständige Auftragsfertigung elektronischer Baugruppen, Geräte und Systeme. Die Palette reicht von der Entwicklung der Kleinstteile bis zur Leiterplattenbestückung samt Prüfung und Auslieferung. In der EU ist lediglich die bayerische Zollner-Gruppe größer, die sich in Familienbesitz befindet. In China übertrifft nur ein einziger Anbieter die Franzosen: der neue Mutterkonzern UCI. Asteelflash stellt vor allem Leiterplatten her, und zwar genau in den Feldern, in denen der Bedarf in China und die weltweite Knappheit besonders groß sind. Jeweils ein Drittel der Bauteile gehen in die Industrie und in die Datenverarbeitung, dahinter folgen die Energiewirtschaft, der Kraftfahrzeugbau, die Gesundheit sowie Rüstung, Luft- und Raumfahrt. Das sind exakt jene Märkte, auf die sich die chinesischen Expansions- und Autarkiepläne beziehen.

Zhongguo, das «Mitte-Land», wie China in seiner eigenen Sprache heißt, kauft sich also erfolgreich in die europäische Chiptechnik ein. Das ist nötig und sinnvoll, um im Sinne der MIC-Strategie und des «Doppelten Wirtschaftskreislaufs» die Abhängigkeiten vom Ausland aufzubrechen und die Lücken in den Wertschöpfungsketten zu schließen. Der Post-Corona-Boom seit 2021 hat illustriert, wie sehr die moderne Wirtschaft auf die kontinuierliche Versorgung mit Halbleitern angewiesen ist. Nicht nur in Computern oder Mobiltelefonen sind diese Bauteile unentbehrlich, sondern praktisch in allen Kapital- und Konsumgütern, seien es computergestützte Maschinen und Anlagen, Haushaltswaren oder Kraftfahrzeuge.

In sämtlichen dieser Branchen gehört China zu den Top-Entwicklern und -Herstellern, selbst wenn amerikanische, japanische, koreanische oder deutsche Marken (bisher noch) bekannter sein sollten. So ist der Pekinger PC-Hersteller Lenovo mit einem Marktanteil von fast einem Viertel inzwischen Weltmarktführer vor Hewlett-Packard aus Kalifornien. Auch sind vier der sechs größten Smartphone-Hersteller chinesische Eigengewächse, Huawei, Xiaomi, Oppo und Vivo – und sie expandieren viel schneller als Samsung aus Korea und Apple aus den USA.

Trotz Geld und starker Worte: Die Mikroprozessoren-Wirtschaft hinkt hinterher

Die Elektronik der Welt kommt aus China, deren Gehirne aber nicht. Die Chipindustrie, ohne die all diese Wunderapparate wertlos sind, hinkt in China mächtig hinterher. Das sieht Peking einerseits als Sicherheitsrisiko an, andererseits aber auch als eine ungute Abhängigkeit vom Ausland und als schwerwiegende wirtschaftlich-technologische Schwäche, die nicht im Einklang mit dem Anspruch auf Weltgeltung steht. Das Land versucht den Rückstand deshalb seit einigen Jahren mit Verve und sehr viel Geld auszugleichen, als Teil der Made-in-China-Anstrengungen.

2016, im Jahr nach Verabschiedung der Strategie, nahm sich Staats- und Parteichef Xi Jinping höchstpersönlich des Themas an. Auf einer Arbeitskonferenz für Cybersicherheit und Informatisierung sagte er: «Die Tatsache, dass diese Schlüsseltechnik von anderen kontrolliert wird, ist unsere größte versteckte Gefahr.» China verfüge zwar über mächtige Internetunternehmen, müsse sich bei den nötigen elektronischen Kernkomponenten aber auf Dritte verlassen und sei daher anfällig: «Das kann mit dem Bau eines Hauses auf dem Fundament eines anderen verglichen werden, wie groß oder schön es auch sein mag, es könnte Wind und Regen nicht standhalten oder sogar beim ersten Schlag zusammenbrechen.» Wichtig sei, dass China in den zentralen Techniken «Durchbrüche» erziele, kündigte Xi an und verglich den Konkurrenzkampf mit einer gefährlichen Wettfahrt, in der China sich an die Spitze setzen müsse: Es gehe jetzt ums «Überholen auf einer kurvenreichen Straße». Sehr deutlich wurde zwei Jahre später auch Vizepremier Ma Kai. «Wir dürfen nicht länger von ausländischen Mikrochips abhängig sein», sagte er vor den 3000 Delegierten auf dem Nationalen Volkskongress, dem Ein-Parteien-Parlament in Peking.

Also mobilisiert das Land, was es kann, um der Halbleiter-Autarkie näherzukommen, mit Forschungs- und Wachstumsfinanzierungen im Inland und mit Fusionen und Übernahmen im Ausland. Dafür stehen fast grenzenlose Ressourcen zur Verfügung. James Andrew Lewis, Forschungsdirektor für Strategische Technologien am Center for Strategic and International Studies in Washington, beziffert die geplanten Halbleiterinvestitionen auf insgesamt 118 Milliarden Dollar innerhalb von fünf Jahren. Als eine der Hauptfinanzquellen für die Made-in-China-Initiative mobilisiert allein der Nationalfonds für Integrierte Schaltkreise 67 Milliarden Dollar zur Förderung der Halbleiterbranche. Nicht nur der monetäre Umfang, auch die stützenden Institutionen zeigen die Bedeutung der Initiative. Hinter dem Fonds stehen politisch und organisatorisch die Ministerien für Finanzen, Industrie und Informationen und finanziell die Staatsunternehmen China Development Bank Capital sowie China Mobile. Weitere Erleichterungen bietet das Finanzamt an: Seit dem Sommer 2020 gelten in China reduzierte Körperschaftsteuersätze auf integrierte Schaltkreise.

Das viele Geld dient einem klar definierten Ziel: Laut MIC-Initiative sollen im Jahr 2025 mindestens 70 Prozent der in China verbauten Chips auch tatsächlich dort entwickelt und hergestellt werden, und zwar von heimischen Anbietern. Für 2020 lautete das Ziel 40 Prozent und konnte zur großen Enttäuschung der Asiaten nicht erreicht werden. Denn bisher stammen erst 20 Prozent der cleveren Plättchen aus China und davon kaum die Hälfte von eigenen Unternehmen. Solange sich das nicht ändert, müssen jedes Jahr ausländische Bauteile im Wert von annähernd 300 Milliarden Dollar eingeführt werden. Das ist mehr, als China für den Rohölimport ausgibt, der schon lange als gefährliche Abhängigkeit und strategische Schwäche gilt.

Bis auf weiteres wird der internationale Chipmarkt von Amerikanern, Koreanern, Japanern und Taiwanern dominiert. Allein auf Samsung aus Seoul entfallen 45 Prozent des Weltumsatzes, dahinter folgen Intel mit 16 Prozent sowie SK Hynix, wiederum aus Korea, und TSMC aus Taiwan mit je acht Prozent. Hingegen ist der führende chinesische Hersteller SMIC mit einem Umsatz von knapp vier Milliarden Dollar nur ein Drittel so groß wie der Neunte und der Zehnte auf der Liste der weltgrößten Chipproduzenten, die Unternehmen Toshiba aus Japan und Nvidia aus Kalifornien. Selbst Infineon aus Deutschland ist doppelt so erfolgreich wie SMIC. Aber exakt diese Analyse der eigenen Defizite zeichnet die Initiative «Made in China» aus, führt zu fortwährenden Anpassungen und regt die Planer zu neuen Lösungsansätzen an.

Die Amerikanische Handelskammer in Schanghai stellt genau diesen Zusammenhang her, wenn sie in einer Analyse schreibt, China fühle sich aufgrund der Abhängigkeiten vom amerikanischen Chipmarkt und deren politischer Instrumentalisierung zu seinen Autarkie-Plänen geradezu genötigt und sehe sich zugleich in ihnen bestätigt: «Die sich vertiefende Kluft zu den USA hat bereits eine Art Entkopplung zwischen den beiden größten Volkswirtschaften der Welt ausgelöst. Es scheint unvermeidlich, dass das harte Vorgehen der USA gegen chinesische Technologieunternehmen und der aufkommende Techno-Nationalismus China dazu drängen werden, sich bei Schlüsseltechnologien selbst zu versorgen, was bereits seit langem ein erklärtes Ziel Pekings und ein Ziel des Plans ‹Made in China 2025› ist.» Um endlich die Selbstversorgung zu erreichen, werde der Technologiesektor stärker gefördert als jeder andere, «wobei Halbleitern oder integrierten Schaltkreisen die größte Aufmerksamkeit zuteilwird».

Monetäre Förderung ist das eine, die Bereitschaft der chinesischen Märkte, heimische Chips auch wirklich einzusetzen, hingegen etwas anderes. Aber auch dafür haben Staat und Partei eine Lösung gefunden. Der enorme Verwaltungsapparat des großen Landes bietet gute Chancen zu einer schnellen Implementierung der Halbleiterpläne. Von der kleinsten lokalen Einheit über die Provinzen bis hin zur Zentralsteuerung in Peking ist China mit einer aufwendigen Doppelstruktur aus Kommunistischer Partei (KPC) und staatlichen Stellen durchzogen. Insgesamt existieren 27 administrative Ebenen, alle zweifach besetzt, viele davon mit Beamten. Vermutlich beschäftigt der öffentliche Dienst in China mehr als 70 Millionen Personen, die KPC, die größte politische Vereinigung der Welt, zählt 92 Millionen Mitglieder – mehr Menschen, als in Deutschland wohnen. Dieses riesige rote Heer, das auch in unzähligen Staatsbetrieben zu finden ist, hat Millionen elektronischer Geräte im Einsatz, nutzt Tausende Dienstwagen und Gebäude, stellt eine ungeheure Einkaufsmacht dar, ja den besten gesteuerten Markt, der sich denken ließe.

Das kommt solchen Innovationen entgegen, die im Einklang mit den Entwicklungsstrategien möglichst schnell zur Massentauglichkeit hochgefahren werden sollen. Neben Diensthandys oder Elektroautos aus heimischer Produktion gilt das auch für die Halbleiter. So hat das mächtige Generalbüro des Zentralkomitees der Partei die Verwaltungseinheiten überall im Land angewiesen, Pläne zu erstellen, wie sich ausländische Computerhardware und Software in Zukunft durch heimische Entwicklungen ersetzen ließen. Offiziell habe man die Order mit Sicherheitsbedenken begründet, schreibt die Hongkonger Zeitung «South China Morning Post». Tatsächlich sei es aber darum gegangen, die Made-in-China-Direktiven umzusetzen: «um den Einsatz von Rechnern, Servern, Halbleiterchips und Programmen westlicher Firmen zu verringern, um eigene Schlüsseltechnologien aufzubauen, um die Abhängigkeit von Importen zu verringern und selbst ein großer Spieler auf der globalen Hightech-Bühne zu werden».

Der Masterplan fruchtet: Chinas Datenkonzerne sind schon top

Im «Tech-Business» gibt es neben den Halbleitern noch viele weitere Sektoren, an denen die Chinesen interessiert sind. Die in den vergangenen vier, fünf Jahren gekauften europäischen Unternehmen sind zum Teil sehr unterschiedlich, sie verbindet aber, dass sie in ihrer jeweiligen Branche durch innovatives Potential hervorstechen, durch ihren Namen oder dadurch, dass sie den Fuß in der Tür zu einem Markt haben, der sonst kaum zugänglich ist. 2018 griff das Unternehmen Ivengo Information Technolgy aus Shenzhen für 200 Millionen Dollar bei der niederländischen OEP Hold Co. zu. Ivengo verdient eigentlich mit Produkten zur Funkerkennung (RFID) sein Geld, es besitzt aber auch eine Tochter namens Biiteca, die sich um Hightech im Kulturbereich kümmert. In genau diese Unternehmen wurde OEP integriert, eine Firma, die digitale Bibliothekssysteme und E-Book-Lösungen entwickelt. Das ist noch ein Nischenmarkt, aber einer, der kräftig wächst, je mehr Texte online verfügbar sind, je mehr Unternehmen, Schulen, Universitäten, Forschungseinrichtungen und Privathaushalte Inhalte teilen oder Volltextverarbeitung brauchen. Die Corona-Pandemie hat die Entwicklung beschleunigt, da immer häufiger im Homeoffice gearbeitet oder gelernt wird und selbst unterhaltende Bücher bequem auf Computern oder mobilen Endgeräten gelesen werden.

Auch eine der interessanteren Technik-Erwerbungen in Deutschland fällt in die Zeit seit der Verlagerung der Made-in-China-Initiative auf besonders vielversprechende Akquisitionen. 2019 steckte die Alibaba-Gruppe, der wichtigste chinesische Konzern in der Informationstechnik, einen vergleichsweise kleinen Betrag von 100 Millionen Dollar in das Berliner Start-up Data Artisan. Die fünf Jahre zuvor gegründete Ideenschmiede bietet Streamingdienste für Unternehmensdaten an und kann sich auf namhafte internationale Kunden stützen, darunter Netflix, die ING-Bank oder Uber. Die deutschen Big-Data-Tüftler sind an der Weiterentwicklung des Open-Source-Frameworks Apache Flink beteiligt, eines frei zugänglichen Programmiergerüsts, mit dem sich riesige Datenmengen verwalten lassen. Der Erwerb passt sehr gut zu Alibabas Strategie, sein Portfolio als Internethändler auszuweiten, immer mehr Geschäftskunden (Business to Business) zu betreuen und sich zu einem Cloud- und Datendienstleister aufzuschwingen, ähnlich wie das der US-Konkurrent Amazon schon geschafft hat. Artisan ist überdies für Alibaba Finanzgesellschaften von höchstem Interesse: Apache Flink erlaubt es, Finanztransaktionen in Echtzeit zu kontrollieren und ebenso unmittelbar das Verhalten von Kunden und anderen Internetnutzern zu verfolgen.

Apropos Big Data und Verwaltung der vielen Daten: In Großbritannien macht seit einigen Jahren die Jiangsu Shagang Group durch umfassende Zukäufe in Datenzentren auf sich aufmerksam. Ende 2016 bezahlte sie fast drei Milliarden Dollar für die ersten 49 Prozent an der britischen Global Switch Holdings Limited. Zwei Jahre später beteiligten sich die Ostchinesen an einem Konsortium rund um das staatliche Flugzeug- und Rüstungskonglomerat Avic aus Peking, das für weitere 25 Prozent an Global Switch 2,4 Milliarden Dollar auf den Tisch legte. Im August 2019 schließlich stockte Shagang für noch einmal 2,2 Milliarden Dollar seine Beteiligung um weitere 24 Prozent auf, so dass der Konzern jetzt der dominante Einzelaktionär ist.

Shagang ist eigentlich Chinas größter privater Stahlkocher. Seitdem diese «Old Economy» aber schwächelt und unter massiven Überkapazitäten leidet, wagen sich die Chinesen aus der Provinz Jiangsu immer mehr in Hightech-Branchen vor. Dieser Strukturwandel wird auch politisch unterstützt, vor allem dann, wenn er ausländische Marktführer einbezieht und erst recht, wenn diese im Servergeschäft tätig sind. Dafür ist Global Switch eine gute Adresse: Die Engländer gelten als führender Anbieter von hochleistungsfähigen Datenzentren in Europa und dem Asien-Pazifik-Raum.

In Deutschland ist Shagang ein alter Bekannter aus industriepolitisch längst vergangenen Zeiten. Im Jahr 2001 kaufte das Unternehmen dem Thyssen-Krupp-Konzern – der heute nur etwa halb so viel Stahl erzeugt wie Shagang – für 30 Millionen Euro die Hütte Dortmund-Hörde ab. Die Chinesen zerlegten das Werk in alle Einzelteile und bauten es bei sich zuhause originalgetreu wieder auf. Die Verlagerung, die damals große Wellen schlug, wäre heute in dieser Form kaum noch denkbar. Statt alte Techniken aus alten Wirtschaftszweigen zu kopieren, versuchen sich die Asiaten an die Spitze von Zukunftsentwicklungen zu setzen. «Typisch chinesisch» ist es schon lange nicht mehr, wie noch 2001 im Ruhrgebiet geschimpft wurde, westliche Produkte und Verfahren einfach mitzunehmen oder nachzumachen. «Typisch chinesisch» bedeutet heutzutage vielmehr, die Auslandskenntnisse in eine überwölbende betriebliche und nationale Entwicklungsstrategie zu integrieren. Bestenfalls entsteht durch die Gegenüberstellung von Heimischem und Fremdem ein dialektischer Prozess, der auf die höhere Stufe der technologischen Marktführerschaft führt.

Pekings Bettler haben einen QR-Code am Hut

Der Zeitpunkt für die gezielten Zukäufe wie generell für den in der Made-in-China-Initiative angelegten Industrieumbau scheint günstig. Durch die zunehmende Digitalisierung der Privat- und Arbeitswelt ergeben sich Chancen in neuen Märkten, die noch nicht verteilt sind. Am augenfälligsten ist das in der Onlinewelt der Fall, wo sich China in vielen Feldern an die Spitze gesetzt hat. Wie der Wirtschaftsjournalist Stephan Scheuer in seinem Buch «Der Masterplan» sehr zutreffend schreibt: «Chinas Internetkonzerne haben Produkte und Dienstleistungen entwickelt, die besser sind als alles, was es international bislang gibt.» Der Messenger-Dienst Weixin/WeChat zum Beispiel war ursprünglich nur ein Abklatsch des amerikanischen Konkurrenten WhatsApp. Gepusht von dem gewaltigen Zuspruch in China, trieb WeChat aber schon bald seine eigenen Entwicklungen derart energisch voran, dass es die Wettbewerber überholte. 2011 führten die Chinesen die ersten Audio- und Videoanrufe über ihren mobilen Service ein, zwei Jahre vor WhatsApp.

Scheuer erwähnt viele andere Beispiele, etwa die chinesischen Onlinehändler Alibaba und JD.Com. Amazon oder Ebay aus den USA mögen älter sein, Pate gestanden und in einigen Felder noch die Nase vorn haben, technologisch aber wirken sie im Vergleich zur fernöstlichen Konkurrenz inzwischen behäbig und in die Jahre gekommen. So stellen die Chinesen ihren Kunden Videobrillen zur Verfügung, mit denen sich neue Kleidungsstücke digital anprobieren lassen. Uneinholbar vorn liegt die Volksrepublik auch bei neuen Bezahlsystemen mit dem Smartphone, die Brieftaschen und Kreditkarten überflüssig machen. Das Verfahren ist derart verbreitet, dass selbst einige Bettler und Straßenmusiker keine Hüte mehr aufstellen, um Geld zu sammeln, sondern Schilder mit QR-Codes zum münzlosen Spenden.

An die Spitze gesetzt hat sich China in der Ausrüstung von Telekommunikations-Netzwerken. Huawei aus Shenzhen bringt es inzwischen auf einen Weltmarktanteil von fast 30 Prozent, deutlich vor der westlichen Konkurrenz von Cisco, Nokia und Ericsson. Auf Platz fünf folgt ZTE, ein weiteres Unternehmen aus dem Hightech-Paradies in Chinas Süden. Die beiden Vorzeigeunternehmen illustrieren allerdings auch die Schwächen der chinesischen Wirtschaft, die MIC 25 beseitigen will. Ihnen werden in einigen Industrieländern, vor allem in den Vereinigten Staaten, dubiose Geschäftspraktiken sowie eine allzu große Nähe zur autoritären Führung in Peking nachgesagt. In Verbindung damit gibt es Vorwürfe, die Ausrüstung lasse sich für Spionagezwecke nutzen. Vor derlei Risiken für die nationale Sicherheit hat zum Beispiel die taiwanische Regierung gewarnt. In Australien wurde Huawei zwischenzeitlich vom Breitband-Netz ausgeschlossen. In Neuseeland untersagte Ende 2018 der Nachrichtendienst GCSB einem heimischen Telekom-Anbieter, für den Aufbau des modernen leistungsfähigen Mobilfunkstandards 5G die Lösungen von Huawei zu verwenden. Gleiches beschloss zwei Jahre später die britische Regierung. Im Januar 2020 hatte London zunächst angekündigt, Huawei in begrenztem Umfang für den Aufbau des Hochgeschwindigkeitsnetzes 5G heranzuziehen. Ein halbes Jahr später überwogen jedoch die Sicherheitsbedenken und wohl auch der Einfluss des China-Hardliners Donald Trump aus Washington. Jedenfalls kündigte die Regierung von Boris Johnson im Juli 2020 an, Huawei von dem neuen Netz auszuschließen, das sei im nationalen und wirtschaftlichen Interesse Britanniens. Schon installierte Ausrüstungsgegenstände müssten bis 2027 demontiert werden.

Besonders hart traf es die Chinesen in den USA. Weil ZTE den Iran und Nordkorea trotz der amerikanischen Sanktionen mit seinen Produkten bedient habe, untersagte Washington zwischenzeitlich alle Halbleiterlieferungen an das Unternehmen. Das brachte ZTE arg in Bedrängnis, denn ein Viertel seiner Handykomponenten stammte aus den USA. Huawei erging es ähnlich. Im Zuge des Handelsstreits zwischen Amerika und China erklärte der damalige US-Präsident Donald Trump im Mai 2019 den «Notstand» für die amerikanische Telekommunikationsindustrie, da sie Gefahr laufe, von ausländischen Mächten unterlaufen und ausspioniert zu werden. Der Erlass gab Trump die Möglichkeit, Geschäfte mit chinesischen Unternehmen wie Huawei zu unterbinden, die angeblich die amerikanische Sicherheit gefährdeten. Knüppeldick kam es für Huawei, als der Internetgigant Google auf Weisung des US-Handelsministeriums einen Teil seiner Zusammenarbeit mit Huawei einstellte.

Unter diese Sanktionen fiel auch das Betriebssystem Android, so dass sich bestimmte Funktionen auf den Huawei-Smartphones nicht mehr benutzen, aktualisieren oder schützen ließen. Die findigen Südchinesen entwickelten daraufhin eigene mit Android kompatible Betriebssysteme, der Handelsbann kostete aber Zeit, Geld, Reputation und Marktanteile. Und er führte sowohl den chinesischen Unternehmen wie auch ihrer Regierung schmerzlich vor Augen, wie sehr selbst ihre stärksten Industrien noch immer auf westliches Knowhow angewiesen sind. Der Rückschlag war insofern die beste Bestätigung für die Regierungsinitiative «Made in China 2025»: Deren erklärtes Ziel ist es ja, dass sich China die komplette Hightech-Wertschöpfung aneignet und aus der technologischen Abhängigkeit vom Ausland befreit. Wenn es einmal soweit ist, werden Sanktionen wie die aus den USA ins Leere laufen.

Individualmedizin und Corona:
Biontech und andere Pharma-Deals

Um in den Schlüsselbranchen zu wachsen und Autarkie zu erreichen, sind für die Chinesen Unternehmenszukäufe unerlässlich. Ähnlich augenfällig wie im Technik-Bereich verlief der Anstieg der Fusionen und Übernahmen in der Gesundheitsindustrie, und dies wiederum vor allem in Europa. Allein 2018 versechsfachten sich dort die chinesischen Investitionen auf 2,9 Milliarden Dollar. Der größte Abschluss fand wieder einmal in Deutschland statt, als sich die Pekinger Creat-Gruppe für fast 1,2 Milliarden Dollar die Mehrheit an dem Pharma-unternehmen Biotest aus Dreieich bei Offenbach sicherte und zusätzlich dessen Schulden übernahm. Die Hessen entwickeln Medikamente aus Blutplasma, die bei Verbrennungen, Gerin-nungsstörungen oder Immunschwäche zum Einsatz kommen. Mit dem Erwerb setzte Creat seine Einkaufstour in Europa ge-zielt fort. Zwei Jahre zuvor hatten die Asiaten für eine Mil-liarde Dollar den britischen Anbieter Bio Products Laboratory BPL erworben, der menschliche Blutplasmaprodukte herstellt. BPL soll nun mit Biotest verschmolzen werden.

Gleichzeitig haben die Chinesen rund 340 Millionen Dollar in eine neue Fertigungslinie in Dreieich investiert, wodurch die weltweite Belegschaft von Biotest um 300 Mitarbeiter auf 1900 Beschäftigte steigen soll. Der Einstieg scheint sich also als Segen zu erweisen, wie der Chef des Unternehmens, Bernhard Ehmer, der Deutschen Presse-Agentur sagte: «Mit Hilfe von Creat konnten alle Kredite von Biotest abgelöst werden, was dem Unternehmen neuen Spielraum gibt.» Die Pekinger wiede-rum setzen auf das deutsche und englische Knowhow und wol-len es in ihre Heimat bringen. Geplant ist, BPL und Biotest en-ger an das Unternehmen Shanghai RAAS anzubinden, an dem Creat ebenfalls beteiligt ist. Der Konzern gilt als führend in Chinas boomendem Markt für Blutplasmaprodukte.

Hochspezialisiert ist auch die NMS Group aus der Nähe von Mailand. Sie gilt als das größte italienische Pharmaunterneh-men mit eigener Krebsforschung und als Pionier in der perso-nalisierten Medizin. 2018 ging die Ideenschmiede für 360 Mil-lionen Dollar fast zur Gänze an die Schanghaier Gesellschaft SARI. Dahinter verbergen sich die Stadtregierung der Metro-pole und die Chinesische Akademie der Wissenschaften CAS, die direkt dem Staatsrat in Peking untersteht, also der kommu-nistischen Zentralregierung. Im selben Jahr wechselten weitere europäische Gesundheitsunternehmen den Besitzer. Zum Preis von 190 Millionen Dollar verkaufte die französische Livanova-Gruppe ihr gesamtes Geschäft zur Behandlung von Herzrhythmusstörungen an Microport aus Schanghai. Gleichzeitig kam der britische Spezialist für ästhetische Chirurgie und minimalinvasive Eingriffe Sinclair Pharma für 220 Millionen Dollar in die Hände von Huadong Medicine HMC; dieses Unternehmen gehört zur Pekinger Investmentgesellschaft China Grand Enterprises.

Ein in Europa besonders emsiges Pharmaunternehmen ist Wuxi aus Schanghai. Das Startup des Chemikers Ge Li, das erst seit 2001 am Markt ist, hat mindestens eine Milliarde Dollar in Europa ausgegeben, den Löwenanteil davon in den vergangenen fünf Jahren. Zwei Jahre nachdem man die bayerische Biotechfirma Crelux geschluckt hatte, errichtete Wuxi 2018 für 390 Millionen Dollar ein eigenes Werk in Irland, in das wenig später weitere 240 Millionen flossen. Im März 2021 folgte für 140 Millionen Dollar die Komplettübernahme des englischen Spezialisten für Zell- und Gentherapie Oxgene in Oxford.

Mit den Fortschritten in der individualisierten Medizin wird dieses Forschungs- und Produktfeld immer wichtiger und damit immer interessanter für Investoren. Vor allem für solche, die sich, wie die Chinesen gemäß MIC 2025, an die Spitze neuer Verfahren setzen wollen. Dazu passt, dass das Pekinger Biotech-Unternehmen Pharmaron im Februar 2021 dem britischen AbbVie-Konzern für 120 Millionen Dollar in Cash seine Liverpooler Niederlassung mit allen 150 Mitarbeitern abkaufte. Die Allergan Biologics Limited genannte Einheit konzentriert sich, wie Oxgene, auf Zell- und Gentherapie und soll mit einer weiteren Pharmaron-Akquisition in diesem Feld verschränkt werden, dem 2020 für 135 Millionen Dollar erworbenen US-Unternehmen Absorption Systems.

Kurz vor Weihnachten 2020 war auch Wuxi noch einmal aktiv geworden, und zwar wiederum in Deutschland. Die eingesetzten 180 Millionen Dollar hatten es in sich: Auf dem Höhepunkt der Corona-Pandemie kauften die Chinesen dem Bayer-Konzern in Wuppertal eine Anlage ab, mit der sie in Zukunft Covid-Impfstoffe und andere Biologika herstellen wollen. Die Vertragsunterzeichnung fand mitten in einer Phase zwischen Hoffen und Bangen statt. Damals starben in Deutschland besonders viele Menschen an Covid-19, zugleich aber kamen die ersten Impfstoffe für genau diese Risikogruppen auf den Markt.

Wuxis Vorstoß war in Deutschland weder der erste noch der einzige in Sachen Corona. Im März desselben Jahres, also noch bevor die Pandemie hierzulande richtig ausbrach, war Fosun International, der größte private Konzern der Volksrepublik, für 140 Millionen Dollar eine Kooperation mit der rheinland-pfälzischen Biontech SE eingegangen. Die Asiaten, die seitdem exklusiv für den chinesischen Markt zuständig sind, waren sogar noch etwas schneller als der amerikanische Biontech-Partner Pfizer, der weite Teil der restlichen Welt bedient.

Das Mainzer Unternehmen gilt als Pionier von mRNA-Impfstoffen, die gegen Covid-19 besonders wirksam sind. Fosun Pharma stellte den damals noch recht unbekannten Wissenschaftlern 85 Millionen Dollar für Forschung und Entwicklung zur Verfügung und bezahlte weitere 50 Millionen Dollar für 0,7 Prozent der Biontech-Aktien. Diese Beteiligung erwies sich als Schnäppchen, denn seitdem hat sich der Wert der Gesellschaft, die erst vier Monate zuvor an die New Yorker Börse Nasdaq gegangen war, stark erhöht. Im Herbst 2021, kaum anderthalb Jahre nach dem Einstieg, waren die Fosun-Anteile 700 Millionen Dollar wert, das Vierzehnfache des ursprünglichen Kaufpreises. Auch wenn sich Fosun schwer damit tut, Biontech am chinesischen Markt einzuführen, hat sich das frühe Engagement bei dem deutschen Paradeunternehmen finanziell längst ausgezahlt.

Unter den europäischen Zulieferern von Corona-Tests haben sich die Chinesen ebenfalls umgeschaut und sind fündig geworden. Die bisher größte Vertragsabwicklung betraf das Unternehmen Mindray aus Shenzhen, das 660 Millionen Dollar für alle Anteile von HyTest bezahlte. Das finnische Unternehmen entwickelt und fabriziert Rohmaterialen für Covid-19-Abstriche und andere Testungen. Mindray braucht diese Produkte, um bei der Herstellung seiner eigenen Testreagenzien unabhängig zu werden und alles aus einer Hand anbieten zu können. Der Fall ist ein weiteres Schulbuch-Beispiel dafür, wie chinesische Anbieter durch Firmenzukäufe ihre Entwicklungs- und Wertschöpfungsketten erweitern und sich zugleich von westlichem Knowhow und westlichen Produkten abnabeln können. Ganz so, wie es der «Doppelte Wirtschaftskreislauf» im neuen Fünfjahresplan festschreibt, die jüngste Aktualisierung der Made-in-China-Strategie.

Die Hand am Schalter: Chinas Devisenreserven fließen in europäische Schlüsselbranchen

Die bis hierher genannten Beispiele für chinesische Zukäufe erfolgten zumeist durch staatliche und private Unternehmen mit ihrem eigenen Geld oder mit Fremdkapital. Zuweilen tritt die Regierung aber auch höchstselbst als Käufer ausländischer Unternehmen in Aktion. So hat die Behörde zur staatlichen Devisenverwaltung SAFE seit 2008 mehr als 16 Milliarden Dollar in Europa investiert. Die Behörde gehört zur Zentralbank, die in China, anders als in der freien Welt, nicht unabhängig, sondern Teil der Regierung ist. Die SAFE konzentriert sich unter anderem auf Energiekonzerne und andere Versorgungsunternehmen. Für 2,8 Milliarden Dollar hat sie sich am französischen Mineralölkonzern Total beteiligt, für zwei Milliarden an der britischen BP, für wiederum 2,8 Milliarden an der italienischen Eni/Enel-Gruppe. Weitere Anteile hält sie an den Energiekonzernen Statkraft (Großbritannien), Saipem (Italien) und Madrilena Red de Gas (Spanien).

An Veolia Water aus Paris, dem größten Wasserkonzern der Welt, haben die Chinesen zehn Prozent erworben, an der italienischen Post zwei Prozent, ebenso viel an der Telecom Italia sowie an Prysmian aus Mailand. Dieses Unternehmen ist der größten Kabelhersteller der Welt und beliefert vor allem Stromnetz- und Telekommunikationsbetreiber. Ein weiterer Schwerpunkt der SAFE-Akquisitionen liegt auf europäischen Banken und Versicherungen. In Deutschland hielt die Pekinger Staatskasse zwischenzeitlich für 720 Millionen Dollar drei Prozent an der Munich Re, die zu den zehn größten Rückversicherungen der Welt gehört. Eine ähnlich hohe Beteiligung gingen die Devisenverwalter bei der italienischen Generali-Gruppe ein. Auch gehören seit Ende 2019 vier Prozent der belgischen Bank Euroclear den Chinesen.

Auffällig ist die Fokussierung auf Italien, das als einziges G7-Land zur Seidenstraßen-Initiative gehört. Zehn von sechzehn seit 2014 erfolgten Beteiligungen in dem Land führt der China Global Investment Tracker als Teil der Neuen Seidenstraße, darunter auch den Zwei-Prozent-Erwerb 2014 am Autohersteller Fiat für 280 Millionen Dollar. Im selben Jahr kaufte sich die SAFE für 140 Millionen in das Kreditinstitut Mediobanca aus Mailand ein, um dann im Jahr der Made-in-China-Initiative 2015 in Italiens Bankwesen so richtig zugeschlagen: Mit 1,2 Milliarden Dollar sicherte sich Chinas Regierung zwei Prozent an der Intesa Sanpaolo aus Turin, der nach Börsenwert größten italienischen und sechstgrößten europäischen Bank. Kurz darauf erwarb die SAFE für 820 Millionen Dollar den gleichen Anteil an der Unicredit, Italiens zweitgrößtem Geldhaus.

Leisten können sich die Ostasiaten diese Akquisitionen fast aus der Kaffeekasse. Die SAFE hält Chinas Devisenreserven, die größten der Welt. Sie erreichen die unvorstellbare Summe

von 3200 Milliarden Dollar, das ist mehr als die gesamte Wirtschaftsleistung Indiens oder Großbritanniers. Das an Fremd-
währungsrücklagen zweitreichste Land Japan hält nicht einmal
die Hälfte des chinesischen Schatzes, die Schweiz auf Platz drei
bringt es nur auf ein Drittel. Durch die gewaltigen Außenhan-
delsüberschüsse sammelt Peking in guten Jahren jede Woche
mehrere Milliarden an Dollar, Euro, Yen, Pfund oder Schweizer Franken ein, die man irgendwie investieren muss. Den
Großteil des vielen Geldes hat Peking in Dollar angelegt, vor
allem in amerikanischen Staatsanleihen, weshalb China der
wichtigste ausländische Gläubiger der Vereinigten Staaten ist.
Kleinere Beträge, die aber noch immer Milliarden umfassen,
steckt die Regierung in ausländische Beteiligungen.

Die SAFE ist dafür aber eigentlich nicht der zuständige Anleger, denn primär liegen die öffentlichen Auslandsengagements
aus dem Devisentopf beim 2007 gegründeten Staatsfonds
China Investment Corporation (CIC) und seiner Tochtergesellschaft Central Huijin Investment (die früher zur SAFE gehörte).
Etwa ein Viertel seines auf mehr als 800 Milliarden Dollar geschätzten Vermögens hat die CIC im Ausland angelegt, vor-
nehmlich in den USA. So erwarb sie 2007 für drei Milliarden
Dollar mehr als neun Prozent der New Yorker Investmentgesellschaft Blackstone, die sie elf Jahre später wieder abstieß.

Aber auch einer der größten chinesischen Deals in Europa
geht auf den Staatsfonds zurück: 2017 erwarb er von Blackstone für 13,8 Milliarden Dollar das in London und Luxemburg ansässige Lager- und Logistikunternehmen Logicor, das
sein Geld vor allem mit Onlinehändlern wie Amazon verdient.
Die Transaktion war das bisher umfangreichste chinesische Engagement auf dem alten Kontinent mit außerbörslichem Eigen-
oder Beteiligungskapital (Private Equity). Insgesamt hat der
CIC seit seiner Gründung fast 30 Milliarden Dollar in der EU
und in Großbritannien ausgegeben, und zwar für ganz ähnliche
strategische Investitionen wie die SAFE: Versorger, Finanz- und

Verkehrsunternehmen. Für 3,2 Milliarden Dollar erwarb der Fonds ein Drittel an dem französischen Energiekonzern GDF Suez. 920 Millionen brachte er für neun Prozent der Anteile an Thames Water in London auf. 960 Millionen steckte er in zwei Prozent der französischen Apax Finance. Sieben Prozent an der französischen Telekom-Gesellschaft Eutelsat kosteten die Chinesen fast 500 Millionen Dollar. 730 Millionen flossen in zehn Prozent am Flughafen Heathrow.

In Deutschland riss sich der Regierungsfonds aus Peking im Made-in-China-Jahr 2015 für 590 Millionen Dollar 15 Prozent der Anteile an dem Autobahndienstleister Tank & Rast unter den Nagel. Das ehemalige Bundesunternehmen wurde 1998 privatisiert, ist seitdem durch verschiedene Hände gegangen und gehört heute einem Konsortium, zu dem neben der CIC unter anderem auch die Allianz zählt. Die wenigsten Autofahrer dürften wissen, dass hinter den 400 Tank- und Raststätten, hinter den neuen elektrischen Ladestationen und den rund 50 Hotels entlang der fast ikonisch zu nennenden deutschen Autobahn die chinesische Regierung steckt – zumindest zu einem Sechstel.

Geld verdienen an Europas Energiewende

Die ausländische Energiewirtschaft ist eines der zentralen Zielgebiete der chinesischen Expansionsstrategie. Sie lockt nicht nur die erwähnten Staatsfonds an, sondern auch private und öffentliche Unternehmen aus der Volksrepublik. Zunächst bemühten sich diese um klassische fossile Träger, ähnlich wie die genannten Regierungsfonds es bei Total, BP, Eni und anderswo getan hatten. Der Ölförderer aus dem Meer CNOOC, einer der drei großen staatlichen chinesischen Mineralölkonzerne neben Sinopec und CNPC, übernahm 2008 für 2,5 Milliarden Dollar das Unternehmen Awilco Offshore aus Norwegen. Sinopec, eine Abkürzung für China Petroleum and Chemical, verleibte sich ein Jahr danach für 7,2 Milliarden Dollar Addax Petroleum aus der Schweiz ein. Weitere Ölbeteiligungen in der Schweiz und in Großbritannien kosteten den Rohstoffgiganten noch einmal 1,7 Milliarden. Der dritte im Bunde, die China National Petroleum Corp. (CNPC) und ihre Tochtergesellschaft Petro-China, kauften 2011 der britischen Chemiegruppe Ineos für 1,2 Milliarden Dollar je die Hälfte zweier Raffineriegesellschaften ab, eine davon liegt in Schottland, die andere in Südfrankreich. Ein weiterer staatlicher Großakteur aus Peking ist die Sinochem-Holding. Sie übernahm 2011 für fast 900 Millionen Dollar einen Londoner Spezialisten für die Erkundung und Ausbeute von Ölfeldern namens Emerald Energy.

Die erste Welle der Energieverträge war noch sehr auf fossile Quellen konzentriert. Kohle, Gas, Erdöl und deren Derivate sind bis heute unentbehrlich, vor allem in China selbst, und sie lassen sich nicht komplett ersetzen, man denke etwa an die Kunststoff- und Chemieproduktion. Gleichwohl werden aus Gründen des Klima-, Umwelt- und Ressourcenschutzes erneuerbare Energieträger immer wichtiger. Auf der Weltklimakonferenz in Glasgow haben sich im November 2021 fast 200 Staaten, darunter China und die USA, für strengere Klimaschutzanstrengungen stark gemacht. Von der Kohle will man sich in absehbarer Zeit verabschieden, aber auch die anderen Brennstoffe werden zunehmend geächtet. Die CO_2-Preise steigen, große Wirtschaftsräume wie die EU streben bis 2050 die Treibhausgasneutralität an, wichtige Länder wie Deutschland unter der neuen rot-grün-gelben Bundesregierung von Kanzler Olaf Scholz (SPD) nehmen ganz bewusst Abstand von Verbrennungsautos und Gasheizungen.

Die Chinesen haben diesen Trend längst erkannt und satteln daher um. Nicht dass sie im eigenen Land die Fossilen zurückdrängen. Trotz des gleichzeitig stattfindenden schnellen Aus-

baus regenerativer Techniken gehen dort noch immer neue herkömmliche Kraftwerke ans Netz. Im Ausland aber setzen die
Asiaten schon seit längerem auf saubere Energiequellen. Ihr besonderes Interesse weckt die alternative Stromerzeugung in
Europa.

Wenn der Drei-Schluchten-Staudamm nach
Spanien und Portugal kommt

Für Chinas ökologische Shoppingtour sind die europäischen
Aktivitäten des staatliche Wasserkraftriesen China Three Gorges (CTG) ein gutes Beispiel. Der Bauherr und Betreiber der
Dreischluchten-Talsperre im Jangtsekiang hat in den Jahren
2020 und 2021 etwa 1,5 Milliarden Dollar in Spanien ausgegeben. Darunter war ein Paket über ein Fünftel aller Solaranlagen
des Madrider Entwicklers, Produzenten und Photovoltaik-
park-Betreibers X-Elio. Dieses erst 2015 gegründete Unternehmen, das früher Gestamp Asetym Solar hieß, wächst angesichts
der Ökologisierung Spaniens und der EU sehr schnell. Es ist inzwischen mit 23 PV-Parks in 13 Ländern aktiv.

Gegen den chinesischen Partner wirkt X-Elio dennoch wie
ein Zwerg. Die CTG Group, einer der größten Konzerne für
saubere Energien in der Welt, ist ein echtes Schlachtross am
Markt. Mit einer installierten Leistung von 75 Gigawatt und
26 000 Mitarbeitern gilt es als weltweit führend in der Wasser-
krafterzeugung. Schlagzeilen machte das von der Regierung
kontrollierte Zentralunternehmen aus der Provinz Hubei, als
es 2011 dem portugiesischen Staat für 3,5 Milliarden Dollar
mehr als ein Fünftel der Anteile am Stromversorger Energias de
Portugal EDP abkaufte. Einschließlich der Folgeinvestitionen
hat Three Gorges mindestens 4,6 Milliarden in EDF und anver-
wandte Unternehmen gesteckt. Auch die deutsche E.ON AG

und der staatliche brasilianische Energiekonzern Electrobrás hatten 2011 mitgeboten, gingen aber leer aus.

Portugal, geschwächt durch seine Schuldenkrise, musste in jener Zeit Staatsbeteiligungen veräußern, als Gegenleistung zu einem 78 Milliarden Euro schweren Hilfspaket der EU und des Weltwährungsfonds. Dafür sprangen die Chinesen gern in die Bresche, boten angeblich 200 Millionen Euro mehr als die deutsche Konkurrenz und sicherten sich somit den Zugriff auf einen der größten Energieversorger Europas, der auch bei erneuerbaren Energien ganz vorn mit dabei ist. Three Gorges blieb nicht das einzige fernöstliche Unternehmen, das sich die Notlage zunutze machte. Im Februar 2011 erwarb der staatliche Stromnetzbetreiber State Grid aus Peking für rund eine halbe Milliarde Dollar vom portugiesischen Staat ein Viertel der Anteile am Übertragungsnetzbetreiber Redes Energéticas Nacionais (REN). Bis heute ist State Grid der bestimmende Einzelaktionär von REN, dahinter folgt die Oman Oil Company, die bei dem Notverkauf ebenfalls zum Zug kam.

Der Vorwurf ist sicher falsch, dass sich chinesische Investoren immer nur dann zeigen, wenn anderswo Verwerfungen herrschen, die die Preise drücken. Weder in der Finanz- noch in der Corona-Krise lässt sich ein solches orchestriertes Vorgehen belegen. Das liegt natürlich auch an der engen Vernetzung der Wirtschaftsräume, der Waren-, Dienstleistungs-, Kapital- und Menschenströme, all dem, was man Globalisierung nennt. In guten Zeiten profitiert China davon sehr, in schlechten aber leidet es mit seinen Partnern. Vielleicht nicht ganz so tief und ganz so lange wie diese, aber vollständig abkoppeln kann sich die größte Exportnation der Welt von ihren Auslandsmärkten nicht. Deshalb ist die Gleichung zu einfach, dass eine Krise des Westens immer eine Chance für den Osten sei. Aber natürlich bieten sich, wie gezeigt wurde, für Chinesen wie für andere Investoren durchaus Möglichkeiten, in Schwächephasen individuell zuzugreifen. Das hat es in der Finanz-, Schulden- und

Corona-Krise gegeben, und das gibt es auch dann, wenn einzelne Branchen oder Unternehmen mit dem Rücken zur Wand stehen.

In der Energiewirtschaft kam zum Beispiel der Hanergy Holding Group entgegen, dass in Deutschland der Versuch gescheitert war, in Sachsen-Anhalt ein «Solar Valley» aufzubauen, ein Weltklasse-Cluster zur Entwicklung und Produktion von Photovoltaik-Produkten. Daher konnte der nach eigenen Angaben größte private Energiekonzern Chinas Mitte 2012 für 510 Millionen Dollar das Unternehmen Solibro aus der Insolvenz herauskaufen. Die Tochtergesellschaft des ebenfalls zahlungsunfähigen vormaligen Solarzellenriesen Q-Cells aus Bitterfeld-Wolfen stellte sogenannte Dünnschichtmodule her, was gut zum Hanergy-Portfolio zu passen schien. In der Region wurde die Komplettübernahme mit einer gewissen Bitterkeit aufgenommen, schließlich gab man dort den zweifelhaften Kampfpreisen der chinesischen Solar-Konkurrenz eine Mitschuld an dem Niedergang des Technologieparks. Letztlich zahlte sich das Engagement aber auch für die Aufkäufer nicht aus. Der Markt blieb so schwierig, dass Solibro Anfang 2020 Konkurs anmelden musste und wenig später liquidiert wurde.

Auch eine andere, jüngere und zum Glück viel erfolgreichere Energiegeschichte spielt in Deutschland. Sie hat wiederum mit dem Drei-Schluchten-Konzern CTG zu tun. In seiner zweitgrößten europäischen Transaktion überhaupt erwarb er 2016 für fast 1,6 Milliarden Dollar 80 Prozent an der Wind-MW GmbH. Das im brandenburgischen Zossen ansässige Unternehmen baut und betreibt die beiden in der Deutschen Bucht vor Helgoland liegenden Offshore-Windparks Meerwind Süd und Meerwind Ost. Dort stehen 80 Anlagen, die 360 000 Haushalte mit Ökostrom versorgen, was im Vergleich zu Kohlekraftwerken eine Million Tonnen Kohlendioxid im Jahr einsparen soll. Das ist sicher eine gute Entwicklung, kommt aber nicht nur dem Klima zugute, sondern auch CTG: Mit jeder Windmühlenumdrehung in diesem Teil der Nordsee klingelt die Kasse des chinesischen Staatsunternehmens.

Öko zur rechten Zeit: der Green Deal, die Griechenland-Krise und die Seidenstraße

Der oben genannte Schachzug von Three Gorges auf der Iberischen Halbinsel vom August 2020 ist Teil einer Erweiterungsstrategie von Wasserkraft und Windstrom in Richtung Sonnenenergie. Diese Expansion soll nicht zuletzt von der politischen und finanziellen Unterstützung für die klimaschonende Gewinnung von Elektrizität in der EU profitieren. Die Gemeinschaft will im Sinne des «Green Deals» bis 2050 kohlenstoffneutral sein und hat weite Teile ihres 750 Milliarden Euro umfassenden Wiederaufbaufonds zur Bekämpfung der Covid-Wirtschaftskrise den erneuerbaren Energien gewidmet.

Entsprechend wies der X-Elio-Vorstandsvorsitzende Lluis Noguera bei der Vertragsunterzeichnung mit Three Gorges darauf hin, dass die Ökostrompläne der spanischen Regierung für die Erholung der Wirtschaft und für die Schaffung von Arbeitsplätzen nach der Pandemie unerlässlich seien. Und er gab unumwunden zu, dass sich die Chinesen das zunutze machten: «Diese Maßnahmen steigern eindeutig den Appetit internationaler Top-Investoren wie CTG auf die Stromerzeugung.» Zugleich kündigte der Chef von CTG-Europe, Wu Shengliang, an, dass die erste Direktinvestition seines Konzerns in dem Land nur ein Anfang sei. «Wir glauben, dass Spanien der größte Solarmarkt ist, und wir sind froh und bereit, zur Energiewende in Spanien beizutragen», sagte Wu. Interessant sei nicht zuletzt die globale Präsenz von X-Elios, jetzt werde man «künftige Möglichkeiten zum Ausbau unserer Plattformen prüfen».

Gesagt, getan – nur sieben Monate später schlug das Drei-Schluchten-Konglomerat abermals zu, diesmal in der spanischen Windkrafterzeugung. Für 490 Millionen Dollar sicherte sich CTG-Europe alle Anteile an elf Windfarmen in der Region Castilla y León. Verkäufer der beiden Cefiro and Windrose genannten Anlageportfolios waren das spanische Family Office Masaveu und der belgische Investor Korys. Im November 2021 folgten rund 350 Millionen Dollar für zwölf weitere Windfarmen in Spanien. Diese gehörten bisher EDP Renovaveis, der Ökostrom-Tochter von Energias de Portugal, an der Three Gorges ja auch direkt beteiligt ist.

Die Windkraft-Deals hatten einige Vorläufer. Schon 2017 kündigte China Energy Investment, einer der größten Bergbau- und Stromkonzerne der Welt, die Mehrheitsübernahme an der zentralen Stromleitung des griechischen Windparkbetreibers Copelouzos an. Der Konzern aus Peking, der unmittelbar von der Verwaltungskommission für das chinesische Staatsvermögen SASAC kontrolliert wird, ist in vielem noch «alte Industrie». Er fördert, verarbeitet, verkauft und verbrennt hauptsächlich Braun- und Steinkohle sowie Koks. Weil aber auch sein Heimatland erneuerbare Energien stark fördert und sich langsam aber sicher von der Kohle wegbewegt – bis 2060 will China treibhausgasneutral sein –, tastet sich China Energy immer mehr auch an die erneuerbaren Energien heran.

Der in Griechenland gezahlte Preis für die Windbeteiligung soll 1,6 Milliarden Dollar betragen haben. Die Asiaten machten sich damals zweierlei zunutze: dass Athen noch immer mit seiner Staatsschuldenkrise kämpfte und dass es sich an der chinesischen Seidenstraßen-Initiative beteiligte, für die Peking schnellere Investitionsgenehmigungen erteilt. Für das Geschäft sei wichtig gewesen, dass Griechenland «ein Dreh- und Angelpunkt entlang der Belt-an-Road-Initiative» gewesen sei, «um die Märkte der EU zu erschließen», bestätigte später der Generaldirektor der zuständigen Ökostromtochter China Energy

Europe, Li Zao. Und Christos Copelouzos, der Chef der gleich-namigen Gruppe, stellte klar: «Die jahrelange Staatsschulden-krise hat die griechischen Unternehmen, auch im Energiesektor, schwer getroffen.» Deshalb suche man «händeringend nach ausländischen Direktinvestitionen, wofür die Energiewirtschaft ein wichtiges Standbein sein wird».

Außerhalb Europas geht die chinesische Einkaufstour unter Ökostromanbietern ebenfalls weiter, vor allem im wasser- und sonnenreichen Südamerika. In Peru hat das Drei-Schluchten-Unternehmen CTG zwischen 2019 und 2021 für mehr als 4,1 Milliarden Dollar den größten Energieversorger des Lan-des Luz del Sur fast komplett absorbiert. Zuvor hatte es in brasilianische, peruanische, kolumbianische und chilenische Hydroprojekte schon mehr als sieben Milliarden Dollar ge-steckt. Der Megakonzern ist einer der wichtigsten chinesischen Auslandsinvestoren überhaupt: Seit 2006 hat er in der ganzen Welt die enorme Summe von 23 Milliarden Dollar ausgegeben. Dieser Siegeszug ist wegen der Nähe zur autoritären Staats-macht in Peking nicht unumstritten. Im Sommer 2020 nahm deshalb die amerikanische Regierung die Three-Gorges-Gruppe in ihre schwarze Liste mit «kommunistischen chinesischen Militärunternehmen» auf, in die amerikanische Unternehmen nicht investieren dürfen.

Auch chinesische Neugründungen ohne Firmenzukäufe, so genannte Greenfield-Investitionen, gab es in jüngster Zeit in der europäischen Energiewirtschaft. Im Mai 2021 eröffnete China General Technology (Genertec) einen 110 Millionen Dollar teuren Solarpark in Ungarn. Das mit Photovoltaik-Pa-neelen belegte Feld soll 130 Millionen Kilowattstunden Öko-strom erzeugen und helfen, jedes Jahr rund 120 000 Tonnen Kohlendioxid einzusparen. Damit folge man sowohl den euro-päischen und ungarischen Zielen zur Treibausgasneutralität als auch der «nationalen chinesischen Politik», teilte Genertec mit. Kein Wunder, denn auch dieses Zentralunternehmen ist eng mit der kommunistischen Führung verbandelt. Es untersteht direkt der Kommission zur Überwachung und Verwaltung öffentlicher Vermögenswerte des Staatsrats namens SASAC.

Im März 2021 steckte dann die börsennotierte kantonesische Gesellschaft Shenzhen Senior Technology Material 290 Millionen Dollar in den Bau eines Werks in Schweden, seines ersten außerhalb von China. Die Anlage wird eine der größten Fabriken ihrer Art in Europa sein und den Stockholmer Akkumulatoren-Hersteller Northvolt mit so genannten Separatorfolien für Lithium-Ionen-Batterien beliefern; diese kommen in Stromspeichern und Elektroautos zur Anwendung.

Atom und Abfall: Geldverdienen mit dem, was keiner haben will

Die Chinesen zählen auch die Atomkraft zu den erneuerbaren oder alternativen Energien, da sie kein Kohlendioxid ausstößt. Ähnlich sehen das in Europa die Franzosen und die Briten. Die gemeinsame Haltung der drei Länder, die allesamt als militärische Atommächte im Weltsicherheitsrat sitzen, führte im Juni 2019 zur umfangreichsten Investition seit vielen Jahren in der EU, genauer in der Noch-EU vor dem Brexit. Allerdings handelte es sich dabei weder um eine Fusion, noch um eine Übernahme, sondern um eine Greenfield-Investition, also eine Neugründung. Für fast 8,9 Milliarden Dollar beteiligte sich die China General Nuclear Power Group an zwei neuen Reaktoren im Kernkraftwerk Hinkley Point in englischen Somerset. Noch einmal doppelt so viel brachte der französische Energieversorger EDF auf.

Den Einstieg in die britische Großanlage hatte Xi Jinping mit dem damaligen britischen Premierminister David Cameron 2015 bei einem Staatsbesuch in England vereinbart, im Jahr der

Ausrufung von «Made in China». Inzwischen gibt es allerdings Widerstand gegen die Vereinbarung. Ähnlich wie im Falle von Huawei, das Großbritannien erst einlud und hofierte und dann von der Auftragsvergabe für schnelle Mobilfunknetze ausschloss, wachsen in der Regierung von Boris Johnson die politischen und sicherheitsrelevanten Bedenken auch gegen den Atomdeal. Hier könnte wiederum der Druck aus Washington eine Rolle spielen, das China General Nuclear auf eine schwarze Liste mit verbotenen Geschäftspartnern gesetzt hat. Selbst unabhängig davon ist London der Ansicht, dass Peking unter Xi zunehmend autoritäre und aggressive Züge annimmt, etwa in Hongkong, in der Uiguren-Provinz Xinjiang sowie mit seinen Territorialansprüchen gegenüber Taiwan oder im Südchinesischen und Ostchinesischen Meer. Dazu sagte der Johnson-Vertraute Tom Tugendhat, der konservative Vorsitzende des Auswärtigen Ausschusses im Unterhaus, in einem Gespräch mit der «New York Times»: «Wir können nicht zulassen, dass das technologische Herzstück unseres Energiesystems dem Risiko einer Störung durch Staaten ausgesetzt wird, die unsere Werte nicht teilen.»

Neben der umstrittenen Kernenergie greifen die Chinesen nach der regenerativen Stromerzeugung in Britannien. Ende 2017 steckte der Staatskonzern China Resources mehr als 700 Millionen Dollar in das englische Windfarmunternehmen Dudgeon. Auch an der erneuerbaren Stromerzeugung anderer, oft ausländischer Unternehmen in Großbritannien haben sich chinesische Investoren beteiligt, darunter an Töchtern von Statkraft oder Repsol. Ende 2020 warnte deshalb die neokonservative Denkfabrik Henry Jackson Society, einschließlich der Nukleartechnik seien die Asiaten dabei, ein Viertel der bisherigen Stromerzeugungskapazitäten in Großbritannien unter ihren Einfluss zu bringen. «Es wäre reiner Wahnsinn, chinesischen Unternehmen die Kontrolle über einen so großen Teil unseres Strommarktes zu übertragen, dass sie buchstäblich das Licht ausschalten könnten», sagte der Geschäftsführende Direktor der Einrichtung, Ian Mendoza.

Eine weitere energetische Technik, die auf chinesisches Interesse stößt, ist die Müllverwertung. Lange wurde das Thema nur unter dem Gesichtspunkt der umweltgerechten Entsorgung, der Trennung und Wiederverwertung gesehen. Nun aber rückt es in Europa auch energie- und klimapolitisch ins Blickfeld, da die EU und die Einzelstaaten immer ehrgeizigere Vorgaben für den Emissionsausstoß des Sektors machen. Die Abfallbeseitigung gehört neben Stromerzeugung, Industrie, Verkehr, Wohnen und Landwirtschaft zu den wichtigsten Treibhausquellen, die zu drosseln sich die Gemeinschaft vorgenommen hat. Um im Sinne der Pekinger Modernisierungsoffensive auch in dieser Technik am Ball zu bleiben, wurde China Resources (CR) Mitte 2020 wiederum in Großbritannien aktiv. Gemeinsam mit der New Yorker Beteiligungsgesellschaft KKR zahlte CR Capital die stattliche Summe von 5,4 Milliarden Dollar für Viridor, einen führenden Abfallentsorger und ökoenergetischen Müllverwerter, der, wie das Kernkraftwerk Hinkley Point, im englischen Somerset sitzt.

Die ersten großen Coups in der Abfallwirtschaft hatten chinesische Unternehmen schon 2016 gelandet, ein Jahr nach Ausrufung von «Made in China 2025», und zwar in Deutschland. Zunächst übernahm die Beijing Enterprises Holdings Limited (BEHL) für 1,6 Milliarden Dollar zur Gänze die frühere E.ON-Tochter EEW Energy from Waste GmbH aus Helmstedt. Bis zu jenem Zeitpunkt war das die zweitteuerste chinesische Übernahme auf deutschem Boden überhaupt. Das niedersächsische Unternehmen gilt heute als größter thermischer Abfallverwerter Deutschlands, also als führender Erzeuger von Strom aus der Müllverbrennung. Die in Hongkong börsennotierte Käufergruppe aus Peking macht keinen Hehl daraus, was sie ins Ausland treibt. «BEHL setzt die internationale Going-Global-Strategie chinesischer Unternehmen in die Praxis um und verfügt deshalb über umfangreiche Vermögenswerte in Übersee», teilt das Unternehmen mit. Darunter seien neben den Anlagen in Deutschland auch Abfallverbrennungsprojekte in Luxemburg und den Niederlanden.

Ebenfalls 2016 machte sich der chinesische Schrottverwerter Chiho-Tiande die prekäre Situation des schwäbischen Metallrecyclers Scholz zunutze. Pro forma zahlte er einen Euro für den Pleitekandidaten, musste aber wohl 350 Millionen Euro in die Rettung investieren, einschließlich der Schuldenübernahme. Viel bekannter als Scholz ist die Berliner Alba-Gruppe, geführt von den Brüdern Eric und Axel Schweitzer. Ersterer war lange Präsident des Deutschen Industrie- und Handelskammertags DIHK. Auch Alba, der zweitgrößte deutsche Abfallentsorger hinter Remondis, ließ sich 2016 gezwungener Maßen mit den Chinesen ein, weil der Finanzdruck der Banken immer stärker wurde. Jahrelang suchten die Schweitzers vergeblich nach Investoren und einem Minderheitsgesellschafter. Anschließend wollten sie, um an frisches Geld zu kommen, ihr Chinageschäft mit der Wiederverwertung von Auto- und Elektroschrott loswerden.

Doch der Interessent, den sie fanden, übernahm die Sparte nur unter der Bedingung, dass er auch Teile des deutschen Tafelsilbers erhielt, namentlich das interessante Geschäft mit Wertstoffkreisläufen bei der Alba-Servicesparte namens Interseroh. Diese Kölner Gesellschaft ist einer der wichtigsten Anbieter im Dualen System, neben Beratungsleistungen zur Rückstandsvermeidung bietet sie Pfandsysteme an sowie die Rücknahme, Sortierung und Wiederverwertung von Abfällen aller Art. Mit dem Verkauf im Oktober 2016 gingen einschließlich des Chinageschäfts 60 Prozent von Interseroh an das Unternehmen Chengdu Techcent Environment aus der gleichnamigen Megastadt in Sichuan. Der Kaufpreis betrug 360 Millionen Dollar, womit Alba einen Gutteil seiner Schulden zurückzahlen konnte.

Hinter Chengdu Techcent steht die westchinesische Unternehmerfamilie Deng. Diese hatte Anfang 2016 in Deutschland schon einmal das Scheckbuch gezückt, ebenfalls in einer Art Notverkauf. Damals hatte der krisengeplagte Baukonzern und Industriedienstleister Bilfinger aus Mannheim für fast 230 Millionen Dollar sein weltweites Geschäft mit Wassertechnik nach Chengdu veräußert. Zu den geballten Deutschland-Deals der Chinesen 2016 schrieb die «Frankfurter Allgemeine Zeitung» anschließend: «Deutsche Umwelt- und Entsorgungstechnik zählt zu den begehrten Übernahmezielen chinesischer Unternehmen. Sie erhoffen sich davon auch einen Technologietransfer, um die zunehmenden Müllprobleme Chinas zu lösen.»

Das Vorpreschen in der Bundesrepublik war kein Einzelfall in Europa. Zur gleichen Zeit stürzten sich chinesische Investoren auch in Spanien auf die Müllbranche. Im September 2016 kaufte ein Konsortium namens Firion dem Madrider Baukonzern ACS für knapp 1,6 Milliarden Dollar alle Anteile an dem Abfallentsorger Urbaser ab. Hinter Firion steht der grüne Investmentfonds Huayu, in dem wiederum drei chinesische Gesellschaften das Sagen haben, Jiangsu Dagang, China Tianying sowie die Gruppe China Energy Conservation and Environmental Protection, die den Umweltschutz und die Energieeinsparung schon im Namen trägt. Der Urbaser-Verkäufer ACS ist in Deutschland bekannt, weil er die Mehrheit an dem börsennotierten Essener Baukonzern Hochtief hält. Von dem ACS-Vorstandsvorsitzenden Florentino Perez hat man auch schon viel gehört. Der Milliardär ist nicht nur einer der reichsten Europäer, sondern auch zum wiederholten Male Präsident des legendären Fußballvereins Real Madrid. Mit Urbaser selbst hatten viele deutsche Touristen zumindest indirekt schon Kontakt, er betreibt die Müllverbrennungsanlage Tirme auf Mallorca. Diese ging nun ebenfalls in die Kontrolle der Chinesen über. Das erklärte Ziel der Aufkäufer sei es, wie ein Tirme-Sprecher gegenüber der «Mallorca Zeitung» offen sagte, «das Knowhow der Müllverbrennungstechnologie zu kaufen».

Finanzkrise und Brexit: Banken und Versicherungen im Fokus

Viel war schon von Großbritannien die Rede, dem vom akkumulierten Volumen her größten Markt für chinesische Investoren in Europa. Dort sind für die Asiaten ausgesuchte Dienstleistungen von besonderem Interesse, neben der Energie- auch die Finanzwirtschaft. In der unsicheren Zeit vor dem Rückzug des Landes aus der Europäischen Union, dem Brexit von 2020/2021, griffen die Asiaten gleich mehrfach in der Londoner City zu. Sie witterten dort auf ähnliche Weise ihre Chance wie die kontinentaleuropäische Bankenmetropole Frankfurt, die sich zu Recht große Hoffnungen machte, dass Londoner Banken an den Main abwandern würden. Die Chinesen wählten allerdings einen anderen Weg, öffneten ihre Kriegskassen und beteiligten sich direkt an den Geldhäusern.

Im Februar 2019 schluckte die Alibaba-Schwester Ant Financial für 690 Millionen Dollar alle Aktien des Londoner Zahlungsdienstabwicklers World-First. Im Folgejahr schlug der Versicherungskonzern Ping An aus Shenzhen schnell noch einmal bei der britischen Großbank HSBC zu. Für 740 Millionen Dollar erwarben die Kantonesen ein weiteres Prozent an dem Institut, nachdem sie dort in den zwei Jahren nach der Brexit-Entscheidung von 2016 schon die sagenhafte Summe von zwölf Milliarden Dollar investiert hatten. Somit ist Ping An seit 2020 mit acht Prozent der führende Einzeleigentümer von HSBC, dem größten Geldhaus Europas.

Der Brexit mag die Entwicklung beschleunigt haben, das chinesische Interesse an den britischen Kapitalverwaltern ist aber älter, es geht bis in die Zeit vor der Finanzkrise zurück. Seit die staatliche Entwicklungsbank China Development Bank 2007 für rund drei Milliarden Dollar drei Prozent der Londoner Barclays Bank kaufte, sind rund 15,7 Milliarden Dollar aus

China in das britische Finanzwesen geflossen. Aufhorchen ließ unter anderem, dass die Industrial and Commercial Bank of China 2014/2015 der südafrikanischen Standard Bank für 690 Millionen Dollar die Londoner Abteilung für internationale Geschäfte (Global Markets Business) abkaufte. Diese brachte sie in die neue gemeinsame Tochtergesellschaft ICBC Standard Bank ein, an der die Chinesen 60 Prozent und damit die Kontrolle halten. Die staatliche Geschäftsbank ICBC ist von der Bilanzsumme her das größte Kredithaus der Welt. Seit 2007 hat sie in die Standard Bank und deren Tochtergesellschaften fast 7,3 Milliarden Dollar gesteckt.

Im Finanzsektor geht es den Chinesen nicht nur um Banken, sondern auch um Versicherungen. So kaufte die China-Reinsurance-Gruppe 2018 der amerikanischen Hanover Insurance für 950 Millionen Dollar den Londoner Spezialversicherer Chaucer ab. China Re ist der einzige staatliche Rückversicherer der Volksrepublik. Hinter ihm stehen direkt das Finanzministerium in Peking sowie die staatliche Beteiligungsgesellschaft Central Huijin Investment, welche wiederum zur China Investment Corporation (CIC) gehört, dem zweitgrößten Staatsfonds der Welt hinter dem norwegischen.

Weiter oben wurde bereits gezeigt, wie Chinas staatliche Devisenverwaltungsstellen im Zuge der MIC-Strategie systematisch in die europäische Finanzindustrie hineindrängen. Auch die erwähnte Beteiligung der HNA-Gruppe an der Deutschen Bank, die zwischenzeitlich ein Zehntel erreichte, fiel genau in diese Zeit. Begonnen hatte der Vorstoß nach Deutschland aber schon zuvor, und zwar, ähnlich wie bei Barclays, unmittelbar vor der Finanzkrise. 2008 erfolgte das bisher höchste chinesische Übernahmeangebot nach Deutschland überhaupt. Die Entwicklungs- und Förderbank China Development Bank, die direkt der Regierung in Peking untersteht, wollte damals dem Allianz-Konzern die Dresdner Bank abkaufen, für sage und schreibe 9,5 Milliarden Euro oder 13,9 Milliarden Dollar.

Dazu kam es dann allerdings nicht, ein Jahr später ging das Institut für einen ähnlichen Preis an die Commerzbank.

Entscheidend ist, dass es sich bei diesen Kaufobjekten nicht um kleine Fische handelt, sondern um eingesessene Geldhäuser, die entweder einen alten, guten Namen haben oder international aufgestellt sind – am liebsten beides. Barclays etwa gehört genauso wie die HSBC, die Deutsche und die Dresdner Bank zu jenen 30 Großbanken, die das Financial Stability Board bei der Bank für Internationalen Zahlungsausgleich nach der Finanzkrise als «systemisch bedeutsame Finanzinstitute» einstufte. Nur eines der Häuser auf der damaligen Liste war ein originär chinesisches, nämlich die staatliche Bank of China. Aber in sieben weitere haben sich die fernöstlichen Investoren eingekauft oder es versucht, neben den genannten auch in die Unicredit-Gruppe, in die amerikanische Investmentbank Morgan Stanley und deren Töchter sowie in eine Auslandsgesellschaft der Royal Bank of Scotland.

Dem Anspruch der Made-in-China-Strategie, in der globalen Geld- und Versicherungswirtschaft ganz oben mitzuspielen, ist die Volksrepublik also schon recht nahe gekommen. Dabei half auch die Finanz- und Wirtschaftskrise, als die Unternehmenswerte im Westen verfielen. Der Schock traf die Institute in den Industrieländern viel härter als die chinesischen, die sich auf einem abgeschotteten Markt bewegten und deren Banken vom sicheren Geschäft mit Zinsmargen lebten, nicht von riskanten Spekulationen. Seit dem damaligen Einbruch haben chinesische Aufkäufer allein in Europa mehr als 24 Milliarden Dollar in Banken und Versicherungen gesteckt. Darunter waren große Beteiligungen wie die von Fosun an der portugiesischen Caixa-Versicherung (80 Prozent für 1,4 Milliarden Dollar) oder der Kauf aller Anteile an der schwedischen Versicherung Sirius International für 2,6 Milliarden Dollar durch China Minsheng Investment. Zu den Kaufobjekten zählen aber auch mittelgroße und kleine Institute mit guten Namen oder guten Ideen. Seit

2017 gehören den Asiaten fast alle Aktien der Banque Internationale à Luxembourg, der ältesten Privatbank des Großherzogtums, in Dänemark kontrollieren sie die Hälfte des innovativen Fintech-Unternehmens Saxo-Bank, in Portugal ein Viertel der Banco Comercial Portugues.

In der deutschen Finanzwelt hat sich neben HNA auch der Caixa-Käufer Fosun breitgemacht, das größte Privatkonglomerat Chinas. 2014 erwarb die Gruppe für 140 Millionen Dollar 19 Prozent der BHF-Bank in Frankfurt. 2015 folgten alle Anteile der feinen Frankfurter Privatbank Hauck & Aufhäuser für 230 Millionen Dollar. Damit ging zum ersten Mal eine deutsche Kreditanstalt an einen chinesischen Mehrheitseigentümer; zuvor hatten seit dem Beginn des Traditionshauses im 18. Jahrhundert bei Hauck & Aufhäuser immer Unternehmerfamilien das Sagen gehabt. Ein ähnlicher Wachwechsel erfolgte 2020 in Bielefeld, als Fosun für die gleiche Summe das Bankhaus Lampe schluckte. Es hatte zuvor dem Familienunternehmen Dr. Oetker gehört. Im Oktober 2021 fusionierten die beiden chinesischen Tochterunternehmen schließlich zu einer neuen Einheit namens Hauck Aufhäuser Lampe.

In Geldgeschäften sind gewachsenes Vertrauen, persönliche Kontakte und angestammte Orte überaus wichtig, «Gediegenheit» zählt viel in der Privatkundenbetreuung und in der Vermögensverwaltung. Daneben setzt Fosun aber auch auf die neuen digitalen Möglichkeiten, die vor allem junge Leute ansprechen. Deshalb haben sich die Schanghaier in den vergangenen Jahren die Mehrheit an der Naga Group aus Hamburg gesichert – dem ersten börsennotierten Fintech-Unternehmen in Deutschland.

Nachdem jetzt viel von Dienstleistungen, von der Gesundheitsbranche und moderner Datentechnik die Rede war, soll das nächste Kapitel klassische Industrien ins Auge fassen. Die Leitfrage lautet: Welches Interesse zeigen chinesische Investoren an angestammten Wirtschaftszweigen wie dem Auto-

und Flugzeugbau, also sozusagen an der «Old Industry» in «Old Europe»?

WIE CHINA EUROPAS «OLD INDUSTRY» AUFMISCHT

Heißer Reifen: Pirelli und die Automobilzulieferer

Die Going-Global-Strategien der Chinesen haben viele Wirtschaftszweige durcheinandergewirbelt, nicht zuletzt die Kraftfahrzeugindustrie, auf die Deutschland und Europa besonders stolz sind. Im «Made-in-China-Jahr» 2015 klotzten die Asiaten gleich richtig ran. Der staatliche Grundstoffriese Chem-China legte nach und nach fast 7,9 Milliarden Dollar auf den Tisch, um die italienische Pirelli-Gruppe unter seine Fittiche zu bekommen. Das fast 150 Jahre alte Mailänder Unternehmen, entstanden aus einer Fabrik für Gummiwaren, Kabel und Fahrradreifen, war damals der fünftgrößte Autoreifenhersteller der Welt.

Die Norditaliener hatten sich im internationalen Übernahmekampf selbst nicht gerade als Kinder von Traurigkeit erwiesen, Anfang der 1990er Jahre versuchten sie erfolglos eine feindliche Übernahme des deutschen Konkurrenten Continental. Später jedoch wurde Pirelli seinerseits ein Spielball von ausländischen Investoren, erst des staatlichen russischen Ölkonzerns Rosneft, der allerdings nur eine Minderheit errang, und schließlich der Chinesen, die alle Aktien aufkauften. Chem-China, das eine eigene Reifensparte unterhält, nahm sein neues europäisches Tochterunternehmen zunächst von der Börse. Die Investoren machten 2017 aber wieder Kasse, indem sie einen

Teil der Anteile zurück in den Handel brachten. Das ändert aber nichts daran, dass sie die dominierenden Eigentümer geblieben sind. In einem schwierigen Markt haben sich die Italiener unter der Führung aus Peking gut behauptet. Nach den Einbrüchen im ersten Corona-Jahr 2020 verzeichnete Pirelli zuletzt wieder deutlich steigende Umsätze und Gewinne.

Die Automobilindustrie ist eines der Felder, in denen die Volksrepublik nach den Vorgaben der Made-in-China-Initiative durch gezielte Zukäufe Spitze werden soll. Auch hier zeigte sich 2017 und 2018 die politisch gewollte «Konzentration auf das Wesentliche». Im ersten Jahr dieser Phase stieg das Transaktionsvolumen in der Autosparte um mehr als 80 Prozent, im zweiten schnellte es um weitere 130 Prozent auf dann 11 Milliarden Dollar in die Höhe.

Wie so oft stand Deutschland im Fokus. Der Technologiekonzern Bosch, der größte Autozulieferer der Welt, verkaufte 2017 für 600 Millionen Dollar sein Anlassergeschäft an die Industriegruppe Zhengzhou Coal Mining Machinery Group (ZMJ). Das Konglomerat aus der ostchinesischen Binnenprovinz Henan unterhält ganz unterschiedliche Beteiligungen im In- und Ausland. In Stuttgart griff ZMJ zu, weil sich Bosch aufgrund der niedrigen Stückzahlen von seiner Sparte Starter und Generatoren trennen wollte und weil die Chinesen dagegen ein Rezept zu haben glauben: Sie wollen mit den deutschen Produkten in ihrem Heimatmarkt Asien sowie in Amerika wachsen und zugleich das hochlukrative Komponentengeschäft für Elektroantriebe hochskalieren, das ebenfalls zu der Sparte zählt. Die Aufkäufer beabsichtigen nicht weniger, als mithilfe der Schwaben zum Weltmarktführer für Starter und Generatoren aufzusteigen. Damit würden sie, ganz wie «Made in China» es wünscht, die Industrieländer entthronen, denn die bisherigen Platzhirsche in diesem Segment sind Denso aus Japan und Valeo aus Frankreich. Sie notieren unter den umsatzstärksten internationalen Zulieferern an zweiter und elfter Stelle.

Die Liste der größten Zulieferer dominieren noch immer die Deutschen und die Japaner mit je drei Topunternehmen unter den ersten zehn. Bosch, Continental und ZF Friedrichshafen finden sich auf den Rängen eins, drei und vier, die Japaner nehmen neben Denso auch noch die Plätze sechs (Aisin) und neun (Bridgestone) ein. Doch die Chinesen holen auf. 2020 schaffte es erstmals eine ihrer Gesellschaften auf Position zehn, Weichai Power aus der Ostküstenprovinz Shandong. Das Unternehmen war unter den Umsatzkönigen der einzige, der seine Erlöse steigern konnte. Bei der Profitabilität rangiert es in der Spitzengruppe noch viel höher auf Platz fünf.

Gewachsen ist das zum Staatskonglomerat Shandong Heavy Industry gehörende Unternehmen vor allem durch Zukäufe, auch in Deutschland. 2012 übernahm Weichai, einer der ersten Dieselmotorbauer Chinas, für 930 Millionen Dollar ein Viertel der Anteile an der Frankfurter Gabelstaplerfirma Kion. 2017 folgten weitere 18 Prozent zu einem auf 1,4 Milliarden Dollar gestiegenen Preis. Inzwischen hält Weichai 45 Prozent an der börsennotierten Kion Group AG, dem europäischen Marktführer und weltweit zweitgrößten Produzenten von Gabelstaplern und anderen Lagergeräten. Der Mehrheitsgesellschafter vom Gelben Fluss erzielte zuletzt rund 19 Milliarden Dollar Umsatz, etwa das Doppelte von Kion. Vor den Zukäufen 2012 belegte Weichai in der globalen Bestenliste gerade einmal Platz 25 mit kaum acht Milliarden Dollar Umsatz. Innerhalb von nicht einmal zehn Jahren haben sich seine Erlöse also mehr als verdoppelt.

Mitte 2018 mischte sich auch Chinas mächtigster privater Mischkonzern in das deutsche Zuliefergeschäft ein. Das Konglomerat Fosun aus Schanghai zahlte 650 Millionen Dollar für die Komplettübernahme der FFT-Gruppe aus Fulda. Verkäufer war die familiengeführte Münchner Beteiligungsgesellschaft Aton, hinter welcher der deutsche Chirurg Lutz Helmig steht, der Gründer und ehemalige Hauptgesellschafter der Helios-

Kliniken. Die Abkürzung FFT bedeutet Flexible Fertigungstechnik und bezieht sich auf die Stärke der Gesellschaft, Produktionsanlagen für verschiedene Branchen einzurichten, vorwiegend jedoch für die Automobilindustrie. Daneben versteht sich FFT, das seit 2019 eine vollständige Tochtergesellschaft von Fosun ist, auch auf Fertigungsstätten für die in China ebenfalls stark wachsende Luftfahrt. Die Osthessen sind für ihre Innovationsfähigkeit bekannt. Sie entwickelten eigene Roboter, schafften es als erste, die Bodengruppen von Fahrzeugen maschinell schweißen zu lassen und erfanden ein Verfahren zum vollautomatischen Scheibeneinbau. In jüngerer Zeit führten sie Kohlestoffbauteile ein, um den Leichtbau in der Karosseriefertigung voranzutreiben, und experimentierten mit der ersten Anlage zur Zusammenarbeit von Mensch und Roboter (MRK-Verfahren). Man kann sich vorstellen, wie interessant solche Trendsetter für chinesische Unternehmen sind, die sich ebenfalls der Industrie 4.0 verschrieben haben.

Weiße Ritter: Chinas Kfz-Zulieferer erobern manche Bastion kampflos

Das Interesse an den Automobilzulieferern ist natürlich älter als «Made-in-China», schon früh griffen die Asiaten vor allem in Deutschland zu. Anfang 2011 brachte der Textilmaschinenhersteller Jiangsu Jinsheng 130 Millionen Dollar auf, um die Hälfte der Emag-Holding zu kaufen. Das Unternehmen aus dem schwäbischen Salach stellt Werkzeugmaschinen für Getriebe-, Motoren und Fahrzeugkomponenten her. Ebenfalls den Besitzer wechselte damals die Preh GmbH aus Unterfranken, sie ging mehrheitlich an Joyson Electronic aus der Hafenstadt Ningbo. Inzwischen halten die Ostchinesen alle Anteile an der 1919 gegründeten Traditionsfirma, die elektrische und elektronische Bediensysteme für Personenwagen und Nutzfahrzeuge produziert, zum Beispiel Klimaanlagen, Scheibensensoren oder Lenkradschaltungen. Preh, das in seiner langen Geschichte viele Höhen und Tiefen erlebt hat, ist als asiatisches Tochterunternehmen kräftig gewachsen. Zuletzt erwirtschafteten fast 7200 Mitarbeiter einen Umsatz von 1,5 Milliarden Euro.

Unmittelbar nach Preh erfolgte 2011 auch der Verkauf der Gießerei KSM Castings aus Hildesheim an den riesigen staatlichen Finanzkonzern China International Trust and Investment Corporation CITIC. Für sämtliche Anteile des Automobilzulieferers, der zuvor unter anderem zur Salzgitter AG und zu Thyssen gehört hatte, zahlten die Chinesen 420 Millionen Dollar. KSM blieb in der Heimat ansässig und expandierte auch hierzulande, im Ausland aber ist die Ausrichtung auf den Fernen Osten unverkennbar: Inzwischen liegen drei der fünf nichtdeutschen Standorte in China. Als «Knaller» wurde im Folgejahr 2012 die Nachricht bezeichnet, dass die Kiekert AG aus Heiligenhaus bei Düsseldorf zu einem unbekannten Preis in chinesische Hände fiel. Käufer war das Unternehmen Lingyun Industrial aus Peking, das damit aus dem Stand heraus seinen Umsatz verdoppelte. Kiekert kann als besonders gelungener Fang gelten: Bis heute ist der Erfinder der Zentralverriegelung der Technologie- und Weltmarktführer für Türschlösser von Kraftfahrzeugen.

Es sind diese Fachkenntnisse und Spitzenstellungen in modernster Technik, die die Chinesen am meisten interessieren. Das zeigte sich auch einige Jahre später, als sich der schwäbische Maschinenbauer Dürr für 110 Millionen Dollar von seiner Ecoclean-Gruppe trennte. Mit dieser Einheit war er Weltmarktführer bei Anlagen zur Reinigung und Oberflächenbearbeitung industrieller Werkstücke, vor allem in der Autoindustrie. Als Käufer trat die Blue Silver Group SBS aus der nordostchinesischen Provinz Shenyang in Erscheinung. Deren Gründer und

Mehrheitsaktionär, Guo Hongsheng, stellte bei der Vertragsunterzeichnung unmissverständlich klar, was er mit der Er-
werbung vorhatte: Die «exzellente Marktposition» und die
«Technologieführerschaft» der Stuttgarter sollten dazu dienen,
«unsere internationale Expansion im Automobilsektor zu beschleunigen». Genauso ist es gekommen. Inzwischen ist das
Kaufobjekt vollständig in der SBS Ecoclean Group aufgegangen, die in neun Ländern über zwölf Standorte verfügt. Der
Name Dürr ist längst verschwunden.

Die chinesischen Zulieferer profitieren einerseits von ihrem
riesigen Heimatmarkt, dem größten der Welt, andererseits vom
internationalen Geschäft, einschließlich der Akquisitionen,
und drittens von ihrer frühen Ausrichtung auf die E-Mobilität.
Das Beratungsunternehmen Berylls Strategy Advisors hat er-
rechnet, dass 2020 elf Anbieter aus der Volksrepublik zu den
Top 100 im Zuliefergeschäft zählten, vor zehn Jahren war es
nur einer, die gerade erwähnte Weichai-Gruppe. «Corona» hat
den Siegeszug nicht aufgehalten, im Gegenteil. Unter den zehn
wachstumsstärksten Betrieben waren sechs chinesische, darunter wiederum der fernöstliche Spitzenreiter Weichai auf Platz
zwei mit plus 21 Prozent. Auf Position vier hinter der deutschen Infineon-Gruppe findet sich der weltweit führende Batteriehersteller für Elektrofahrzeuge, CATL aus Fujian, der in
Deutschland die größte Akkumulatorenfabrik aller Zeiten
bauen will. Überhaupt spielt die neue Antriebstechnik eine
führende Rolle im Zuliefermarkt, wie Berylls klarstellt. Weichai sei auch wegen seiner Transformation in Richtung E-Mobilität so erfolgreich – «und nicht zuletzt durch seine M&A-
Aktivitäten».

Nach wie vor gilt in China, das ähnlich autovernarrt ist
wie Deutschland: Kraftfahrzeuge gehen immer. Die Aufkäufer
aus der Volksrepublik sind besonders an europäischer und an
deutscher Technik interessiert. Ursprünglich suchten sie den
Zugang zu diesem Knowhow in ihrem Heimatmarkt, indem

sie etwa die großen ausländischen Hersteller dazu zwangen, Gemeinschaftsunternehmen mit chinesischen Partnern einzugehen. Die waren dazu nur allzu gern bereit, bot dieses Tandem ihnen doch den Zugang zum wichtigsten und am schnellsten wachsenden Markt der Welt. Inzwischen jedoch kaufen sich die Chinesen direkt in den Ursprungsländern ein, und zwar nicht nur bei Zulieferern, sondern auch bei den großen Kraftfahrzeugkonzernen, die im Autosprech «Original Equipment Manufacturers» heißen, kurz OEM.

Für diesen doppelten Vorstoß war 2018 ein Schlüsseljahr. Auf Seiten der Zulieferindustrie ist der Einstieg des südchinesischen Teilelieferanten Ningbo Jifeng bei der oberpfälzischen Grammer AG erwähnenswert. Zunächst flossen 450 Millionen Dollar für 50 Prozent der Anteile, inzwischen halten der Jifeng-Gründer Wang Yiping und sein Sohn Wang Jimin über ihre Gesellschaft Jiye Auto Parts 86 Prozent der Grammer-Aktien. Das deutsche Kaufobjekt, hervorgegangen aus einer alten Sattlerei, ist auf Pkw-Innenausstattungen sowie auf Kopfstützen und Sitze für Autos, Busse, Lastwagen und Eisenbahnen spezialisiert. Es beschäftigt in 20 Ländern mehr als 14 000 Mitarbeiter. Unter chinesischer Ägide ist Grammer stabil gewachsen, 2019 schrieben die Bayern bei einem Umsatz von mehr als zwei Milliarden Euro einen Nachsteuergewinn von 45 Millionen. Die Corona-Krise ließ die Erlöse 2020 allerdings auf das Niveau von 2017 von etwa 1,7 Milliarden Euro zurückfallen, und statt eines Jahresüberschusses fiel erstmals seit langer Zeit wieder ein Verlust an. Doch 2021 hat sich der Konzern schon wieder halbwegs berappelt.

Der Fall Grammer ist insofern bemerkenswert, als die Chinesen hier nicht als gefürchtete Angreifer, sondern als Retter, als «weiße Ritter» im Kampf gegen einen weiteren Aktionär auftraten. Und der kam ausgerechnet aus Europa! Bis 2016 hatte die bosnische Investorenfamilie Hastor mit ihrem Zulieferunternehmen Prevent mehr als ein Fünftel der Grammer-Aktien aufgekauft und versucht, über diese relative Mehrheit Einfluss auf die Geschäftspolitik sowie auf die Zusammensetzung von Aufsichtsrat und Vorstand zu nehmen. In einem Interview mit dem «Handelsblatt» beklagte der langjährige Grammer-Chef Hartmut Müller im Mai 2017 ungewöhnlich deutlich, das Agieren der Hastors sei intransparent und «suspekt». Offenbar redeten die Konzernleitung und der neue Großaktionär nicht einmal miteinander, was auch die Kunden verunsicherte. Der Auftragseingang lag damals, so Müller, um die Hälfte unter den üblichen Zahlen.

Dazu muss man wissen, dass Prevent schon zuvor mit einem gewissen Querulantentum auf sich aufmerksam gemacht hatte. Mit ihren Großkunden Volkswagen und Daimler waren die Bosnier immer wieder vor Gericht aneinandergeraten. Im Streit mit den Wolfsburgern hatten sie zwischenzeitlich sogar einen Lieferstopp verhängt und dadurch Teile der VW-Produktion lahmgelegt. Als Prevent jetzt auch bei Grammer aus der Reihe zu tanzen begann, witterten Vater und Sohn Wang, die schon seit Jahren mit dem Sitzhersteller zusammengearbeitet hatten, ihre Chance und kauften nun ihrerseits fleißig und zu recht hohen Preisen dessen Aktien ein. Bald hatten sie deutlich mehr als die Südosteuropäer zusammen, denen in dem Bietergefecht die Luft ausging und die sich deshalb aus Grammer zurückzogen – nicht ohne zuvor satte Kursgewinne einzustreichen. Bis heute herrscht bei Grammer Erleichterung, die Asiaten an Bord zu haben und nicht mehr die Bosnier.

Autovernarrtes China: Wird Borgward zur Hightech-Marke?

Die Chinesen haben schon lange einen Narren an deutschen Autos gefressen. Für fast alle namhaften Hersteller ist das Land inzwischen der entscheidende Absatzmarkt, ob für Volkswagen, BMW oder Daimler, die meisten produzieren auch dort. Für die VW-Gruppe samt ihren heimischen Partnern SAIC und FAW ist das Land auch die wichtigste Produktionsstätte und, sofern man das weiß, der größte Gewinnbringer. VW war der erste ausländische Hersteller, der hier 1978 mit der Produktion begann, was sich längst ausgezahlt hat. Seit mehr als 25 Jahren verkauft kein Hersteller mehr Pkw in China als der Volkswagenkonzern.

Es sind die Technik und das Design, die die Asiaten begeistern, desgleichen der vermeintliche Luxus, die Geschichte, die Marken, ja der Nimbus der deutschen Automobiltradition. In der Corona-Zeit hat natürlich auch in China der Absatz deutscher Autos gelitten, zumindest in absoluten Zahlen. Da aber die Verkäufe anderswo noch viel schwächer ausfielen, war 2020 relativ betrachtet ein Spitzenjahr: 39,4 Prozent aller verkauften Personenwagen deutscher Hersteller wurden 2020 im Reich der Mitte abgesetzt, in der Volkswagen-Gruppe waren es sogar 43 Prozent, bei BMW 33 und bei Daimler 32 Prozent. Ein größerer Anteil als je zuvor. Im ersten Halbjahr 2021 lagen die Verkäufe gleichfalls deutlich über den Vergleichswerten.

In der Volksrepublik gibt es sogar einen deutschen Produzenten, den die Heimat fast vergessen hat, Borgward. Mit Modellen wie der Isabella, der Arabella und dem Hansa 2400 wuchs das Bremer Unternehmen nach dem Krieg zu einem der bekanntesten und beliebtesten Autobauer Deutschlands heran. Mit 23 000 Beschäftigten war er der größte Arbeitgeber in der

Hansestadt, rutschte jedoch 1963 auf unglückliche Weise in die Insolvenz.

Die Marke verschwand zunächst, bis Christian Borgward, ein Enkel des Gründers, im Jahr 2008 gemeinsam mit einem Partner die Borgward AG im Schweizer Luzern wiederbelebte. Sechs Jahre später kaufte der Pekinger Nutzfahrzeughersteller Beiqi Foton Motor die Markenrechte; Foton, das immer häufiger auch Pkw herstellt, gehört zur staatlichen BAIC-Gruppe, einem der größten chinesischen Kraftfahrzeugkonglomerate. Der Investment-Tracker des American Enterprise Institute beziffert die BAIC-Investitionen in Borgward für die Zeit zwischen 2015 und 2018 auf fast 1,2 Milliarden Dollar.

Foton sicherte sich auf diese Weise zwei Drittel an dem deutschen Unternehmen. In Peking zog es für die Kultmarke ein eigenes Werk hoch und soll dort zwischen 2016 und 2018 rund 100000 Fahrzeuge gefertigt haben. Doch das Geschäft blieb verlustreich, viele der hochfliegenden Träume gingen nicht auf, auch die Hoffnung nicht, am ehemaligen Stammsitz in Bremen wieder Autos zu bauen. Der offizielle Deutschlandsitz liegt ohnehin in Stuttgart, zunächst jener der AG, seit 2019 ist Borgward eine GmbH. Weil sich BAIC von dem Engagement mehr versprochen hatte, verkaufte es Borgward im selben Jahr für 570 Millionen Dollar weiter. Das Sagen hatte jetzt der Gebrauchtwagenhändler und Fahrdienstleister Ucar, ein Pekinger Startup. Nach Recherchen des Bremer «Weser-Kuriers» wollte der neue Eigentümer das tun, was derzeit fast alle Hersteller anstreben: auf Elektromobile umstellen. Doch auch daraus ist nichts geworden, angeblich bezahlte Ucar nicht einmal den vollen Kaufpreis.

Wie eine heiße Kartoffel wird die Unglücksmarke seitdem weitergereicht, bleibt aber wohl in chinesischer Hand. Zuletzt interessierte sich der Pekinger Elektronikkonzern Xiaomi für Borgward, und auch er setzt voll auf E-Fahrzeuge. 2024 will das Unternehmen die ersten eigenen «Stromer» auf den Markt

bringen. Die Gruppe aus dem nordwestlichen Stadtbezirk Hai-
dian – wo die Topuniversitäten Tsinghua und Beida liegen und
in etwa so viele Einwohner leben wie in ganz Berlin – hatte mit
Kraftfahrzeugen bisher nicht viel am Hut. Xiaomi ist je nach
Zählweise und Jahr der fünft- oder sechstgrößte Smartphone-
Hersteller der Welt. Doch die Gruppe gründete 2021 eine
eigene Tochtergesellschaft für Stromautos und sucht seither
nach Fertigungskapazitäten. Das Pekinger Werk von Borgward
passt gut ins Konzept. Zuletzt lag es zwar still, theoretisch lassen sich dort aber 180000 Autos im Jahr fertigen. Mehr noch:
Die Fertigung ist technologisch fit und deshalb interessant für
einen Hightech-Anbieter wie Xiaomi. Die «Smart Factory» von
Borgward wird nach dem vollintegrierten computergestützten
Prinzip der «Industrie 4.0» gesteuert, und sie bietet alle Ferti-
gungsschritte vom Pressen über den Karosseriebau und die La-
kiererei bis zur Informationstechnik.

Die Anlage liegt ebenfalls im Pekinger Bezirk Haidan, genauer im Stadtteil Zhongguancun, jenem Wissenschafts- und
Hightech-Park, der als Chinas Silicon Valley gilt. Mit seinem
Vorstoß Richtung Borgward setzt Xiaomi auf die zunehmende
Verschmelzung von Mobilitäts- und Informationstechnik. Vorbild ist der amerikanische Shootingstar Tesla, dessen Fahrzeuge
in der Branche als «Computer auf Rädern» gelten. Die Chinesen gehen freilich noch etwas weiter. Ihr Ziel lautet, möglichst
bald selbstfahrende E-Autos für jedermann auf den Markt zu
werfen. Dafür hat sich der Elektronik-Gigant an verschiedenen
pfiffigen Startups beteiligt, etwa an Deepmotion Tech, das digitale Kartierungstechnologie für autonome Fahrzeuge bereitstellt,
und an Geometrical Pal, das die Software für Radarsensoren
zur Umgebungsmessung programmiert. Die dritte Finanzpart-
nerschaft in nur einem Jahr galt Zongmu Technology, das die
Computerprogramme für die Selbstfahrer schreibt. Alle drei
Unternehmen ersinnen Künstliche Intelligenz für die Fahrzeug-
steuerung, und alle drei sind chinesische Eigengewächse.

Die alte deutsche Markte Borgward, Ausdruck einer unter-
gegangenen Industrie, könnte also möglicherweise wie ein
Phoenix wieder auferstehen – mit freundlicher Unterstützung
aus dem neuen Vorreiterland China.

Das älteste Auto und die E-Mobilität:
Bei Daimler sitzen die Chinesen mit am Steuer

Borgward ist zwar ein schillernder, aber letztlich völlig unbe-
deutender Akteur im Übernahmepoker auf dem chinesisch-
europäischen Automobilmarkt. Ganz anders sieht es mit jenem
Konzern aus, der seit zehn Jahren zunehmend das Geschehen
dominiert, der Geely-Gruppe aus Hangzhou. Wie für die Zulieferer, so war auch für die Hersteller ganzer Automobile, die
OEMs, 2018 ein Schlüsseljahr. Die beiden größten chinesischen
Übernahmen jenes Jahres in der EU gingen damals auf ein und
dasselbe Konto, eben jenes von Geely. 2010 hatte die Gruppe
aus der chinesischen Ostküstenprovinz Zhejiang bereits den
schwedischen Pkw-Hersteller Volvo für 1,8 Milliarden Dollar
von der Ford Motor Company erworben und sich anschließend auch in die Lkw-Sparte von Volvo eingekauft. Jetzt, 2018,
legten die Ostküstenchinesen nach, steckten weitere 3,3 Milliarden Dollar in Volvo Trucks und halten seitdem auch daran
die Mehrheit.

Kaum einen Monat nach diesem Zukauf folgte ein echter
Paukenschlag: Geely griff nach der Mutter aller Automarken,
der deutschen Daimler AG. Im Februar 2018 sicherte sich der
Geely-Gründer und Multimilliardär Li Shufu knapp 9,7 Prozent an den Stuttgartern – für mehr als neun Milliarden Dollar.
Das war nicht nur ein höherer Anteil als erwartet (und von
manchen befürchtet), es bedeutete auch, dass Geely über Nacht
zu einem führenden Einzelaktionär bei Daimler aufstieg. Der

Dax-Konzern ist für die neuen Partner in mehrfacher Hinsicht interessant, und alle diese Vorteile passen zur überwölbenden Einkaufsstrategie des Staatsrats. Dazu gehören nicht zuletzt die lange Tradition und der Name: Die Stuttgarter verstehen sich als älteste Kraftwagenbauer überhaupt, die Sparte Mercedes-Benz gilt als die wertvollste Premium-Automobilmarke der Welt.

Dazu ein kurzer Rückblick: Am 29. Januar 1886 hatte Carl Benz seinen Motorwagen Typ 1 als «Fahrzeug mit Gasmotorenbetrieb» zum Patent angemeldet. Diese Schutzschrift bezeichnet das Unternehmen heute als «Geburtsurkunde des Automobils». Benz war es auch, der 1888 den ersten Führerschein der Welt erhielt. Zwar bringt man den Konzern immer mit dem Stammsitz Stuttgart in Verbindung, Carl Benz selber war aber gar kein Schwabe, sondern Badener aus der Nähe von Karlsruhe, sein erstes Unternehmen stand in Mannheim. Auch war Gottfried Daimler nicht etwa sein Partner, wie man angesichts des Konzernbezeichnung «Daimler-Benz» meinen könnte, sondern ein konkurrierender Konstrukteur. Gegen ihn verlor Benz 1896 sogar einen Patentstreit, angeblich sprachen die beiden nie ein Wort miteinander. Erst 1926 kam es zur Verschmelzung des Unternehmens Benz & Cie. mit der Daimler-Motoren-Gesellschaft zur Daimler-Benz AG. Damals war Daimler aber schon lange tot, und Benz gehörte dem von ihm gegründeten Unternehmen seit mehr als 20 Jahren nicht mehr an.

Angesichts der langen wechselvollen Geschichte, in welcher der deutsche Autobauer schon mit Amerikanern (Chrysler), Japanern (Mitsubishi, Nissan), Koreanern (Hyundai), Italienern (Fiat) oder Franzosen (Renault) verbandelt war, scheint es nur natürlich, dass Investoren aus China ebenfalls zum Zuge kommen. Schließlich ist das Land der größte Automarkt der Welt und inzwischen auch das wichtigste Absatzgebiet der Daimler AG. Ein zentraler Partner der Stuttgarter neben Geely ist der frühere Borgward-Eigner, der staatseigene Pekinger Konzern Beijing Automotive Industry Holding (BAIC). Mit diesem ist Daimler gleich auf mehrfache Weise verbunden: über das Lkw-Joint-Venture Beijing Foton Daimler Automotive Company, über das Pkw-Joint-Venture Beijing Benz Automotive und über eine Art Überkreuzbeteiligung aneinander. 2013 erwarb zunächst Daimler zwölf Prozent an der Personenwagen-Sparte BAIC Motor und übernahm zugleich zwei Aufsichtsratsmandate; heute sind es noch 9,6 Prozent. Das war die erste Beteiligung eines ausländischen Automobilunternehmens an einem chinesischen Hersteller überhaupt. Fünf Jahre später erwarben die Deutschen auch noch eine Beteiligung an BAICs Elektroauto-Tochtergesellschaft BluePark; heute halten sie daran noch 2,5 Prozent

Dann aber schwang das Pendel zurück. Im Juli 2019 legte BAIC 2,75 Milliarden Dollar auf den Tisch, um fünf Prozent am Grundkapital der Daimler AG zu kaufen. Das war die bedeutendste chinesische Beteiligung jenes Jahres in Deutschland. Seitdem haben die Pekinger heimlich, still und leise immer mehr Daimler-Aktien hinzugekauft. Erst Ende 2021, bei der Abspaltung der Lkw-Sparte Daimler-Truck und ihrem separaten Börsengang, stellte sich heraus, dass BAIC inzwischen schon 9,98 Prozent der Stimmrechte an dem Autokonzern hält. Damit sind die Hauptstädter der größte Einzelaktionär an dem DAX-Unternehmen noch vor Geely. Zählt man die chinesischen Aktienpakete zusammen, machen sie fast ein Fünftel der Eigentümerschaft aus. Die nächstwichtigsten Anteilseigner sind der Kuwaiter Staatsfonds, die Beteiligungsgesellschaft BlackRock sowie die Bank of America. Deutsche Großaktionäre haben bei Daimler indes nichts mehr zu sagen.

Auch wenn er formal nur die zweite Geige hinter BAIC spielt: Als bestimmender Daimler-Eigentümer gilt der Geely-Gründer Li Shufu, der seine Anteile über das Vermögensverwaltungsunternehmen Tenaclou3 Prospect Investment hält und steuert.

Die große Frage in Stuttgart und darüber hinaus lautet: Was hat Li mit der deutschen «Mutter aller Autokonzerne» vor? Schon beim Einstieg 2019 hatte die damalige Bundeswirtschaftsministerin Brigitte Zypries (SPD) Besorgnis darüber geäußert, dass ausgerechnet ein chinesischer Konkurrent Einblick in Daimlers Strategie bekommen könnte.

Der umtriebige Geschäftsmann ist indes viel zu gewitzt, um nur auf ein Pferd zu setzen, das gilt für seine vielen unterschiedlichen Beteiligungen generell, es gilt aber auch für seine Auto- und Daimler-Strategie im Besonderen. Die beiden Partner kündigten deshalb im Sommer 2021 an, bis 2024 einen neuen Ottomotor zu entwickeln, also trotz aller Elektroambitionen einen Verbrennungsmotor. In Asien soll das Aggregat den Massenmarkt bedienen, in Europa ist es für Mercedes-Hybride geplant und für Modelle der Geely-Tochter Volvo. Daimler übernimmt die Entwicklung der Maschinen, Geely stellt die kostengünstigen Produktionsstätten in China zur Verfügung.

Bisher stehen die Zeichen auf Elektromobilität, aber sicher ist es kein Fehler, auch ultramoderne Verbrenner anzubieten, schließlich sind synthetische Kraftstoffe oder «E-Fuels» in einigen großen Märkten wie Deutschland durchaus noch im Rennen. Das bedeutet freilich keine Abkehr vom eigentlichen Ziel, sondern allenfalls eine Ergänzung oder eine Übergangslösung: Daimler, Geely und Volvo wollen in Zukunft alle nur noch kohlendioxidfreie Antriebe nutzen. Volvo und Mercedes-Benz, die Pkw-Marke von Daimler, gehören zu jenen elf Autoherstellern, die sich auf der Weltklimakonferenz der Vereinten Nationen im November 2021 in Glasgow ausdrücklich dazu verpflichtet haben, von 2035 an in den großen Märkten nur noch Elektrofahrzeuge anzubieten und nach 2045 auch überall sonst in der Welt.

Polestar, Smart, die London-Taxis und Lotus:
Li Sufu krempelt Europas Automarken um

Auf der reinen Stromseite hat Geely ebenfalls in Europa zuge-
kauft, etwa den schwedischen Hersteller Polestar. Volvo hatte
das Rennwagen- und Tuningunternehmen aus Göteborg 2015
übernommen und führt es inzwischen gemeinsam mit Geely als
Joint-Venture. Seit 2017 tritt Polestar als eigene Marke auf und
stellt nur noch Stromautos her – alle in China. Eine ähnliche
Elektrifizierungs- und Verlagerungsstrategie fahren Daimler
und Geely beim Kleinstwagenhersteller Smart, auch wenn dieser Schritt in Deutschland und im benachbarten Lothringen für
einige Aufregung gesorgt hat. Die hochdefizitäre ehemalige
Daimler-Marke firmiert inzwischen als Fifty-fifty-Gemein-
schaftsunternehmen der Deutschen und der Chinesen unter
dem Namen Smart Automobile Co. Die Gesellschaft stellt nur
noch Stromautos her, und ihre Fahrzeuge werden künftig ausschließlich in China produziert. Das «Smartville» genannte
Werk in Hambach östlich von Metz soll geschlossen werden.
Das liegt auch daran, dass Geely das europäische Knowhow
inzwischen nicht mehr braucht: Das neue Modell, ein Stadt-
geländewagen (SUV) und damit der größte Smart aller Zeiten,
besteht vorwiegend aus chinesischer Technik, bis hin zu Elek-
tromotor und Batterie, die besonders leistungsfähig, ausdau-
ernd und schnell zu laden sein sollen.

Mit aller Macht will Geely in neue Sphären vorstoßen, dabei
aber Marken mit ihrer Reputation bewahren, ganz wie es
«Made in China» vorsieht. Dazu gehörte auch der Kauf des insolvent gegangenen Herstellers der berühmten schwarzen Londoner Großtaxis. Li Shufu hat das 1919 gegründete Unternehmen The London Taxi Corporation im englischen Coventry
gerettet und inzwischen in eine neue Gesellschaft namens London Electric Vehicle Company eingegliedert, die ausschließlich

Elektrofahrzeuge herstellt. Die neuen «E-Cabs» fahren nicht nur in London, sondern in vielen Ländern der Welt, natürlich auch in China.

Eine weitere britische Traditionsmarke, die sich das Geely-Imperium einverleibt hat und die es nun internationalisiert und elektrifiziert, ist der Sportwagenhersteller Lotus aus dem ostenglischen Norwich. Nachdem das von dem legendären Konstrukteur Colin Chapman gegründete Unternehmen schon durch manche Hände gegangen war, sicherte sich Li Shufu 2017 die Mehrheit der Anteile. Im April 2021 kündigte Lotus an, innerhalb von sieben Jahren komplett auf Stromantriebe umzustellen. Dazu will der Mutterkonzern aus Hangzhou 2,7 Milliarden Dollar aufwenden. In Großbritannien soll die Produktion verdreifacht und von dort ins Ausland expandiert werden. Statt jährlich kaum 1500 Fahrzeuge will man unter chinesischer Ägide «mehrere zehntausend Exemplare» verkaufen, natürlich auch und vor allem im Fernen Osten.

Die Vorstöße sind für die stolzen Briten nicht nur industriehistorisch, sondern auch kulturell einschneidend. Schließlich haben sie inzwischen fast ihre gesamte namhafte Autoproduktion ans Ausland verloren: Jaguar und Land-Rover gehören zur indischen Tata-Gruppe, Aston-Martin war zwischenzeitlich ein Teil von Ford und Mercedes. Vauxhall ist 2021 nach der Fusion von PSA mit Fiat-Chrysler in Stellantis aufgegangen, hinter McLaren stehen seit dem Rückzug der Daimler AG vor allem Investoren aus Saudi-Arabien und Bahrain. Die Edelkutschen von Bentley hat sich der Volkswagen-Konzern unter den Nagel gerissen, die Marke Mini und selbst Rolls Royce, die automobilen Kronjuwelen der Engländer, befinden sich in Besitz von BMW. Und jetzt auch noch die Chinesen! Das ist ein ziemlicher Schlag auch für Fans des Geheimagenten Ihrer Majestät James Bond, denn der ist nicht nur gern im Aston Martin unterwegs, sondern auch im Lotus. Auf dem Wasser liebt er die Jachten von Sunseeker aus der englischen Hafenstadt Poole am

Ärmelkanal. Dieses Unternehmen ist seit 2013 ebenfalls in chinesischem Besitz, es gehört zur Dalian Wanda Group.

Zurück zu Geely. Li Shufu lässt viel mit fahrerlosen und autonomen Fahrzeugen experimentieren. Ähnlich wie der amerikanische Tesla-Pionier Elon Musk und der schon erwähnte Pekinger IT-Konzern Xiaomi ist er überzeugt, dass die Elektronik die «alten» Techniken revolutionieren wird: beim Kommunizieren hat sie das längst, die Mobilität ist nun an der Reihe. Li plant, mit dieser Verschmelzung «grenzüberschreitende Nutzer-Ökosysteme zu schaffen», wie er das nennt, und holt sich dafür immer mehr Partner an Bord. Zuletzt tat sich Geely mit dem Technologieriesen und Facebook-Rivalen Tencent zusammen, um intelligente Fahrzeug-Cockpits und Techniken für autonomes Fahren zu entwickeln. Zuvor hatte der Autokonzern schon den taiwanischen Apple-Fertiger Foxconn und den chinesischen Suchmaschinenanbieter Baidu für sich gewonnen, Googles größte Konkurrenz in Fernost. Baidu und Geely planen eine neue Tochtergesellschaft, um «intelligente Elektrowagen» zu entwickeln. Später kündigte Li Shufu an, auch ins Geschäft mit Smartphones einsteigen zu wollen. Schließlich bestehe eine enge Verbindung zwischen «intelligenten Fahrzeug-Cockpits und Smartphone-Software». Geely und Xiaomi gehen also einen ganz ähnlichen Weg, nur in umgekehrter Richtung: Der Autobauer drängt mitten hinein in die Informationstechnik, und der IT-Riese will intelligente Kraftfahrzeuge entwickeln.

China als Marktführer in der Elektromobilität

Geelys und Xiaomis Ambitionen im Markt für elektrische und autonome Autos passen voll ins Bild der Made-in-China-Initiative. In der herkömmlichen Mobilitätstechnik ist es China bisher nicht gelungen, den Entwicklungsvorsprung der Industriestaaten aufzuholen: trotz der Zwangs-Joint-Ventures, die internationale Konzerne auf dem größten Automarkt der Welt eingehen mussten, trotz der Plagiate und trotz des erzwungenen Technologietransfers. Anders sieht es in der Elektromobilität aus, wo die Konkurrenz und der Wissensvorsprung des Westens viel geringer sind. Hier gelten die Chinesen als Vorhut.

Die Beratungsgesellschaft Roland Berger hat dort 2020 rund 1,3 Millionen Neuzulassungen von Batteriefahrzeugen und Plug-in-Hybriden gezählt. Das waren 12 Prozent mehr als ein Jahr zuvor und bedeutete einen Anteil von mehr als 40 Prozent am gesamten Weltmarkt. Fast sechs Prozent aller neuen Autos in China fahren inzwischen mit Strom, das reicht unter den großen Autobauernationen für den dritten Platz hinter Deutschland und Frankreich. Die Beratungsgesellschaft McKinsey, die nur reine Batteriefahrzeuge berücksichtigt, kommt für das Jahr 2020 in China auf 1,1 Millionen. Seit 2014 sei der Markt jedes Jahr um 80 Prozent gewachsen. Für 2030 erwarten die Fachleute neun Millionen Neuzulassungen solcher Autos.

Roland Bergers «Index zur E-Mobilität» bezieht neben dem Marktfortschritt auch die Entwicklung der heimischen Industrie und die Innovationsfähigkeit mit ein. In China sei das Wachstum der Stromautobauer am stärksten, gefolgt von den Vereinigten Staaten und Deutschland. Bei den technologischen Fortschritten liegt die Volksrepublik auf Platz zwei hinter Südkorea und damit noch vor der Bundesrepublik. Das bedeutet für China im Gesamtranking aller wichtigen Faktoren zum zweiten Mal hintereinander Position eins. Dahinter rangieren im «E-Mobility Index 2021» Deutschland und Frankreich. Die wiederholte chinesische Spitzenstellung illustriert, wie gut die Made-in-China-Initiative im Feld der Elektromobilität funktioniert: Am Anfang steht die Erschließung des weltgrößten

Markts, zunächst noch mit ausländischen Akteuren, danach folgen der Aufbau der eigenen Industrie, der eigenen Forschung und Entwicklung bis hin zur Technologieführerschaft.

Dieser Erfolg geht in nicht unerheblichem Umfang auf Partner aus den Industrieländern zurück. So bringt Volkswagen, wie alle anderen ausländischen Autobauer, in seinen beiden staatlichen Joint-Ventures zahlreiche E-Autos auf den Markt, die als «chinesische» Innovationen zählen. Zum Knowhow-Transfer trägt maßgeblich auch der Zukauf ganzer Fahrzeughersteller bei, wie für Geely schon gezeigt wurde.

Interessant ist in diesem Zusammenhang auch die Einkaufstour des unrühmlich in die Schlagzeilen geratenen Unternehmens Evergrande. Die Gruppe aus Shenzhen, die in kurzer Zeit von einem reinen Immobilienentwickler zu einem riesigen Mischkonzern herangewachsen ist, hat sich völlig überschuldet und steht vor der Abwicklung. In ihren guten Zeiten aber exponierte sie sich in erheblichem Umfang im Ausland – und zwar fast ausschließlich im umweltschonenden Fahrzeugbau. 2018 steckte Evergrande 860 Millionen Dollar in den amerikanischen Stromautobauer Faraday Future, alle folgenden Investitionen, insgesamt mehr als zwei Milliarden Dollar, flossen dann nach Schweden. Für 930 Millionen Dollar übernahm Evergrande zunächst 51 Prozent und damit die Kontrolle beim E-Fahrzeughersteller National Electric Vehicle Sweden (NEVS), dem Nachfolgeunternehmen des insolvent gegangenen Hauses Saab. Kurz danach beteiligte sich der Konzern mit 170 Millionen Euro an der Supersportwagenmarke Koenigsegg aus Südschweden. Im Juni 2020 flossen noch einmal 380 Millionen für weitere 18 Prozent an NEVS.

Da Volvo und Polestar bereits zu Geely aus Hangzhou gehören, haben inzwischen vier berühmte schwedische Automarken einen chinesischen Eigentümer. Pikant an der Evergrande-Geschichte ist, dass der frühere Saab-Inhaber General Motors den Verkauf und möglicherweise die Rettung der Stockholmer

Traditionsmarke Ende 2011 blockiert hatte. Die Amerikaner weigerten sich damals, Saab an die chinesischen Firmen Pang Da und Youngman zu veräußern, da die Technik nicht in asiatische Hände gelangen sollte. Die beiden Interessenten gingen seinerzeit zwar leer aus, dennoch ist das Saab-Erbe jetzt im Fernen Osten gelandet – mit ungewissem Ende. Vor Evergrande hatte 2018 schon die chinesische Investmentgesellschaft Golden Sand Capital (GSR) 500 Millionen Dollar in NEVS gepumpt, um gemeinsam mit den Schweden in Trollhättan und in China Akkumulatoren für E-Autos entwickeln und fertigen zu lassen. GSR kennt sich mit dem Geschäft aus, seit es 2017 das Batteriegeschäft von Nissan übernommen hatte.

Den Massenmarkt in China bespielen die heimischen Hersteller inzwischen aus eigenen Kräften. Die erfolgreichsten E-Autos stammen nicht aus dem Import oder aus ausländischen Gemeinschaftsunternehmen, sondern es sind, wie Roland Berger ermittelt hat, die Modelle EU5 von BAIC/BJEV, der GAC AionS von Guangzhou Auto und der Eado EV von Changan. Alle drei Konzerne befinden sich mehrheitlich in chinesischem Staatsbesitz. Insofern geht der MIC-Plan durchaus auf: Die Kombination von heimischem Markt, heimischer Entwicklung und ausländischen Erwerbungen hat dazu geführt, dass kein anderes Land mehr Batteriemodelle auf den Markt bringt als China, 2020 waren es 17 Neuentwicklungen. Daher loben die Experten von Roland Berger: «Die chinesischen Hersteller verbessern ständig die Reichweite, Effizienz und Sicherheit ihrer E-Autos», und sie täten das zu vernünftigen Konditionen. Die Preise stiegen zwar, aber noch immer seien sie die niedrigsten in allen untersuchten Ländern.

Die meisten der jährlich 1,3 Millionen in China verkauften Strommobile und Plug-In-Hybride kommen von eigenen Herstellern; Ein- und Ausfuhr sind marginal. Zwischen 2018 und 2023 planen die Konzerne, 13 Millionen Einheiten zu bauen, rechnerisch also im Durchschnitt 2,2 Millionen im Jahr. Damit bleibt freilich noch ein weiter Weg zum staatlich angestrebten Ziel, im Jahr 2025 mindestens sieben Millionen solcher Fahrzeuge selbst herzustellen. Chinas Regierung setzt, um ihr Ziel zu erreichen, auf das bewährte Prinzip von Zuckerbrot und Peitsche. Auf der einen Seite schreibt sie den Autoherstellern – auch den ausländischen – Elektro-Quoten vor und verpflichtet öffentliche Einrichtungen sowie den Nahverkehr auf alternative Antriebe. Dadurch ist China bereits Marktführer beim Bau von elektrisch betriebenen Motorrädern und bei Elektrobussen geworden. Fast alle 400 000 dieser Busse in der Welt stammen aus der Volksrepublik, vorwiegend von dortigen Herstellern. Gleichzeitig bietet der Staat Käufern von Stromfahrzeugen hohe Subventionen an, befreit sie von Steuern und nimmt sie von den strengen Zulassungsbegrenzungen für herkömmliche Autos aus. Zudem investiert die öffentliche Hand massiv in die Ladeinfrastruktur, die inzwischen führend in der Welt ist. Allein in Peking gibt es mehr Stromtankstellen als in ganz Deutschland.

Die Herzkammer der E-Mobilität: Batterien Made in China

Anders als bei Autos mit Verbrennungsmotoren bestreiten die chinesischen Hersteller in der E-Mobilität die gesamte Wertschöpfungskette aus Bordmitteln. Nach dem Technologietransfer und den Akquisitionen sind sie auf ausländische Hilfe immer weniger angewiesen – ganz so, wie es die MIC-Strategie wünscht. Die Fachleute von McKinsey schreiben: «Zusätzlich zur Tatsache, die globalen Anführer im Absatz von Batterieautos zu sein, sind die Chinesen auch in der Fertigung weitgehend autark. Das lokale Zuliefersystem kann alle Teile der Kategorien Tier-1 und Tier-2 selbst herstellen, etwa Batteriezellen, Akkusätze und Antriebsstränge.»

Tatsächlich führen die Asiaten die Entwicklung und die Fertigung von Stromspeichern an, den Herzstücken der neuen Mobilitätstechnik. Auf die Batteriezellen entfallen 35 bis 50 Prozent der Herstellungskosten eines E-Fahrzeugs. Sieben der zehn wichtigsten Produzenten dieser Bauteile stammen aus China, sie dominieren mehr als die Hälfte des Weltmarkts. Die Forschungsgesellschaft Kraftfahrwesen Aachen (FKA) prognostiziert, dass China zwischen 2018 und 2023 rund 70 Prozent aller auf der Erde verfügbaren Produktionskapazitäten unterhalten wird. Von einem einzigen Anbieter, dem Unternehmen Contemporary Amperex Technology (CATL) aus der Ostküsten-Provinz Fujian, dürften in dieser Zeitspanne 17 Prozent des Weltabsatzes stammen. Der Konzern beschäftigt heute etwa 33 000 Mitarbeiter, 17 Prozent davon in Forschung und Entwicklung.

Die Markt- und Technikstärke der Chinesen ist so gewaltig, dass sie sich mit einem eigenen Werk sogar ins Mutterland des Automobilbaus trauen, nach Deutschland. Herkömmliche Kfz-Hersteller oder Zulieferer aus dem Reich der Mitte sind davor immer zurückgeschreckt. Der geographisch nächste Versuch war das Autowerk des SUV-Produzenten Great Wall in Bulgarien – und dieser scheiterte kläglich. Viel selbstbewusster und erfolgreicher treten die Asiaten jetzt in der Batteriefertigung auf. 2019 legte CATL am Autobahnkreuz Erfurt den Grundstein für seine erste Fabrik außerhalb von China, die Eröffnung der Großserienproduktion ist für 2022 geplant. Bis 2025 will die Gesellschaft 1,8 Milliarden Euro in den Standort stecken, der sowohl der Fertigung als auch der Forschung und Entwicklung dient.

CATL will in Thüringen bis zu 2000 Mitarbeiter einstellen. Die Speicherkapazität der dort in einem Jahr hergestellten Batterien soll anfänglich zehn Gigawattstunden (GWh) betragen, längerfristig aber verzehnfacht werden. Das wäre nach heutigen Maßstäben ein Weltrekord, wobei sich in dieser Frage

wieder einmal ein chinesisch-amerikanischer Wettlauf abzeich-
net, und das mitten in Ostdeutschland. Denn auch der Tesla-
Gründer Elon Musk will die größte Batteriefertigung der
Welt hochziehen: direkt neben der neuen Tesla-Gigafactory im
brandenburgischen Grünheide. Musk könnte am Standort, wo
500 000 Elektroautos im Jahr entstehen sollen, fast sechs Milliarden Euro investieren, und er peilt für seine Akkus Energie-
mengen von 100 bis 200 GWh an. Nur 50 Kilometer von Grünheide entfernt, im ebenfalls brandenburgischen Ludwigsfelde,
produziert bereits das amerikanische Unternehmen Microvast
Akkumulatoren für Busse und andere Nutzfahrzeuge. Im End-
ausbau sind dreistellige Millioneninvestitionen, 250 Mitarbeiter und bis zu 500 000 Module mit 12 GWh im Jahr geplant.

Auch wenn die Amerikaner auf deutschem Boden mächtig
Gas geben, ist CATLs Milliarden-Engagement ebenfalls gewaltig. Es wäre die umfangreichste chinesische Neuansied-
lung in Deutschland (Greenfield-Investition) seit vielen Jahren.
Freilich wird der Rekord nur so lange halten, wie ein anderer
fernöstlicher Batteriefertiger seine Pläne noch nicht realisiert
hat. Im Saarland will das Unternehmen SVolt, eine Abspaltung
des Autobauers Great Wall aus der Nähe von Peking, gleich
zwei Werke gründen und dort bis zu zwei Milliarden Euro investieren.

Spätes Erwachen: Deutschland und Europa ziehen in der Akkufertigung endlich nach

Deutschland und Europa tun sich überaus schwer, aus eigener
Kraft in der Akkufertigung mitzuhalten. Die Bosch-Gruppe
etwa, der größte Autozulieferer der Welt, stellte ihre Batterie-
pläne 2018 ein, weil dem Management das finanzielle Risiko
als zu hoch erschien. Das Feld den Südkoreanern, Amerika-

nern oder Chinesen zu überlassen, ist allerdings heikel angesichts der überragenden Bedeutung der Speicher für die Mobilität der Zukunft. Selbst wenn die großen deutschen Autohersteller die Energiewende hinbekämen, wären sie ausgerechnet bei den Schlüsselkomponenten abhängig von ausländischen Lieferanten.

Deshalb möchte die VW-Tochter Porsche in Tübingen Hochleistungszellen fertigen, deshalb hat Daimler mit seiner Tochtergesellschaft Deutsche Accumotive den Batteriestandort im sächsischen Kamenz wiederbelebt, und deshalb investiert BMW in Leipzig mehr als 100 Millionen Euro in ein Werk für Hochvoltbatterien. Die Münchner wollen ein Drittel ihres Bedarfs aus Deutschland decken, doch nicht unbedingt von heimischen Herstellern: Über den Joint-Venture-Partner Brilliance aus Shenyang ist BMW auch an CATL beteiligt. Daimler setzt ebenfalls auf die Asiaten, wenn man genau hinschaut. Die Schwaben lassen sich von dem chinesischen Batteriehersteller Farasis beliefern, an dem sie sich mit drei Prozent beteiligt haben. Dazu soll für 600 Millionen Euro eine Farasis-Fertigung in Bitterfeld in Sachsen-Anhalt entstehen, mit 2000 Stellen und einer Kapazität von 16 GWh. Doch hat sich das Projekt immer wieder verzögert, zuletzt bis 2024. Mindestens bis dahin wird Daimler von Farasis nicht aus Sachsen-Anhalt, sondern aus Zhenjiang am Jangtsekiang beliefert.

Nicht besonders hilfreich für die Zusammenarbeit – und für den Standort Bitterfeld – ist auch, dass der deutsche Europachef von Farasis das Unternehmen verlassen hat. Er hat beim Volumenhersteller Volkswagen angeheuert, der in der deutschen Elektromobilität das größte Rad dreht. In einem 300 Millionen Euro teuren Neubau in Braunschweig will VW in Zukunft bis zu 600000 Akkus im Jahr vom Band laufen lassen. Außerdem ziehen die Wolfsburger gemeinsam mit ihrem Partner Northvolt in Salzgitter für eine Milliarde Euro eine Forschungseinheit samt Batteriewerk mit eintausend Mitarbeitern

hoch. Der Standort ist kein Zufall, dort werden bisher Verbrennungsmotoren gebaut, die bald keiner mehr braucht. So ändern sich die Zeiten.

Neben den Autobauern sind inzwischen auch andere deutsche Unternehmen auf dem Elektromarkt unterwegs. Der traditionelle Batteriehersteller Varta experimentiert am Stammsitz im
baden-württembergischen Ellwangen mit neuartigen Lithium-
Ionen-Zellen für Premiumfahrzeuge. Im baden-württembergischen Willstätt kooperieren die Unternehmen Leclanché und
Eneris aus der Schweiz und aus Polen miteinander, und in
Frankfurt haben sich unter Federführung des unterfränkischen
Batteriespezialisten BMZ gleich ein halbes Dutzend Partner zu
einem Konsortium zusammengetan.

Die Batteriebegeisterung der Unternehmen kommt ähnlich
schleppend voran, wie das schon bei den alternativen Fahrzeugen der Fall war, zunächst beim Hybrid-, dann beim reinen
Elektroantrieb. Damit Deutschland der deutlich agileren ausländischen Konkurrenz überhaupt etwas entgegenzusetzen vermag, will die Politik den Unternehmen und der Forschung
unter die Arme greifen. Das Bundeswirtschaftsministerium
stellt Fördergelder von 1,2 Milliarden Euro für den Aufbau
einer heimischen Batteriezellenfertigung zur Verfügung, hinzu
kommen 524 Millionen Euro aus den Bundesländern. Einer
der ersten Nutznießer des öffentlichen Geldregens ist Varta, das
für seine Neuentwicklungen 300 Millionen Euro erhält.

Berlin ist sich mit Brüssel darin einig, dass Europa eine «Bat-
terieallianz» braucht, um den Asiaten Paroli zu bieten und die
Wertschöpfung in der EU zu belassen. Geschätztes Volumen:
70 Milliarden Euro. Die deutsche Förderung gilt in Brüssel daher als «Wichtiges Projekt im gemeinsamen europäischen Interesse» (IPCEI) und wurde ohne Zögern genehmigt. Damit
konnte sich die Bundesrepublik an die Spitze eines «europäischen Batteriezellenverbunds» aus neun Nationen stellen. Diesem gehört hierzulande neben Varta auch der Chemiekonzern

BASF an, der im brandenburgischen Schwarzheide Kathoden-material herstellt. Im Rahmen des Verbands will zudem BMW mit dem Zellenhersteller Customcells aus Itzehoe kooperieren. Als europäisches Vorzeigeprojekt soll in Kaiserslautern eine französisch-deutsche Batteriefertigung entstehen. Daran ist zum einen der sinnfällig «Saft» abgekürzte Hersteller Société des Accumulateurs Fixes et de Traction aus der Nähe von Paris beteiligt, zu dem zwei Unternehmen im hessischen Büdingen gehören. Der andere Partner ist die französische Autogruppe PSA mit ihren Marken Citroën, Opel, Peugeot und Vauxhall, die immer größer wird: Nach Verschmelzung mit Fiat Chrysler 2021 heißt der riesige Automobilkonzern inzwischen Stellantis und hat angekündigt, bis 2025 rund 30 Milliarden Euro in Elektroautos und Software zu investieren.

Vorpreschen statt aufholen: Mit Luftfahrzeugen zu neuen Höhen

Selbst in den klassischen Industrien haben die Chinesen Wachs-tumsfelder besetzt, die schon lange keine Nischen mehr sind. Beispiel Luftfahrt. Das Ziel in dieser Sparte, die explizit in der Made-in-China-Initiative genannt wird, ist glasklar: mit Hilfe der Ausländer über diese hinauszuwachsen. Das gilt für Beteili-gungen an westlichen Airlines auf ähnliche Weise wie für Zu-käufe im Flugzeugbau, um die «Carrier» mit den nötigen Ma-schinen auszustatten. 2017 stieg die staatliche Fluggesellschaft China Eastern für 440 Millionen Dollar beim französisch-nie-derländischen Konkurrenten Air France-KLM ein. Vier Jahre später, im April 2021, als die Corona-Krise die Bilanzen der europäischen Luftverkehrsgesellschaften verhagelt hatte, legte «der reiche Onkel aus China» noch einmal nach und inves-tierte weitere 190 Millionen Dollar.

Das Hauptaugenmerk gilt indes dem Bau der Flugzeuge. «Made in China» hat diese Auslandsaktivitäten klar beschleunigt, aber die Chinesen greifen schon viel länger am Markt zu, wenn sich die Gelegenheit ergibt. Als besonders agiler Aufkäufer tritt dabei die Aviation Industry Corporation of China (Avic) auf. In Europa machte sie erstmals von sich reden, als sie Ende 2009 den österreichischen Flugzeugkomponentenhersteller FAAC übernahm. Unmittelbar anschließend wandte sich der Staatsbetrieb den USA zu und strich dort alle Anteile am Triebwerkskomponentenbauer Teledyne aus Alabama ein. 2011 folgte die Absorption des Flugzeugbauers Cirrus aus Minnesota. 2015 kam der kalifornische Luftfahrtzulieferer Aligne Aerospace (Anixter) hinzu.

Es dauerte nicht lange, bis Avic auch Deutschland ins Visier nahm. 2013 erwarben die Pekinger den hochinnovativen Flugzeugmotorenhersteller Thielert aus der Insolvenz heraus und benannten ihn in Technify Motors um. Heute ist das sächsische Unternehmen Teil der amerikanischen Avic-Tochter Continental Motors (ehemals Teledyne) und nennt sich Continental Aerospace Technologies. Technologisch sind die Ostdeutschen, die auch einen Produktionsstandort im thüringischen Altenburg unterhalten, ganz vorn. Ihre Kolbentriebwerke lassen sich mit Kerosin betreiben – die Konkurrenz nutzt oft noch bleihaltiges Benzin – und sparen bares Geld: Den Werksangaben zufolge brauchen die Thielert-Motoren 40 Prozent weniger Treibstoff und erhöhen die Reichweite der Maschinen um 30 Prozent. Das ist genau das, was sich die chinesischen «Going-Out-Strategen» unter Technologieführerschaft, Effizienz und ökologischer Nachhaltigkeit vorstellten.

Zwar ist in Europa das meiste Avic-Geld nach Deutschland geflossen, die Chinesen griffen aber auch anderswo in der alten Welt zu, um sich die neuesten Techniken und Verfahren zu sichern. In Großbritannien übernahmen sie den Kabinenausstatter AIM Altitude und in Spanien das Forschungs- und Entwicklungsunternehmen für Luftfahrttechnik Aritex. Große Schlagzeilen erregten sie dabei selten, denn die Kaufbeträge sind in der mittelständisch organisierten Industrie vergleichsweise gering, sie bleiben meist unter 300 Millionen Dollar.

«Made-in-China» machte den chinesischen Investoren noch einmal richtig Dampf. 2016 legte die staatliche Shanghai Electric Group rund 220 Millionen Dollar für den niedersächsischen Sondermaschinenhersteller Broetje-Automation auf den Tisch. Broetje stellt Fertigungslinien für die Luft- und Raumfahrtindustrie her und gilt als Technologieführer in dieser Sparte, besonders für Nietmaschinen und -anlagen zur automatischen Montage großer Bauteile wie Rumpf oder Flügel aus Metall oder Kohlefaser. Für den Aufkäufer und für die Auslandsstrategie ist nicht nur die Technik von Interesse, sondern auch die Kundenkartei. Der bisherige Eigentümer, der Private-Equity-Fonds Deutsche Beteiligungs-AG, stellte nach Vertragsabschluss passend fest: «Shanghai Electric erhält mit Broetje-Automation Zugang zu allen weltweit tätigen Herstellern im Flugzeugbau.»

Der nächste Streich im deutschen Flugzeugbau folgte schon im folgenden Jahr. Da verleibte sich AT&M, eine Tochtergesellschaft des staatlichen China Iron & Steel Research Institute, für 130 Millionen Dollar den sächsischen Flugzeugzulieferer Cotesa ein. Das Unternehmen aus Mittweida fertigte bis dahin vor allem Kohlefaser-Bauteile für Boeing und Airbus. Mit diesem Kundenstamm und Insider-Wissen im Hintergrund beliefert Cotesa seitdem das Regierungsunternehmen Commercial Aircraft Corporation (Comac) in Schanghai. Dessen erklärter Auftrag ist es, Airbus und Boeing mit Eigenentwicklungen Konkurrenz zu machen und der dritte große Flugzeugbauer neben den Europäern und Amerikanern zu werden.

Das neue Luftfahrt-ABC:
Gleichziehen mit Airbus und Boeing

Wie sich der Kreis in der Luftfahrtindustrie schließt, zeigt sich an dem staatlichen Großaufkäufer Avic, denn dieser ist seinerseits maßgeblich an Comac beteiligt. Auch die europäische Konkurrenz kennt er gut: Er agiert als ein großer Zulieferer und außerdem als direkter Joint-Venture-Partner von Airbus in dem Montagewerk für den A320 in der ostchinesischen Hafenstadt Tianjin. All das ist das gute Recht des Zentralunternehmens, doch lohnt es sich, genauer hinzuschauen, um wen es sich bei Avic handelt. Direkt der Zentralregierung unterstehend, ist der Konzern auch eines der größten Rüstungsunternehmen Chinas. Die Gruppe stellt Kampfjets, Bomber und Hubschrauber für die Volksbefreiungsarmee her. Insofern passt der erwähnte Kauf des US-Spezialteileherstellers Align Aerospace gut ins Bild, der ebenfalls Rüstungskunden hat – westliche natürlich.

Dennoch oder gerade deshalb ist Avic in Amerika nicht gut gelitten. Dort hagelt es massive Spionagevorwürfe gegen den Konzern, die sich auf Aussagen des Whistleblowers Edward Snowden stützen: Chinesische Hacker hätten sich 2009 Zugang zu den Plänen des amerikanischen Waffenfabrikanten Lockheed Martin verschafft und so dafür gesorgt, dass der Avic-Jet Shenyang J-31 in Teilen ein Nachbau des amerikanischen Superkampfflugzeugs F-35 sei. Sowohl Avic als auch Comac stehen nach Ansicht der US-Regierung «im Eigentum und unter der Kontrolle» des chinesischen Militärs, weshalb amerikanische Privatanleger oder Unternehmen in diese Gesellschaften schon seit längerem nicht mehr investieren dürfen.

Avic ist ein riesiges Konglomerat, das mehr als 440000 Personen beschäftigt und 65 Milliarden Dollar im Jahr erlöst. Das entspricht etwa dem Umsatz des deutschen DAX-Schwergewichts BASF. Außerhalb der Luftfahrt unterhalten die Pekinger viele weitere Beteiligungen in aller Welt, die meisten davon passen zu den verschiedenen M&A-Strategien der vergangenen zehn Jahre. Vom 2018 bekannt gegebenen Einstieg bei den britischen Datenzentren von Global Switch für 2,4 Milliarden Dollar war schon die Rede. Der vom Preis her nächstgrößere Erwerb hatte 2015 für 800 Millionen Dollar in Michigan stattgefunden, beim amerikanischen Automobilhersteller Henniges. Auf dem nächsten Platz der Shoppingliste steht von der Bedeutung her schon Deutschland: Für die stolze Summe von 640 Millionen Dollar übernahm die Avic-Gruppe 2014 das ehemalige Siemens-Tochterunternehmen Hilite. Der im fränkischen Marktheidenfeld ansässige Autozulieferer stellt Motor- und Getriebeteile her. Im selben Jahr ging auch die Kokinetics GmbH an die Chinesen, ein Hersteller von Getriebeteilen und Sitzkomponenten. Avic ist außerdem Minderheitsaktionär an der Beteiligungsgesellschaft KHD Humboldt Wedag in Köln. Dieses Private-Equity-Unternehmen erwirbt, hält und verkauft Immobilien- und Industrieanteile und ist besonders für jene Tochtergesellschaften bekannt, die in Europa, Amerika, Asien und Australien Zementwerke ausrüsten oder ihnen Dienstleistungen anbieten

Im Kern jedoch ist und bleibt Avic ein ziviles und militärisches Luftfahrtunternehmen, der vielleicht wichtigste Player für diesen Teil der Made-in-China-Initiative. Was aber haben die Chinesen mit ihrem geballten, nicht zuletzt aus dem Westen abgesaugten Flugzeugwissen vor? Sie wollen eine Luftfahrtindustrie aufbauen, die den bisher übermächtigen europäischen und amerikanischen Anbietern Paroli bietet und sie dann überflügelt. Das ist ein kompliziertes Unterfangen, aber die ersten Schritte sind gemacht. 2017 erfolgte der Jungfernflug der Comac C919, des ersten zweistrahligen Passagierflugzeugs, das komplett in der Volksrepublik zusammengesetzt wurde. Die Mittelstreckenmaschine wurde als Konkurrenz zu den Flugzeugfamilien Airbus A320 und Boeing 737 konzipiert, den erfolgreichsten Verkehrsflugzeugtypen aller Zeiten. Damit die Comac C919 auch kommerziell reüssiert, hat die chinesische Regierung die staatlichen Fluggesellschaften angewiesen, jeweils mindestens zwanzig Einheiten abzunehmen.

Bei Langstreckenflugzeugen und Maschinen mit zwei Gängen will das Land ebenfalls in den Wettbewerb zu den Industriestaaten treten. Dazu haben Comac und der russische Luftfahrt- und Rüstungskonzern OAK im Jahr 2017 das Gemeinschaftsunternehmen CRAIC gegründet. Dessen Entwicklung mit Namen CR929 soll nach mehrmaliger Verzögerung 2027 in Dienst gestellt werden. Hauptkonkurrenten sind auch hier Boeing und Airbus, und zwar mit ihren Baureihen 787/767 sowie mit dem A330 und dem A350. Der doppelte Vorstoß der Chinesen über Comac und CRAIC ist also ein Frontalangriff auf die Amerikaner und Europäer, die bisher den vielversprechenden chinesischen Markt, ja den Weltmarkt generell unter sich aufgeteilt haben. Die Ambitionen, künftig in der Weltliga dabei zu sein, zeigen sich schon in der Namensgebung. Das «C» in CRAIC und CR929 steht nicht nur für China, sondern soll auch das Flugzeugalphabet von Airbus und Boing zu «ABC» fortsetzen. Die Botschaft ist klar: China gehört künftig dazu, aus den Großen Zwei werden die Großen Drei.

Doch trotz umfangreicher politischer und finanzieller Unterstützung durch die Regierung und der vielen Akquisitionen fällt es den ostasiatischen Flugzeugbauern noch schwer, gegen den Westen anzukommen. Bei hochkomplexen Fortbewegungsmitteln reicht es eben nicht aus, Pläne und Bauteile zu kopieren, Fachleute abzuwerben, westliche Unternehmen zu kaufen und Abermillionen in die Entwicklung zu investieren. Vielmehr bedarf es jahrzehntelanger Erfahrung, hocheffizienter Lieferketten, eines gewachsenen Netzes zwischen Forschung, Ausbildung und Anwendung, eingespielter Produktionsabläufe, enger Kundenbindung, bekannter Marken, weltweiter Kontakte, ja all dessen, was man heutzutage ein wirtschaftliches Ökosystem nennt und was China im klassischen Luftverkehr noch nicht vorweisen kann. In gewisser Weise spiegeln sich hier die Erfahrungen aus dem Automarkt, wo die Chinesen die Wettbewerber im Verbrenner-Segment nie richtig einholen konnten und deshalb heute verstärkt auf die neuen, noch unverteilten Märkte setzen, vor allem in der Elektromobilität.

China als «Home of Drones»

Ähnlich wie im Pkw-Bau mit den alternativen Antrieben stürzen sich die Chinesen in der Luftfahrt mit aller Macht auf komplett neuen Flugobjekte. In der Entwicklung unbemannter Drohnen etwa haben alle Volkswirtschaften bei null angefangen, entsprechend schnell konnten die Chinesen ihren Platz finden: ganz an der Spitze. Innerhalb kürzester Zeit ist die Volksrepublik zum Marktführer, zum «Home of Drones» geworden. In der Herstellung ziviler Modelle sind sie die Nummer eins, in der Nutzung die Nummer zwei hinter den USA. Doch auch in Amerika fliegen vor allem Drohnen aus China, das 70 Prozent seiner Produktion exportiert. Angetrieben vom Luftfahrtschwerpunkt in der Made-in-China-Initiative, soll die UAV genannte Branche («Unmanned Aerial Vehicles») jedes Jahr um 25 bis 40 Prozent wachsen. Für das Schlüsseljahr 2025 plant das Industrie- und Informationsministerium einen Drohnen-Umsatz von 27 Milliarden Dollar. Das entspricht, um es in ein Verhältnis zu setzen, fast dem Volumen des Nahrungsmittelverkaufs im gesamten deutschen Einzelhandel.

Die UAV-Branche profitiert davon, dass sie der Künstlichen Intelligenz (KI) zugerechnet wird, auf die China besonderen Wert legt. Aufbauend auf MIC 25, hat der Staatsrat 2017 einen «Entwicklungsplan für die KI der neuesten Generation» verabschiedet, womit die Automatisierung intelligenten Verhaltens und das maschinelle Lernen zu einer nationalen Strategie erhoben wurden. Die Entwicklung von Drohnen zum privaten und gewerblichen Gebrauch zählt darin zu den Schwerpunktsektoren. Das äußert sich unter anderem darin, dass das Informationsministerium Hersteller gezielt fördert. Die Handschrift von «Made in China» ist auch in der Einrichtung spezieller Industriezonen für die Entwicklung und Erprobung unbemannter Flugobjekte zu erkennen, etwa in Schanghai oder im südlich davon gelegenen Taizhou.

Der Großteil der chinesischen Drohnen kommt indes aus Shenzhen, dem Powerhaus in der Provinz Kanton (Guangdong). Unangefochtener Platzhirsch ist hier das Unternehmen DJI Technology, das angeblich 70 Prozent aller zivilen Drohnen in der Welt herstellt. In Europa ist der Konzern, der 6000 Mitarbeiter beschäftigt und drei Milliarden Dollar Umsatz macht, dafür bekannt, dass er den weltberühmten schwedischen Kamerahersteller Hasselblad übernommen hat. Hasselblad haftet der Mythos des Unverwüstlichen, des absolut Zuverlässigen und im wahrsten Sinne Überweltlichen an, seit seine Fotoapparate 1969 die erste bemannte Mondlandung festhielten. Der Kauf der Traditionsfirma passt ins Bild, hat sich DJI doch auf Film- und Fotodrohnen spezialisiert und entwickelt auch eigene Miniaturkameras.

Große Geschäftsmöglichkeiten wittern die Kantonesen im gewerblichen Drohnenmarkt. Hier geht es unter anderem um die Zustellung von Post- und Warensendungen. Als Weltmeister im Internethandel lassen sich die chinesischen Nutzer so gut wie alles nach Hause oder ins Unternehmen liefern, die Zahl der Sendungen ist höher als in Japan, den USA und Europa zusammen. Die Corona-Pandemie, in der viele Geschäfte geschlossen waren, hat diesen Trend noch verstärkt. Doch je stockender der städtische Verkehr wird und je größer die Distanzen auf dem Land sind, desto mehr Bedeutung gewinnt der Lufttransport. JD.Com, der führende Onlinehändler nach Alibaba, hat jetzt schon mehr als einhundert Botendrohnen im Einsatz. SF Express, der größte private Paketdienst des Landes, setzt ebenfalls UAV ein, desgleichen der deutsche Konkurrent DHL. Die Tochtergesellschaft der Deutschen Post AG betreibt seit 2019 als erstes ausländisches Unternehmen einen regelmäßigen innerstädtischen Drohnendienst, und zwar in der kantonesischen Kapitale Guangzhou. Kooperationspartner ist ein weiterer chinesischer UAV-Hersteller namens Beijing Yi-Hang Creation Science & Technology Co. Dessen Drohnen der Serie Ehang gehören zu den bekanntesten Typen am Markt.

Das Drohnengeschäft könnte noch viel schneller wachsen, wenn ihm nicht eine andere Priorität im Wege stünde, das chinesische Sicherheitsinteresse. Chinas gesamter Luftraum wird vom Militär überwacht, was die zivilen Flugpläne ordentlich durcheinanderwirbelt. Deswegen gehören die Flughäfen zu den unpünktlichsten der Welt, und deswegen kommen auch manche Drohnenlieferungen noch später an, als würden sie per Autokurier ausgetragen. Dennoch dürfte die unbemannte Paket- und Warenzustellung eine glorreiche Zukunft vor sich haben. Erst recht dann, wenn sich das «Internet der Dinge» durchsetzt. Dann werden Lagerbestände in Fabriken und Supermärkten genauso automatisch von einem Computer nachbestellt werden wie Lebensmittel von den vernetzten Kühlschränken in Privathaushalten.

Es geht nicht nur um Waren, die künftig ohne Piloten durch die Luft befördert werden sollen, längst experimentieren Ingenieure in aller Welt auch an Ministreckenflügen für Passagiere – natürlich elektrisch. Wie interessant dieses Konzept für China ist, kann jedermann ermessen, der schon in den Staus der Millionenstädte gesessen hat. Um die Lage am Boden zu entspannen und technologisch im wahrsten Wortsinne «ganz oben» mitzuspielen, kauft sich China auch in die Flugtaxi-

Branche ein, ermutigt und gefördert natürlich durch die Luft-
fahrtambitionen der Made-in-China-Strategie.

Deutsche Überflieger und ihre chinesischen Gönner

Hoch hinaus im Schatten des größten Wolkenkratzers der Welt:
Hinter dem 830 Meter hohen Burj Khalifa in Dubai geht gerade die Sonne auf, als erstmals in der Geschichte des Luftver-
kehrs ein unbemanntes Flugtaxi zu einem öffentlichen Testflug
startet. Goldgelbes Licht fällt auf das Flugfeld, während sich
die Kufen langsam vom Boden lösen. Achtzehn elektrisch betriebene Minirotoren verleihen dem Zweisitzer fast geräuschlos
Auftrieb. Die Kabine ist leer, auf dem Armaturenbrett leuchten
blaue Anzeigen. Schnell gewinnt das seltsame Gefährt an Höhe,
neugierig umkreist von zwei Vögeln.

Volocopter heißt das noch recht unbekannte unbemannte
Flugobjekt, und es ist eine urdeutsche Entwicklung. In weniger
als zehn Jahren haben es zwei Tüftler aus der badischen Provinz fertiggebracht, sich an die Spitze der Entwicklung einer
neuen Generation von Luftfahrzeugen zu setzen, der elektrisch
angetriebenen Senkrechtstarter (eVTOL). Diese Multicopter sehen aus wie Hubschrauber, haben aber eine Vielzahl von Roto-
ren, werden mit Strom betrieben, und vor allem: sie sind autonom unterwegs. So gesehen ist die Erfindung aus Bruchsal
eigentlich eine übergroße Drohne, vorgesehen für den piloten-
losen Passagiertransport.

Noch wird der urtümliche Luftschrauber nicht kommerziell
eingesetzt, aber das könnte sich bald ändern. Nach dem erfolgreichen Jungfernflug und einer mehrjährigen Testphase in Dubai will das Emirat in wenigen Jahren entscheiden, ob es die
Volocopter zur regulären Beförderung einsetzt. Die Chancen
dafür stehen nicht schlecht, denn schon 2030 soll ein Viertel

des Stadtverkehrs autonom erfolgen. Nicht nur die Scheichs haben Interesse an dem deutschen Vorzeigeprojekt. Im Herbst 2019 präsentierte Volocopter sein neuestes Flugtaxi vom Typ Volo-City in Singapur, wobei erstmals auch der zugehörige Landeplatz vorgestellt wurde, der futuristische Volo-Port auf dem Dach eines Hochhauses.

Damit die deutschen Überflieger nicht abstürzen, brauchen sie viel Geld, ohne bisher ein einziges Produkt verkauft zu haben. In den ersten beiden Finanzierungsrunden seit der Gründung 2011 sammelten die Badener bei deutschen und internationalen Investoren 35 Millionen Euro ein, seither halten Daimler und Intel Minderheitsanteile an Volocopter. Im September 2019 legten die Geldgeber nach und nahmen einen neuen gewichtigen Partner mit an Bord, den uns schon gut bekannten chinesischen Autohersteller Geely. Mit den frischen 50 Millionen Euro sollen die Flugtaxis zur Serienreife gebracht und möglichst umgehend am Markt eingeführt werden.

Volocopter will nicht verraten, wie viel Prozent Geely an dem Unternehmen hält. Klar ist aber, dass die Chinesen den Löwenanteil des neuen Kapitals aufgebracht haben. Die Verbindung soll noch enger werden, indem beide Gesellschaften ein Joint-Venture bilden, um die so genannte «Urbane Flugmobilität» nach China zu bringen. Dort ist der Bedarf nach alternativen Fortbewegungsmitteln enorm, schließlich liegen gut ein Fünftel der fünfhundert bevölkerungsreichsten Städte der Welt in der Volksrepublik. Nicht nur in den Metropolen wie Peking, Schanghai, Kanton oder Shenzhen bricht regelmäßig der Verkehr zusammen, sondern auch in den «mittelgroßen» Städten wie Xi'an, Suzhou oder Harbin, die immer noch jeweils mehr als fünf Millionen Einwohner zählen.

Die Zhejiang Geely Holding Group, wie Geely eigentlich heißt, kennt das Geschäft mit ungewöhnlichen Fliegern schon länger. 2017 übernahmen die Chinesen das amerikanische Startup Terrafuga, eine Gründung von Absolventen des hoch-

dekorierten Massachusetts Institute of Technology (MIT).
Diese Luftfahrtpioniere entwickeln Flugzeuge, die am Boden
wie Autos fahren können, nachdem die Flügel eingeklappt
worden sind. In der Luft sind die Flugautos der Marke Transition mit Verbrennungsmotoren unterwegs, auf den Straßen
dann elektrisch.

Geely ist nicht der einzige chinesische Konzern, der sich für
Flugtaxis interessiert, und Velocopter ist nicht der einzige deutsche Anbieter in dieser Zukunftsbranche. Rund 100 Millionen
Euro hat der kantonesische Technikriese Tencent für seine
Luftfahrt-Beteiligung in Deutschland ausgegeben: Im März
2020 kauften sich die Südchinesen gemeinsam mit anderen
Geldgebern bei Lilium ein, einem Lufttaxi-Hersteller aus Weßling bei München. Das 2015 gegründete Startup, benannt nach
dem Luftfahrtpionier Otto Lilienthal, experimentiert ebenfalls
mit unbemannten, elektrisch betriebenen Senkrechtstartern.
Der Zugriff der Chinesen scheint sich schnell auszuzahlen: Im
Sommer 2021 kündigte die brasilianische Fluggesellschaft Azul
ihre Absicht an, für eine Milliarde Dollar 220 Lilium-Jets zu
kaufen. Von 2025 an sollen sie in der Region Sao Paulo autonom unterwegs sein.

Wer ist schon die BASF? Neue Chemieriesen in Fernost

In nicht allen Zielbranchen der erweiterten Made-in-China-
Strategie werden die fernöstlichen Investoren in Europa fündig,
und manche Industriezweige verschwimmen ineinander. Das ist
etwa bei der Chemie-, Pestizid- und Saatgutherstellung der Fall.
Die chinesische Chemieindustrie wird – natürlich – von Staatskonzernen geführt, zumeist sind es Zentralunternehmen der
Regierung in Peking. Die Abgrenzung zu anderen Branchen der
Pharma-, Grundstoff-, Mineralöl-, Material- oder Agrarindust

rie ist nicht immer leicht, doch klar ist, dass China neben Deutschland und den USA den Weltmarkt dominiert. Sinopec rangierte in der Bestenliste lange auf Platz zwei hinter der deutschen BASF und vor der amerikanischen Dow-Gruppe. Auf Platz vier der führenden Chemiekonzerne folgte dann Ineos aus Großbritannien, in dessen französische und schottische Raffinerien, wie erwähnt, sich Petro-China/CNPC auf Position dreizehn eingekauft hat.

Die Rangliste galt aber nur noch bis 2021, denn mittlerweile wurden die Karten zugunsten Pekings völlig neu gemischt. Der Staatsrat, Chinas Regierung, hat sich entschieden, seine Großbetriebe Sinochem und China National Chemical Corp. (ChemChina) miteinander zu verschmelzen. Dadurch ist die größte Chemiegruppe der Welt entstanden, die sogar die BASF vom Thron gestoßen hat. Das neue Konstrukt namens Sinochem Holding, das von der Verwaltungseinheit SASAC des Staatsrats kontrolliert wird, beschäftigt 220000 Personen in mehr als 150 Ländern. Der gemeinsame Umsatz beläuft sich rein rechnerisch auf 150 Milliarden Dollar, mehr als das Doppelte jener 67 Milliarden, die BASF zustande bringt.

Größe allein ist nicht alles. Chinas Chemieindustrie geht es auch darum, in neue zukunftsträchtige Geschäftsfelder vorzustoßen und der Autarkie des Riesenreiches bei unerlässlichen Chemieprodukten und anderen Schlüsselmaterialen näherzukommen. Daher erwerben Chem-China und seine Tochter Blue-Star seit Jahren systematisch Hersteller von Silizium in Europa, vor allem für die boomende Solar- und Chipindustrie. 2007 kauften sie dem französischen Rhodia-Konzern für 700 Millionen Dollar die Siliziumsparte ab. 2011 gingen sie noch einen Schritt weiter und übernahmen vollständig für mehr als zwei Milliarden Dollar das norwegische Traditionsunternehmen Elkem.

Die Osloer bieten zum einen vergleichsweise herkömmliche Produkte an, sie sind zum Beispiel Weltmarktführer von An-

thrazit- und Graphitelektroden zur Herstellung von Elektro-
stahl oder Aluminium. Elkems Gießereiprodukte wie das Fer-
rosilizium oder die Gusseisenlegierungen kommen sowohl in
«alten» Stahlanwendungen zum Einsatz als auch in «neuen»
Techniken wie Windgeneratoren. Ganz weit vorn in der Modernisierung und weltweiten Marktdurchdringung ist Elkem in
der Herstellung von Silizium für die Photovoltaik und für
Halbleiter. Um die Wertschöpfung noch zu erweitern, kaufte
Elkem mit Hilfe seiner chinesischen Mutter 2015 das Osloer
Unternehmen REC Solar. Dieses fabriziert und vertreibt in der
ganzen Welt Silizium, die daraus gefertigten Solarzell-Scheiben
(Wafer), die Zellen selbst, die Photovoltaik-Module sowie
schließlich auch vollständige Sonnenstromanlagen.

Chem-China folgt auch da den Pekinger Expansionsplänen,
wo es um die Erweiterung und Verzahnung der internationalen
Liefer- und Produktionsketten geht. Das zeigt sich etwa in seiner Kunststoffsparte. Um die Wertschöpfung dort zu erweitern,
kauft der Staatskonzern Entwickler und Hersteller von kunst-
stoffverarbeitenden Maschinen auf. In Deutschland wurde er
2016 fündig und übernahm für rund eine Milliarde Dollar
einen Münchner Maschinenbauer mit langer Geschichte,
einem guten Ruf und weltbekannter Marke: Krauss-Maffei.
Die alteingesessene Gesellschaft von 1838 war ursprünglich ein
Fabrikant von Dampflokomotiven, später auch von Walzen,
Lastwagen und Omnibussen. Zu Weltruhm sind die Bayern gelangt, seit sie Spritzguss- und Extrusionsmaschinen zur Formung
von Kunststoffteilen herstellen. Der entscheidende Geschäfts-
zweig Krauss-Maffei Technologies gilt als Weltmarktführer für
den Bau von Maschinen und Anlagen, die Kunststoffe und
Kautschuk erzeugen und verarbeiten.

Sowohl gesellschaftsrechtlich als auch in Fragen der Produktionsabläufe wird die deutsche Tochter immer enger in den
Mutterkonzern integriert. So übertrug Chem-China Ende 2018
die Anteile an Krauss-Maffei auf seine börsennotierte Gesell-

schaft Qingdao Tianhua Institute of Chemistry Engineering, wodurch jetzt auch die Deutschen am Aktienhandelsplatz in Schanghai notiert sind. Eingebracht in das neue größere Konstrukt wurde zudem ein Werk für Spritzgießmaschinen von Chem-China in der Stadt Sanming / Minzhong in der Südostprovinz Fujian. Ähnliche Standorte unterhält das Chemiekonglomerat in Yiyang und Guilin in den Provinzen Hunan und Guangxi. Die Arbeitsteilung sieht vor, dass Krauss-Maffei die internationalen Kunden direkt aus Deutschland beliefert, mit Ausnahme von China: Dort werden die neuesten Krauss-Maffei-Baureihen für den lokalen Markt montiert.

Ein weiterer großer Spieler aus China in der Chemiewelt ist die Wanhua-Gruppe aus Yantai in der östlichen Halbinselprovinz Shandong. Gemäß dem Fachdienst Chemical & Engineering News liegen die Hafenstädter auf Position 29 in aller Welt. Sie rücken aber immer weiter vor, und das nicht zuletzt durch Zukäufe in Übersee. Dadurch ist Wanhua zum globalen Marktführer von Isocyanaten geworden, einer wichtigen Stoffgruppe für die Kunststoffherstellung. Es hat sich in diesem Geschäftsfeld bereits vor die BASF geschoben. Wanhua stellt vor allem zwei Vorprodukte für den Kunststoff Polyurethan her, MDI und TDI, in beiden führt es die Weltproduktion an. Letztlich entstehen daraus Klebstoffe, Weich- und Isolierschäume, Schaumstoffe für Polsterungen oder Matratzen und auch Schuhsohlen. Die moderne Verkehrsindustrie setzt Wanhuas Produkte für Schmierstoffe ebenso ein wie für hochwertige Auto-, Flugzeug- und Triebwerkslacke.

Es gibt wenige andere Werk- und Kunststoffe, deren Absatz schneller wächst als der von Polyurethan, und Wanhua wächst kräftig mit. Um sich in Europa festzusetzen, übernahm der Konzern 2011 die Mehrheit an dem ungarischen Hersteller Borsard-Chem für 1,7 Milliarden Dollar. Der ostmitteleuropäische Rohmaterialproduzent ist auf MDI und TDI spezialisiert und darüber hinaus auf PVC und Vinyl. Neben dem Stammsitz im nordungarischen Kazincbarcika unterhält die Gesellschaft auch Werke in Tschechien und Polen. Im Jahr 2019 rundete Wanhua seine EU-Aktivitäten ab und verlängerte zugleich geschickt seine Wertschöpfungskette. Für vergleichsweise wenig Geld, 190 Millionen Dollar, kam damals der schwedische Chemieanlagenbauer Chermatur zu der ostchinesischen Gruppe hinzu. Der Verfahrensspezialist errichtet überall in der Welt Werke für MDI und TDI, aber auch für Wasserstoffperoxid und Derivate von Bioethanol.

Syngenta, die Mutter aller Zukäufe

Die Going-Global-Devise treibt Chinas Chemieindustrie schon seit langem in die Welt hinaus, aber im Jahr 2015, rechtzeitig zur Made-in-China-Verkündung, erfolgte das fast Unvorstellbare: Fernöstliche Investoren mobilisierten den Rekordbetrag von 43 Milliarden Dollar, um ihn in ein europäisches Unternehmen zu stecken. Das ist seither die größte Übernahme der Chinesen in aller Welt geblieben und die einzige mit einem zweistelligen Milliarden-Betrag neben dem erwähnten Fall von 2017, als der CIC-Staatsfonds den britischen Logistiker und Amazon-Partner Logicor für knapp 14 Milliarden Dollar aufkaufte. Das Zielgebiet des vielen Geldes lag 2015 nicht etwa in den bisher wichtigsten Empfängerländern Großbritannien und Deutschland, sondern in der kleinen Schweiz. In jenem Jahr kaufte Chem-China 98 Prozent der Anteile an dem Basler Saatgut- und Agrarchemiekonzern Syngenta.

Nach dem «Squeeze-Out», dem Herausdrängen der letzten freien Aktionäre, zog der Pekinger Staatskonzern die Schweizer Gruppe von der Börse ab, übertrug seine Agraraktivitäten auf sie – später auch Sinochems – und verlegte den Satzungssitz nach Schanghai. Die Unternehmenszentrale mit der Verwaltung verlieb in Basel. Ähnlich wie beim portugiesischen Energiekonglomerat EDP schafften es die chinesischen Einkäufer auch diesmal wieder, die westliche Konkurrenz auszustechen. Der amerikanische Konzern Monsanto hatte schon lange ein Auge auf Syngenta geworfen, bot aber 2015 deutlich weniger Geld als Chem-China und blitzte daher bei den Aktionären ab. Auch Bayer, Dow Chemical und Dupont warfen ihren Hut in den Ring, scheiterten aber ebenfalls.

Die Konsolidierung der Agrochemiebranche hielt das nicht auf, man kann auch sagen: die Hochzeiten in den eigenen Kreisen. Heute gehört Monsanto zu Bayer, und auch Dow und Dupont hatten zwischenzeitlich zusammengefunden (mittlerweile gehen sie wieder eigene Wege). Syngenta hat sich in chinesischem Eigentum gut entwickelt, sogar in der Corona-Zeit. 2020 stiegen die Gruppenumsätze um fünf Prozent auf 23 Milliarden Dollar, der Betriebsgewinn (Ebitda) nahm um drei Prozent auf vier Milliarden Dollar zu. Syngenta ist der größte Hersteller von Pflanzenschutzmitteln auf dem Planeten und der drittgrößte von Saatgut, ein florierendes Geschäft angesichts der Bevölkerungszunahme und des wachsenden Wohlstands.

Ein Grund für die gesunden Ertragszahlen ist aber auch die zunehmende Orientierung an Nachhaltigkeit, Ökologie, Klimaschutz und Anpassung, die Megatrends dieses Jahrzehnts. Ende 2020 übernahm die Schanghaier Gruppe daher den italienischen Hersteller biologischer Pflanzenschutzmittel Valagro zu einem nicht genannten Preis. Dabei hieß es, der Markt für umweltschonende Pestizide werde sich innerhalb von nur fünf Jahren verdoppeln. Der Vorstandsvorsitzende der Syngenta-Gruppe, Erik Fyrwald, setzte den Kauf in einen Zusammenhang mit einem Investitionsprogramm von zwei Milliarden Dollar, «um Landwirte bei der Bewältigung der Auswirkungen des Klimawandels zu unterstützen und die landwirtschaftliche Nachhaltigkeit zu verbessern». Tatsächlich verdient der Konzern, wie andere Anbieter, die die Zeichen der Zeit erkennen, immer mehr Geld mit Produkten für die Anpassung an den Klimawandel, etwa mit dürreresistenten Samen.

Um Geld für Forschung, Entwicklung und weitere Expansionen einzusammeln, wollen die Chinesen einen Teil der Syngenta-Aktien zurück an die Börse bringen, diesmal in Schanghai. In einer der größten Notierungen unserer Zeit erwarten sie, gut zehn Milliarden Dollar einzusammeln. Die Gesamtbewertung von Syngenta beläuft sich inzwischen auf 50 bis 60 Milliarden Dollar, also auf deutlich mehr als beim Einstieg von Chem-China 2015. Dazu tragen auch die vielen Zukäufe und Eingliederungen bei. Deren wichtigste war jene von Adama Agricultural Solutions aus Tel Aviv, an der Chem-China seit 2010 eine Mehrheitsbeteiligung hält. Seit 2016 gehört Adama den Chinesen komplett, insgesamt haben sie dafür mehr als 2,8 Milliarden Dollar gezahlt. Der israelische Pestizidhersteller, der früher Makhteshim Agan hieß, zählt zu den größten Industrieunternehmen seines Landes und steht in der Liste der weltweit führenden Anbieter von Agrochemie auf Position sechs. Davor rangieren alte Bekannte, ganz an der Spitze der Mutterkonzern Syngenta und dahinter Bayer, BASF, Dow und FMC aus Pennsylvania.

Osram und deutsche Kindersitze: Auch Konsumgüter haben ihre Reize

Zu den «Very Old Industries» in Europa zählt neben der Chemie auch die Rohstoff- und Metallwirtschaft. Seit die staatliche Entwicklungsbank China Development Bank (CDB) 2006 rund 800 Millionen Dollar in eine winzige Beteiligung an dem britischen Bergbauunternehmen Anglo-American steckte, sind etwa vier Milliarden Dollar aus China in diese Sparte geflossen. Die umfangreichste Akquise war 2012 jene des Londoner

Unternehmens Kalahari Minerals für 990 Millionen Dollar, an der neben der CDB auch das Kerntechnikunternehmen Guangdong Nuclear Power aus Kanton beteiligt war. Über die australische Kalahari-Tochter Extract sicherten sich die Chinesen auf diese Weise den Zugang zur Husab-Mine in Namibia, einem der größten Uranvorkommen der Welt. Das passt ins Bild, denn China ist nicht nur der größte Kohle- oder Eisenerzverbraucher der Welt, sondern betreibt auch die meisten Atomkraftwerke.

Im Vergleich zu den Ressourcen-Zukäufen in anderen Weltgegenden, etwa in Australien, Chinas wichtigstem Rohstoffpartner, halten sich die Aktivitäten in Europa allerdings in Grenzen. In Deutschland gab es nur einen einzigen nennenswerten Fall, und zwar in der Metallverarbeitung. Im Jahr 2012 nahm das Unternehmen Wuhan Iron and Steel, auch Wisco genannt, dem Thyssen-Krupp-Konzern für 450 Millionen Dollar die Autoblechsparte Tailored Blanks ab. Für die Essener war der Verkauf wichtig, um ihre hohen Schulden zu drücken, Wisco ging es darum, sich in einem stark wachsenden Markt als moderner Automobilzulieferer aufzustellen: Tailored Blanks stellt maßgeschneiderte, lasergeschweißte Bleche für die Kraftfahrzeugindustrie her.

Eine andere europäische Nische innerhalb der alten Industrie, der die Chinesen Aufmerksamkeit schenken, ist die Konsumgüterbranche. Das gilt für die Herstellung ebenso wie für den Handel. In Norwegen gehören der Trinkflaschenhersteller Voss und der Möbelproduzent Ekornes den Asiaten, in Frankreich mehrere Modemarken, darunter SMCP aus Paris. Dieser Konzern, der hinter den Labeln Sandro, Maje und Claudie Pierlot steht, ging 2016 für immerhin 1,5 Milliarden Dollar an den ostchinesischen Textilkonzern Shandong Ruyi. Die Finnen stießen 2019 Salcomp an den Fernen Osten ab, einen Fertiger von Ladegeräten für Mobiltelefone und andere elektronische Geräte.

In Deutschland ging 2015 das Bayreuther Unternehmen Cybex an die Chinesen, ein Produzent von Autokindersitzen, Babytragen und Kinderwagen. Deutlich mehr Aufsehen erregte ein Jahr später der Teilverkauf des Lichttechnikherstellers Osram. Der bayerische Traditionskonzern hatte zuvor sein Geschäft mit LED-, Halogen-, Energiesparlampen und anderen Leuchtmitteln in eine eigene Gesellschaft namens Ledvance ausgegliedert, den Markennamen Osram aber erhalten. Von Mitte 2016 an übernahm ein chinesisches Konsortium die Ledvance GmbH für 440 Millionen Dollar. Darunter war der chinesische Leuchtmittelproduzent und Osram-Konkurrent MLS aus Kanton, der bei Ledvance inzwischen das alleinige Sagen hat.

Wenig später interessierten sich chinesische Investoren auch für den ehemaligen Mutterkonzern Osram, der die höherwertigen Lichtkonzepte und rund 15 000 Patente behalten hatte. Bis heute ist dessen Tochtergesellschaft Osram Opto Semiconductors GmbH der zweitgrößte Hersteller von lichtrelevanten Halbleitern. Aber aus den Avancen des asiatischen Bieters San'an Optoelectronics und des Finanzinvestors GSR Go Scale Capital wurde nichts. Angeblich, wie die «Süddeutsche Zeitung» berichtete, weil der Widerstand von Politik und Gewerkschaften zu groß wurde, neben Ledvance auch den Rest von Osram nach China zu verlieren. Unabhängig geblieben ist die ehemalige Siemens-Tochter trotzdem nicht: Nachdem die US-Finanzinvestoren Bain Capital und Carlyle bei den Aktionären noch abgeblitzt waren, gehört die Osram Licht AG heute mehrheitlich zur österreichischen Ams-Gruppe.

Ein spezielles Feld der Verbrauchsgüterherstellung, in dem die Chinesen traditionell sehr stark sind, ist die Hausgerätesparte. Mit einem Umsatz aus diesem Geschäftsfeld von 39 Milliarden Dollar führt Midea aus Kanton die Liste der weltgrößten Produzenten an. Dabei hat der Konzern vom Perlflussdelta noch viele weitere Standbeine, in Deutschland ist er nicht zuletzt durch den Aufkauf des Roboterherstellers Kuka bekannt geworden. Bei der «weißen Ware» auf den Positionen zwei und drei rangieren ebenfalls fernöstliche Unternehmen, nämlich Haier aus Qingdao (der ehemaligen deutschen Kolonialstadt Tsingtau) und Gree Electric aus Zhuhai westlich von Hongkong. Erst dahinter in der Liste folgen die Anbieter Whirlpool aus den USA und BSH – vormals Bosch und Siemens Hausgeräte – aus Deutschland.

Ihre Größe und Marktbeherrschung hindern die Asiaten nicht daran, weiter Speck anzusetzen, auch in Europa. 2018 kaufte Haier für 550 Millionen Dollar den italienischen Staubsaugerfertiger Candy. Im selben Jahr erwarb Hisense, ein weiteres Hausgeräte-Schwergewicht aus Qingdao und außerdem der weltgrößte TV-Hersteller, für 340 Millionen Dollar alle Anteile an der slowenischen Gorenje-Gruppe. All das war allerdings nichts gegen einen Megadeal vom Frühjahr 2021. In jenem März verkaufte der niederländische Platzhirsch Philipps für 4,4 Milliarden Dollar sein gesamtes Geschäft mit Haushaltsgeräten an die Hillhouse Capital Group. Die in Peking, Hongkong und Singapur ansässige Gesellschaft gilt mit ihren Kapitalanlagen von rund 13 Milliarden Dollar als größte asiatische Beteiligungsgesellschaft. Ihr Engagement in der Philipps-Sparte Domestic Appliances war die teuerste chinesische Übernahme des Jahres 2021 überhaupt. Selbst die großen Rohstoff-Deals reichten an diese Summe nicht heran. Im Sommer kündigten die staatlichen Fördergesellschaften CNOOC und CNPC an, annähernd drei Milliarden Dollar in Ölfelder des brasilianischen Petrobas-Konzerns zu stecken. Fast gleichzeitig beschloss außerdem das Devisenverwaltungsamt des Staatsrats, die SAFE, 1,2 Milliarden Dollar für Kooperationen mit der saudischen Aktiengesellschaft Aramco auszugeben. Der größte Erdölförderer der Welt hatte 2019 den umfangreichsten Börsengang aller Zeiten hingelegt.

Abkupfern beim Klassenbesten

WAS AUS BEDEUTENDEN FIRMENKÄUFEN IN DEUTSCHLAND GEWORDEN IST

Der erste Schwung: Ein alter Sowjetflughafen, der Dalai Lama und die Aldi-PCs

Die Betrachtung der Fusionen und Übernahmen in Europa hat klargemacht, dass deutsche Unternehmen in allen Ziel-branchen der Chinesen eine entscheidende Rolle spielen. Dabei ist das Interesse der Asiaten an solchen Wagnissen noch nicht sehr alt und kam zunächst nur langsam in Fahrt. Auch war es in der ersten Phase der 1990er- und frühen 2000er-Jahren stark von Hongkonger Unternehmen geprägt, die im vorliegenden Buch nur eine untergeordnete Rolle spielen. Oliver Emons von der Hans-Böckler-Stiftung des Deutschen Gewerkschaftsbunds, der sich mit der frühen Zeit befasst, hat zwischen 1996 und 2006 gerade einmal dreiundzwanzig chinesische und Hong-konger Transaktionen in der Bundesrepublik gezählt. Die erste war 1996 der Einstieg eines Unternehmens mit dem schönen Namen China First Pencil bei der nicht minder namhaften Norddeutschen Bleistiftfabrik. Im Jahr 2000 ging der traditio-nelle Schwarzwälder Uhren- und Funkuhrenhersteller Junghans an den Handtaschenhersteller Egana-Goldpfeil aus Hongkong. Dieser Konzern übernahm später auch den zahlungsunfähigen schwäbischen Schuhfabrikanten Salamander, ist inzwischen aber selbst insolvent.

Einiges Aufsehen erregte 2002 der Teilverkauf des ebenfalls insolventen Türkheimer Unterhaltungselektronikherstellers Schneider an den TCL-Konzern aus Shenzhen; wenig später verleibte sich dieser auch die Fernsehgeräteherstellung des französischen Konkurrenten Thomson ein. Der größte Deal der frühen Jahre fand 2002 statt, als die Gruppe Hutchinson Whampoa aus Hongkong für fast 100 Millionen Dollar 40 Prozent der niedersächsischen Drogeriekette Rossmann erwarb. 2004 folgte die Ankündigung der Schanghaier SGSB-Gruppe, für rund 40 Millionen Dollar den bekannten Nähmaschinenbauer Dürrkopp-Adler aus Bielefeld zu übernehmen. Viel später, 2013, schluckte die börsennotierte, aber de facto von der Schanghaier Stadtregierung kontrollierte Gruppe auch den Dürrkopp-Konkurrenten und vielleicht bekanntesten deutschen Nähmaschinenhersteller Pfaff aus Kaiserslautern.

Schon früh hatten die Chinesen deutsche Maschinenbauer auf dem Einkaufszettel: 2001 Böwe Garment Care, 2003 Lutz Anlagenbau und Weiz Industrieprodukte, ein Jahr später die Unternehmen F. Zimmermann, Heinkel, Schieß sowie Wohlenberg. 2005 kamen neben dem Webereimaschinenhersteller Grosse Jac auch die in der Branche bekannten Werkzeugmaschinenbauer Kelch sowie Waldrich Coburg in chinesisches Eigentum.

Seit 2006 liegen Daten der Beratungsgesellschaft EY vor. Ihnen zufolge wechselten seinerzeit fünf deutsche Unternehmen für 153 Millionen Dollar den Besitzer. Emons hat vier gezählt, ohne die Transaktionspreise zu kennen. In der Folgezeit nahm das Volumen zunächst wieder ab, die Menge der Übernahmen blieb einstellig. Für die fünf Jahre bis 2010 hat EY nicht mehr als dreißig Fälle im Wert von 315 Millionen Dollar ermittelt. Das änderte sich aber schlagartig 2011 mit einem steilen Anstieg auf 23 Unternehmenskäufe für 448 Millionen Dollar.

Wieder ein Jahr später waren es schon 26 Transaktionen für fast 1,5 Milliarden Dollar. Damit wurde erstmals die Milliarden-Schwelle überschritten.

Einige Beispiele aus dieser Pionierzeit verdienen Beachtung. Bereits 2007 hatte das Pekinger Unternehmen Link-Global Logistics einen Vertrag unterzeichnet, um 130 Millionen Dollar in den ehemaligen sowjetischen Militärflugplatz Parchim in der Nähe von Schwerin zu investieren. Der neue Eigentümer Jonathan Pang präsentierte große Pläne für internationale Frachtflüge, vor allem nach China, und wollte in Mecklenburg-Vorpommern sogar die Riesenflugzeuge vom Typ Airbus 380-F abfertigen. Doch das Engagement stand von Beginn an unter keinem guten Stern. So blieben die Investoren zunächst einen Teil des Kaufpreises schuldig, weil ihnen, wie sie sagten, die Zahlungsgenehmigung ihrer Regierung fehlte. Diese zögere mit der Freigabe des Geldes und sei über Deutschland verstimmt, ließ Link-Global mitteilen, weil Bundeskanzlerin Angela Merkel (CDU) im selben Jahr den Dalai Lama empfangen habe. Das im indische Exil lebende geistliche Oberhaupt der Tibeter gilt in China als Aufwiegler; wer sich mit ihm zeigt, fällt schnell in Ungnade.

Schon damals war also klar, wie politisiert Geschäfte mit der Volksrepublik werden können – selbst wenn es sich um private Geldgeber handelt – und wie sehr die reibungslose Abwicklung vom guten Willen der Führung abhängt. Sie hat bei Auslandsüberweisungen immer den Daumen drauf, weil der Yuan-Renminbi nicht frei umtauschbar ist und die Zentralbank größere Überweisungen in Euro oder Dollar freigeben muss.

Tatsächlich fällt auf, dass nach Merkels «Dalai-Lama-Fauxpas» vom September 2007 erst einmal keine größeren chinesischen M&As in Deutschland mehr stattfanden. Das lag natürlich auch an der weltweiten Finanz- und Wirtschaftskrise, als selbst die reichen Asiaten ihr Geld zusammenhalten mussten. Aber diese Verwerfungen machten sich zum einen erst nach der

Insolvenz der Investmentbank Lehman Brothers im September 2008 richtig bemerkbar, und zum anderen boten sie den Chinesen auch Chancen. Anderswo in Europa nutzten sie sie, Deutschland aber ging leer aus: In der Zeit nach der Lehman-Pleite bis zum Ende des Jahres 2010 zog der Rest des Kontinents mehr als 21 Milliarden Dollar aus China an. In Deutschland hingegen gab es bis 2011 neben wenigen überschaubaren Deals nicht ein einziges größeres Engagement aus dem Fernen Osten.

In Parchim bremste nicht nur die Großwetterlage nach 2007 die Entwicklung des chinesischen Flughafens aus, die Verzögerungen lagen auch daran, dass sich der Investor Pang als unsicherer Kantonist erwies. Er hielt seine Ausbauversprechen nicht ein und ließ immer wieder Zahlungsfristen verstreichen. Über Wasser hielt sich der Platz in den folgenden Jahren nicht etwa mit Abfertigungen aus China, sondern mit Schulungsflügen deutscher Luftfahrtunternehmen. Sie machten 2017, noch zehn Jahre nach dem Besitzerwechsel, 95 Prozent aller Starts aus. Statt 1000 Mitarbeiter, die sich der Kreis Parchim nach Pangs großspurigen Ankündigungen erhofft hatte, beschäftigte die Anlage in jenen Jahren nur 25 Personen. Die Situation wurde immer brenzliger, bis der hochtrabende «Schwerin-Parchim International Airport» im Mai 2019 Insolvenz anmelden musste.

Viel besser liefen die Investitionen 2011, im ersten deutschen China-Schub-Jahr nach der Finanzkrise und nach den politischen Verstimmungen. Damals ging der PC-Hersteller Lenovo – heute der größte der Welt – für 670 Millionen Dollar eine Mehrheitsbeteiligung beim Essener Computerbauer Medion ein. Das Unternehmen war bis zur Übernahme der bedeutendste eigenständige Produzent von Personal-Computern oder «Einzelplatzrechnern» in Europa gewesen. Bekannt wurde Medion, auch Lifetec genannt, als Hardware-Marke und Mobilfunkanbieter des Discounters Aldi (Aldi Talk). Seit dem Einstieg von Lenovo hat sich Medion stabil entwickelt. Der Umsatz war früher bei annähernd gleichbleibender Zahl von 1000 Beschäftigten zwar um 40 Prozent höher als heute, der Nachsteuergewinn erreichte aber nicht einmal die Hälfte des jetzigen Werts: Im Geschäftsjahr 2020/2021 betrug der Überschuss fast 40 Millionen Euro, die Erlöse beliefen sich auf knapp eine Milliarde Euro. Inzwischen vertreiben die Essener auch Ultra-High-Definition-Fernseher, Internetradios, Bluetooth-Lautsprecher und Smartphones. Medion bietet überdies elektronische Bücher an (Aldi Life eBooks) und betreibt gemeinsam mit Napster einen Dienst für Musikstreaming (Aldi Life Musik).

Gartendünger und Drohnenmotoren: Auch kleine Übernahmen passen in die Strategie

Es gab während der frühen Jahre in Deutschland weitere chinesische Investitionen von Bedeutung. Viele wurden an anderer Stelle bereits erwähnt, die Beteiligungen an Autozulieferern etwa, an Maschinenbauern, Finanzdienstleistern, Versicherungen oder Energieunternehmen. Bei allen Veränderungen im Kaufverhalten zeigen sich doch auffällige Konstanten in den Branchen. Von den mehr als 70 Fusionen und Übernahmen, die das American Enterprise Institute seit 2007 in Deutschland oberhalb der Schwelle von 100 Millionen Dollar erfasst hat, beziehen sich rund zwanzig auf die Automobilbranche. Etwa ebenso viele haben mit dem Maschinenbau oder mit neuen Techniken in der Computer-, Internet- und Gesundheitsindustrie zu tun. Elf weitere Transaktionen entfallen auf die beiden anderen wichtigen Zielgebiete der Made-in-China-Initiative (MIC), Finanzen und Versorgungsunternehmen (vor allem Energie).

Nach Verschärfung der Übernahmeregeln durch die chinesischen Behörden 2017 und 2018 zeigt sich in der Bundesrepublik analog zum Rest Europas, dass es hier seitdem keine nennenswerten Liegenschaftskäufe mehr gegeben hat. Der größte Grundstücks- und Gebäudedeal war im Oktober 2016 erfolgt, als die luxemburgische BGP Holdings Europe für mehr als 1,1 Milliarden Dollar ihr deutsches Immobilienportfolio mit rund 16 000 Wohnungen an den chinesischen Staatsfonds CIC verkauft hatte. Darunter befanden sich Apartments in Berlin, Köln und Kiel, für die sich auch die deutschen Wohnungskonzerne Vonovia und Deutsche Wohnen interessiert hatten.

Es ist interessant, die großen Übernahmen an kleineren Fällen zu spiegeln, die in den internationalen Datenbanken oft untergehen. Für die Zeit rund um die Formulierung und Verabschiedung der Made-in-China-Initiative (MIC) hat die Bertelsmann Stiftung einen Datensatz erhoben, der auch weniger bedeutende Beteiligungen berücksichtigt, mitunter für nur wenige hunderttausend Dollar oder Euro. Betrachtet wurden Unternehmen, an denen chinesische Investoren mindestens zehn Prozent der Anteile hielten, in fast drei Vierteln der Fälle waren sie Haupteigentümer. Anders als das vorliegende Buch umfasst die Erhebung allerdings auch reine Hongkonger Erwerber. Der spektakulärste Fall war sicher 2017 die Übernahme des Energiedienstleisters und Heizkörperablesers Ista International aus Essen. Dafür zahlte die Cheung Kong Property Holdings, ein auf den Cayman Islands registrierter Immobilienentwickler aus der ehemaligen britischen Kronkolonie, beachtliche 5,1 Milliarden Dollar.

Die Ergebnisse der Untersuchung sind eindeutig: Von den 175 zwischen 2014 und 2017 analysierten Transaktionen ließen sich 112 einer der zehn in der MIC-Strategie genannten Schlüsselbranchen zuordnen, also 64 Prozent aller Fälle. Betrachtet man nur 2016 und 2017, als die Initiative richtig zu greifen begann, waren es sogar mehr als 70 Prozent. Ein klarer

Schwerpunkt lag auf den folgenden, in der MIC etwas umständlich formulieren Branchen: energiesparende oder alternativ angetriebene Autos, Energiesysteme, Maschinen mit computergestützter Steuerung im Premiumsegment oder Roboter sowie Biomedizin oder Medizingeräte im Premiumsegment. Der letztgenannte Wirtschaftszweig begann überhaupt erst 2015 eine Rolle zu spielen.

Aus der Gesundheitsindustrie erwähnenswert ist zum Beispiel, dass 2017 das Karlsruher Unternehmen Romaco Pharmatechnik mehrheitlich an den Arzneimittelmaschinenbauer Trucking aus Changsha ging. In der modernen Kfz-Technik verzeichnet die Liste unter anderem die Übernahmen der Unternehmen Trimet, TEG und Finoba. Im «fortschrittlichen Schienenverkehr» werden 2016 und 2017 Rail Power Systems, Cideon, BVV oder SMA erwähnt. In der Luft- und Raumfahrttechnik übernahm die DEA General Aviation Holding den Mittelständler Göbler-Hirthmotoren aus Benningen am Neckar, der Aggregate für Ultraleichtflugzeuge und Drohnen fertigt. Zwei Jahre später ging der Betrieb dennoch insolvent und gehört jetzt der schweizerisch-schwedischen Gruppe UMS Skeldar.

Im Bereich «Neue Materialien» führt die Bertelsmann-Aufstellung die Gesellschaft Compositence aus Leonberg bei Stuttgart auf, einen hochinnovativen Spezialisten für Carbon- und Glasfasern. Auch unter Spitzenanbietern in der Landwirtschaft wurden die Chinesen in jenen Jahren fündig, sie übernahmen Compo Consumer, den jeder Hobbygärtner kennt. Allerdings wurde dieser führende Hersteller und Vertreiber von Gartenerde, Dünger, Pflanzenschutzmitteln und Rasensamen in Kontinentaleuropa inzwischen schon wieder abgestoßen. Im MIC-Feld «Meerestechniksysteme und Hightech-Schiffe» kamen Nordic Yards Shipyards und Rackson Automation in chinesischen beziehungsweise Hongkonger Besitz. Im Bereich «Neue Generation von Informationstechnologien» finden sich unter anderem die Namen Smaato und In-Tech. Und bei den Herstellern computergestützter Maschinen fallen PA Power Automation, AMK sowie die Maschinenfabrik Laufer ins Auge.

Warum die Investoren gerade in jenen Jahren und gerade in jenen Branchen zugriffen, hat für die Autorin der Studie, Cora Jungbluth, zweifellos mit «Made-in-China» zu tun. Sie schreibt: «Zum einen schaffen industriepolitische Strategien wie MIC 2025 durch entsprechende Fördermaßnahmen generell Anreize für chinesische Unternehmen, in den politisch erwünschten Branchen zu investieren, sei es im In- oder Ausland. Zum anderen ist im Speziellen bei Direktinvestitionen ins Ausland davon auszugehen, dass Unternehmen mit einer erleichterten Durchführung rechnen können, wenn ihr Investitionsprojekt in die Strategie passt.» Über die für Überseeengagements unentbehrlichen Genehmigungen und Devisenfreigaben habe die Regierung in Peking «ausreichend Hebel zur Verfügung, um Direktinvestitionen ins Ausland in eine politisch gewünschte Richtung zu steuern.»

Geht es den Firmen nach der Übernahme schlechter – oder besser?

Wir haben uns in den bisherigen Kapiteln Dutzende Übernahmen europäischer und deutscher Unternehmen durch chinesische Investoren angesehen. In einigen Fällen zeigten sich deutlich positive Entwicklungen nach dem Einstieg, etwa Zunahmen bei Umsatz und Gewinn, andere verliefen weniger erfreulich, manche endeten in der Pleite. Bevor auf die Erfahrungen zweier prominenter Fälle genauer eingegangen werden soll, kommt die Wissenschaft zu Wort. Es liegen überraschend wenige empirische Analysen zu der Frage vor, was chinesische Auslandsübernahmen von anderen unterscheidet und wozu die Engagements in der Fremde führen. Immerhin gibt es eine Untersuchung von 2019/2020, die der Münchner Volkswirtschaftsprofessor und Präsident des Ifo-Instituts Clemens Fuest gemeinsam mit einigen Kollegen veröffentlicht hat, unter ihnen ist auch die Ökonomin Xing Jing vom Antai-College of Economics and Management in Schanghai. Um chinesische und nichtchinesische Fusionen und Übernahmen miteinander zu vergleichen, haben sie für die Zeit zwischen 2002 und 2017 die Daten von mehr als 72 000 Transaktionen ausgewertet. Darunter waren etwa 1200 von Privatinvestoren aus China und rund 730 von dortigen Staatsunternehmen. Der Schwerpunkt lag auf Aktivitäten in Europa einschließlich Deutschlands als größter Volkswirtschaft dort.

Dabei ergab sich, dass die chinesischen Vorstöße tatsächlich von denen anderer Investoren abweichen. Die Asiaten konzentrieren sich stärker auf Unternehmen mit geringerer Rentabilität, mit höheren Schulden, aber auch deutlich umfangreicheren Vermögenswerten. Außerdem sollten die Zielbetriebe über möglichst viele Patente verfügen. Die Marktgröße gilt indes als nicht so entscheidend. Vergleicht man chinesische mit anderen Staatsunternehmen, dann suchen beide Gruppen im Ausland vor allem Rohstoffbeteiligungen und möglichst breite Anlagemöglichkeiten («industry diversification»). Die fernöstlichen Regierungsbetriebe hätten allerdings größere Zielunternehmen mit einer schwächeren Finanzleistung im Blick, hält die Untersuchung fest.

Spannend ist auch der Befund der Fachleute, dass Regierungsinitiativen wie die Neue Seidenstraße und die Made-in-China-Strategie «einen erheblichen Einfluss auf die Standort- und Branchenwahl chinesischer staatlicher Unternehmen bei ihren Übernahmen im Ausland haben». Das gelte allerdings nicht für die privaten Geldgeber aus Fernost. Falsch sei auch der pauschale Eindruck, der Preis spiele für die Erwerber aus der Volksrepublik keine Rolle, weshalb sie die Konkurrenten aus anderen Ländern ständig überböten. «Wir stellen nicht fest, dass chinesische Investoren im Vergleich zu nichtchinesischen für ähnliche Zielunternehmen mehr Geld zahlen», heißt es in dem Papier.

Was aber passiert mit den Firmen, nachdem die Chinesen sie unter ihre Kontrolle gebracht haben? Auch diesem Thema geht der Fachaufsatz nach, wenngleich hierzu weniger Daten vorliegen, rund 350 von chinesischer Seite. Um die Leistungsfähigkeit der gekauften Unternehmen zu bewerten, haben sich die Wissenschaftler das Verhältnis von Umsatz und Wertschöpfung zur gesamten Bilanzsumme angesehen und kommen zu folgendem Resultat: Das Wachstum dieser so genannten Kapitalproduktivität nehme nach dem «Takeover» durch die Chinesen kurzfristig ab. Das klingt negativ, ist es aber nicht unbedingt. Denn der Rückgang liegt daran, dass die Aufkäufer im Anschluss an die Übernahme weiteres Geld in die Unternehmen steckten, also die Bilanzsumme ausweiteten. Und solche Zusatzinvestitionen können für mehr Stabilität, Qualität und Wachstum sorgen. Im Übrigen steigen, wie die Forscher schreiben, etwas zeitverzögert auch die Umsätze. Angaben zur Gewinnentwicklung, die ja letztlich entscheidend ist, bietet der Bericht allerdings nicht.

Für die Belegschaft in Deutschland und anderen Ländern besonders wichtig ist das folgende Ergebnis von Fuest und seinen Kollegen: Die Arbeitnehmerentgelte, also die Löhne und Gehälter in den von Chinesen übernommenen Einheiten, nehmen schneller zu als anderswo, jedenfalls in der Dienstleistungswirtschaft. «Im Durchschnitt steigt das Jahresarbeitsentgelt jedes Beschäftigten in Unternehmen, die von chinesischen Investoren gekauft wurden, innerhalb von drei Jahren nach der Übernahme um rund 7000 EUR im Vergleich zu Unternehmen, die von anderen Investoren erworben wurden», heißt es in der Analyse. Einschränkend muss man aber sagen, dass sich diese positiven Effekte nur in europäischen Betrieben feststellen lassen. Anderswo auf der Welt, so die Ökonomen, klettere nach dem chinesischen Einstieg der Verschuldungsgrad, während die Rentabilität falle. Auch die Zunahme der Durchschnittsbezüge für die Beschäftigten sei in den übrigen Regionen nicht zu beobachten.

Die Volkswirte erklären diese Unterschiede damit, dass die Chinesen in Europa möglicherweise ein besonders gutes Bild abgeben und einen günstigen «Fußabdruck» hinterlassen wollten. Warum dort die Löhne stärker zulegen als in nichtchinesischen Beteiligungen, könnte verschiedene Gründe haben. Einerseits wächst die Verhandlungsmacht der Beschäftigten, wenn mehr Geld in ihr Unternehmen fließt, es also im Wert steigt und deshalb unbedingt am Laufen gehalten werden muss. Andererseits ist es aus Sicht der Studienautoren auch möglich, dass sich die fernöstlichen Investoren durch höhere Vergütungen die Sympathie der Beschäftigten zu erkaufen trachten. Gerade den Staatsunternehmen könnte das Personal «feindlicher entgegentreten als anderen Investoren», heißt es in dem Fachartikel: «Unter diesem Gesichtspunkt könnten chinesische Investoren beschließen, höhere Gehälter anzubieten, um die Mitarbeiter zur Zusammenarbeit zu bewegen oder sie davon abzuhalten, das Unternehmen zu verlassen.»

Die Corona-Pandemie regt zur Zwischenbilanz an

Fuests und seiner Kollegen Untersuchung stammt noch aus den Vor-Corona-Zeiten mit einer rundlaufenden Konjunktur. Inzwischen hat sich der Wind gedreht: Weder die Geschäftslage noch die Beschäftigung erscheinen so stabil wie früher. Im Sommer 2020 befragte die chinesische Handelskammer in Berlin die in Deutschland operierenden Unternehmen aus der Volksrepublik nach ihrer wirtschaftlichen Situation und den Aussichten. Dabei stellte sich heraus, dass sich ein Drittel der Gesellschaften von der Pandemie stark negativ getroffen sahen und mit Liquiditätsengpässen rechneten. Auf diesen Befürchtungen aufbauend, verwies eine Untersuchung der Hans-Böckler-Stiftung im August 2021 darauf, dass die Virusausbreitung im chinesischen Mutterland bereits zu flächendeckenden Lohn- und Gehaltssenkungen geführt habe. Das stehe den deutschen Beteiligungen mit einer gewissen Zeitverzögerung möglicherweise auch bevor, warnte die Studienautorin Bian Shuwen.

Bian stützte sich bei ihrer Einschätzung auf die Berichte einiger Tochterunternehmen, «dass der finanzielle Druck der chinesischen Mutterkonzerne auf die deutschen Standorte deutlich gestiegen ist. In einzelnen Fällen gehören Lohnverzicht und Stellenabbau zu den aktuellen Anforderungen der chinesischen Gesellschafter.» Es seien nach vielen der Übernahmen zwar Standortsicherungsvereinbarungen geschlossen worden, um den Geschäftspartnern und Beschäftigten Verlässlichkeit zu bieten. Diese liefen in einigen Unternehmen aber aus. «Damit ist auch der Schutz vor betriebsbedingter Kündigung entfallen», so Bian. Die Volkswirtin beobachtet ganz allgemein eine große Verunsicherung am Markt, viele chinesische Mutterkonzerne richteten ihre Strategien neu aus. Ihnen gehe es bei den Deutschland-Töchtern um mehr als nur darum, die unmittelbare finanzielle Bedrohung abzuwenden. Hinzu träten die veränderten internationalen Marktbedingungen und die Störungen in den globalen Lieferketten. All das führe dazu, dass noch völlig unklar sei, «wie die chinesischen Investoren und ihre deutschen Standorte gemeinsam aus der Krise kommen werden».

Bians Arbeit für das Gewerkschaftsinstitut IMU an der Böckler-Stiftung zieht eine interessante Zwischenbilanz zu den chinesischen Engagements in Deutschland. In der Zeit zwischen 2011 und 2020 hat sie 193 Investoren gezählt, diese hätten in Deutschland 243 Firmen übernommen, davon 173 vollständig, den Rest mehrheitlich. Von den 193 Geldgebern seien 151 private Unternehmen, hingegen würden je 21 zentralstaatlich und lokalstaatlich kontrolliert. 2016 hätten die Asiaten erstmals mehr bei den Deutschen investiert als andersherum. Seit 2018 sei die Zahl der M&As spürbar geschrumpft und dann 2020 auf den niedrigsten Stand seit zehn Jahren gefallen.

Hinter den Zahlen verbergen sich bemerkenswerte Einblicke der Wissenschaftlerin. Sie stellt klar, dass die fernöstlichen Aufkäufer ihre Macht im Unternehmen nicht gern teilen und daher dort am liebsten alleinige Gesellschafter sein wollen: «Maximale Kontrolle über die Tochtergesellschaften zu haben, ist das bevorzugte Übernahmeziel.» Auch habe sich gezeigt, dass die privaten chinesischen Mutterkonzerne eher in Deutschland scheiterten als die staatlichen. Die große Mehrheit der 193 Firmenkäufer tritt Bians Angaben zufolge in Deutschland nur mit einer einzigen Akquisition in Erscheinung. Fast alle sind Industrieunternehmen, lediglich fünfzehn gelten als Beteiligungsgesellschaften.

Das Langfristinteresse an Deutschland ist offenbar hoch. Selbst die Private-Equity-Unternehmen, oft als «Heuschrecken» verspottet, haben bisher nur in zwei von neunzehn Fällen ihre Anteile wieder abgestoßen. Die Industriekonzerne führen sogar 194 ihrer 219 Beteiligungen weiter. Lediglich fünfzehn haben sie verkauft, zehn mussten sie schließen. Nur sehr selten und ungewollt gäben die Aufkäufer ihre Erwerbungen wieder aus der Hand, heißt es in der Studie, eigentlich nur dann, wenn einer der beiden Seiten eine Finanznotlage drohe. Fast alle Wiederverkäufer oder Unternehmensschließer in Deutschland waren übrigens Privatkonzerne, keine staatlichen. Egal ob öffentlich oder privat, die Mehrheit der chinesischen Mutterkonzerne ist börsennotiert, in Schanghai, Shenzhen oder Hongkong. Für Bian liegt es daher nahe, dass die Zukäufe in Europa über die Ausgabe von Anleihen oder neuen Aktien in der asiatischen Heimat finanziert werden. Es sei zwar nicht ausgeschlossen, dass auch die Unterstützung seitens der Regierung eine Rolle spiele, etwa Subventionen oder spezielle Staatsbankkredite. Der Verdacht aber, dass hinter vielen Fällen eine «nicht marktwirtschaftliche Finanzierung» stehe, wie es das Bundeswirtschaftsministerium vermute, sei «schwer nachweisbar», schreibt Bian.

Sowie die Vogelperspektive auf die chinesischen Übernahmen in Deutschland. Die folgenden Abschnitte wollen das Thema ein wenig näher heranzoomen, indem sie einige schillernde Beispiele in den Blick nehmen, die schon etwas zurückliegen, und danach fragen, was aus den Übernahmen geworden ist. Denn nur über die Langfristbetrachtung kann man zumindest in Einzelfällen beurteilen, inwieweit sich die Transaktionen für die deutsche Seite als bedrohlich, segensreich oder unerheblich erweisen. Um das herauszufinden, reisen wir zunächst nach Schanghai und nach Schwaben, wo der chinesische Einkaufsbummel 2012 erst richtig Fahrt aufnahm: mit einer besonders spektakulären Übernahme.

Weltmarktführer und schwäbisches Tafelsilber: Der Fall Putzmeister

Der Transformer am Eingang des Unternehmens, so hoch wie die Werkshalle, ist ein Zeichen für Größe, Wehrhaftigkeit und, wie sein Name schon sagt, für den Wandel. Die Arme des Maschinenmenschen bestehen aus Raupenketten, die Hände aus einer Dampframme und einer Baggerschaufel. Der Koloss ist in den Farben orange und schwarz lackiert wie die Baumaschinen, für die er wirbt. Willkommen bei Sany, einem der wichtigsten Schwermaschinenhersteller der Welt! Willkommen in jenem Unternehmen, das 2012 einen besonders spektakulären Coup in Deutschland landete: Im Januar jenes Jahres erwarb der Konzern aus der zentralchinesischen Provinzhauptstadt

Changsha zusammen mit dem regierungseigenen Pekinger Citic-Fonds für 480 Millionen Dollar den württembergischen Betonpumpenhersteller Putzmeister; Sany erhielt 90 Prozent der Anteile. Das war zwar nicht die größte Übernahme der damaligen Zeit, Lenovo hatte im Vorjahr für Medion 190 Millionen Dollar mehr bezahlt. Der Aufschrei in Deutschland war dennoch groß, nicht nur wegen des Umfangs der Akquisition, sondern auch weil sie einem Mittelständler galt, einem Schwaben und Weltmarktführer. Einem jener «Hidden Champions», den Helden der Nischenmärkte, auf die die Bundesrepublik so stolz ist.

Was in Deutschland für Wirbel sorgte, war für die Chinesen nur eine von vielen Investitionen. Kaum einen Monat nach dem Zukauf in der Ferne eröffnete Sany die Produktion in Lingang bei Schanghai, in der der Transformer die Mitarbeiter und Besucher begrüßt. Das Werk kostete vier Milliarden Yuan, fast 630 Millionen Dollar, also deutlich mehr als der Einstieg bei Putzmeister. Die Ausgaben in die neue Fertigung haben sich gelohnt, Lingang gilt als die größte Baggerfabrik der Welt. Jeden Tag stellen hier 2000 Mitarbeiter fünfzig Aushubmaschinen fertig, jede Viertelstunde einen. Sany feiert das Werk als «schönste Fabrik in China», und tatsächlich sucht sie ihresgleichen. Die Förderbänder sind rund um glasüberdachte Innenhöfe angeordnet, in denen Palmen, Büsche, Rasen wachsen. Fontänen plätschern, Sitzgruppen zwischen den holzplankenumrahmten Wasserbecken laden zum Ausruhen und Teetrinken ein. Auf dem Gelände gleich nebenan ist übrigens das erste chinesische Werk des amerikanischen Elektroautobauers Tesla entstanden. Die Gigafactory 3 produziert etwa 8000 Stromfahrzeuge in der Woche, als Jahreskapazität sind 500 000 Einheiten geplant.

Natürlich ist Lingang ein Vorzeigestandort für Sany, aber unbestreitbar ist, dass der Konzern mit der Zeit geht und große Erfolge feiert. In den 1980er Jahren als kleine Schweißerei gegründet, in der frühen Zeit der chinesischen Marktöffnung unter Deng Xiaoping, hat sich das Unternehmen zum Marktführer in China und zum fünftgrößten Schwermaschinenhersteller der Welt entwickelt. Seit 2003 ist die private Gesellschaft Sany Heavy Industry Co in Schanghai börsennotiert und bringt es inzwischen auf eine Marktkapitalisierung (Anzahl der Aktien mal Kurs) von umgerechnet 36 Milliarden Dollar. Das entspricht in etwa dem Börsenwert der deutschen DAX-Werte Volkswagen oder Münchner Rückversicherung und ist weit mehr, als zum Beispiel die Deutschen Bank, Eon oder RWE auf die Waage bringen. In Deutschland läge Sany unter allen Börsengesellschaften auf Platz 18, in China rangiert es auf Platz 62.

Schon der Name der Firma verrät ihre Ambitionen. «San Yi» heißt auf Deutsch «drei Einsen»; im Logo sind die Ziffern zu einem Stern verbunden. Nach eigenen Angaben verfolgt das Unternehmen den Dreiklang, ein «erstklassiges Unternehmen aufzubauen, erstklassige Mitarbeiter zu fördern und erstklassige Beiträge zur Gesellschaft zu leisten». Angesichts des Baubooms in China und der Welt liefert Sany auch erstklassige Ergebnisse ab. Der Jahresumsatz ist zuletzt um 31 Prozent auf umgerechnet 15 Milliarden Dollar gestiegen, der Nachsteuergewinn wuchs sogar noch etwas stärker auf 2,4 Milliarden Dollar. Etwa 40 000 Mitarbeiter stellen neben Beton- und Baumaschinen auch Windkraftturbinen, Kräne, Hafen- und Bergwerksfahrzeuge her. Sany exportiert in mehr als 100 Länder und verfügt über eigene Produktionsstätten auf der halben Welt, in den Vereinigten Staaten etwa, in Indien, Brasilien und eben in Deutschland.

Die Bundesrepublik spielt für die Geschäftsstrategie eine Schlüsselrolle. Schon vor dem spektakulären Zukauf in Baden-Württemberg hatte der Konzern in Bedburg bei Köln seine Europazentrale eröffnet und dort 140 Millionen Dollar in Fertigung, Forschung und Entwicklung gesteckt. Als dann 2012

Putzmeister an die Chinesen ging, konzentrierte Sany seine Aktivitäten auf den Standort Aichtal südlich von Stuttgart. Zum Geschäft dort gehört der Bau von Betonpumpen, Mörtelmaschinen, mobilen Förderbändern, Spritzmaschinen und Betonmischern. In dieser Branche ist Sany mit Hilfe der Deutschen zu dem geworden, was es immer und überall sein will: erstklassig und Weltmarktführer.

Protest und Tränen in Deutschland

In Deutschland führte der Schachzug zu Protest und Tränen. Zum einen, weil die Chinesen über Nacht das Interesse an Bedburg verloren. Dort hatten sie ursprünglich nur deshalb investiert, um dem Konkurrenten Putzmeister im eigenen Land Konkurrenz zu machen. Geplant war, im Rheinland mindestens 600 Mitarbeiter einzustellen und bis 2015 eine Milliarde Euro Umsatz zu erwirtschaften. Voller Dankbarkeit für dieses Versprechen gab der Bedburger Bürgermeister der Straße, die zu dem 250000 Quadratmeter großen Werksgelände führt, den Namen «Sany-Allee». Doch sobald sich die Chinesen Putzmeister einverleibt hatten, warfen sie die Pläne für Nordrhein-Westfalen über Bord. Nach wie vor sitzt die Europa-Zentrale in Bedburg, doch finden dort neben Verwaltungsarbeiten nur noch die Endmontagen von Hafengeräten statt. All jene Teile in der Forschung und in der Produktion, die nicht von Putzmeister erledigt werden können, sind nach China zurückverlagert worden. Von den 400 Ende 2011 in Bedburg beschäftigten Mitarbeitern haben sich kaum 50 gehalten.

Auch in Aichtal legte Sany einen holprigen Start hin. Die Übernahme stieß zunächst auf massiven Widerstand der Mitarbeiter, der Gewerkschaft und der Öffentlichkeit. Schließlich war Putzmeister ein Traditionsunternehmen, ein bodenständiger und zugleich hochmoderner Familienbetrieb seit 1953, schwäbisches Tafelsilber gewissermaßen. Zur Zeit des Verkaufs wurde die Gruppe noch immer von ihrem Gründer Karl Schlecht geführt, den die Hans-Böckler-Stiftung ehrfürchtig einen «schwäbischen Vorzeigetüftler» nannte.

Putzmeister kann eindrucksvolle Erfindungen und Einsätze vorweisen. Nach der Atomkatastrophe von Tschernobyl 1986 halfen seine mobilen Pumpen beim Versiegeln des Reaktors mit einem Betonsarkophag. 2008 lieferte das Unternehmen die mit 606 Metern Förderhöhe leistungsfähigsten Betonpumpen der Welt für den Bau des Rekord-Hochhauses Burj Khalifa nach Dubai. Drei Jahre später spritzten die Putzmeister-Geräte beim Nuklearunfall in Fukushima riesige Wassermengen in den Reaktorsicherheitsbehälter und in das Abklingbecken. Die Betonpumpen waren dafür deutlich besser geeignet als die Löschfahrzeuge der Feuerwehr.

Putzmeister war zum Zeitpunkt seines Verkaufs also hochinnovativ, es war betriebswirtschaftlich gesund, es war in aller Welt zuhause – und es hatte einen großartigen Ruf. Aus heutiger Sicht wird man sagen: Kein Wunder, dass sich Sany für die Schwaben interessierte, schließlich brauchten die Chinesen westliches Knowhow, Vertriebskanäle außerhalb des Heimatmarkts, einen formidablen Markennamen. Und natürlich hatten sie keine Lust, einen angeschlagenen Betrieb zu erwerben. Damals jedoch war die Überraschung, war die Empörung groß in Deutschland, hatte man doch geglaubt, asiatische Aufkäufer wären vor allem an billigen Sanierungsfällen interessiert, deren Technik, Patente und Prestige sie aus Europa abziehen wollten.

Als ein Beispiel dafür galt vielen in der Branche das Schicksal des Putzmacher-Konkurrenten Schwing aus Herne. Unmittelbar nach dem Deal mit Sany war die Mehrheit der fast 80 Jahre alten Ruhrpott-Legende für 330 Millionen Dollar an die ostchinesische Xuzhou Construction Machinery Group (XCMG) gegangen, und zwar nicht freiwillig, sondern als Folge interner

Streitigkeiten und der Wirtschafts- und Finanzkrise, als deutscher «Notverkauf» an die von der Krise weitgehend unbelasteten Chinesen, wie manche meinten. 2008 hatte sich bereits der Staatskonzern Zoomlion aus Changsha beim dritten großen europäischen Betonpumpenhersteller eingekauft, der Cifa-Gruppe aus Italien. Auch deren Veräußerung verlief nicht aus freien Stücken: Der Mehrheitseigentümer von Cifa, die italienische Beteiligungsgesellschaft Magenta, stieß ihre Anteile ab, um Schulden zurückzuzahlen.

Es war also Bewegung in der Branche, und sie kam aus der Volksrepublik. Dass aber der Platzhirsch Putzmeister freiwillig und ohne Not an China ging, traf die 1200 Beschäftigten in Aichtal und am hessischen Standort Gründau wie ein Blitz aus heiterem Himmel. Die Arbeitnehmervertreter liefen Sturm gegen die Verkaufspläne, zumal Firmenpatriarch Schlecht sie zuvor offenbar nicht informiert hatte. «Das war eine Sauerei ohnegleichen», schimpfte damals der Betriebsratschef Gerhard Schamber. Sieghard Bender von der IG Metall sekundierte, über Nacht sei Putzmeister an die Chinesen «verscherbelt» worden: «Der Firma geht es gut. Aber die Familie wollte jetzt Kohle machen.» Als Protest gegen den «Ausverkauf» zogen in Aichtal Hunderte Putzmeister-Beschäftigte vor die Werkstore. Eine Mitarbeiterin sagte dem Gewerkschafts-Magazin «Mitbestimmung»: «Das ist demütigend, so etwas aus der Zeitung zu erfahren. Die haben uns schließlich mitverkauft.»

Allerdings kam dann alles ganz anders als befürchtet. Die Geschäftsführung zeigte sich unerwartet konziliant in den Standortverhandlungen und stimmte einem Tarifvertrag zu, der bis heute die Handschrift des Betriebsrats trägt. Die Vereinbarung sah eine Arbeitsplatzsicherung bis 2020 vor, die Erhöhung der Ausbildungsquote, eine unbefristete Übernahme erfolgreicher Lehrlinge, verschiedene Verbesserungen für Leiharbeiter und ein komplettes Novum in der Branche, die Festschreibung der Produktpolitik: Die Herstellung der Maschinen bleibt in jedem Falle in Aichtal und Gründau angesiedelt, auch darf der Mutterkonzern Sany seine Betonpumpen nur in China und Zentralafrika anbieten. Für alle anderen Märkte ist allein Putzmeister zuständig. Die 10 000-Seelen-Gemeinde Aichtal ist heute nicht weniger als die Weltzentrale des Sany-Konzerns für das Betongeschäft. Von hier aus werden mehr als 3200 Mitarbeiter in 90 Ländern gesteuert, davon 930 am Stammsitz.

Selbst die Arbeitnehmervertreter waren erstaunt über ihren Verhandlungserfolg. «Dass wir das in den Vertrag bekommen, hatte ich nicht gedacht», sagte IG-Metall-Mann Bender. Betriebsratschef Schamber sprach von einem «Überraschungserfolg» und führte diesen vor allem auf den Einfluss der neuen Eigentümer zurück, der Chinesen. Von der Sany-Führung habe es klare Signale an die Chefetage von Putzmeister gegeben, die Übernahme unter allen Umständen zum Erfolg zu führen, berichtete das Magazin «Mitbestimmung». Dazu passte wenig später das Versprechen des Sany-Bosses Liang Wengen, der Zusammenschluss der beiden Schwermaschinenbauer werde «ein Vorbild für die Kooperation zwischen chinesischen und deutschen Unternehmen sein».

Gemischte Bilanz der Übernahme

Ist die Zusammenarbeit zwischen Ost und West wirklich vorbildlich verlaufen? Das kann man natürlich für viele Übernahmen fragen, aber in den meisten Fällen sind sie noch zu jung, um darauf eine Antwort geben zu können. Das Beispiel Putzmeister hat den Vorteil, dass der «Takeover» einer der ältesten in einer Reihe bedeutender Übernahmen in Deutschland war und sich nach zehn Jahren erste mittel- und langfristige Aussagen treffen lassen. Für das Unternehmen ergibt sich in dieser Zeit eine gemischte Bilanz. Zumindest der betriebliche Friede bei Putzmeister bleibt gewahrt. Ungewöhnlich frühzeitig, schon im Juni 2019, wurde die zunächst bis 2020 verabredete Arbeitsplatzgarantie bis 2028 verlängert, das ist eine lange Zeit für diese volatile Branche. Die Skepsis der Mitarbeiter ist spürbarer Zuversicht gewichen. «Wir haben in den vergangenen Jahren gute Erfahrungen mit Putzmeister gemacht», teilte die IG-Metall nach der neuerlichen Beschäftigungszusicherung mit. Auch vom Betriebsrat ist zu hören: «Rückblickend sind wir froh, dass uns ein chinesisches Unternehmen gekauft hat und kein Finanzinvestor.»

Wie anders klingen diese Töne im Vergleich zu der aufgeladenen Rhetorik vor acht Jahren. Dafür gibt es gute Gründe. Die ursprünglich geplante Schließung dreier Niederlassungen in Deutschland und die Streichung von 250 Arbeitsplätzen ließen sich abwenden, und trotz des Ausbaus der Fertigung in Indien und der Türkei verbleiben alle Schlüsselkompetenzen in der Heimat: Entwicklung, Verwaltung, Prototypenfertigung und Serienproduktion. Sany und Putzmeister investieren weiter kräftig in Deutschland, 2019 legten sie den Grundstein für eine neue Niederlassung in Moosburg bei München.

Wie gut es der Gesellschaft wirtschaftlich geht, ist schwer zu sagen, da sie kaum Zahlen veröffentlicht. Der Umsatz liege recht konstant bei etwa 770 Millionen Euro im Jahr, heißt es. Wichtiger noch: Die Überschüsse verblieben in Deutschland, einen Gewinnabführungsvertrag mit Sany gebe es bisher nicht. Die Chinesen sollen sogar noch Geld für den Schuldenabbau zugeschossen haben. Die Verdreifachung des Umsatzes, die bei der Übernahme in Aussicht gestellt wurde, hat sich zwar als Illusion herausgestellt. Auf der anderen Seite war aber auch die Befürchtung falsch, dass die Asiaten Putzmeister «aussaugen» würden.

Ganz so ruhig und harmonisch, wie es scheint, geht es zwischen den beiden Partnern allerdings nicht zu. Sany hat die Putzmeister-Spitze seit der Übernahme zweimal ausgetauscht und scheint auch sonst nicht allzu glücklich mit der Zusammenarbeit. Man habe darauf gesetzt, dass sich Kosten sparen ließen und «eins plus eins größer als zwei» wäre, sagte der Geschäftsführer von Sany Europe, Deng Haijun, in einem Gespräch mit der «Deutschen Welle»: «Nun stellen wir fest, dass das in keinem einzigen Markt wahr geworden ist.» Bemerkenswerter Weise hat die Wachstumsbremse mit der Aufteilung der Absatzgebiete zu tun, die die Arbeitnehmervertreter zuvor so gefeiert hatten. Die «Eine-Marken-Strategie», wonach sich Sany und Putzmeister in keinem Land in die Quere kommen sollen, kollidiert in vielen Fällen mit der langjährigen Kundenloyalität. «Die persönliche Beziehung zwischen dem Lieferanten und dem Kunden lassen sich nicht ohne weiteres auf eine andere Marke übertragen», hat Deng leidvoll erfahren.

Tatsächlich ist das «Entweder-Oder» vor allem für Putzmeister ein Problem. Als der Eigentümer Karl Schlecht sein Unternehmen seinerzeit am Markt anbot – angeblich rissen sich neben Sany noch vier weitere chinesische Konzerne um die Firma –, ging es ihm nicht zuletzt darum, sein Lebenswerk krisenfest zu machen. Zu einem möglichst hohen Preis, versteht sich. Putzmeister war zu diesem Zeitpunkt zwar nicht in der Existenz bedroht, hatte in der Finanzkrise aber die Hälfte seiner Aufträge eingebüßt. Für Schlecht war klar: Der Wind wurde rauer, und er blies von Asien her immer stärker und kälter nach Europa. Wappnen könne man sich dagegen nur, so die naheliegende Überlegung von Putzmeister und vielen anderen europäischen Mittelständlern, wenn man sich Partner im Fernen Osten suchte. Man bot ihnen Marken, Technologie und den Zutritt zum Westen und erwartete dafür Hilfen beim Aufrollen des chinesischen Markts, des größten und am schnellsten wachsenden der Welt.

Doch genau das passiert bei Putzmeister nicht, da die Absprache mit den neuen Eigentümern den Zugang nach China versperrt. Im Gegenzug hält sich Sany in Europa zurück, andere fernöstliche Hersteller aber greifen massiv an. Martin Knötgen, der Geschäftsführer der Putzmeister Holding, formuliert es so: «Kostendruck, wachsende Konkurrenz aus Asien sowie die Digitalisierung der betonverarbeitenden Industrie sind Herausforderungen, denen wir uns als Premiumanbieter zukünftig stellen müssen.» Ganz ohne Personalabbau geht das dann doch nicht. Immerhin soll es für die geplanten hundert Stellenstreichungen im Einklang mit dem Standortsicherungsplan keine Kündigungen geben, sondern Altersteilmodelle; einige frei werdende Stellen werden nicht wieder besetzt.

Sany machte gegenüber der «Deutschen Welle» klar, die Investition in Aichtal habe sich «aus wirtschaftlicher Sicht nicht gelohnt». Allerdings, und das war stets die Hauptmotivation, haben sich die Asiaten erfolgreich den Zugriff auf deutsche Technik, auf deutschen Sachverstand und auf die deutschen Marken gesichert. Europa-Chef Deng gab gegenüber dem Radiosender unumwunden zu, die Konstruktionspläne einer Putzmeister-Pumpe mit nach Changsha genommen und eine «Maschine exakt danach gebaut» zu haben. Dabei stellte sich heraus, dass die deutschen Fabrikate zwar nicht besser waren als die chinesischen, im Markt aber ganz klar von dem Label «Made in Germany» profitieren. «Unsere Stellung im weltweiten Wettbewerb ist durch die Fusion gefestigt», versicherte Deng. «Zusammen sind wir die absolute Nummer eins.»

Innovationen im Blick: Putzmeister als passgenaue Auslandsübernahme

Wie nun ordnet sich der Fall Putzmeister in die chinesische Auslandsstrategie ein? Die Akquisition fand drei Jahre vor der Formulierung des Masterplans «Made in China 2025» statt, aber damals existierten bereits mehrere Vorläufer, unter anderem der so genannte «Katalog über Industrien und Zielländer für Direktinvestitionen im Ausland». Das Papier des Pekinger Handelsministeriums schlägt der chinesischen Wirtschaft bestimmte Branchen vor, um die sie sich in ausgewählten Ländern bemühen soll. In Deutschland zählt dazu neben der Chemie- und der Pharmaindustrie auch der Maschinenbau, also die Sparte von Putzmeister und Sany.

Wie die taiwanische Volkswirtin Wan-Hsin Liu vom Kieler Institut für Weltwirtschaft im Zusammenhang mit dem Putzmeister-Fall erklärte, können chinesische Firmen, die der Liste folgen, mit großzügigen Zuschüssen aus staatlichen Fördertöpfen rechnen. Honoriert würden nicht länger Unternehmen, die bloß kopierten, sondern jene, die über den Einkauf in Westeuropa Zugang zu technischem, organisatorischem und kaufmännischem Wissen erhalten und dadurch helfen, Chinas Wirtschaft im Ganzen zu modernisieren. «Inzwischen hat man erkannt, dass das Wissen nicht in den Produkten steckt, sondern in den Köpfen. Man will langfristig wirtschaften», weiß Liu.

Im Falle von Sany, Zoomlion oder XCMG, den Aufkäufern der drei größten europäischen Betonpumpenproduzenten, liegt ein Ziel darin, China zum führenden Schwermaschinenhersteller der Welt zu machen. Wobei sich «führend» nicht allein auf die höchsten Stückzahlen bezieht, die der chinesische Heimatmarkt meist schon allein bereitstellt, sondern auf die Innovationsfähigkeit, auf Qualität und Markenwert. Das heißt nicht, dass die europäischen Gesellschaften bevormundet, gemolken, an der kurzen Leine geführt werden. Im Gegenteil: Nur wenn sich diese Töchter relativ frei entfalten und auf ihre Stärken konzentrieren können, spielen sie die ihnen zugewiesene Rolle im internationalen Kompetenzverbund. Wie wichtig die Innovationsfähigkeit ist, auch das zeigt das Beispiel Sany. Seit der Putzmeister-Übernahme ist der Konzern in seiner Heimat zu einem führenden Halter von Patenten aufgestiegen. Bis Ende 2020 habe man fast 10 300 Patente angemeldet und mehr als

7600 genehmigt bekommen, teilt Sany mit, «mehr als jedes andere Einzelunternehmen in China». Im ersten Corona-Jahr steckte der Konzern fast eine Milliarde Dollar in Forschung und Entwicklung, ein Drittel mehr als 2019. Die Zahl der in diesen Feldern Beschäftigten stieg sogar um zwei Drittel auf 5350 Personen.

Für die Betroffenen in den geschluckten Betrieben muss diese langfristige und modernitätsorientierte Ausrichtung nicht schlecht sein, im Gegenteil. Anders als die finanzkräftigen Chinesen können Familienunternehmen und andere Mittelständler mit dünner Kapitaldecke Marktschwankungen oft nicht ausgleichen und auch nicht genügend in die Zukunft investieren. Dann rufen sie nach Entlassungen oder müssen sich Banken andienen. Finanzinvestoren wiederum wollen innerhalb definierter Zeiträume Wertsteigerungen sehen und dann aussteigen. Verglichen damit bringen die Asiaten, bei aller Fremdheit, eine gewisse Ruhe und Berechenbarkeit ins Haus.

Wie belastbar Treue und Zuverlässigkeit gegenüber dem abhängigen Unternehmen tatsächlich sind, erweist sich allerdings erst in schwierigen Zeiten, wenn die Geschäfte stocken oder wenn die Beziehungen zwischen Deutschland und China in schwieriges Fahrwasser geraten. Die Pandemie hat Sany zunächst nicht geschadet: 2020 wuchsen, wie erwähnt, der Konzernumsatz und der Jahresüberschuss um jeweils ein Drittel. Aber diese Rekorde dürften sich nicht wiederholen lassen. 2021 belasteten die Stromausfälle in der Industrie und die steigenden Rohstoffpreise das Schwermaschinengeschäft, noch verheerender waren die Rückgänge im Auftragseingang am Bau. Große Immobilienentwickler sind in Schwierigkeiten geraten, allen voran der riesige Evergrande-Konzern, Tausende Baustellen stehen still. Für 2022 rechnet die Bank UBS mit einem Verkaufsrückgang von Häusern und Wohnungen um mindestens ein Zehntel. Sany hat auf die schrumpfende Nachfrage bereits reagiert und angekündigt, 3000 Stellen zu streichen.

Roboter statt Ventilatoren und Müllautos:
Midea schluckt Kuka

Kursfeuerwerk für einen chinesischen Roboterhersteller, und das mitten in Frankfurt! Wer Ende November 2021 seine Aktien am Hightech-Maschinenbauer Kuka an der Frankfurter Börse verkaufte, konnte richtig Kasse machen. Von einem Tag auf den anderen stieg der Kurs um sechzehn Prozent auf 78 Euro. Der Grund dafür war eine Ankündigung des kantonesischen Mehrheitseigentümers Midea, endlich die wenigen nichtchinesischen Aktionäre loswerden zu wollen: durch ein sogenanntes Squeeze-Out-Verfahren, das systematische Hinausdrängen der Minderheit über ein Übernahmeangebot, das man nicht ausschlagen kann. Diesen Zwangsausschluss will die Hauptversammlung unter Führung von Midea im Mai 2022 beschließen, die Verabschiedung gilt als sicher. Der Schritt ist üblich und durchaus sinnvoll bei entsprechender Übermacht eines Großaktionärs, wenn kaum noch Aktien gehandelt werden. Midea besitzt 95 Prozent der Kuka-Anteile, der Titel ist in keinem wichtigen Index mehr vertreten, angesichts des geringen Streubesitzes bewegen sich die Notierungen kaum. Jedenfalls normalerweise.

Nun, da Midea seine Tochtergesellschaft von der deutschen Börse nimmt, um schneller agieren zu können, Bürokratie und Kosten zu sparen, wird endgültig klar, dass die Musik für Kuka, einen Augsburger Hersteller von Industrierobotern, schon lange nicht mehr in der Bundesrepublik spielt, sondern in Südchina. Die Midea-Gruppe hat ihren Hauptsitz in Foshan am Perlflussdelta in der Provinz Guangdong (Kanton). Eigentlich ist sie einer der größten Haushaltsgerätehersteller der Welt und Marktführer für Klimaanlagen in China, inzwischen gilt die an der Börse Shenzhen notierte Aktiengesellschaft aber als privater Mischkonzern mit Dutzenden Beteiligungen in ganz

unterschiedlichen Feldern und Ländern. Trotz oder gerade wegen der Corona-Krise, in der sich viele Personen vermehrt zuhause aufhielten, sind die Umsätze und Nettogewinne zuletzt
klar gestiegen. Die Erlöse betragen etwa 41 Milliarden Dollar
im Jahr, der Überschuss erreicht knapp vier Milliarden. Midea
beschäftigt in aller Welt 135 000 Mitarbeiter.

Der größte Einzelaktionär mit rund 30 Prozent der Anteile
ist der Midea-Gründer He Xiangjian. Der Bloomberg-Billio-
naires-Index gibt sein Vermögen mit fast 30 Milliarden Dollar
an, womit er zu den fünfzig reichsten Menschen der Welt zählt;
in seiner Heimat China rangiert er auf Platz sechs. He wurde
1942 in der Ortschaft Shunde geboren, die heute ein Teil von
Foshan ist. 1968 trommelte er zwei Dutzend Dorfbewohner
zusammen, um gemeinsam Glasflaschen mit Plastikdeckeln
herzustellen. Zwölf Jahre später verlegte er sich auf elektrische
Ventilatoren, ein überaus lukratives Geschäft im heißen Südchina, und erfand dafür die Marke Midea. Bald kamen Klimaanlagen hinzu, was damals ein Novum in China war. 1993 etablierte He die Midea-Group und ging erstmals mit ihr an die
Börse. Bevor er sich 2012 aus dem operativen Geschäft zurück-
zog, brachte He noch seine erste größere Auslandserwerbung
auf den Weg. Für 230 Millionen Dollar kaufte Midea dem US-
Kälteanlagenhersteller Carrier Global aus Florida die Mehrheit
an seinem Lateinamerikageschäft ab. Der dreifache Vater und
leidenschaftliche Golfspieler He ist durch und durch Kantonese.
Bloomberg zufolge spricht er nur ungern und nicht besonders
gut Mandarin, also die Landessprache Hochchinesisch.

Midea ist mit Investitionen außerhalb Chinas eigentlich recht
zurückhaltend, neben dem US-Geschäft gab es sonst nur noch
vereinzelte Käufe in Japan, Israel und Indien. So nahmen die
Chinesen 2016 dem Toshiba-Konzern aus Tokio für 470 Millionen Dollar die Haushaltswarensparte ab. Der Schwerpunkt
des Auslandsengagements liegt aber eindeutig auf Deutschland
und auf Kuka. Erstmals streckte Midea 2015 seine Finger dort-

hin aus und bezahlte 170 Millionen Dollar für fünf Prozent der Kuka-Anteile. 2016 kam dann der große Aufschlag mit 4,7 Milliarden für 82 Prozent. Anschließend folgten noch einmal acht Prozent für 290 Millionen. Insgesamt flossen also 5,1 Milliarden Dollar für das Unternehmen, das in Augsburg ansässig ist. Außerhalb der Automobilindustrie wurde von einem chinesischen Investor noch nie ein höherer Preis für ein deutsches Unternehmen gezahlt als von Midea für Kuka. Der entscheidende Unterschied zu Geely oder BAIC bei ihren Milliardenbeteiligungen bei Daimler ist, dass die Kantonesen nicht nur eine Minderheit an ihrem Zielunternehmen erworben haben, sondern die absolute Kontrolle.

Kuka blickt auf eine lange Tradition zurück. Das Unternehmen entstand 1898, als der Kaufmann Jakob Knappich zusammen mit einem Freund, dem Fabrikdirektor Josef Keller, ein Werk für Acetylen (Ethin) zur Verwendung in Karbidlampen gründete. Damit sollten kostengünstig Haus- und Stadtbeleuchtungen und Automobil-Scheinwerfer ausgestattet werden. Aus dem sperrigen Namen «Acetylenwerk Augsburg-Oberhausen Acetylenapparate und Metallwaren» wurde schon bald die Bezeichnung «Keller und Knappich Augsburg», kurz Kuka. Als die elektrische Glühlampe die Gasleuchten immer mehr verdrängte, sattelten die Partner 1905 auf die Herstellung von Autogen-Gasschweißgeräten um. Nach dem Ersten Weltkrieg stellte die Fabrik Winden und Metallbehälter her, später die Aufbauten für Fahrzeuge der Straßenreinigung. 1927 kam das «Kuka Großmüllauto» auf den Markt. Ausweislich der Firmengeschichte hatte es den großen Vorteil, dass sich in seinem Innern ein Schneckensystem befand, das den Abfall verdichtete oder herausbeförderte, ohne dass der Behälter mit viel Aufwand gekippt werden musste. Im selben Jahr wurde auch die Marke Kuka eingetragen, die bisher vor allem als Kürzel auf Telegrammen genutzt worden war. Bis heute heißt Müllwagen auf Tschechisch «Kukavuz» nach dem besonders fortschrittlichen «Prager Modell» von 1928. Und in Ungarn ist Kuka noch immer ein Synonym für Abfalltonne. Keller starb 1926, zwei Jahre später stieg die Industriellenfamilie Quandt bei Kuka ein. Die BMW-Großaktionäre trennten sich erst 1980 von den Kuka-Anteilen.

Als Ersatz für das Schweißen mit Gas entwickelten die Augsburger Ende der 1930er Jahre die erste elektrische Punktschweißanlage in Deutschland. Im Krieg teilweise zerstört, fertigte die Fabrik von 1945 an weiterhin Schweißgeräte, dann aber auch Rundstrickmaschinen und die Reiseschreibmaschine «Princess». Die 1950er und 1960er Jahre standen im Zeichen großer Schweißanlagen und -straßen, etwa zur Kühlschrank-, Waschmaschinen- und Autoproduktion. Kuka stieg auch in die Wehrtechnik ein und stellte zum Beispiel Stacheldraht sowie Türme für Schützenpanzer der Bundeswehr her. 1971 entstand der erste Kuka-Roboter für eine so genannte Schweißtransferstraße von Daimler-Benz.

Den Durchbruch mit dieser Technik erzielte Kuka 1973, als die Augsburger den «Famulus» auf den Markt brachten, den ersten Industrieroboter mit sechs elektromechanisch beweglichen Achsen. 1978 ging das Modell IR (Industrieroboter) 601/60 in Serie. Einige Jahre später unterteilte man das inzwischen IWKA genannte Unternehmen in selbständige Gesellschaften mit unterschiedlichen Geschäften, die aber alle unter einer Aktiengesellschaft als Holding gebündelt blieben. In den 1990er Jahren sei Kuka der erste Hersteller gewesen, der die Robotersteuerung per Personalcomputer ermöglicht habe, teilt das Unternehmen im Internet mit. Ende des Jahrzehnts habe man als einer der ersten internationalen Produzenten Roboter nach China exportiert, nämlich ins Audi-Werk in Changchun im Nordosten der Volksrepublik. Anschließend seien in dem Land auch eigene Standorte eröffnet worden.

Seit 2005 heißt die IWKA wieder Kuka AG. Bemerkenswerter Weise erwähnt die Online-Unternehmensgeschichte den

Verkauf an Midea mit keinem Wort. Es klafft ein Loch zwischen 2014, als Kuka seinerseits die Swisslog Holding aus dem Schweizer Aargau kaufte, und dem hundertzwanzigjährigen Jubiläum der eigenen Firma 2018. Dabei ist man überaus stolz auf das in dieser langen Zeit Erreichte. «Heute ist Kuka einer der weltweit führenden Anbieter intelligenter Automatisierungslösungen für die Industrie 4.0», heißt es am Ende des historischen Abrisses.

«Midea strebt nicht die Kuka-Mehrheit an.» Denkste!

Als Midea im Sommer 2015 die ersten fünf Prozent der Kuka-Stimmrechte erwarb, sah es sich in einem Reigen mit vielen anderen mittelgroßen Anteilseignern. Darunter waren der Versicherungskonzern Axa, die Bank of America sowie, ebenfalls aus den USA, der Hedgefonds York Capital und die Beteiligungsgesellschaft Franklin. Mehr als die Hälfte der Aktien befanden sich in Streubesitz, die größten Einzeleigentümer waren der ostwürttembergische Maschinenbaukonzern Voith mit 25 Prozent und die Soctem genannte Investmentgesellschaft des Familienunternehmers Friedhelm Loh mit zehn Prozent. Die unklaren Machtverhältnisse luden strategische Investoren geradezu ein. Doch anfänglich vernebelten die Chinesen ihre Absichten. Sie stockten zwar ihre Beteiligung bis zum Mai 2016 auf 13,5 Prozent auf und kündigten an, 30 Prozent anzustreben. Die Kontrolle über Kuka sei aber nicht das Ziel, versicherte Midea. Später präzisierte man, es sollten nun doch 49 Prozent werden, wiederholte jedoch, eine Komplettübernahme stehe nicht zur Debatte.

Entziehen wollten und konnten sich die übrigen Aktionäre den Verlockungen aus Kanton nicht, allzu großzügig kam das Angebot daher. Denn im Frühling 2016 bot Midea jedem Verkaufswilligen 115 Euro je Kuka-Aktie, das war ein Aufschlag von mehr als einem Drittel gegenüber dem damaligen Börsenkurs. Zum Vergleich: Selbst nach dem überaus ansehnlichen Sprung vom November 2021 belief sich die Frankfurter Notierung auf kaum 80 Euro. Im Sommer des Jahres 2016 erlagen sowohl Voith als auch Loh dem süßen Gift des hohen Angebots und versilberten ihre Anteile, der eine für etwa 1,2 Milliarden, der andere für 480 Millionen Euro. Danach hielten die Chinesen ziemlich genau jene 49 Prozent, die sie angekündigt hatten. Doch selbst dabei blieb es nicht, im August 2016 kamen angesichts des Geldsegens so viele Aktien zusammen, dass Midea am Ende 95 Prozent von Kuka in der Hand hielt.

Diese chinesische Rekordübernahme stieß in Deutschland und Europa auf ein großes Stirnrunzeln. Skepsis herrschte fast überall, im Unternehmen selbst, vor allem in der Belegschaft, aber auch unter den bisherigen Eigentümern, am Heimatstandort Augsburg, unter den Kunden, ja sogar bei der großen Politik in Berlin und in Brüssel. Die Übernahme stand deshalb auf Messers Schneide, wie eine Einschätzung der Wirtschaftskanzlei Freshfields klarstellt, die Midea damals beriet: «Der Widerstand von Kuka-Vorstand und -Aufsichtsrat sowie von Aktionären und Politikern hätte das Geschäft ganz zum Scheitern bringen können.» Die Haupthindernisse damals seien die «politischen Reibereien zwischen den beiden Ländern» gewesen. Es habe die Gefahr bestanden, in der deutschen Wirtschaft und unter Regierungsvertretern «erhebliche Verärgerung» auszulösen.

Am einfachsten waren naturgemäß die Aktionäre zu überzeugen, nämlich mit viel Geld. Wenn Fachleute wie der Ifo-Präsident Clemens Fuest schreiben, dass chinesische Investoren für ihre Auslandsbeteiligungen in der Regel nicht zu viel bezahlten, dann mag das für den Durchschnitt der vielen untersuchten Fälle zutreffen. Was Mideas Offerte für Kuka anbelangt, sind sich jedoch die meisten Beobachter einig, dass sie deutlich übertrieben ausfiel, um in jedem Falle den Zuschlag zu bekommen. Tatsächlich schreibt auch Freshfields, die Kuka-Aktionäre hätten ein «significant premium» erhalten, also einen erheblichen Aufschlag auf den aktuellen Aktienkurs. Die Zeitung «Welt» zitiert einen ungenannten Industrievertreter mit den Worten, Midea haben einen «völlig überteuerten Preis» gezahlt. Was man sicher sagen kann, ist, dass die gebotenen 115 Euro je Aktie im eigentlichen Börsenhandel nur 2017 jemals erreicht und überboten wurden, also im Jahr unmittelbar nach der Übernahme; seitdem kommen solche Preise nicht einmal in Ansätzen in Frage. Im März 2020 fiel der Kurs sogar auf 20 Euro. Ein Stand von 75 Euro, also von gerade einmal zwei Dritteln des einstigen Midea-Angebots, gilt heute schon als Erfolg.

Mit klingender Münze ließen sich die deutschen Kuka-Eigentümer schnell zum Verkauf bewegen. Die Bedenken außerhalb dieses Kreises zu zerstreuen, war ungleich schwieriger. Teile der Bundesregierung und der Europäischen Kommission hatten Bauchschmerzen damit, dass ausgerechnet ein Hightech-Anbieter wie Kuka, der zentral für das deutsche Konzept der Industrie 4.0 war, zu den Chinesen wechseln sollte. Schon im Jahr 2015, noch vor der Kuka-Übernahme, hatte Bundeskanzlerin Angela Merkel (CDU) den Finger in die Wunde gelegt. In der Digitalisierung müssten Deutschland und Europa im Vergleich zu den USA und zu Asien «eher aufholen, als dass wir behaupten könnten, an der Spitze zu sein», sagte sie auf dem Weltwirtschaftsforum in Davos. In der Verschmelzung der Welt des Internets mit der Welt der industriellen Produktion, eben in der Industrie 4.0, liege für die EU zwar eine große Chance. In diesem Feld müsse sich der alte Kontinent aber mächtig beeilen, «weil uns sonst diejenigen, die im digitalen Bereich führend sind, die industrielle Produktion wegnehmen werden».

Nur etwa ein Jahr später nahmen die Asiaten den Deutschen und Europäern tatsächlich einen wichtigen Baustein für die schöne neue Industriewelt weg, ihren führenden Roboterhersteller. Der damalige Bundeswirtschaftsminister Sigmar Gabriel (SPD) war über den Vorstoß «not amused». Er konnte angesichts freier Märkte dagegen aber nicht viel mehr tun, als sich nach anderen, genehmeren Investoren umzusehen. «Es gibt die Bemühungen, ein alternatives Angebot zu formulieren», sagte er seinerzeit in Berlin. Und eine Regierungssprecherin ergänzte, dass es «schön wäre», wenn zusätzlich zum Midea-Gebot auch Offerten aus Europa und Deutschland eintrudelten.

Deutlicher wurde in der EU-Führung in Brüssel der deutsche Digitalkommissar Günther Oettinger (CDU). Er bezeichnete Kuka als ein «erfolgreiches Unternehmen in einem strategischen Sektor mit wichtiger Bedeutung für die digitale Zukunft der europäischen Industrie». Der vormalige Ministerpräsident von Baden-Württemberg erinnerte daran, dass sich Kuka schließlich nicht mit einem «Hilferuf» an China gewandt habe, deshalb müsse man über einen europäischen Ansatz nachdenken, um den Konzern weiterzuentwickeln. Entweder könnten die beiden übrigen Großaktionäre ein Angebot unterbreiten, also Voith und die Loh-Gruppe, oder ein ganz anderer europäischer Interessent müsse zum Zugpferd werden. Es gehe darum, dass «wir auf die Zukunftsträger der europäischen Wirtschaft besonders und besser achten». Im übrigen sei es zweifelhaft, dass eine vergleichbare Beteiligung europäischer Unternehmen «an solch strategischen Wirtschaftszweigen» umgekehrt in China möglich wäre, so Oettinger.

Trotz aller guten Worte: Letztlich fand sich kein Bieter, der es mit den Chinesen aufnehmen wollte, weshalb Kuka an Midea ging. Auch die anderen Widerstände fielen in sich zusammen. Um diese auszuräumen, hatte wiederum Freshfields geholfen. Nach eigenen Worten entwarf die Kanzlei gezielt eine «Strategie des Beteiligungsaufbaus», um den Zugriff von Midea auf Kuka nach und nach zu erhöhen. Mit einem zunächst niedrigen Angebotspreis habe man «die Reaktion des Zielunternehmens und des Markts getestet», dadurch sei das Vertrauen zwischen den Partnern gewachsen. Im nächsten Schritt sei dann eine Investitionsvereinbarung geschlossen worden, die den noch vorhandenen Gegenwind überwand. Dieser Vertrag, eine «ungewöhnlich weitreichende Standort- und Beschäftigungsgarantie», wie die Zeitung «Welt» schreibt, wurde zuletzt Ende 2021 bekräftigt. Das Bündnis, dem sogar die IG Metall zustimmte, habe die «Ängste vor einem Ausverkauf der Hightech-Firma nach China zerstreuen» sollen, schreibt das Blatt. Die Vereinbarung legt unter anderem fest, dass die Unternehmensführung und die Finanzierung von Kuka unabhängig weitergeführt werden, dass der Hauptsitz in Augsburg verbleibt und dass die Belegschaft nicht verkleinert wird. Freshfields zufolge wurde damals auch vereinbart, die Gesellschaft nicht von der Börse zu nehmen, doch ist das inzwischen trotzdem erfolgt. Das Versprechen, keinerlei Stellen abzubauen, hat Midea ebenso wenig einhalten können.

Festzuhalten ist demnach, dass die chinesischen Vertragspartner einige Zusagen in den Wind schlugen, zunächst die Verabredung, nicht die Mehrheit an Kuka anzustreben, später die Verpflichtungen zur Stellensicherung und zum Börsenverbleib. Aus den Freshfields-Einlassungen wird deutlich, wie delikat die Angelegenheit war und dass die Chinesen jeden Anschein vermeiden wollten, die deutsche Seite zu dominieren. «Entgegen der Tendenz vieler chinesischer Investoren, sich tief in die Geschäftsführung ihrer Akquisitionen einzumischen, rieten wir Midea dazu, den Eingriff auf Kuka zu begrenzen, das bereits gut geführt und in seinen Kernmärkten erfolgreich war.» Die Juristen fürchteten dabei vor allem die öffentliche Meinung. Schließlich handelte es sich bei Kuka nicht um einen unbedeutenden Mittelständler, sondern um einen «national champion», ein deutsches Vorzeigeunternehmen. «Populistische Politiker» könnten versuchen, gegen die Übernahme zu agitieren, schrieben die Anwälte, weshalb man Midea zu einer «überlegteren Akquisitionsstrategie» verholfen habe. Diese sei letztlich verantwortlich dafür gewesen, «dass die Transaktion nicht blockiert wurde».

Nach dem geglückten Abschluss sahen die beratenden Anwälte von Freshfields in dem Kuka-Fall ein Vorbild, «eine Blaupause für eine erfolgreiche chinesische Auslandsinvestition». Dabei klopften sie sich auch selbst ordentlich auf die Schultern. «Unsere Strategie erfüllte die widerstreitenden Ziele aller Beteiligten», heißt es in der Nachschau: «Midea erhielt Zugang zu hochmoderner Robotik, die Kuka-Aktionäre bekamen eine beachtliche Prämie, Kuka selbst blieb unabhängig und erlangte Zugang zu den chinesischen Märkten.» Ohne die Made-in-China-Initiative beim Namen zu nennen, ordnete die Kanzlei das Augsburger Beispiel in einen überwölbenden, einen «generellen» Kontext ein. Die Transaktion habe bewiesen, «dass chinesische Investoren mit der richtigen Beratung ehrgeizige Ziele verfolgen können, um China von der arbeitsintensiven Billigproduktion in Richtung Industrie 4.0 zu transformieren».

Robotersteuerung vom Smartphone: Kuka und die Industrie 4.0

Was macht Kuka so interessant für den Konzern aus Foshan? Zum einen will Midea neben seinem Konsumgütergeschäft auch einen starken Arm mit Investitionsgütern aufbauen. Das kann klug sein, da die Nachfragezyklen oft unterschiedlich und zeitversetzt verlaufen. In der Corona-Krise etwa ging der Absatz von Unterhaltungs-, Datentechnik und Haushaltsgeräten durch die Decke, während sich der Maschinenbau schwertat, erst angesichts der geschlossenen Fabriken, dann angesichts fehlender Bauteile. Doch wenn die Lieferketten wieder ineinandergreifen und wenn die Investitionen der Unternehmen wieder anziehen, dann könnte sich das Verhältnis umdrehen.

Entscheidend für den Erwerb gerade von Kuka aber war und ist, dass es sich dabei nicht um einen x-beliebigen, letztlich substituierbaren Maschinen- und Anlagenbauer handelt, sondern um einen Hightech-Anbieter, ohne den die Automatisierung von morgen praktisch undenkbar ist. Wenn es stimmt, dass die nächsten Modernisierungsschritte aus der Vernetzung aller Dienstleitungs- und Produktionsabläufe per Künstlicher Intelligenz bestehen – und vieles spricht dafür –, dann kommt man um die Robotersysteme von Kuka kaum herum. Seit Jahren investieren die Augsburger in die Digitalisierung und ziehen neben ihrer Hardware-Kompetenz eine eigene Software-Sparte hoch. 2021 stellten sie die ersten Elemente eines maßgeschneiderten Betriebssystems namens iiQKA vor, mit dem langfristig jedes Kuka-Produkt ausgestattet sein soll. Auf der Digitalmesse in Hannover versprachen die Entwickler, die Roboterbedienung werde künftig so einfach und intuitiv wie die Smartphone-Handhabung sein. Das «Mission 2030» genannte Aufwertungsprogramm verfolge das Ziel, «roboterbasierte Automatisierung für alle einfach verfügbar zu machen».

Grob gesagt, vollzieht sich damit in der Industrieautomatisierung eine ähnliche Metamorphose wie im Autobau, wovon im Zusammenhang mit Geely oder Xiaomi schon die Rede war. Das «alte» verarbeitende Gewerbe liefert die Hüllen, die beweglichen Teile, die Mechanik – und kann letztlich von jedermann an jedem Ort bereitgestellt werden. Zumal dann, wenn immer mehr Komponenten aus dem 3-D-Drucker kommen. Die eigentlichen Innovationen aber und damit die lukrativere Wertschöpfung und die Wettbewerbsvorteile stellen die «neuen» Techniken bereit, die Programmier- und Schnittstellenlösungen. Egal ob man das Zusammenspiel als «Industrie 4.0» bezeichnet, als «Smart Factory», «Internet of Things» oder als «Artificial Intelligence of Things», wie es die zuständige Kuka-Tochter Device Insight nennt: Entscheidend ist, dass die kommenden Qualitäts- und Effizienzgewinne darin liegen, dass die auf Optimierung programmierter, lernfähigen und systemisch kooperierenden Maschinen schneller, verlässlicher und vorausschauender arbeiten als Menschen. All das führt zu Konkurrenzvorsprüngen, höherem Umsatz, geringen Kosten und somit letztlich zu mehr Gewinn.

Ein weiterer Vorteil «denkender Fabriken» ist, dass sie neben der Massenfertigung auch hochindividualisierte Produkte hervorbringen können, mit deutlich verkürzten und damit billigeren Umrüst-, Lager- und Lieferzeiten. Solche Verfahren sind nicht nur in der Kfz-, Mode- oder Kleinserienfertigung gefragt, sondern auch in der personalisierten Medizin, einem der größten künftigen Wachstumsfelder der Pharmaindustrie. Auch in diese Märkte, das wurde oben gezeigt, kaufen sich Chinesen gezielt ein. Schließlich hat die Corona-Pandemie vor Augen geführt, wie wichtig es sein kann, mit möglichst wenigen Präsenzkräften auszukommen. Intelligente Geschäftseinheiten, die alle Schritte von der Bestellung der Vorprodukte bis zur Endwarenauslieferung und Rechnungsstellung übernehmen, lassen sich sogar vom Homeoffice aus überwachen.

Um noch einmal die Analogie zum modernen Kraftfahrzeugbau zu bemühen: Dass ein autonomes Auto eines Tages schneller, energiesparender und sogar sicherer unterwegs ist als eines mit Fahrer, kann man sich vorstellen. Ähnlich riesig sind die Potentiale in den Fabriken, und hier nehmen Roboter eine Schlüsselstellung ein, da sie den Menschen von jeher ersetzt und oft auch technisch überholt haben. Insofern spricht viel dafür, dass Kuka bei der technischen Revolutionierung der Wirtschaft ganz vorn dabei sein wird. Zumal seine Tochtergesellschaften ähnlich eng ineinandergreifen, wie es künftig zwischen Herstellung und Service in den Fabriken der Fall sein soll. Im Geschäftsbereich «Robotics» sieht sich Kuka bereits als Marktführer in Europa. In der ganzen Welt zählen die bayerischen Schwaben zu den «Big Four» hinter ABB aus der Schweiz und Fanuc aus Japan. Auf dem nächsten Platz rangiert

das ebenfalls japanische Yaskawa. Neben dem Roboterge-
schäft bietet die Kuka-Sparte «Systems» Komplettlösungen zur
Werkstoffbearbeitung an, etwa ganze Fertigungsstraßen für
den Karosseriebau. Der Zukauf «Swisslog» kümmert sich um
die Logistikautomatisierung, einschließlich Regalbedienung
und selbsttätiger Teilebeförderung. «Healthcare», ebenfalls
von den Schweizern übernommen, verwaltet daten- und robo-
tergestützt die Medikamentenversorgung in Krankenhäusern
und anderen Gesundheitseinrichtungen. Ein eigener Geschäftsbereich «China» bündelt die vier vorgenannten Zweige in der
Volksrepublik, um den dortigen Markt tiefer zu durchdringen.

Die Kuka-Geschäfte laufen unter den Chinesen mehr schlecht als recht

Wie sind die Geschäfte für Kuka unter chinesischer Führung
gelaufen? Recht gemischt, muss man konstatieren. Im ersten
Jahr nach der Übernahme, 2017, wuchs der Umsatz noch um
18 Prozent, das Nachsteuerergebnis nahm um etwa zwei Prozent zu. Anschließend ging es allerdings im Umsatz um sieben
Prozent und beim Jahresüberschuss sogar um mehr als 80 Prozent hinunter. Die Erlöse schmolzen auch 2019 ein wenig, doch
gab es immerhin beim Gewinn wieder ein leichtes Plus. Das
erste Corona-Jahr 2020 sah dann jedoch einen herben Rückschlag: Der Konzernumsatz verfiel um neunzehn Prozent auf
2,6 Milliarden Euro, das Nachsteuerergebnis drehte sogar erstmals ins Minus, von 18 Millionen Euro Gewinn zu einem Verlust von fast 95 Millionen.

Damit fällt die Übernahmebilanz nach den ersten vier, fünf
Jahren, finanziell gesprochen, trübe aus: Denn im letzten vol-
len Geschäftsjahr vor der Midea-Übernahme hatte der Kuka-
Konzern 2016 noch fast drei Milliarden Euro erlöst, dreizehn

Prozent mehr als heute, beim Nettoprofit waren damals mehr als 86 Millionen Euro erreicht worden. Die Mitarbeiterzahl, die zwischenzeitlich auf knapp 14 300 Beschäftigte gestiegen war, ist mit 13 700 jetzt wieder in etwa auf dem Niveau aus der Zeit vor dem Einstieg der Chinesen. Unterteilt nach Geschäftsfeldern fällt auf, dass die Einbrüche nicht zuletzt in jenen Sektoren stattfinden, in denen die Partner gemeinsam besonders schnell wachsen wollten. Der «Robotics»-Umsatz als wichtigster Erlösbringer für Kuka lag zuletzt mit 899 Millionen Euro um fast zehn Prozent unter dem Wert von 2016. Der Bereich «China» wird erst seit 2018 in der Gewinn- und Verlustrechnung ausgewiesen, doch ist auch hier der Rückgang beträchtlich, um annähernd ein Viertel auf nicht einmal mehr 400 Millionen Euro. Früheren Angaben zufolge erwirtschaftete Kuka schon 2016 etwa 420 Millionen Euro im Heimatland von Midea. Kuka-Chef Till Reuter hatte damals gesagt, für 2020 plane man dort eine Milliarde Euro. Tatsächlich wurden unter chinesischer Ägide nur 40 Prozent davon erreicht.

Natürlich sind die jüngsten Einbußen auch der Pandemie geschuldet, allerdings hatte es auch ohne sie schon Rückgänge gegeben. 2021 ist es für Kuka wieder bergauf gegangen, doch noch immer liegen die erwarteten Umsatz- und Ergebniszahlen weit unter dem Stand von 2016, als Midea behauptete, die Deutschen zu neuen Höhenflügen zu bewegen, vor allem im asiatischen Heimatmarkt. Für 2022 ist Kuka immerhin zuversichtlich, «dass sich der positive Trend fortsetzen wird», wie der Vorstand Ende November 2021 ankündigte. Dabei sollen die Rückzugsschritte von der Börse helfen, vor allem aber ein neuer «Wachstumsplan 2025». Dessen Ziel ist Kukas «Führungsrolle in der globalen roboterbasierten Automatisierung bis 2025 und darüber hinaus», wie es in der Erklärung explizit heißt. Ähnlich äußerte sich auch der chinesische Aufsichtsratsvorsitzende Gu Yanmin, der sich in Augsburg Andy Gu nennt und im Hauptberuf Vizepräsident und Direktor für globale Geschäftsentwicklung der Klimaanlagensparte von Midea ist. Gegenüber dem «Handelsblatt» gab Gu als Marschrichtung für Kuka die «Marktführerschaft in der hochdynamischen Robotik- und Automatisierungsbranche» aus.

Um dorthin zu gelangen, sollen die Investitionen in Forschung und Entwicklung am Standort Augsburg bis 2025 um mindestens fünfzehn Prozent steigen. Die Partner setzen auf einen integrierten Ansatz zur Markteroberung, der oben schon anklang: Robotik und Applikationen sollen, bei Bedarf regional angepasst, in allen Geschäftsbereichen zum Einsatz kommen, die Zielbranchen sind Maschinenbau, Logistik, Einzel- und Onlinehandel. Im Fokus bleibt die Entwicklung eines «Betriebssystems der Zukunft» zur kinderleichten Automatisierung in allen Anwendungsformen: «Die Programmierung eines Roboters wird dann so einfach sein wie heute die Arbeit an einem Laptop.»

Der Name «Wachstumsplan 2025» gemahnt nicht zufällig an die Strategie «Made in China 2025». Wie auf der Mikroebene des individuellen Unternehmens Kuka, so soll in jenem Schlüsseljahr die Volksrepublik auch im Ganzen zur Roboter-Spitze aufschließen und die konkurrierenden Nationen dann überholen. Bis dahin müssen den Vorgaben zufolge 70 Prozent der Industrieroboter aus heimischer Produktion stammen, dazu gehört natürlich auch Kuka-China. Bislang beträgt der Eigenversorgungsgrad allerdings erst 30 Prozent, was erklärt, wie wichtig die Wachstumsankündigungen von Midea-Kuka für die Pläne des Staatsrats sind.

Klar ist auch, dass die Expansionsmöglichkeiten für die Branche tatsächlich vor allem in China selbst liegen und dass Kuka daher mit seinem heimischen Partner an sich gute Karten hat. Der fernöstliche Nachholbedarf ist immens. Der «World Robotics Report», der schon erwähnt wurde, hält für 2020 fest, dass im Reich der Mitte auf 10000 Arbeiter gerade einmal 246 Industrieroboter kommen. In Deutschland und Japan beträgt die Dichte mehr als 370, für Singapur und Südkorea wurden sogar 650 und 932 Geräte gezählt. Gerade deshalb beobachtet der Weltverband International Federation of Robotics in China eine unvergleichliche Aufholjagd. Innerhalb von nur sechs Jahren habe sich die Zahl neuaufgestellter Roboter auf fast 170000 annähernd verdreifacht, so dass China inzwischen der mit Abstand wichtigste Robotermarkt der Welt sei. Ein Drittel aller Neuinstallationen werden hier vorgenommen, mehr als in Amerika und Europa zusammen. In der Corona-Zeit ist der Abstand noch gewachsen, denn während der Weltmarkt schrumpfte, weitete sich der Absatz in China um 20 Prozent aus.

Rangeleien zwischen Mutter und Tochter

Man darf berechtigte Zweifel daran haben, dass sich die Übernahme für beide Seiten ausgezahlt hat. Auch die Harmonie untereinander könnte, nach allem was man weiß, besser sein. Weder Midea noch Kuka äußern sich zu ihrem Binnenverhältnis oder dazu, wie erfolgreich sie miteinander sind. Doch schon die wiederholten Personalquerelen deuten auf Friktionen hin. Deren wichtigste war Ende 2018 die überraschende, von Midea betriebene Ablösung des Kuka-Vorstandsvorsitzenden Till Reuter. Als die Kantonesen zwei Jahre zuvor in Augsburg vorstellig geworden waren, hatte Reuter den Chefposten schon seit sieben Jahren inne gehabt. Während dieser Zeit hatte der ehemalige Investmentbanker den angeschlagenen Konzern wieder auf Vordermann gebracht und zum führenden deutschen Automatisierungsspezialisten aufgebaut. Erst durch diesen Aufstieg in die erste Liga waren die Chinesen überhaupt auf Kuka aufmerksam geworden.

Nun also, kaum zwei Jahre nach der Übernahme, kam aus heiterem Himmel Reuters Rauswurf, und das, obwohl sein

Vertrag erst einige Monate zuvor bis Ende 2022 verlängert worden war. Auf den ersten Blick mochten die schwachen Geschäftszahlen Grund für die Entlassung sein, Umsatz und Ergebnis blieben damals deutlich hinter den früheren Jahren und auch hinter den Erwartungen der Asiaten zurück. Aber Medien wie die «Financial Times», das «Handelsblatt» oder das Onlineportal «Week in China» aus Hongkong vermuten, dass Reuter eher wegen grundlegender Differenzen zur Unternehmensausrichtung abgesägt wurde. Dabei ging es offenbar vor allem ums China-Geschäft. Unter Reuter war Kuka dort schon lange vor dem Einstieg von Midea aktiv und erfolgreich gewesen. Seit 2009 hatten sich die Umsätze in der Volksrepublik fast verzehnfacht, 2013 errichtete Kuka sein erstes eigenes Werk in dem schnell wachsenden Markt.

Der Midea-Deal sollte eigentlich zusätzlichen Schub geben. Die Aussicht auf vereinfachte Zugänge im Fernen Osten, auf sinkende sprachliche, kulturelle und bürokratische Hürden in dem kommunistischen Staat zählte schließlich zu den Hauptbegründungen für die Partnerschaft. Mit dem Versprechen guter Geschäfte in der Fremde hatte man den Deal der Belegschaft und der Öffentlichkeit schmackhaft gemacht. Tatsächlich aber nahm die Expansionsgeschwindigkeit unter der neuen Trägerschaft eher ab, der Rückstand in China auf die konkurrierenden Anbieter Fanuc, Yaskawa Denki und ABB wuchs noch. Was war dagegen zu tun? Reuter wollte dem Vernehmen nach an der Ausrichtung auf datenbasierte Hochleistungsrobotik auch in China festhalten, um dort wie in den anderen großen Märkten den entscheidenden Schritt zur Industrie 4.0 vorzubereiten, eine intelligente, lernende Fertigung, verknüpft mit den notwendigen Dienstleistungen und kinderleicht zu bedienen. Andy Gu und die übrigen Midea-Repräsentanten bei Kuka verfolgten aber offenbar eine technologisch weniger ambitionierte Strategie und setzten sich damit letztlich durch: In Foshan entstand für 450 Millionen Dollar eine Joint-Venture-Fabrik, in der Kuka kleinere und einfachere Roboter herstellt. Bis 2024 soll die Kapazität 75 000 Einheiten im Jahr erreichen, womit man zumindest numerisch den Pekinger Autarkie-Vorstellungen aus der MIC-Initiative näherrückt.

Midea störte an dem bisherigen Kuka-Kurs zudem das übermächtige Geschäft mit der Automobilindustrie, das bis zur Hälfte des Umsatzes ausmacht. Das neue Werk in Foshan spezialisiert sich stattdessen auf die Automatisierung von Lagerhäusern und Gesundheitseinrichtungen sowie auf internetfähige Hausgeräte für «Smart Homes» – ein Feld, in dem der Mutterkonzern mit seiner traditionellen Produktpalette große Potentiale wittert. Hingegen seien die bisherigen Großroboter, vor allem jene im Fahrzeugbau, «überteuert und zu kompliziert», hieß es aus Midea-Kreisen. Die «Wirtschaftswoche» berichtet, die neuen günstigen Roboter aus Foshan sollten auch direkt in der Haushaltsgeräteherstellung des Mutterkonzerns zur Anwendung kommen. Denn die eigentlichen Kuka-Geräte aus Deutschland gälten dort als «viel zu teuer».

In der Auseinandersetzung um Kukas China-Pläne war Till Reuter das prominenteste Opfer, aber nicht das einzige. Ein Dreivierteljahr nach ihm musste auch der von ihm eingesetzte China-Chef gehen. Damit bekam die Landesgesellschaft schon den vierten neuen Boss seit der Übernahme durch Midea und erstmals einen, bei dessen Berufung die Augsburger nicht mehr mitreden durften. 2020 warf im Gesamtkonzern der neue Technikvorstand das Handtuch, nach nur dreieinhalb Monaten auf dem neuen Posten. Er hatte auch die Geschäftsführung für Forschung und Entwicklung in der Sparte Robotics unter sich, eine der zentralen Positionen für die Befeuerung von Innovationen.

Seit 2018/2019 zieht Midea also die Zügel straffer an, und zwar nicht nur im Personalwesen der Tochtergesellschaft, sondern auch in deren Geschäftsausrichtung und Finanzpolitik. Als neuen Kuka-CEO inthronisierten die Chinesen den bisherigen Finanzchef Peter Mohnen, auf seine Stelle rückten zunächst

Andreas Pabst und später ein enger Midea-Vertrauter nach, Alexander Tan. Mohnen sollte eigentlich nur interimistisch regieren, wurde aber schon bald bis 2024 berufen. Kaum bestallt, kündigte er für die Zeit zwischen 2019 und 2021 ein Sparprogramm über 300 Millionen Dollar an, auch sollen, trotz der Stellengarantie, rund 600 Arbeitsplätze verschwinden. Wie der Online-Fachdienst «Produktion» mit Verweis auf einen Insider berichtet, stellt indes der neue Standort in Foshan immer neue Mitarbeiter ein, angeblich entstehen allein 4000 Arbeitsplätze für Forschung und Entwicklung. Midea wolle also «ganz klar einen Teil der Robotik-Forschung nach China abziehen», vermutet der Fachdienst. Dass man 2017 zu Beginn der Übernahmezeit hundert Millionen Euro auch in Augsburg investiert habe, sei nach Einschätzung eines ehemaligen Kuka-Managers «eine reine Beruhigungspille» gewesen. Auch für die «Welt» bestärkten die Vorgänge die Befürchtungen vieler Kritiker, «dass Chinesen nach einer Schamfrist dann doch beginnen, Technologie abzuziehen und die Regie zu führen». Die Politik, die 2016 noch gezwungen gewesen sei, den Deal durchzuwinken, zeige sich inzwischen ebenfalls alarmiert. Das Bundeswirtschaftsministerium habe offen erklärt, dass sich ein Fall wie Kuka nicht wiederholen dürfe, damit deutsches Knowhow künftig besser geschützt werde.

Um solchen Befürchtungen entgegenzutreten, verweisen Kuka und Midea immer wieder auf die geltenden Verträge zur Standortsicherung. Zuletzt hieß es, wie erwähnt, im November 2021, die Investorenvereinbarung von 2016 gelte unverändert weiter, einschließlich des Ringfencing-Agreements; damit ist eine Abschirmvereinbarung zum Schutz des geistigen Eigentums und der Kundendaten von Kuka gemeint, die Midea nicht absaugen darf. Es gebe auch weiterhin keinen Beherrschungsvertrag, versichern die Partner, zudem verbleibe der Hauptsitz am angestammten Ort. «Das ‹A› in Kuka wird weiterhin für Augsburg stehen, das erkennen wir als verantwortungsbewusster und langfristig orientierter Eigentümer an», sagte Aufsichtsratschef Gu. Seinem Vize in dem Wächtergremium, dem Arbeitgebervertreter Michael Leppek, sind vor allem Mideas «langfristige Zusagen» wichtig. Der Schwerpunkt des Wachstumsplans müsse auf der Produktion und den neuen Technologien liegen, «um die Zukunft von Kuka zu sichern». Das bedeute vor allem, «den Standort Augsburg und damit die Arbeitsplätze in der Region über das Jahr 2023 hinaus zu schützen».

Die große Frage ist, wie lange diese Zusagen halten. Stefan Stahl, Chefkorrespondent der «Augsburger Allgemeinen» und einer der besten Kuka-Kenner, erinnerte im Sommer 2021 daran, dass die Chinesen bei Kuka «naturgemäß die Hosen anhaben». Jahrelang seien sie klug genug gewesen, das nicht zu deutlich zu zeigen, «nun aber tasten sie sich langsam an die Macht heran». Die Standortgarantien liefen Ende 2023 aus, «dann schlägt die eigentliche Stunde der Wahrheit». Stahl sah damals schon voraus, dass Midea Kuka von der Börse nehmen würde, was ein halbes Jahr später auch geschah. Der Schritt ermögliche es den Asiaten, die Beteiligung «aus dem Scheinwerferlicht der Öffentlichkeit zu nehmen, um das teuer erkaufte Unternehmen stärker als bisher nach eigenem Geschmack zu formen». Damit Kuka möglichst lange unabhängig zu bleiben vermag, empfiehlt der Journalist, den allgemeinen Trend zur Automatisierung zu nutzen und die Profitabilität zu steigern. «Das ist der beste Schutzwall gegen ein zu starkes Eingreifen der Chinesen ab 2024.»

Zusammenfassend lässt sich sagen, dass sich nach der Kuka-Übernahme durch Midea viele Hoffnungen und auch viele Versprechungen in Luft aufgelöst haben. Das gilt für das Unternehmenswachstum, insbesondere im Sehnsuchtsmarkt China, es gilt für die nur teilweise eingehaltenen Zusagen zur Arbeitsplatzgarantie und zur Eigenständigkeit, einschließlich der nun nicht mehr vorhandenen Finanzierungsmöglichkeit über die

Börse. Der unfreiwillige Abgang des hochrespektierten Unternehmenslenkers und Unabhängigkeitsgaranten Till Reuter stellte klar, dass künftig auch das Management nach der chinesischen Pfeife tanzen musste. Die Zeitschrift «Wirtschaftswoche» geht möglicherweise zu weit, wenn sie schreibt, die Augsburger hätten «abgewirtschaftet» und seien auf dem Weg zum «Billiganbieter». Dass sie aber den Kampf um ihre wirtschaftliche Freiheit verloren haben, wie ein ehemaliger Kuka-Justiziar behauptet, ist kaum zu bestreiten.

Niemand weiß, wo die Roboterschmiede heute ohne Midea stünde. Deutlich sollte aber geworden sein, dass es ihr mit Midea nicht besser geht als vorher und dass der Einstieg bisher nicht messbar viel gebracht hat. Schon gar nicht in China, wie es erwartet, propagiert und als Rechtfertigung für den Einstieg der Investoren vorgeschoben worden war. Das muss nicht nur an den Asiaten liegen, die offenbar einer Täuschung aufsaßen. Die «WiWo» berichtet, die Braut Kuka habe sich damals schöner gemacht als sie war, statt Digitalexpertin und Software-Haus sei sie ein «erzkonservativer Maschinenbauer» gewesen.

Genau an dieser Frage könnte sich das Schicksal des alteingesessenen Anbieters aus der Fugger-Stadt entscheiden: Führt er sein ursprüngliches Industrieerbe weiter, dürfte das jenen Kräften bei Midea entgegenkommen, die von Kuka «billige Massenware» erwarten, wie die Zeitschrift schreibt. Sie zitiert unter anderem den Betriebsratsvorsitzenden Armin Kolb mit den Worten, es sei sinnlos für die Arbeitnehmer, gegen diesen Kurs zu opponieren, «die Chinesen wollen Geld verdienen». Die andere Möglichkeit ist der zuvor skizzierte Weg, zu dem sich Kuka und Midea beim «Delisting» von der Frankfurter Börse bekannt haben: mehr Energie in Innovationen zu stecken, die Digitalisierung voranzubringen, eigene Softwarelösungen einzusetzen und endlich Mideas Heimatstandort China stärker zu beackern, den größten und am schnellsten wachsenden Robotermarkt der Welt. Wenn Midea den eigenen «Wachstumsplan 2025» und zugleich die Pekinger Regierungsoffensive «Made in China 2025» ernst nimmt, könnte das auch Kuka zugutekommen. Noch aber sind für alle Beteiligten die Früchte der Übernahme von 2016 sauer.

Immerhin lässt sich Mideas Horizontausweitung zur Forschung und Entwicklung am Standort Augsburg bis zur Mitte des Jahrzehnts so verstehen, dass die dortige Bestandsgarantie mindestens zwei Jahre länger läuft. Die erwartete Besserung bis hin zur angestrebten Weltmarktführerschaft im Jahre 2025 setzt aber Geschlossenheit und Vertrauen zwischen Mutter und Tochter voraus – und natürlich, dass die Märkte und die geopolitische Lage mitspielen. Man möchte Kuka, Putzmeister und den anderen chinesischen Unternehmen in der Bundesrepublik schwere Rückschläge ihrer Mutterkonzerne in der politischen Großwetterlage nicht wünschen, aber es wäre gut, wenn sie sich dafür rüsteten. Entscheidend ist hier wie an anderer Stelle, dass die Verantwortlichen in den deutschen Chefetagen, aber auch in der Politik, in den Gewerkschaften, Kammern, Verbänden und Wirtschaftsinstituten Konzepte entwickeln, um ähnlich geeint und vorbereitet aufzutreten, wie China es tut. Dazu braucht man keine Kaderpartei wie in Peking, wohl aber die Bereitschaft, Ziele zu definieren und diese auch durchzufechten.

DIE NEUE SEIDENSTRASSE

Selbst Rügen tickt Chinesisch: Pekings Reichweite ist gewaltig

Der chinesische Drache hebt die Pranke, reckt das Haupt, seine feuerroten Umrisse flackern, und das alles am Ostseeufer von Mecklenburg-Vorpommern. Im Hafen von Sassnitz auf der Insel Rügen projiziert ein Laser die Silhouette des Fabeltieres auf eine Rangierlok. Entlang der Bahngleise sprühen Funkenfontänen, das Publikum applaudiert, als der Containerzug vorbeirollt. Der chinesische Lokführer lehnt sich lächelnd aus dem Fenster und reckt den Daumen in die Höhe. «Geschafft», soll das wohl heißen, «ein guter Tag, ein guter Anfang für die neue Strecke».

Rund 10000 Kilometer Fahrt haben Personal und Fracht hinter sich, zwei Wochen im Zug und einen Tag auf dem Schiff vom russischen Hafen Baltysk bis hierher nach Sassnitz-Mukran. Begonnen hat die lange Reise der 41 Container in Xi'an, der Hauptstadt der chinesischen Provinz Shaanxi. In der Qin-Dynastie im dritten Jahrhundert vor Christus hieß die Siedlung Chang'an und war die erste Hauptstadt des chinesischen Kaiserreichs. Weltberühmt ist die Terrakotta-Armee aus dieser Zeit. Im siebten nachchristlichen Jahrhundert hatte die Metropole schon mehr als eine Million Einwohner und galt als größte Stadt der Welt. Auch wirtschaftlich spielte Xi'an in der Antike und im Mittelalter eine zentrale Rolle, denn hier begann die legendäre Seidenstraße, eine Hauptschlagader des Handels zwischen Asien und Europa.

Heute ist die Seidenstraße so aktuell wie seit Jahrhunderten nicht, und nach wie vor beginnt sie in Xi'an. Seit 2013 Chinas Staats- und Parteichef Xi Jinping den Aufbau einer «Neuen Seidenstraße» ausrief, ist der so genannte Entwicklungskorridor von Ost nach West zu einem der ehrgeizigsten transkontinentalen Vorhaben aller Zeiten herangewachsen. Nach Recherchen der Weltbank, die in sechs Jahren nicht weniger als 19 Hintergrundpapiere zu dem Thema erstellt hat, stehen die beteiligten Länder für 40 Prozent des weltweiten Warenexports und erhalten 35 Prozent aller Direktinvestitionen. Außerhalb Chinas würden 575 Milliarden Dollar in das Megaprogramm gesteckt.

Allerdings gibt es viele unterschiedliche Zahlen zum Umfang der Seidenstraße. Die Datenbank China Global Investment Tracker des American Enterprise Institute und der Heritage Foundation bietet eine eigene Abfrage zur Initiative «Belt and Road» (BRI), wie das Projekt offiziell genannt wird. Demnach wurden zwischen 2013 und 2021 in der ganzen Welt rund 500 Vorhaben für insgesamt 321 Milliarden Dollar angestoßen; Inlandsinvestitionen in China fallen nicht darunter. Etwa die Hälfte der Projekte waren Neuerrichtungen und Neugründungen, so genannte Greenfield Investments auf der «grünen Wiese», auf die auch annähernd die Hälfte des eingesetzten Geldes entfiel.

Die Liste aller Seidenstraßen-Ausgaben führt Ostasien an, mit knapp 200 Vorhaben zu 118 Milliarden Dollar. Dahinter folgt Westasien mit 100 Projekten über 55 Milliarden Dollar. Insgesamt zieht Chinas Heimatkontinent also mehr als die Hälfte des vielen Seidenstraßen-Geldes an. Afrika zählt einschließlich des Mittleren Ostens ähnlich viele Transaktionen wie Westasien für 52 Milliarden Dollar. Betrachtet man nur die Subsahara-Region, sind es knapp 70 Programme zu 34 Milliarden Dollar. Europa bringt es auf 85 Vorhaben zu 54 Milliarden

Dollar, Südamerika auf rund 30 im Wert von 41 Milliarden. Nordamerika indes spielt mit gerade einmal vier Projekten für nicht einmal zwei Milliarden Dollar keinerlei Rolle für die Neue Seidenstraße.

Es gibt noch viel höhere Zahlen als diese. Die amerikanische Denkfabrik Center for Strategic and International Studies CSIS, die ein eigenes Forschungsprojekt mit dem vielsagenden Titel «China Power» unterhält, beziffert den von Peking vorgegebenen finanziellen BRI-Rahmen auf eine Billion Dollar. Unter Verweis auf die Asiatische Entwicklungsbank ADB spricht Nadège Rolland vom National Bureau of Asian Research sogar von 1,3 Billionen Dollar. Wobei sie klarstellt, dass die chinesische Führung nie eine konkrete Summe genannt habe. Doch sei die Annahme insofern nicht unrealistisch, als allein im Asien-Pazifik-Raum bis 2030 Infrastrukturinvestitionen von 26 Billionen Dollar nötig würden. Der Wirtschaftsinformationsdienst Refinitiv führte Ende 2020 in seinen Datenbanken rund 2200 BRI-Projekte im Wert von mindestens 2,5 Billionen Dollar. Der Politologe Jean-Marc Blanchard von der East China Normal University in Schanghai, der im Jahr 2021 die fast schon unübersehbare Literatur zur Neuen Seidenstraße ausgewertet hat, fand darin Angaben von bis zu acht Billionen Dollar.

Eine Studie der Bertelsmann-Stiftung relativiert diese exorbitanten Zahlen. Ihre Berechnungen liegen viel näher an denen des Investment-Trackers, berücksichtigen allerdings nur die bis 2018 aufgelaufenen Investitionen. Demzufolge haben China und seine Partner entlang der Seidenstraßen-Route bisher 285 Milliarden Dollar ausgegeben. Die meisten Mittel flossen nach Pakistan, Ägypten, Sri Lanka, Usbekistan und Nigeria. Das ist viel Geld, allerdings nur ein Bruchteil dessen, was immer wieder ins Spiel gebracht wird. Vor allem aber müsse sich der Betrag an dem messen lassen, was die europäischen Länder und andere Industrienationen im selben Zeitraum in derselben Region eingesetzt hätten, fordert Bertelsmann: nämlich mindestens ebenso viel, rund 290 Milliarden Euro. Lediglich in fünf Ländern, darunter in Kasachstan, Pakistan und Laos, seien die chinesischen Finanzströme höher als die westlichen, heißt es in der Studie, die die Universität Duisburg für die Stiftung erstellt hat.

Insgesamt kommt die Untersuchung zu dem Ergebnis, dass Xi Jinpings Neue Seidenstraße bisher eher ein Marketingerfolg sei als das Jahrtausendprojekt, für das es oft gehalten werde. «Chinas ‹Belt & Road›-Ausgaben bleiben bisher stark hinter den Ankündigungen zurück», resümieren die Autoren. «Der Westen [kann] der chinesischen Initiative selbstbewusst entgegentreten […] Entgegen der öffentlichen Wahrnehmung sind westliche Staaten ein mindestens genauso wichtiger Investor.»

An diese Aussagen sind allerdings Zweifel zu richten. Es mag sein, dass die gewieften Chinesen das BRI-Programm für größer veranschlagen, als es (bisher) ist. Doch sollte man nicht vergessen, was hier verglichen wird: die Anstrengungen eines einzigen Staates (der offiziell noch immer als Schwellenland gilt) mit der geballten Investitionskraft der Industrieländer. Denn zum «Westen» zählt die Studie so gut wie alle namhaften Geberländer: die ost- und westeuropäischen EU-Staaten, die Schweiz, Island und Norwegen, die USA und Kanada sowie – ganz im Osten – Australien, Japan, Südkorea und Neuseeland. Zusammengenommen ist deren Wirtschaftskraft fast viermal so hoch wie die Chinas. Zur Entwicklungshilfe und den Direktinvestitionen der Einzelländer zählen die Wissenschaftler aus Duisburg auch noch die multilateralen Geldflüsse hinzu, namentlich jene der EU-Kommission und der Weltbank. Insofern überrascht weniger die Höhe der westlichen Mittel als die der fernöstlichen: In den nur sechs Jahren, die das Bertelsmann-Papier abdeckt, hat es China entlang der Seidenstraße auf ein Investitionsniveau gebracht, das jenem der reichsten Länder der Erde entspricht.

Viel größer als der Marshall-Plan: 70 Prozent der Welt gehören zur Seidenstraße

Die enorme Bedeutung des chinesischen Vorhabens wird beim Vergleich mit früheren Aufbauprogrammen deutlich. Berechnungen des Forschungsinstituts Official China zufolge, das chinesische Regierungsdokumente auswertet, sind die BRI-Mittel fünfzig Mal höher als das nach aktueller Kaufkraft berechnete Volumen des Marshall-Plans. Die Angaben mögen übertrieben sein, eher sind die 13,2 Milliarden Dollar des European Recovery Programs aus der Zeit nach dem Zweiten Weltkrieg heute 131 Milliarden Dollar wert. Aber auch das wäre noch deutlich weniger, als für die Neue Seidenstraße bisher mobilisiert wurde.

Die wirtschaftliche, politische und geographische Ausdehnung des Megavorhabens ist gewaltig. Entlang der von China propagierten Entwicklungskorridore leben dem Strategiezentrum CSIS zufolge 4,6 Milliarden Menschen, rund 60 Prozent der Weltbevölkerung. Sie erzeugten ein Bruttoinlandsprodukt von 29 Billionen Dollar im Jahr, 34 Prozent der globalen Wirtschaftskraft. Das sogenannte Büro der Leitungsgruppe zur Förderung der Seidenstraßen-Initiative, die verlässlichste offizielle Quelle Chinas zu diesem Thema, zählte 2019 rund 170 Kooperationsverträge der Pekinger Zentralregierung mit 125 Ländern und 29 internationalen Organisationen. Anfang 2022 verzeichnete die Initiative dann 140 Länder, die entsprechende Absichtserklärungen unterschrieben hatten.

Die GTAI genannte Außenwirtschafts- und Standortmarketinggesellschaft des Bundeswirtschaftsministeriums berichtet, dass inzwischen schon mehr als 70 Prozent aller Regierungen auf der Welt ein BRI-Abkommen eingegangen seien. In Europa sei die Quote mit 65 Prozent etwas geringer, in Afrika mit 91 Prozent deutlich höher. In Zentralasien seien alle postsowjetische Staaten außer Turkmenistan eingebunden, im übrigen Asien zumindest eine deutliche Mehrheit; zwei wichtige Ausnahmen bilden hier Japan und Indien. Selbst in den entferntesten Weltgegenden, die geographisch betrachtet weder an der alten noch an der neuen Seidenstraße liegen, sind BRI-Abkommen in Kraft, etwa in Neuseeland oder in mehr als zwanzig Staaten Lateinamerikas und der Karibik.

Allerdings sind alle Angaben zu Umfang und Reichweite der Initiative stets vage und vorläufig, da sie nicht klar definiert ist und sich ständig ändert. Blanchard schreibt zum Beispiel, er habe nirgendwo eine detaillierte Aufschlüsselung zum Finanzvolumen finden können: «Noch schlimmer ist, dass die Kommentatoren Begriffe wie Kosten, Finanzierung und Direktinvestitionen (FDI) austauschbar zu verwenden scheinen, obgleich eine Milliarde Dollar an Aufwand, Krediten oder FDI wohl kaum dasselbe sind.» Eigentlich könne man die Initiative gar nicht in ihrer Totalität erfassen, «sie ist so groß und zu umfassend, verlässliche Daten fehlen». Die GTAI macht darauf aufmerksam, dass von den 141 geschlossenen Abkommen nur drei offiziell einsehbar seien, jene mit Neuseeland, Polen und Ungarn.

Wer aber hätte in all dieser Konfusion gedacht, dass ausgerechnet Rügen an der Seidenstraße liegt? Als der preußische Geograf Ferdinand von Richthofen – ein Onkel des «Roten Barons» – den Begriff im letzten Drittel des 19. Jahrhunderts prägte, meinte er damit die uralten Karawanenwege von Westchina über Zentralasien in den arabischen Raum. Von dort ging es per Schiff über das Mittelmeer weiter bis nach Byzanz (Istanbul) und Südeuropa. Heute jedoch existiert ein fast unübersehbares Geflecht an See- und Landwegen, die allesamt als Neue Seidenstraße vermarktet werden und bis tief nach Nord- und Westeuropa hineinreichen.

Sassnitz, das vom Breitengrad her auf der Höhe des Baikalsees weit nördlich von China liegt, ist seit November 2019 an die Seidenstraße angeschlossen. Der gefeierte Testzug mit dem roten Drachen ist Teil des Versuchs, Güter auf dem Landweg zwischen den beiden größten Wirtschaftsräumen der Welt hin und her zu transportieren, zwischen der Volksrepublik und der Europäischen Union. Denn die Beförderung per Bahn geht viel schneller vonstatten als mit dem Schiff, und sie ist deutlich billiger als mit dem Flugzeug. Deutschland ist das wichtigste Eisenbahnziel der neuen Anbindung, was mit der Größe und Kaufkraft des Markts zu tun hat und mit der geographischen Lage im Herzen Europas. Die Bundesrepublik ist die wichtigste Exportdestination der Chinesen hinter den USA, Japan, Südkorea und Vietnam. Hinzu kommt, dass sich von den beiden deutschen Seehäfen Hamburg und Bremerhaven aus der gesamte «Westen» beliefern lässt, Europa genauso wie die amerikanische Ostküste.

Für Peking ist die Verbindung auch deshalb so interessant, weil Deutschland einer der wichtigsten Importpartner ist und deshalb riesige Warenmengen nicht nur von Ost nach West, sondern auch andersherum transportiert werden müssen. Nur Chinas Nachbarländer Südkorea und Japan sowie die Vereinigten Staaten liefern mehr Güter ins Reich der Mitte. Von der Bundesrepublik aus gelangen vor allem Maschinen-, Autoteile und Lebensmittel (etwa Milchpulver und Schlachtgut) per Zug nach Asien. Noch bleiben viele Waggons auf dieser Rückroute zwar leer, aber wenn man den Transportgesellschaften und Politikern glauben schenkt, wird die Auslastung immer besser. In Sassnitz versichert der chinesische Gesandte, nach Aufnahme des regelmäßigen Pendelverkehrs werde es so gut wie keine Leerfahrten geben. Zugleich kündigt das Hafenunternehmen Mukran Port an, demnächst auch gekühlte Lebensmittel mit der Bahn in die Volksrepublik zu transportieren, etwa Schweinefleisch. Wenn in Deutschland nicht gerade die Schweinepest oder andere Krankheiten grassieren, ist China einer der wichtigsten und lukrativsten Auslandsmärkte. Das Reich der

Mitte nimmt bevorzugt solche Tierteile ab, die sonst nur schwer verkäuflich sind, Schweinsohren, Pfoten, Knorpel, ganze Köpfe oder Ringelschwänze.

Jeder möchte mitmachen bei der Neuen Seidenstraße, da kann Mecklenburg nicht abseits stehen. Der damalige Infrastrukturminister Christian Pegel (SPD) – seit Ende 2021 Innenminister in Schwerin – ist persönlich nach Sassnitz gekommen, um gemeinsam mit den Chinesen die Teststrecke zu eröffnen und das obligatorische Flatterband durchzuschneiden. Gekleidet in eine orangerote Warnjacke, schwärmt er über die Möglichkeiten im Warenumschlag. Es gebe eine neue Entwicklungslinie von China über Russland nach Deutschland, von der Mecklenburg-Vorpommern und seine Häfen stark profitieren könnten: «Wir sind einer der zentralen Punkte, über die diese Umschläge stattfinden.»

Mukran kommt zugute, dass der Schienenweg durch Polen, der eigentlich viel direkter verliefe als die Schiffsroute über die Ostsee, nur unzureichend ausgebaut ist. Das Nachbarland sei von dem wachsenden Handelsvolumen überfordert, weiß Pegel: «Die Züge stecken in Polen fest.» Diese Schadenfreude hat einen historischen Beigeschmack, schließlich wurde Polen vor vierzig Jahren schon einmal auf ganz ähnliche Weise ausgebootet. Weil nach den Protesten der Gewerkschaft Solidarność in den 1980er Jahren das Kriegsrecht galt, erschienen die Polen der Sowjetunion und der DDR als unzuverlässig. Um das Land beim Gütertransport zu umgehen, wurde deshalb ein direkter Fährverkehr zwischen Sassnitz und dem sowjetisch-litauischen Klaidepa (Memel) eingerichtet. Der 1986 eröffnete Fährhafen Mukran verdankt seine Existenz genau diesem Misstrauen. Bis heute sind seine Schienenstränge als einzige in Deutschland mit der Breitspur ausgerüstet, die im Baltikum, in Finnland und im großen Russland üblich ist.

Tief im Westen: China hilft beim Strukturwandel im Ruhrpott

Auch tief im Westen leuchten die Augen von Politikern und Wirtschaftsbossen, wenn sie sich an der Neuen Seidenstraße beteiligen dürfen. Besonders glücklich über Xi Jinpings Lieblingsvorhaben ist man in Duisburg, wo der größte Binnenhafen Europas liegt. Schon 2011, also noch vor Ausrufung des Megaprojekts, empfing man hier den ersten Zug aus der westchinesischen Metropole Chongqing. Das ist nicht irgendeine belanglose Siedlung mit unaussprechlichem Namen, sondern die einzige regierungsunmittelbare Verwaltungseinheit in Westchina, und sie ist sogar, gemäß einigen Definitionen, die größte Stadt der Welt: Auf der Fläche Österreichs leben fast 31 Millionen Menschen, dreieinhalb mal so viele wie in der gesamten Alpenrepublik. Die Wirtschaftskraft der Stadtprovinz Chongqing erreicht 290 Milliarden Dollar im Jahr, das ist mehr als ganze EU-Staaten wie Finnland, Portugal oder die Tschechische Republik auf die Waage bringen.

Im Zuge der Seidenstraßen-Initiative ist das Frachtaufkommen per Bahn enorm gewachsen. 80 Prozent der 1400 Züge, die jährlich aus Chongqing nach Europa fahren, enden in Duisburg. Auch auf den anderen Routen ist die Ruhr-Metropole führend, fast ein Drittel des gesamten Handels per Güterzug zwischen der EU und der Volksrepublik laufen über Duisburg. Vierzig Containerzüge aus zwölf chinesischen Städten kommen jede Woche hier an und werden auf andere Züge, auf Lkw oder Binnenschiffe umgeladen. Dreizehn Tage dauert die Fahrt aus Fernost, das ist nicht schlecht für 11 000 Kilometer. Der Transport könnte aber noch schneller und billiger vonstattengehen, wenn die Ladung wegen der unterschiedlichen Spurbreiten nicht umgeladen werden müsste, wenn sich die Grenzformalitäten schneller erledigen ließen und wenn die Schienenwege besser in Schuss wären. Auf einigen Abschnitten beträgt die Durchschnittsgeschwindigkeit nur zwanzig Kilometer in der Stunde. Es sind also noch enorme Investitionen und organisatorische Anstrengungen nötig, um die Abläufe zu verbessern: alles im Rahmen des von China koordinierten Megaprojekts Neue Seidenstraße.

Dem Duisburger Hafen Duisport hat der frische Ostwind bereits gut getan. Zumindest teilweise konnte der Aufschwung des Transportgewerbes den Niedergang der Montanwirtschaft in der Region kompensieren. Schon jetzt gibt es mehr als einhundert chinesische Unternehmen in Duisburg, doppelt so viele wie vor Aufnahme der Zugverbindung, und es sollen noch mehr werden. Für die neuen Ansiedlungen ist ein deutsch-chinesisches Businesscenter zuständig, das bezeichnenderweise auf einem nicht mehr gebrauchten Gelände des Stahlkonzerns Thyssen-Krupp entsteht.

Wie sehr die Region mit Chinas Hilfe ihr Gesicht verändert, davon konnte sich Bundespräsident Frank Walter Steinmeier auf seiner Ruhrgebietsreise Ende 2019 überzeugen. Duisburg gelte inzwischen als «Chancenstadt, als Zukunftsstadt», lobte Steinmeier. Der stark wachsende Hafen sei ein Ort, «wo man vielleicht am deutlichsten zeigen kann, wie Strukturwandel im Ruhrgebiet funktioniert».

Anschaulich werden diese Veränderungen und Chinas Rolle dabei auf der so genannten Kohleinsel im Ruhrorter Hafenbecken. Das Areal diente früher dem Brennstoffumschlag, doch seit der deutschen Energiewende und dem Rückgang der Stahlindustrie in der Bundesrepublik lohnt sich das Geschäft kaum noch. Stattdessen boome der Chinahandel, teilt der Duisburger Hafen mit, und darauf reagiere man jetzt: Die Kohleinsel werde in ihrer derzeitigen Form geschlossen, um Platz für ein sogenanntes trimodales Containerterminal zu schaffen, das Straße, Schiene und Wasser miteinander verbindet. Künftig sollen von diesem «Gateway-Terminal» bis zu einhundert Züge in der

Woche nach China und zurück verkehren, zweieinhalbmal so viele wie heute.

Auf rund 240000 Quadratmetern Fläche soll das größte Containerterminal im europäischen Hinterland entstehen, ganz nach der Devise der Seidenstraße: nicht kleckern, sondern klotzen. Schon bald will Duisport hier 850000 Standardcontainer umschlagen. Fünf Verlade- und drei Liegeplätze für Binnenschiffe werden gebaut, fast neun Kilometer Schienen verlegt. Für all das sind Investitionen von mindestens 100 Millionen Euro nötig, die mit drei Partnern gestemmt werden, mit dem niederländischen Binnenschifffahrtsunternehmen HTS, dem Schweizer Schienentransporteur Hupac und mit der China Cosco Shipping Corporation.

Dieser Staatskonzern ist, gemessen an seiner Flotte, eine der größten Reedereien der Welt, beim Containertransport rangiert er auf Platz drei. Wenn man bei der Seidenstraße mitspielen will, die auch «One-Belt-One-Road-Initiative» (OBOR) oder nur «Belt-and-Road-Initiative» (BRI) heißt, ist es nie verkehrt, ein chinesisches Regierungsunternehmen ins Boot zu holen. Mit derart kraftvoller Flankierung kann Duisburg hoffen, zumindest teilweise an seine einstige Wirtschaftsbedeutung anknüpfen zu können. Oder, wie es die China-Beauftrage in der örtlichen Wirtschaftsförderungsgesellschaft, Yu Kai, formuliert: «One Belt One Road gibt Duisburg die Möglichkeit, dass die ganze Welt die Stadt wiederentdeckt.»

Die ganze Welt, damit ist in diesem Falle vor allem China gemeint. Das große Land füllt ein Vakuum, das entstanden ist, weil sich die «alten Industrien» im «alten Europa» nicht mehr lohnen. Statt Kohle abzubauen und Stahl zu kochen, setzt Duisburg auf Handel und Logistik, und diese Rechnung geht nur deshalb auf, weil die Stadt mit der Volksrepublik den weltgrößten Händler und Logistiker für sich erwärmt hat. Ganz ähnlich wie in Mecklenburg-Vorpommern greift die zweitgrößte Volkswirtschaft der Welt auch NRW unter die Arme, um seine Strukturschwächen auszugleichen. Warum sie das tut und was China generell mit der Neuen Seidenstraße bezweckt, darauf wird weiter unten einzugehen sein. Zunächst sei an die Entstehungsgeschichte des Megavorhabens erinnert, ohne deren Kenntnis der Zweck des Unterfangens unverständlich bleibt.

Xi Jinpings Lieblingskind

Bundespräsident Steinmeier war nicht der erste und sicher nicht der letzte Staatschef im traditionsreichen Duisburger Hafen. Schon 1965 gaben sich Königin Elisabeth II. und Prinz Philipp die Ehre, und 2014 besuchte der zweitmächtigste Mann der Welt den 300 Jahre alten Umschlagplatz zwischen Rhein und Ruhr, Xi Jinping. Chinas oberstem Führer war Duisburg derart wichtig, dass er die Stippvisite in die enge Planung seines ersten Staatsbesuchs in Deutschland einfügen ließ. Das Programm wurde so angepasst, dass Xi gemeinsam mit dem damaligen Wirtschaftsminister Sigmar Gabriel und der nordrhein-westfälischen Ministerpräsidentin Hannelore Kraft (beide SPD) einen Frachtzug aus Chongqing bei der Einfahrt ins Hafengelände begrüßen konnte.

Xi Jinping ist der Schlüssel zu Chinas Gang hinaus in die Welt. Es mag Vorläufer für die Idee einer Weiterführung der alten Seidenstraße mit modernen Mitteln gegeben haben, doch gilt Xi zu Recht als Vater der Initiative in ihrer heutigen Form. Erstmals stellte er seinen Vorschlag, dass China und andere Staaten einen gemeinsamen «Wirtschaftsgürtel» («Economic Belt») errichten sollten, im September 2013 an der Nazarbayev-Universität in der kasachischen Hauptstadt Astana vor. Daher stammt die Bezeichnung «Belt» in OBOR und BRI, die sich vor allem auf den Ausbau der Landverbindungen bezieht.

Einen Monat später warb Xi vor dem Parlament in Indonesien dafür, mit vereinten Kräften eine «21st Century Maritime Silk Road» zu etablieren, eine Maritime Seidenstraße des 21. Jahrhunderts. Daraus leitet sich der Begriff «Road» in OBOR und BRI ab, der als «Seeweg» übersetzt werden kann.

In der gleichen Ansprache in Jakarta regte Chinas Staatschef die Gründung der Asiatischen Bank für Infrastrukturinvestitionen AIIB an, um ausreichend Mittel für die Bauprojekte bereitzustellen und für eine engere Konnektivität und wirtschaftliche Integration der teilnehmenden Länder zu sorgen. Noch bevor die AIIB 2015 tatsächlich gegründet wurde, rief Xi im November 2014 einen «Seidenstraßen-Fonds» ins Leben, der in einem ersten Schritt 40 Milliarden Dollar für den Ausbau der Infrastruktur und andere BRI-Aufgaben bereitstellte. Seitdem finanzieren der Fonds und die AIIB allerdings nur einen Bruchteil der Kosten. 2016 zum Beispiel waren es nur acht Prozent der chinesischen Aufwendungen, während der Rest von den etablierten Förder- und Staatsbanken stammte. Das zeigt, dass Chinas Anstrengungen für das Großvorhaben weit über den zunächst definierten Rahmen hinausreichen und zum wesentlichen Bestandteil seiner allgemeinen Außenwirtschaftspolitik geworden sind.

Nach 2013 fand die Idee der Neuen Seidenstraße den Weg in alle wesentlichen Entscheidungsgremien und in alle wesentlichen politischen Leitlinien des Landes und der Partei. Sie schaffte es in die nationale Wirtschaftsstrategie, in die Regierungserklärungen von Premierminister Li Keqiang, in die Zentralen Konferenzen zur Wirtschaftsarbeit des Staatsrats und der KPC, es gab einen eigenen Aktionsplan und eine eigene Grundsatzerklärung der Regierung zur Neuen Seidenstraße. Unzählige Regierungs- und Regionalbehörden und sogar Gerichte bekennen sich seitdem zur BRI.

2017 folgte die höchste Weihe, die Partei nahm die Initiative in ihre Verfassung auf. In der Verfassung der Volksrepublik ist

die Neue Seidenstraße seit 2018 zumindest indirekt in der Prä-
ambel verankert: mit ihrem Leitsatz, dass China und andere
Länder zusammen danach strebten, eine «Gesellschaft der gemeinsamen Zukunft für die Menschheit» aufzubauen. Das ist
genau jenes Motto, unter das Xi Jinping seine Reisen entlang
der Seidenstraße stellt, etwa als er im Januar 2020 Myanmar
(Birma) besuchte, um dort den Ausbau des «China-Myanmar
Economic Corridor» voranzutreiben. Diese neue Achse soll
China durch das Nachbarland hindurch einen Landweg zum
Indischen Ozean eröffnen, sie besteht aus Öl- und Gasleitun-
gen, Straßen und Eisenbahntrassen.

Trotz allem Getöse und trotz der umfassenden Verpflichtung
der Verwaltung auf die Neue Seidenstraße gab es lange Zeit
keine detailliert ausformulierte Strategie zu diesem Jahrhundertprojekt. Jedenfalls keine, die annähernd so weit reichte wie
das Programm «Made in China 2025». Auch die Verantwort-
lichkeiten und Wege der Berichterstattung (Reporting Lines)
waren zunächst unklar, im Gegensatz etwa zur Antikorruptionskampagne, einem weiteren Lieblingskind von Xi Jinping.
Es gab zwar Bekenntnisse und Finanzversprechen der obersten
Führung zur BRI, sowohl im Inland wie auch in den Partnerländern. Wie diese aber mit Leben zu füllen waren, überließ Peking den untergeordneten Stellen in den Ministerien, in den
Banken, in den Staatsbetrieben und in den Provinzen.

«Die Belt-and-Road-Initiative ist aus einer Palette von minis-
teriellen Plänen und Projekten entstanden, die versuchen, die
vagen Absichten der Führung mit Fleisch zu versehen», schreibt
Ryan Manuel, der Geschäftsführer des Forschungsinstituts Official China. Es habe nicht einmal verlässliche Parteidokumente
dazu gegeben, wie genau die Initiative um- und durchzusetzen
sei: «BRI ist kein Top-Down-Masterplan mit klaren Anweisun-
gen von oben, eher ist es so, dass verschiedene Ministerien und
Abteilungen herbeigeeilt sind, um Zugang zu dem verfügbaren
Kapital zu erhalten.» Dem Wissenschaftler zufolge zählen dazu

auch die Staatsbanken und Staatskonzerne, die sich gegenseitig versorgten, während die Privatwirtschaft viel weniger von der Seidenstraße profitiere.

Zumindest in der ersten Phase bis 2017 sieht Ryan Manuel, der systematisch die amtlichen chinesischen Dokumente zur Seidenstraße sichtet, keine «geheime chinesische Großstrategie» am Werk. Vielmehr sei es um umfangreiche, im einzelnen aber kleinteilige Projektfinanzierungen gegangen. In diesen frühen Jahren sei nicht die Initiative an sich hoch zentralisiert und koordiniert gewesen, «allenfalls handelte es sich um eine hoch zentralisierte und koordinierte Marketingkampagne für die weit weniger koordinierten Aktivitäten von chinesischen Staatsunternehmen und Vermögensverwaltern, die dadurch bessere Renditen oder mehr staatliche Freigiebigkeit erwarteten, dass sie ins Ausland gingen.»

Die Entwicklung seit 2017: Die BRI als «nationale Strategie»

Von 2017 an änderte China diese Ausrichtung grundlegend. Zum einen, weil sich die vielen nichtabgestimmten Aktivitäten verzettelten und die regionalen Ansätze zu wenig Früchte trugen. Zum anderen, weil der Seidenstraßen-Initiative immer mehr Widerstand aus dem Ausland entgegenschlug. Schon bevor der Handelskonflikt mit den Vereinigten Staaten einsetzte, hatte die chinaskeptische Rhetorik des Wahlkämpfers und späteren Wahlgewinners Donald Trump die Pekinger Führung aufgeschreckt. Der amerikanische Präsident – und andere ausländische Politiker – behaupteten seitdem immer wieder, China profitiere einseitig von «Belt and Road». Wie beim Handelsaustausch gaukele es gemeinsame Interessen nur vor, bereichere sich aber letztlich allein.

Um die BRI effizienter aufzustellen und zugleich solchen Vor-
haltungen mit einer Stimme entgegenzutreten, erhob Peking
2017 die Initiative zu einer «Nationalen Strategie», die nun aus
der Hauptstadt heraus überwacht wurde. Nicht zuletzt deshalb
fügte im Oktober jenes Jahres der 19. Parteitag der KPC das
Konzept in die Parteiverfassung ein. Damit avancierte die Neue
Seidenstraße zu einem für die ganze Nation verbindlichen Programm, was auch semantisch zum Ausdruck kommt: Dahinter
steht ein so genanntes «Jueding», eine «Entscheidung» oder «Re-
solution» von ganz oben, das stärkste politische Bekenntnis, das
es in China gibt. Das heißt nicht, dass Peking alle Engagements
zentral steuert, aber die Erfüllung der Seidenstraßenziele ist
seitdem ein Kriterium, das über Aufstieg und Fall der Verantwortlichen entscheidet, bis hinunter in die Kommunen.

Damit die Politik transparenter und zugleich attraktiver
wird, findet in Peking seit 2017 – außer in der Corona-Zeit –
alle zwei Jahre ein «Belt and Road Forum» statt, ein Stelldich-
ein der Führer aus den Ländern entlang der Seidenstraße. Der
Gipfel dient dazu, die Partner stärker einzubeziehen, sie enger
an die Sache zu binden und zugleich den Drittstaaten zu signalisieren, dass es angesichts der wachsenden Kraft des Zusam-
menschlusses höchste Zeit wird, ihm beizutreten. Diese Sog-
wirkung ist nicht unerheblich: 2017 fanden sich 29 Staats- und
Regierungschefs auf dem Forum ein, 2019 waren es schon 37.

Als erstes Land aus dem Kreis der sieben größten Volkswirtschaften (G7) unterschrieb Italien eine Erklärung zur Beteiligung an der BRI; wenig später folgte die Schweiz. In Europa
stößt die Seidenstraßen-Initiative insbesondere im Osten des
Kontinents auf Interesse, sowohl inner- wie auch außerhalb der
EU. Aus Westeuropa ist neben Italien und Portugal vor allem
ein Land ganz vorn mit dabei: Griechenland, dessen Hafen
Piräus eine Speerspitze der Seidenstraße auf dem alten Kontinent bildet.

2017 hatte das «Belt and Road Forum zur Internationalen

Entwicklung» (so der vollständige Titel) den Chinesen nicht zuletzt dazu gedient, nach innen zu signalisieren, dass die Neue Seidenstraße von nun an ganz oben auf der Liste stehe und dass sie trotzdem oder gerade deshalb auch der Provinz zugutekomme. Die Stoßrichtung zwei Jahre später war eine andere, eine externe. Xi Jinping versprach der Welt, dass die Volksrepublik ihre Märkte öffnen und größere Beteiligungen an chinesischen Betrieben zulassen werde. Man wolle das geistige Eigentum besser schützen, den ungewollten Technologietransfer unterbinden. Mit Blick auf Amerika versicherte Xi, künftig mehr Güter und Dienstleistungen ins Land zu lassen: «China strebt keinen Handelsbilanzüberschuss an.» Zölle würden gesenkt, nicht-tarifäre Handelshemmnisse beseitigt. Die Seidenstraßen-Initiative werde künftig transparenter, umweltverträglicher und fairer, beteuerte der chinesische Führer. Gegenüber der Korruption gebe es «null Toleranz».

Xi sprach auch ein weiteres im Ausland umstrittenes Thema an, die Schuldenpolitik entlang der neuen Entwicklungskorridore. Für die BRI–Infrastruktur vergibt China, das auf den höchsten Devisenreserven der Welt sitzt, günstige Kredite an die Empfängerländer. Das klingt zunächst attraktiv, kann aber dazu führen, dass die Partner in finanzielle Abhängigkeit geraten und im schlimmsten Falle in die Überschuldung rutschen. Zumal, so die Kritik, das geliehene Geld chinesischen Baukonzernen zugutekomme und nicht den Unternehmen in den Schuldnerländern, also dem dortigen Wirtschaftskreislauf. Insofern finanziere Peking seine eigene Wirtschaft, während das Risiko bei anderen liege.

Angesichts dieser Zweifel versprach Xi auf dem 2019er Forum, die Kreditvergabe überarbeiten zu lassen. Chinas Staatskonzerne sollten weniger Darlehen und Subventionen erhalten, zugleich werde man die Belastbarkeit der Schuldner besser prüfen und für alle BRI-Aktivitäten einen «Rahmenplan für nachhaltige Fremdfinanzierung» veröffentlichen. In diesen Worten zeigt sich ein Ansatz, den der Politologe Prashanth Parameswa-ran als «Rekalibrierung» der Seidenstraße bezeichnet hat. Seit dem zweiten BRI-Forum gehe es China darum, seine großen Einzelprojekte im Bereich der Infrastruktur und Finanzierung «herunterzuspielen», die manchen verschreckt hätten, um stattdessen multilaterale Vereinbarungen, Kulturinitiativen und insgesamt den Menschen zugewandte «inklusive» Initiati-ven in den Vordergrund zu stellen.

Die wichtigsten Zweifel anderer Staaten betrafen die Nach-haltigkeit: sowohl in der Kreditvergabe, um keine Schuldenab-hängigkeit zu erzeugen, als auch in ökologischen Fragen, damit die riesigen Bau-, Energie- oder Schürfprojekte nicht über Ge-bühr die Umwelt und das Klima belasten. Genau darauf habe Peking reagiert, so Parameswaran, etwa das Finanzministerium mit dem «Rahmenplan» oder das Agrarministerium mit einer Vereinbarung in Süd- und Südostasien zur Qualität der einge-setzten Pestizide. Allerdings sei noch unklar, schreibt der Poli-tologe, ob diese Versprechen letztlich mehr seien als bloßes «window dressing», also Augenwischerei.

Tatsächlich haben sich einige Länder schon aus der Seiden-straßen-Initiative zurückgezogen, weil sie sich von Peking zu fest umarmt sahen. Das bekannteste Beispiel ist Malaysia, das nach einem Regierungswechsel mitteilte, die mit China verein-barten Infrastrukturprojekte erstens nicht zu benötigen und an-gesichts seiner hohen Schulden zweitens auch gar nicht bezah-len zu können. Selbst in Europa laufen einige Länder Gefahr, sich an der Seidenstraße zu überheben, zum Beispiel Montene-gro. In dem kleinen Balkanstaat entsteht mit chinesischer Hilfe die erste Autobahn des Landes, sie soll von der serbischen Grenze im Norden bis zur Adria verlaufen. Das Unterfangen ist schon alt, zweimal war es gescheitert, einmal unter einem kroa-tischen, dann unter einem griechisch-israelischen Konsortium. 2013, als die Seidenstraßen-Initiative begann, erhielt schließ-lich ein chinesischer Zusammenschluss den Auftrag, bestehend aus der China Road and Bridge Group und der Poly Group Corporation. Beides sind Staatsunternehmen der Zentralregierung, letzteres ein besonders bizarres. Die Poly Group versteht sich zum einen als drittgrößtes Kunstauktionshaus der Welt hinter Sotheby's und Christie's, zum anderen repräsentiert und verkauft der Konzern chinesische Rüstungsgüter im Ausland.

Der dritte Partner in diesem ungewöhnlichen Gespann ist die Export-Import-Bank, eine der drei öffentlichen Entwicklungs- und Förderbanken aus der Volksrepublik. Die Exim-Bank stellt dem montenegrinischen Staat für die neue Straßenverbindung eine Milliarde Dollar als Seidenstraßen-Kredit zur Verfügung. Das ist enorm viel Geld für ein Land mit weniger Einwohnern als Frankfurt (620 000), dessen gesamte Wirtschaftsleistung nur zwischen fünf und sechs Milliarden Dollar im Jahr beträgt; Frankfurt erwirtschaftet mehr als zehnmal so viel. Dass Podgorica in Peking jetzt mit einer so hohen Summe in der Kreide steht, könnte sich als kritisch erweisen. Die Weltbank rechnet damit, dass die öffentlichen Schulden Montenegros von weniger als 50 auf mehr als 80 Prozent des Bruttoinlandsprodukts anschwellen werden.

Ob China wirklich Knebelverträge zur Finanzierung abschließt, ist umstritten. Neben Malaysia könnten angeblich auch Pakistan, Sri Lanka, Laos, einige zentralasiatische Staaten, die Malediven und andere Nationen in finanzielle Abhängigkeit geraten. Als sie noch Präsidentin des Internationalen Währungsfonds war, warnte die heutige Chefin der Europäischen Zentralbank, Christine Lagarde, vor genau solchen Risiken. Auch wurde die Klage laut, dass die lokale Wirtschaft und die lokalen Arbeitsmärkte von den Seidenstraßen-Investitionen viel weniger hätten als die fernöstlichen Firmen und ihre Mitarbeiter. Der Dreiklang laute allzu oft: Chinesisches Geld finanziert chinesische Unternehmen, die chinesische Arbeitskräfte mitbringen. Tatsächlich ergab eine Untersuchung des Center for Strategic and International Studies in Washington, dass fast 90 Prozent aller BRI-Aufträge an chinesische Unternehmen gingen. Allerdings gibt es mehrere Studien namhafter Institute, die das Narrativ von der «Schuldenfalle» als unbegründet zurückweisen. Auch die Industriestaaten-Organisation OECD sieht dafür kaum Belege.

Hingegen gelangte das Kieler Institut für Weltwirtschaft im März 2021 zu dem Ergebnis, dass die fernöstlichen Staatsbanken recht intransparente Kredite vergäben – und das zu ungewöhnlich harten Bedingungen. Viele der untersuchten 100 chinesischen «Geheimverträge» mit 24 Entwicklungsländern betrafen BRI-Vorhaben. «Durch die Belt and Road Initiative ist China zum größten öffentlichen Gläubiger für Entwicklungsländer aufgestiegen. Die finanzierenden Staatsbanken treten als sehr versierte Kreditgeber auf, die ihre Verhandlungsmacht gekonnt zu ihrem Vorteil ausnutzen», sagte der Mitautor und Forschungsdirektor am IfW, Christoph Trebesch, bei der Vorstellung der Studie «How China Lends». Darin wurden zum ersten Mal unbekannte Originaldokumente zu den Vergabekonditionen untersucht, als «bislang größte Quelle für Schuldverträge zwischen staatlichen chinesischen Kreditgebern und Entwicklungsländern», wie das Institut schreibt.

Die Ergebnisse relativierten frühere in einem «Fakten-Vakuum» entstandene Behauptungen, dass die Volksrepublik ein Gläubiger wie jeder andere sei, so Trebesch: «Chinas Praktiken erschweren es Ländern, die sich beispielsweise aufgrund der Corona-Pandemie in einer finanziellen Notlage befinden, ihre Schuldensituation in den Griff zu bekommen.» So schlössen die meisten der erstmals systematisch untersuchten Kreditverträge Umschuldungen explizit aus. Auch der politische Druck ist den Kieler Ergebnissen zufolge enorm: Wenn etwa ein Land seine diplomatische Beziehungen zu China abbricht, gilt dieses Versäumnis unabhängig von der Zahlungsfähigkeit als Kreditausfall und wird entsprechend geahndet. Insgesamt betrachtet übten die Geldgeber «mehr Einfluss auf Kreditnehmer und andere Gläubiger aus, als bisher angenommen wurde».

China exportiert sein Entwicklungsmodell

Die Verschiebung der Prioritäten entlang der Seidenstraße seit 2017 führt zur grundsätzlichen Frage, was sich China von dem Megaprojekt verspricht. Ausländische Presseorgane und Politiker sind der Ansicht, die immer stärker werdende asiatische Macht werfe mit der BRI und den zugehörigen Konferenzen das alte, westlich geprägte System über den Haufen und wolle ein eigenes an seine Stelle setzen. Amerikanische Medien, etwa «CNN» und die «Los Angeles Times», sahen schon nach dem Gipfel von 2017 eine «neue Weltordnung» aufziehen. Auf dem Spitzentreffen zwei Jahre später erlebte der damalige österreichische Bundeskanzler Sebastian Kurz eine Verstärkung dieser Absicht. Die Gastgeber erhöben einen wachsenden «Gestaltungsanspruch», sagte Kurz im April 2019: «Die Spielregeln werden teilweise neu geschrieben und gestaltet. China ist natürlich gerade dabei, eine neue Weltordnung zu schaffen.»

In der Praxis gelingt dieser Einfluss dadurch, dass China sein eigenes Entwicklungsmodell entlang der Seidenstraße als nachahmenswert anpreist. Mit einigem Erfolg: Rückständige Länder in Afrika oder Asien beeindrucken vor allem die Errungenschaften in der Armutsbekämpfung, der Ausbau der Verkehrswege, des Gesundheits- und Bildungswesens, generell der steigende Wohlstand aus eigener Kraft. Hinzu kommt das politische und kulturelle Selbstbewusstsein der Chinesen, die sich gegen jegliche Einmischung von außen verwahren und den früher übermächtigen Ländern des Westens die Stirn bieten. Diese Selbstachtung und Durchsetzungskraft entfalten in einigen Weltgegenden eine große Anziehungskraft. Gerade in ehemaligen Kolonialgebieten, die sich bis heute vom Westen in Abhängigkeit gehalten und gegängelt fühlen, etwa durch die Verknüpfung von Entwicklungshilfe mit guter Regierungsführung.

Jenseits der mitunter harschen Kreditverträge stellt China solche Bedingungen nicht, wenn es zur Teilnahme an der Neuen Seidenstraße einlädt, sondern, im Gegenteil, ermuntert die Partner, ihre eigenen Wege zu gehen. Auf der oben erwähnten Reise Xi Jinpings nach Myanmar, seiner ersten überhaupt im Jahr 2020, machte der chinesische Führer klar, das Land dürfe einen «Entwicklungspfad verfolgen, der an seine eigenen nationalen Verhältnisse angepasst ist». Birma habe das Recht, seine «nationale Würde» auch international zu verteidigen. Das konnte und musste man als Unterstützung für Myanmar in der Auseinandersetzung mit dem Westen verstehen, der dem Land vorwirft, Hundertausende Angehörige der muslimischen Minderheit der Rohingya außer Landes gedrängt zu haben.

Der burmesische Präsident Win Myint nahm den Ball gerne auf, dankte Xi für «das Verständnis und die Unterstützung» bezüglich der Vorgänge im Rakhaing-Staat – aus dem die Rohingya stammen –, und er lobte das chinesische Entwicklungsmodell über den grünen Klee. Die Volksrepublik habe in den 70 Jahren ihrer Existenz riesige Erfolge verzeichnet, weshalb er hoffe, dass China «seine Erfahrungen in der Regierungsführung mit Myanmar und anderen Entwicklungsländern teilen wird». Die Volksrepublik, ein autoritärer Einparteienstaat ohne Rechtsstaatlichkeit, wird in Myanmar also als politisches Vorbild gesehen. Ökonomisch sei er das ohnehin, sagte der Gastgeber: «Der Erfolg Chinas wird für Myanmar eine nützliche Bezugsgröße für die wirtschaftliche Entwicklung, die Verbesserung des Lebensunterhalts der Menschen und für die Beseitigung der Armut sein.»

Xi Jinpings Seidenstraßen-Vorstoß, der in Myanmar auf so viel Gegenliebe stieß, lässt sich nicht isoliert von seinem sonstigen geopolitischen Programm betrachten. Denn die Frage ist ja berechtigt, warum sich Peking in der Ferne derart exponiert und durchaus auch Gegenwind aussetzt. Warum beschränkt sich die Volksrepublik nicht wie früher darauf, ihre Exportunternehmen Güter liefern zu lassen, nach Sassnitz, Kamerun oder sonst wohin? Wieso engagiert sie sich neuerdings mit Unmengen von Geld, Eigenkapital, Fremdfinanzierungen, Investitionen, mit Personal und politischer Flankierung? Die Antwort lautet, dass auch die Neue Seidenstraße dem 2012/2013 von Xi Jinping formulierten «Chinesischen Traum» dient, an alte Größe anzuknüpfen und die chinesische Nation zu «revitalisieren».

Dem damit eng verknüpften Konzept der «Zwei Jahrhundertfeiern» (Two Centenaries) zufolge sollte, wie erwähnt, das Land schon 2021 zum 100. Geburtstag der Kommunistischen Partei «vergleichsweise wohlhabend» sein, was bedeutet, das Pro-Kopf-Einkommen gegenüber 2010 zu verdoppeln. Das ist weitgehend geglückt. Das zweite Ziel steht aber noch aus: Bis zum 100. Geburtstag der Volksrepublik 2049 soll China ein «starkes, demokratisches, zivilisiertes, harmonisches und modernes sozialistisches Land» werden. Dieser Leitlinie ordnet sich auch das BRI-Programm unter, das nicht zufällig bis 2049 terminiert ist. Xi Jinping nennt die Neue Seidenstraße deshalb ein «Jahrhundertprojekt». Es ist Teil seines Wunsches nach einer Wiedergeburt der großen chinesischen Nation.

Wenn jetzt chinesische Waren in chinesischen Zügen mit chinesischen Infrastruktureinrichtungen bewegt werden – etwa auf der neuen Kohleinsel in Duisburg –, dann vollzieht sich darin eine ganz ähnliche Entwicklung wie in der Initiative «Made in China 2025». Das große Land strebt mit seinem Kapital, seinem «Knowhow» und seiner «Manpower» nach außen, um im Innern zu wachsen. Insofern ist die Neue Seidenstraße letztlich die andere Seite der Going-Out- und Going-Global-Projekte: ein Versuch, zum eigenen Vorteil in der Welt mehr Prestige, mehr politisches und ökonomisches Gewicht zu gewinnen.

Das Reich der Mitte zieht jedoch nicht nur mit seinen eigenen neuen Ideen in die Welt hinaus, es kapert auch altbekannte, geradezu urwestliche. Seit der Neuausrichtung der Seidenstraße vor vier, fünf Jahren verkauft sich Peking als Anwalt des Freihandels und des Klimaschutzes. Diese Rolle war China mit der Wahl des spaltenden US-Präsidenten Donald Trump praktischer Weise in den Schoß gefallen. Sie passte und passt aber vortrefflich zu den Programmen der Neuen Seidenstraße und von «Made in China 2025», die darauf abzielen, Chinas Auslandsstrategie nicht als expansiv, sondern als integrativ zu vermarkten, als Vorstoß weniger zum Wohle Chinas, als zum Wohle aller Beteiligten, bestenfalls der ganzen Menschheit.

China verkauft sich als Hüter der freien Wirtschaft

Staunende Augen und langer Applaus in Davos. Es ist der 17. Januar 2017. Gerade hat Xi Jinping die erste Rede eines chinesischen Staats- und Parteichefs auf dem Weltwirtschaftsforum (WEF) gehalten. Und was für eine! Die versammelte Weltelite in den Schweizer Alpen ist Zeuge einer Wachablösung geworden, die es in dieser Form nie zuvor gegeben hat. Zwar sagt es Xi nicht so direkt, aber seine Botschaft wird so verstanden: Falls sich die Vereinigten Staaten unter ihrem neuen Präsidenten Donald Trump als Hüter des freien und verantwortlichen Wirtschaftens zurückzögen, stehe China als Alternative bereit.

Es sei falsch, den Protektionismus zu befördern, «sich selbst in einen dunklen Raum einzuschließen» und allein die eigenen nationalen Interessen zu verfolgen, sagt Xi in Anspielung auf Trumps Wahlkampfversprechen, dass sich Amerika stärker auf sich selbst besinnen, vermeintlich nutzlose oder überteuerte internationale Verflechtungen lösen und zugleich seine wirtschaftliche Macht zur Interessendurchsetzung nutzen müsse.

Xi entgegnet diesem Kurs: «Niemand wird aus einem Handelskrieg als Sieger hervorgehen.» Auch sei es unbedingt nötig, dass sich alle Unterzeichnerstaaten an das Pariser Klimaabkommen hielten, einen Vertrag, von dem Trump nie etwas gehalten hat. Für Xi ist die Globalisierung nicht schuld an den Verwerfungen der vergangenen Jahre, ob es die Finanzkrise oder die Flüchtlingswelle ist. Angesichts der Herausforderungen dürfe man sich nicht einigeln oder davonrennen, vielmehr müsse man mit der Globalisierung richtig umgehen – wie es China tue: «Die internationale Wirtschaft ist ein großer Ozean, dem man nicht entkommen kann. China hat gelernt, darin zu schwimmen.»

Die Volksrepublik habe von der Globalisierung profitiert, sie zugleich aber auch geformt, analysiert Xi in seiner fast einstündigen Rede, und kündigt dann an, was viele im Saal und in der Welt von ihm erwarten: «Wir sollten uns dazu verpflichten, einer offenen globalen Wirtschaft zum Wachstum zu verhelfen.» Das ist Wasser auf die Mühlen all jener, die von dem großen Reich eine Führungsrolle erwarten, in den internationalen Wirtschaftsbeziehungen vor allem und im Klimaschutz, und das in deutlicher Abgrenzung zu den USA, denen die Welt offenbar zunehmend egal ist. In Davos sagt WEF-Chef Klaus Schwab zu Xi, in diesen Zeiten mit großen Unsicherheiten und Schwankungen «schaut die Welt auf China». Und der ehemalige schwedische Ministerpräsident Carl Bildt twittert nach Xis Rede: «Es gibt ein Vakuum bei der Führung der Weltwirtschaft, und Xi Jinping zielt eindeutig darauf ab, es zu füllen. Mit einigem Erfolg.»

Es war kein Zufall, dass die Belt-and-Road-Initiative nach Xis Auftritt in Davos eine neue, eine weltgewandtere Ausrichtung erfuhr. Das erste internationale BRI-Forum in Peking fand nur vier Monate nach dem Weltwirtschaftsforum statt. Neben den Führern der 29 Seidenstraßen-Länder empfingen die Gastgeber ebenso viele Minister aus anderen Staaten, um Chinas globale Verantwortung zu unterstreichen. Darunter befanden sich auch Vertreter skeptischer Regierungen, aus Japan, Frankreich oder Großbritannien. Aus Deutschland war Bundeswirtschaftsministerin Brigitte Zypries (SPD) angereist. Besonders hofiert wurden die Chefs der multilateralen Organisationen, darunter der UN-Generalsekretär Antonio Guterres, der Weltbank-Präsident Jim Yong Kim und die Geschäftsführerin des Internationalen Währungsfonds, Christine Lagarde. Mit dem Forum gehe es China darum, eine «offenere und effizientere internationale Plattform» zu schaffen, sagte Außenminister Wang Yi anlässlich der Großveranstaltung. Das Ziel sei ein «gerechteres, vernünftigeres und ausgewogeneres internationales Führungssystem».

Zwei Jahre später, als sich Trumps Beziehungen zu China und zu anderen Staaten weiter verschlechtert hatten, war die Aufmerksamkeit und bei manchen auch die Akzeptanz für Chinas neue Führungsrolle noch viel größer. Die Gastgeber des Treffens mit seinen 5000 Vertretern aus 100 Staaten nutzten das geschickt aus, um sich abermals als Alternative zu Washington zu empfehlen. Mithilfe der Seidenstraßen-Initiative gelingt es Peking seitdem immer wieder, im Ausland neue Orientierungsmöglichkeiten zu schaffen, man könnte auch sagen, Standards zu setzen, die von den bisher dominanten westlichen Vorbildern abweichen. Wortwörtlich gilt das in der Technik und Wirtschaft, wo sich chinesische Normen und Standards immer stärker ausbreiten. Etwa in der Öl- und Gasindustrie oder in der Telekommunikation, deren Netztechnik schon jetzt maßgeblich von den fernöstlichen Platzhirschen Huawei und ZTE geprägt ist.

Die vielen Vorhaben und Beziehungen entlang der langen Seidenstraße eignen sich hervorragend, um diese neuen technischen Maßstäbe unters Volk zu bringen. Deshalb flankieren die verschiedenen Standardisierungsvorstöße der chinesischen Führung das Vordringen der BRI-Programme und auch ihre wichtigsten Tagungen. So etwa auf dem 2019er Forum, als erstmals das Programm «China Standards 2035» (CS2035) einer breiteren ausländischen Öffentlichkeit bewusst wurde. Damals wurde sogar ein «BRI Regional Standards Forum» etabliert, um eigene Normungen für die Seidenstraßen-Länder zu setzen. Dieses Ziel, regionale und globale technischer Einheitsregeln künftig mitzuprägen, wenn nicht zu dominieren, wollen wir uns im Folgenden etwas genauer anschauen.

Wer die Standards setzt, hat die Macht: China als neuer Normengeber

Wie die Europäische Handelskammer in Peking Ende 2021 analysierte, hatte der BRI-Vorstoß von 2019 das Zeug dazu, eine chinesisch dominierte Internationale Standardisierungsorganisation (SDO) ins Leben zu rufen, um mit den bisher verbindlichen Instituten in Genf konkurrieren zu können, der Internationalen Organisation für Normung ISO und der für Elektrik und Elektronik zuständigen Schwesterorganisation Internationale Elektrotechnische Kommission IEC.

Das Programm CS2035 von 2019 hatte einige Vorläufer, und auch sie hingen mit der Seidenstraße zusammen. Erstmals veröffentlichte Chinas mächtiges Planungsministerium NDRC im Oktober 2015 einen «Aktionsplan zur Harmonisierung der Standards entlang von ‹Belt and Road›», dem sich später weitere anschlossen. Diese Handlungsprogramme sehen ausdrücklich vor, «eine weiterreichende Übernahme von technischen Standards aus China voranzutreiben» und dazu entsprechende Verträge mit den Seidenstraßen-Ländern abzuschließen. Genannt werden unter anderem folgende Branchen: Energie, Eisenbahn, Marine, Luft- und Raumfahrt, Umweltschutz, Informationstechnik, intelligente Transporttechnik, Anlagenbau,

Biotechnologie, neue Werkstoffe – das sind genau die Felder der Initiative «Made in China 2025», die ebenfalls 2015 entstanden war. Insgesamt, so hieß es damals, gehe es um die Neufassung internationaler Standards in dreizehn Industriezweigen. Damit ließen sich Handel und Investitionen erleichtern und die «Konnektivität» entlang der Neuen Seidenstraße verbessern. Mit diesem neudeutschen Ausdruck ist die Anschlussfähigkeit und reibungslose Zusammenarbeit unterschiedlicher Länder in Technik, Verkehr, Energie etc. gemeint.

Chinas Vorstoß im Bereich der Normung ist alles andere als selbstlos, denn natürlich hat eine Volkswirtschaft, die Standards setzt, Wettbewerbs- und Innovationsvorteile. Sowohl in den Ländern, die ihr nacheifern, vor allem aber gegenüber Konkurrenten, die den neuen Anforderungen nicht entsprechen und denen deshalb viele Märkte verschlossen sind. Falls sich die chinesischen Vorgaben, wie in den Aktionsplänen angekündigt, in Ländern wie Indien, Russland, den arabischen Staaten, in Indonesien, Kasachstan, Thailand, Vietnam oder Singapur durchsetzen, wird es für westliche Unternehmen schwieriger und teurer, dort Fuß zu fassen.

Um seine Standards zu exportieren, bildet die Volksrepublik Ingenieure und Wissenschaftler aus 32 Ländern aus. «Tausende Forscher sind in China geschult worden, unentgeltlich, und sie werden die chinesischen Standards und Arbeitsweisen mit zurück in ihre Heimatländer nehmen», machte der Chef des Forschungsinstituts Official China, Ryan Manuel, anlässlich des BRI-Forums 2019 klar. Peking versuche, auf diese Weise eine «Digitale Seidenstraße» aufzubauen. «Das Thema Standards wird mit ziemlicher Sicherheit das nächste Kampfgebiet werden», erwartet der Experte. Damit sollte er Recht behalten, wie die EU-Kammerstudie zwei Jahre später klarstellte. Um CS2035, das praktisch eine Fortführung von MIC2025 auf der Normungsebene war, ist es zwar stiller geworden. Die Ziele aber sind nicht nur geblieben, sie wurden noch ambitionierter.

Sowohl der neue Fünfjahresplan von 2021 als auch eine kurz danach veröffentlichte eigene neue Standardisierungsstrategie sprächen dafür, dass «China der technischen Standardsetzung hohe Priorität einräumt», wie die EU-Kammer feststellt. So sei die neue Strategie vom Staatsrat, also von der Regierung, gemeinsam mit dem eigentlichen Machtzentrum, dem Zentralkomitee der Kommunistischen Partei, veröffentlicht worden – mehr politische Unterstützung geht in Peking nicht.

Das Kammerpapier vom Dezember 2021 mit dem vielsagenden Titel «The Race to Control Technical Standardisation» ist ein Weckruf an den Westen, Chinas Ambitionen nicht zu unterschätzen. «Das Setzen von technischen Standards ist das Schlachtfeld, auf dem Staaten darum kämpfen, die Hoheit über strategische Technologien zu erlangen, etwa beim Mobilfunkstandard 5G, bei Künstlicher Intelligenz oder bei neuen Elektroautos», heißt es in dem Papier. Chinas Ansatz sei deshalb so herausfordernd, weil er die bisherige Normenfindung auf den Kopf stelle. Bisher seien die Maßstäbe aus der technischen Entwicklung hervorgegangen, getrieben von der Privatwirtschaft. Standards setzten sich im Wettstreit unterschiedlicher Systeme am Markt durch, wurden dann aufgenommen und festgeschrieben, etwa in der Wifi-Technik. Peking gehe einen völlig anderen, einen staatlich zentrierten Weg, der die Orientierungsregeln erarbeite, von oben vorgebe und dann jene ausschließe, die sie nicht befolgten.

«Es wächst die Besorgnis, dass China bei der Festlegung technischer Normen weiterhin einen staatlich gesteuerten Ansatz verfolgt, um seine industriepolitische Agenda zu erfüllen, die darauf abzielt, bei strategischen Technologien weltweit führend zu werden», so Björn Fägersten, Direktor am Swedish Institute of International Affairs, das federführend an der Studie beteiligt war. Der Fachmann hat auch gleich eine Empfehlung für den Westen parat: «Die politischen Entscheidungsträger in Europa müssen dies anerkennen und Normen zu einem festen

Bestandteil der Handels- und Industriepolitik machen, während sie weiterhin einen privatwirtschaftlichen Ansatz bei der Festlegung verfolgen.»

Der Bundesverband der Deutschen Industrie BDI nahm diese Erkenntnisse sogleich auf und warnte: «Insbesondere bei der Normung und Standardisierung von Zukunftstechnologien wie der künstlichen Intelligenz müssen wir aufpassen, nicht abgehängt zu werden.» Normen seien ein «Stabilitätsanker und zentrales Wettbewerbsinstrument für die Industrie». Sie sollten daher fester Bestandteil jeder deutschen und europäischen Handelsstrategie sein, so der BDI. Peking müsse dazu bewegt werden, die international vereinbarten Normen konsequent anzuwenden und seine entgegenstehenden nationalen Normen zurücknehmen. «Danach sieht es derzeit leider nicht aus», stellt die Industrielobby bedauernd fest. Die Verzahnung mit der BRI-Initiative und den globalen Zielen der neuen Großmacht im Osten liegt für den Verband auf der Hand. «Immer häufiger verbreitet Peking chinesische technologische Standards im Rahmen der Seidenstraßen-Initiative», so der BDI, und das mit einer klaren Absicht: «China verfolgt mit seinem Streben zur globalen Normungsmacht auch geopolitische Ziele.»

Die Politik folgt der Wirtschaft

WIE CHINA DIE SEIDENSTRASSEN-INITIATIVE AUSSCHLACHTET

Handel und Einfluss: Auf den Spuren des Groß-Eur

Nach der Schilderung von Genese und Stoßrichtung des Seidenstraßen-Programms ist es jetzt an der Zeit, zu seiner Umsetzung zurückzukehren. Wie und wo genau verlaufen diese Strecken und warum? Zhu Ning, Finanzwissenschaftler von der Tsinghua-Universität in Peking, beschreibt sehr klarsichtig, dass die BRI eigentlich aus einem Trio von Hauptabsichten bestehe: «Es gibt drei Aspekte. Zum einen geht es um Wirtschaft und Handel, also um wirtschaftliche Verflechtung», sagte der Wissenschaftler im Deutschlandradio. «Zum anderen geht es um Infrastruktur. Es gibt viele Länder, die es dringend benötigen, die aber weder Ressourcen noch Expertise dafür haben.» Zhu sieht überdies noch einen dritten vordringlichen Aspekt: «Natürlich gibt es auch geopolitische und strategische Interessen. China wird damit das Regelwerk des globalen Handelns verändern. Die Neue Seidenstraße ist ein Mittel, den internationalen Einfluss Chinas auszubauen.»

Was die benötigten Handelsgüter anlangt, präzisiert Peter Frankopan von der Universität Oxford, dass es China im Ausland vor allem um die Sicherung seiner Ressourcen- und Energieversorgung gehe. Schließlich dürfte sich der Energiehunger des Großreiches bis 2030 verdreifachen. Auch auf der Abnehmerseite seien die Seidenstraßen-Länder hochinteressant, denn ihr großer Infrastrukturbedarf helfe China dabei, seine industriellen Überkapazitäten loszuwerden. Das betrifft nach Frankopans Erkenntnissen vor allem die Stahl-, Zement- und Metallherstellung. Zu den politischen Absichten ergänzt der Wissenschaftler, dass es Peking auch um knallharte aktuelle Sicherheitsbelange gehe. An ihrer Westflanke etwa wolle und könne die Volksrepublik nicht tatenlos zusehen, dass in instabilen Ländern wie Pakistan oder Afghanistan der islamische Fundamentalismus immer mehr um sich greife. Die erneute Übernahme der Taliban und der überstürzte Rückzug der westlichen Truppen im Sommer 2021 haben diese Befürchtung noch verstärkt. Dabei darf man nicht vergessen, dass Afghanistan in einem schmalen Streifen direkt an China grenzt – und zwar ausgerechnet an die Uiguren-Provinz Xinjiang, in welcher Peking die muslimische Mehrheitsbevölkerung mit brachialen Methoden in Schach hält.

Auf den ersten Blick aber zählen nicht innen-, außen-, geo- oder sicherheitspolitische Fragen zu den Haupttreibern der Neuen Seidenstraße, sondern die Beschleunigung des Handels samt der zugehörigen Infrastrukturertüchtigung. Im Norden, wo schon Marco Polos legendäre Reisewege verliefen, geht es um eine Landverbindung, eben den schon erwähnten «Wirtschaftsgürtel» oder «Belt». Er gliedert sich in sechs Korridore vor allem Richtung Südostasien, Südasien, Russland, Zentralasien und Europa. Diese sind zweifellos von enormer Bedeutung und verschlingen Milliarden an Investitionen in die Verkehrswege, in Tunnel, Brücken, Schienen, Asphalt. In Fragen der Handelsvolumina spielen die Landstrecken jedoch nur eine untergeordnete Rolle. Deutschland und andere Länder sind zwar stolz auf die wachsende Zahl von Güterzügen aus China, im Vergleich zum Schiffstransport aber ist und bleibt dieses Frachtaufkommen zweitrangig.

Dank der Container-Technik hat sich der Seehandel in den vergangenen 50 Jahren mehr als verfünffacht, inzwischen werden 90 Prozent des internationalen Warengewichts auf dem Wasser befördert. Große Schiffe tragen heute bis zu 20 000 Standardcontainer (TEU), durchschnittlich sind es etwa 4000. Um einen einzigen dieser Frachter zu entlasten, müssten also 100 Züge jenes Typs unterwegs sein, der mit so viel Pomp in Sassnitz empfangen wurde. Hinzu kommt, dass ein großer Anteil des Seetransports aus Rohöl besteht, das sich ohnehin nicht auf dem Landweg bewegen lässt. Der Handel auf dem Meer kann also allenfalls ergänzt, aber nie ersetzt werden, gerade auf den langen Strecken zwischen Asien und Europa. Deshalb spielt seine Förderung, Absicherung und Diversifikation eine zentrale Rolle in der BRI-Strategie.

Das passiert auf der «Maritimen Seidenstraße» im Süden, dem Seeweg oder der «Road» in «Belt and Road». Deren Verlauf ist ähnlich historisch aufgeladen wie die Marco-Polo-Strecken. Da die Seerouten vor allem Südostasien, Südasien, den Persischen Golf und Afrika erschließen, werden sie in einen geschichtlichen Zusammenhang mit den ausgedehnten Reisen des chinesischen Admirals Zheng He im 15. Jahrhundert gestellt. Dessen Missionen im Auftrag des Kaisers Yongle dienten vordringlich dem Güteraustausch. Mit Seide, Porzellan und Lackwaren beladen, stachen die Schiffe in See und kehrten mit Gewürzen, Edelsteinen, Perlen und Hölzern zurück. Die Expeditionen umfassten aber auch strategische Komponenten. Der Aufbau der Flotte sollte Chinas Einfluss in einer Zeit vergrößern, in der die einstige Groß- und Besatzungsmacht der Mongolen ihren Zenit überschritten hatte: In der zweiten Hälfte des 14. Jahrhunderts war die mongolische Yuan-Dynastie in Peking untergegangen, an ihre Stelle setzten sich die Ming-Kaiser, zu denen auch Yongle gehörte.

Die chinesische Propaganda erinnert heute daran, dass der Admiral und kaiserliche Groß-Eunuch Zheng He auf seinen sieben Fahrten bis zu 300 Schiffe mit 30 000 Mann Besatzung befehligte, die stärkste Seemacht, die es bis dahin je gegeben hatte. Anders als die Europäer habe er trotz dieser Übermacht aber niemals Kolonien errichtet, also Völker unterjocht oder deren Wirtschaft ausgesaugt. Das zeige die friedliche Natur chinesischer Größe, schreibt die Parteizeitung «China Daily»: «Seinerzeit haben wir niemandem geschadet, warum sollten wir es heute tun?» Das leuchtende Beispiel Zheng He illustriere nicht weniger als «die nichtaggressive Natur unserer Stärke».

Ganz so friedlich war die chinesische Weltmacht freilich auch damals nicht. Zheng verstand sich weder als Entdecker noch als Geschäftsmann oder Diplomat, sondern als Militär-führer und treuer Kaiserdiener. Auf seinen Schiffen fuhren Tausende Soldaten mit, ihre Aufgabe bestand darin, Piraten zu jagen und von fremden Völkern Tribut und Vasallentreue ein-zufordern. «Die Marine sollte erreichen, dass alle Staaten die Vorherrschaft der Ming-Dynastie anerkannten», sagte der aus-tralische Historiker Geoff Wade der Zeitschrift «Spiegel». Die «Süddeutsche Zeitung» erinnert an die vielen Kanonen in Zhengs «Monsterflotte» und nennt diese deshalb eine «Mi-schung aus Eroberungsarmee und Expeditionskorps».

Die Verknüpfung des Seehandels mit der Erweiterung der, wie man heute sagt, geostrategischen Einflusssphären ist seit dem Altertum bekannt, das antike Griechenland verdankt sei-nen Aufstieg genau diesem Wechselspiel. Noch heute nehmen die Schifffahrtsrouten eine zentrale Rolle für den Welthandel und für die internationalen Sicherheitsinteressen ein. Durch die Straße von Hormus am Persischen Golf transportieren die Öl-tanker 40 Prozent des Weltverbrauchs, vor allem Richtung Asien, Westeuropa und Amerika. Und die Straße von Malakka vor den Toren Singapurs passieren bis zu 25 Prozent des ge-samten Seehandels. Nicht zufällig zählen beide Meerengen, ebenso wie der Suezkanal, zur Maritimen Seidenstraße, deren Ausbau und Sicherung sich die neue Weltmacht China ver-schrieben hat. Das Land ist die größte Handelsnation und der zweitgrößte Ölverbraucher der Welt. Die Hälfte aller Contai-

ner auf den Ozeanen wird jetzt schon entlang der BRI-Korri-
dore befördert.

Wie bedeutsam die Gestaltung und Kontrolle gerade der See-
wege ist, zeigte sich im März 2021, als im Suezkanal ein riesiger
Frachter auf Grund lief und sich querlegte. Fast eine Woche
lang war die Durchfahrt blockiert, Hunderte Schiffe stauten
sich in beiden Fahrtrichtungen, zentrale Teile des Welthandels
gerieten ins Stocken. Für China wären die Auswirkungen noch
verheerender gewesen, wenn es nicht inzwischen zumindest
kleine Teile seines Handels über transkontinentale Schienen-
und Lastwagenwege abwickeln könnte und wenn es die neuen
Öl- und Gaspipelines nicht gegeben hätte. Insofern war die Suez-
Havarie des Riesenschiffes «Ever Given» auch eine Bewährungs-
probe für die ersten zaghaften Erfolge der neuen Seidenstraße.

Milliarden für die Infrastruktur:
Die Strategie der zwei Ozeane

Frachtschiffe brauchen Häfen und von diesen zuverlässige Verbindungen ins Hinterland. Deshalb bildet der Ausbau der Infrastruktur das zweite Hauptziel der Seidenstraßen-Initiative
neben der Förderung des Handels. Bereits heute kann sich die
BRI auf die größten Häfen der Welt verlassen, angeführt von
Schanghai und Singapur. Dahinter folgten im Jahr 2021 von
den Kapazitäten her gleich drei weitere chinesische Umschlag-
plätze, nämlich Tianjin, Guangzhou und Ningbo/Zhoushan.
Hinter Rotterdam auf Rang sechs geht es mit Suzhou, Qingdao
und Dalian weiter. Auch kleinere Anlagen entlang der Route
sollen schnell wachsen, doch fehlt den Schwellen- und Entwicklungsländern, in denen sie liegen, oft das Geld für Neubau
oder Erweiterung. Hier springt Peking mit umfangreichen In-
vestitionsprogrammen ein. Von Kenias Hafen Mombasa aus

hat China die Hauptstadt Nairobi mit neuen Schienen- und Straßenverbindungen angebunden, ein weiterer Hafen ist in Bau. In der Stadt Bagamoyo im Nachbarland Tansania entsteht ein moderner Tiefwasserhafen, weitere umfangreiche Infrastrukturprojekte wurden in Sambia, Äthiopien, Ghana, Nigeria oder Ägypten bekannt. Im israelischen Haifa baut die Shanghai International Port Group einen hochmodernen Containerhafen. Zwischen dem Roten Meer und dem Mittelmeer entsteht mit chinesischer Hilfe eine Bahnlinie namens «Red-Med», die explizit dafür gedacht ist, den stark frequentierten, teuren und für vielerlei Risiken anfälligen Suezkanal zu umgehen.

Noch stärker als in Afrika engagiert sich die Volksrepublik in Asien. Allein 62 Milliarden Dollar kostet der so genannte Wirtschaftskorridor China-Pakistan (CPEC). Zu diesem Vorhaben zählt unter anderem der Bau eines Tiefwasserhafens in der Küstenstadt Gwadar. Die jüngste Errungenschaft im Wirtschaftskorridor zur Indochina-Halbinsel (CICPEC) ist eine chinesische Bahnstrecke quer durch Laos. Die Schnellbahntrasse von der Hauptstadt Vientiane im Süden bis zur Nordgrenze nach China wurde Ende 2021 fertiggestellt und kostete sechs Milliarden Dollar – rechnerisch ein Drittel der jährlichen Wirtschaftsleistung des kleinen Landes. Peking trägt den Löwenanteil der Investitionen, mit dem Rest steht Laos teilweise beim großen Nachbarn in der Kreide. Der finanzielle Einfluss Chinas ist also groß, man könnte auch sagen: die Dominanz. Dabei ist Laos nur ein Etappenziel, letztlich soll die Verbindung von Kunming, der Kapitale der südchinesischen Provinz Yunnan, bis nach Bangkok am Golf von Thailand reichen und von dort aus durch Malaysia hindurch bis hinunter nach Singapur.

Chinas asiatische Seidenstraßen-Projekte sollen einerseits den Handel antreiben. Mit Laos, Vietnam, Thailand, Malaysia, Singapur und den anderen Mitgliedern der Südostasiatischen Freihandelsgemeinschaft Asean ist Peking seit 2010 in einem der größten Freihandelsabkommen der Welt verbunden. Von

Singapur aus lassen sich sogar Indonesien und letztlich Ozeanien erschließen. Zum anderen verlaufen die Straßen, Röhrenleitungen und Eisenbahnverbindungen südlich und südwestlich nach Myanmar-Birma sowie nach Pakistan. Sie dienen der «Strategie der zwei Ozeane», womit sich China neben dem eigenen Tor zum Pazifik auch Zugänge zum Indischen Ozean sichern will, und zwar sowohl im Golf von Bengalen als auch im Arabischen Meer. Das erleichtert den Export aus Yunnan und anderen Teilen Westchinas immens, etwa nach Indien oder Afrika. Zugleich lassen sich in der Gegenrichtung schneller und billiger Rohstoffe einführen, etwa Öl aus dem Nahen Osten. Dieser Weg vermeidet die exponierte, oft überfüllte und nicht zuletzt von Piraten heimgesuchte Straße von Malakka, die «Aorta im Indopazifischen Raum». Die Neue Seidenstraße hilft dem energiehungrigen Exportweltmeister also zumindest in kleinem Umfang dabei, zwei der riskantesten Nadelöhre der Welt zu umschiffen, Malakka und Suez.

Im Zusammenhang mit dem nördlichen Landkorridor wurden bereits die Eisenbahnstrecken nach Europa genannt, bei denen Deutschland eine besondere Rolle spielt. Für Chinas maritime Ambitionen nimmt der alte Kontinent ebenfalls eine Schlüsselrolle ein. Interessant ist für die Asiaten zum Beispiel Triest in Norditalien, einer der wenigen Tiefwasserhäfen im zentralen Mittelmeerraum, der das Löschen besonders großer Containerschiffe zulässt. Sie kommen letztlich aus Schanghai und erreichen die Adria durch den Suezkanal. In Triest liegt zugleich auch Italiens größter Eisenbahnhafen, so dass die maritime Seidenstraße hier auf die Landroute trifft. Eine Logistikverbindung der BRI läuft südöstlich in die Türkei, genauer gesagt nach Istanbul am Marmarameer und am Schwarzen Meer, eine andere nordwestlich zur Nordsee nach Rotterdam in den Niederlanden und nach Zeebrugge und Antwerpen in Belgien. Der Freihafen von Triest ist also wie in alten österreichischen Zeiten heute wieder von zentraler geographischer und strategischer Bedeutung, diesmal allerdings für eine andere Großmacht als die Habsburger.

Die Chinesen wollen die Region als Brückenkopf nutzen, und das fällt ihnen leichter, seit Italien 2019 als erstes Land aus dem Kreis der sieben führenden Volkswirtschaften (G7) der Seidenstraßen-Initiative beigetreten ist. Die Aufnahme erfolgte während Xi Jinpings Europareise im März, als er und Ministerpräsident Giuseppe Conte in Rom einige Wirtschaftsabkommen unterzeichneten, darunter eine Absichtserklärung Pekings, ungenannte Summen in die Häfen von Genua und Triest investieren zu wollen. Pekings Vehikel dafür ist die China Communications Construction Company (CCCC), ein mehrheitlich in Staatsbesitz befindliches Ingenieur- und Bauunternehmen, das sich besonders stark in der BRI engagiert. Unterbrochen von der Corona-Pandemie hat die CCCC damit begonnen, in Triest die Abfertigungskapazitäten für Güterzüge auf 25 000 Einheiten im Jahr mehr als zu verdoppeln. Die neuen Anlagen sollen sich dafür eignen, Straßen-, Schiffs- und Bahntransporte zu verbinden, also die Neue Seidenstraße an Land und zu See zu verknüpfen. Allerdings sieht man in Rom mit einigem Unmut, dass der Großteil der zugesagten fernöstlichen Investitionen in Triest und Genua bisher ausgeblieben ist.

Die CCCC ist nicht unumstritten, der amerikanischen Regierung gilt sie als «kommunistisches Rüstungsunternehmen». Zum einen weil der Konzern im Südchinesischen Meer Pekings Territorialansprüche mit der Aufschüttung künstlicher Inseln zur militärischen Nutzung untermauere. Zum anderen, weil er mit Bauprojekten Chinas Unterdrückungskurs in der Uiguren-Provinz Xinjiang fördere und außerdem im pakistanischen BRI-Hafen Gwadar Marinelogistikanlagen errichtet habe. Hinzu kommen Bestechungs- und Betrugsvorwürfe gegen die CCCC und gegen Tochtergesellschaften. Diese führten zum Beispiel dazu, dass die Weltbank die Gruppe einige Jahre lang von der Auftragsvergabe ausschloss.

Reibereien an Portugals Küste:
Wenn die Seidenstraße auf US-Interessen prallt

Die italienischen Häfen sind nicht die einzigen in Europa, die sich Impulse von der Seidenstraßen-Initiative versprechen. Die portugiesische Küstenstadt Sines, Heimat des großen Seefahrers Vasco da Gama, ist von sich aus in Peking vorstellig geworden, um Teil der Entwicklungsachse zu werden. Ende 2018 unterzeichnete die Regierung im etwas weiter nördlich gelegenen Lissabon eine Absichtserklärung, um an der BRI teilzunehmen. In Sines bietet ein bedeutender Tiefwasserhafen Zugang zum Atlantik, hier werden vor allem Öl und Erdgas umgeschlagen, in der Nähe liegen wichtige Raffinerien und Treibstofflager. Vorhanden ist auch ein Containerterminal, der bisher in Zusammenarbeit mit der Hafengesellschaft von Singapur betrieben wird. In der portugiesischen Presse hieß es 2019, dass daneben mit Chinas Hilfe für 640 Millionen Dollar ein zweiter, größerer Terminal entstehen könnte, möglicherweise «Vasco da Gama» genannt. Diesen Vorstellungen nach soll Sines als Knotenpunkt fungieren, um den westlichsten Punkt des eurasischen Schienennetzes mit der Maritimen Seidenstraße im Atlantik zu verbinden. Letztlich, so die Hoffnung, könnte Sines in seiner privilegierten Lage von neuen Handelsverbindungen der Chinesen nach Amerika und zur Westküste Afrikas profitieren.

Vorerst wird daraus allerdings nichts. Im Frühjahr 2021 lief die Frist aus, um für den neuen Hafen zu bieten, den örtlichen Behörden zufolge ging nicht eine einzige Offerte ein, auch aus China nicht. Die bisherige Betreibergesellschaft erklärte das Desinteresse mit dem gesunkenen Frachtaufkommen in der Pandemie, ist sich aber sicher, dass «Vasco da Gama» früher oder später doch kommt. Allerdings spürt das Projekt nicht nur wirtschaftlichen Druck, sondern auch geopolitischen. Offenbar haben die Amerikaner und Briten heftig dagegen interveniert, dass der NATO-Partner Portugal die Chinesen in Sines an Land lässt. Für Washington bildet die Südwestspitze Europas einen Ausgangspunkt nach Nordamerika und weist Richtung Panama-Kanal, liegt also im US-Interessengebiet. Außerdem wollen die Amerikaner in Sines einen Terminal für die Anlandung von Schiffen mit Flüssiggas (LNG) errichten. Der US-Botschafter in Lissabon versprach, hier könnte ein «Singapur des Westens» entstehen, drohte aber zugleich, man beerdige die Pläne, falls die Chinesen mit ihren Hafenplänen zum Zuge kämen.

Insofern ist Sines ein gutes Beispiel dafür, wie sich Amerikaner und Chinesen entlang der Seidenstraße auf die Füße treten, wie sie in Europa ihre «Claims» abstecken, wie wirtschaftliche Handels- und Infrastrukturinteressen mit politischen Ambitionen zusammenspielen. Der stille Dritte in der Runde ist der Kreml, eine weitere Militär- und Rohstoffgroßmacht, denn die amerikanischen LNG-Pläne in Sines und in weiteren Küstenstädten dienen auch dem Ziel, den Gaslieferungen aus Russland Konkurrenz zu machen, seinen Energieeinfluss zurückzudrängen und, wie es in Washington heißt, Europas Ressourcenabhängigkeit von Russland zu verringern. Das Doppelinteresse, eigenes LNG in die EU zu liefern und zugleich Russland zu schwächen, ist auch der Grund dafür, dass der US-Kongress so heftig gegen die neue Ostseepipeline Nord Stream 2 opponiert, die aus der Nähe von Sankt Petersburg bis nach Greifswald in Mecklenburg-Vorpommern verläuft. Derlei große grenz- und systemüberschreitende Infrastrukturvorhaben sind also oft politisch konnotiert, nicht nur, wenn sie zur Seidenstraße gehören.

Die Amerikaner sind in Sines aber auch deshalb wachsam, weil sie die Erfahrungen mit einem weiteren europäischen Hafen vor Augen haben, Piräus bei Athen. Der größte Seehafen Griechenlands zählt zu den wichtigsten Passagier- und Containerhäfen Europas und des Mittelmeers. Eine Parallele zu Portugal liegt darin, dass sich die Chinesen in beiden Ländern die Finanz- und Schuldenkrise vor zehn, fünfzehn Jahren zunutze machten, um sich in wichtige öffentliche Infrastrukturen einzukaufen. Man kann die Sache allerdings auch positiv deuten und sagen, dass Peking beiden Ländern aus der Patsche half, als die europäischen und internationalen Geber im Gegenzug zu milliardenschweren Hilfspaketen umfangreiche Verkäufe von Staatsbeteiligungen verlangten. In Portugal erwarb Peking im Jahr 2011 Teile des öffentlichen Energieversorgers und des Übertragungsnetzes. In Griechenland, dessen Finanzen schon früher in Schieflage geraten waren, fand der Schritt schon 2009 statt. Damals verpachtete die PPA genannte Betreibergesellschaft von Piräus die Mehrheit an dem staatlichen Containerhafen an die China Ocean Shipping (Group) Company, kurz Cosco. Der Vertrag läuft über 35 Jahre.

Heute heißt diese Großreederei etwas anders, China Cosco Shipping, weil 2016 der Vorgängerkonzern mit der China Shipping Group fusionierte. Das neue Konglomerat gibt inzwischen fast 120000 Personen Arbeit und verzeichnet einen Jahresumsatz von 45 Milliarden Dollar. Cosco ist ein riesiger «volkseigener Betrieb» mit Sitz in Schanghai, zu Beginn des Jahres 2022 hatte er fast 500 Containerschiffe mit knapp drei Millionen Standardcontainern unter Vertrag. Nach Auskunft des Branchendienstes Alphaliner machte ihn das zur viertgrößten Reederei der Welt hinter Maerks aus Kopenhagen, der Mediterranean Shipping Company aus Genf und der französischen Gruppe CMA CGM aus Marseille.

Cosco in Piräus: Sünden- oder Glücksfall?

Die Regierungskasse in Athen, das nur acht Kilometer von Piräus entfernt liegt, erhielt für das chinesische Hafenengagement in einem ersten Schlag 560 Millionen Dollar. Außerdem zahlen die Asiaten seitdem jedes Jahr 113 Millionen für die Nutzung der Anlage. Zunächst betrieb Cosco über seine Tochtergesellschaft PCT das Terminal I in Piräus und baute später eine zusätzliche Abfertigungseinheit namens Terminal III hinzu. Die Gesamtinvestitionen in die Anlagen sollen fast 340 Millionen Dollar betragen haben. Daneben existierte auch weiterhin das kleinere staatliche griechische PPA-Terminal I, allerdings betrug seine Kapazität nicht einmal ein Fünftel der chinesischen. Der Einfluss der Asiaten stieg in den Folgejahre immer mehr, bis sie 2016 auch offiziell 51 Prozent der PPA übernahmen. Verkäufer dieser Anteile für rund 320 Millionen Dollar war der in der Schuldenkrise gegründete Hellenistische Verwertungsfonds von Staatsvermögen HRADF. Bis Ende 2021 stockten die Asiaten ihre Beteiligung für knapp 100 Millionen Dollar über ein Treuhandkonstrukt noch einmal auf, seitdem halten sie 67 Prozent an dem 2500 Jahre alten Ägäishafen. Der griechische Staat ist über den HRADF nur noch mit sieben Prozent an Bord.

Die Anfänge der Piräus-Übernahme lagen schon in der Zeit vor Ausrufung der Neuen Seidenstraße 2013, doch seitdem wurde das Gelände immer tiefer in das BRI-Konzept einbezogen. Das gilt vor allem für den Container-Umschlag in alle Welt, aber auch für die Weiterleitung von Teilen der Ladung per Schiene oder Lkw über die Landkorridore. Mit der Mehrheitsübernahme durch die Chinesen dürfte die Integration in den Verbund noch zunehmen, so dass es nicht übertrieben ist zu sagen, dass der Athener Haushafen der wichtigste Seestützpunkt für Xi Jinpings Neue Seidenstraße in Europa ist. Er selbst scheint das ähnlich zu sehen: Als Xi 2019 gemeinsam mit dem griechischen Ministerpräsidenten Kyriakos Mitsotakis Piräus besuchte, kündigte er eine massive Erweiterung des Hafens für umgerechnet 680 Millionen Dollar an. Und er gab das Versprechen ab, die Anlage langfristig zum größten Projekt der neuen Seidenstraße zu entwickeln.

Die Frachtzahlen der Griechen sind seit Chinas Einstieg stark gestiegen, und sie belegen zweierlei: wie gut die BRI zumindest in diesem Teil der Welt funktioniert und dass durchaus auch das Gastland davon profitieren kann. Auffällig ist jedenfalls, dass sich das Gütervolumen in Piräus viel stärker entwickelt hat als in allen anderen bedeutenden Häfen Europas (mit Ausnahme des Platzes in Danzig, der aber nicht einmal halb so groß ist). Seit 2007, also noch vor dem Cosco-Einstieg, hat sich der Containerumschlag in Piräus auf 5,4 Millionen Standardcontainer (TEU) vervierfacht. Damit rangierte der Platz nach Daten des Center for Eurasian Maritime & Inland Logistics im Jahr 2020 auf Platz vier in Europa hinter Rotterdam, Antwerpen und Hamburg. Trotz leichter Rückgänge verteidigte Piräus diese Position auch 2021, jeweils ohne Berücksichtigung von Terminal I. Vierzehn Jahre zuvor war hingegen nur Rang siebzehn möglich gewesen. Im Passagierverkehr gehört die Anlage ohnehin zu den betriebsamsten in der EU und darüber hinaus.

Umsatz und Gewinn sind in der Corona-Zeit zwar gefallen, liegen aber noch immer weit über den Werten von vor zehn Jahren. Selbst im schlimmsten Jahr der Pandemie, 2020, erlöste die Gesellschaft fast 150 Millionen Dollar, der Nettogewinn betrug 30 Millionen Dollar. Die Gewinnmarge erreichte also knapp 20 Prozent, zehn Jahre zuvor war sie nicht einmal halb so hoch gewesen. Natürlich sind die Bilanzen nicht alles, die Stimmung im Betrieb, die Klima- und Umweltverträglichkeit sind ebenfalls wichtig. Deshalb sei auch erwähnt, dass die fremden Eigentümer auf große Widerstände in der Belegschaft gestoßen sind. Die höheren Leistungsanforderungen der neuen Herren führten zu Unmut, Rangeleien mit der Gewerkschaft und sogar zu Streiks. Das lag auch an verwirrenden Kontinuitäten aus der Zeit des verordneten griechischen Sparkurses. Im Gegenzug zu ihren Rettungsmilliarden hatten die europäischen Institutionen und der Weltwährungsfonds der Regierung in Athen abgetrotzt, dass die Gehälter im öffentlichen Dienst um ein Fünftel gekürzt werden mussten. Das galt auch für den ehemals staatlichen Hafen. Als Cosco dort dann die Mehrheit übernahm, erwarteten die Arbeitnehmer eine Rückkehr zu den alten üppigen Zeiten, was das chinesische Management verweigerte.

Möglicherweise war die Kommunikation unglücklich, nicht von der Hand zu weisen ist jedoch, dass erst der Verzicht auf Löhne und Privilegien zusammen mit der straffen privatwirtschaftlichen Führung und den neuen (chinesischen) Aufträgen Piräus zum Erfolg führte. Die «New York Times» schrieb 2012 bei einem Besuch über die damals noch staatliche griechische Hälfte des Hafens: «Der Umstand, dass das Geschäft hinter dem von Cosco zurückbleibt, ist sinnbildlich für die festgefahrenen Arbeitsvorschriften und die relativ hohen Löhne – für diejenigen, die das Glück haben, noch Arbeit zu haben –, die das Wirtschaftswachstum des Landes abgewürgt haben.» Und weiter: «In vielerlei Hinsicht ist die Generalüberholung, die Cosco in Piräus durchzieht, das, was Griechenland als Ganzes anstreben muss, wenn es seine von der Rezession gebeutelte Wirtschaft wieder wettbewerbsfähig machen will.»

Aber natürlich führte die Schlechterstellung gegenüber den üppigen Zeiten der Vergangenheit zu Unfrieden in der Belegschaft. Aus dem Betriebsrat wurden Vorwürfe laut, Cosco nutze Subunternehmer, um Löhne und Sozialabgaben zu drücken, boote die Belegschaftsvertreter aus, spare an der Arbeitssicherheit. «Die Chinesen bringen Arbeitsstandards aus der Dritten Welt nach Europa», beschwerte sich ein Vorstandsmitglied der Hafenarbeitergewerkschaft gegenüber der «New York Times». Doch manche Klagen erfolgten von einem überaus hohen Niveau aus. Der Zeitung zufolge konnte früher ein griechischer Hafenarbeiter mit Überstunden 181 000 Dollar im Jahr verdienen, als Cosco kam, wurden weniger als 25 000 gezahlt. Und während die Gewerkschaften einst durchgesetzt hatten, dass neun Arbeiter eine Containerbrücke bedienen mussten, schafften die Chinesen dieselbe Arbeit mit vier.

Es wäre sicher falsch zu behaupten, dass die fernöstlichen Investoren aus altruistischen Gründen in der Staatsschuldenkrise nach Europa kamen oder dass sie die Neue Seidenstraße ausbauen, um den Empfängerländern etwas Gutes zu tun. Die Asiaten verbinden mit dieser Form des «Going Out» immer auch wirtschaftliche und nicht selten geopolitische Interessen zur Wahrung oder Mehrung ihres Einflusses. Aber man kann die Engagements entlang dieser extensiven Entwicklungsachsen nicht über einen Kamm scheren, sondern muss sich die Einzelfälle genauer ansehen. Im Falle von Piräus hat der Zugriff aus Fernost bei allen Fehlleistungen, die es sicher auch gegeben hat, nachweislich zu steigenden Umsätzen, zu sicheren Arbeitsplätzen, zu wachsenden Investitionen und insgesamt zu einer krisenfesteren Zukunft geführt.

Hamburg als neues Tor zur chinesischen Welt

Deutschland gehört der Seidenstraßen-Initiative nicht offiziell an, und doch sind einige Infrastrukturvorhaben in den großen Entwicklungsplan eingebunden. Neben den eingangs genannten Schienentrassen als Teil des Landkorridors gibt es auch vereinzelte Versuche auf der maritimen Seite. An der jüngsten Anstrengung ist wieder einmal Cosco maßgeblich beteiligt. Das in Hongkong börsennotierte Tochterunternehmen Cosco Shipping Ports Limited, das unter dem Namen Cosco Pacific schon zu britischen Zeiten Frachtschiffe in der Kronkolonie abfertigte, ist im Herbst 2021 eine Minderheitsbeteiligung am Hamburger Containerterminal Tollerort (CTT) eingegangen. Für einen unbekannten Preis erhalte Cosco einen 35-Prozent-Anteil an dem kleinsten der vier Containerterminals in der Hansestadt, teilte der Verkäufer mit, die Hamburger Hafen und Logistik AG (HHLA). Tollerort stehe auch weiterhin allen anderen Reedereien offen, doch hätten die Chinesen zugesagt, ihr Europageschäft hier zu bündeln, gab die städtisch dominierte HHLA bekannt.

Der neuerdings als «Preferred Hub» geführte Umschlagpunkt ist bei der Cosco-Gruppe jetzt schon sehr beliebt, hier werden unter anderem ihre größten Containerschiffe mit einer Stellplatzkapazität von 20 000 und mehr Standardcontainern abgefertigt. Tollerort verfügt über vier Liegeplätze und vierzehn Containerbrücken, sein fünfgleisiger Bahnhof sorgt für den nötigen Landtransport der Warenbehälter, auch in Richtung der anderen BRI-Partner. Für die Hamburger ist die neue Kooperation Ausdruck ihrer langen und umfangreichen Geschäftsbeziehungen nach Fernost. Seit 1982 werden chinesische Frachter in Tollerort gelöscht. Der Hafen gilt als wichtigster logistischer Knotenpunkt für den maritimen und den kontinentalen Warenverkehr zwischen China und Europa. Fast jeder dritte Container, der in Hamburg über die Kaikante gehe, stamme aus China oder sei für den chinesischen Markt bestimmt, teilte die HHLA mit.

Der Cosco-Vertreter machte bei der Vertragsunterzeichnung klar, dass er sein Unternehmen an der Elbe erst am Anfang sieht. Tollerort habe vielversprechende Entwicklungsmöglichkeiten, diese werde man zu «entfalten» helfen, um den «Standort erfolgreich weiterzuentwickeln». Die Asiaten nutzen den Stützpunkt jetzt schon für die wichtigsten Himmelsrichtungen der Seidenstraße: zwei Linien verkehren mit Fernost, eine mit dem Mittelmeer, eine weitere liefert dem Ostseetransport zu. Jetzt gehe es darum, eine «noch stärkere Verzahnung chinesischer Logistikströme am Standort Hamburg» sicherzustellen, so die HHLA. Der Deal stärke die logistische Bedeutung Hamburgs gegenüber dem Ostseeraum und zugleich seine Stellung innerhalb der «Nordrange». Damit sind die wichtigsten kontinentaleuropäischen Häfen an der Nordsee gemeint, die etwa 80 Prozent des europäischen Im- und Exports abwickeln.

Unter den Beteiligten tobt ein knallharter Wettbewerb.

Schuld daran sind die Vielzahl der Anbieter, die stark schwankenden Warenflüsse und Preise, die plötzlichen Stillstände durch die Pandemie oder die Suez-Havarie, die Überangebote und Knappheiten in der Containerverfügbarkeit und nicht zuletzt die politischen Verwerfungen, etwa neue Strafzölle oder der Handelskrieg zwischen China und den USA. Wie alle anderen Hafenstädte sucht auch Hamburg seinen Platz in diesem schwierigen Geschäft und ist überzeugt, dass es vorausschauend agiert, wenn es dafür die mächtigste Handelsnation China mit ihren dicken Finanzpolstern ins Boot holt. Interessant ist, dass sich sowohl Befürworter des Chinavertrags als auch Gegner auf die Erfahrungen in Piräus stützen. Die einen verweisen auf die starke Marktstellung des Ägäishafens unter fernöstlicher Ägide, die anderen warnen vor politischer Einflussnahme der kommunistischen Führung auch in Hamburg oder – wie die Gewerkschaft Verdi – vor sinkenden Löhnen und gestutzten Arbeitnehmerrechten.

Alle für einen, einer für alle? China schart die osteuropäischen Länder um sich

Die Seidenstraße ist in Westeuropa angekommen, sie hat aber noch wenige formelle Mitglieder hier, die offizielle Absichtserklärungen zur BRI abgeschlossen haben. Zu Beginn des Jahres 2022 galt das für Italien, Portugal, die Schweiz, Luxemburg und die zumindest politisch und historisch «westlich» orientierten Staaten Griechenland, Zypern und Malta. Auf viel größeres Interesse stößt das chinesische Kooperationsangebot in Osteuropa. Nicht nur Russland, Belarus, die Ukraine und Moldau gehören dem Zusammenschluss an – am Schwarzen Meer sonst auch noch die Türkei und Georgien –, sondern auch alle Westbalkanstaaten mit Ausnahme des Kosovo. Bemerkenswerter noch: Neben diesen Aufnahmekandidaten für die EU sind auch sämtliche schon in der Gemeinschaft vertretenen osteuropäischen Staaten Mitglieder der «Belt-and-Road-Initiative». Anders gewendet: Die Mehrheit der EU-Länder, 18 von 27 Nationen, gehören der Neuen Seidenstraße an. Alle Staaten, die sich wie Deutschland oder Frankreich offiziell abseits halten, liegen im Westen.

Die osteuropäischen, ostmitteleuropäischen und südosteuropäischen Länder suchen aus unterschiedlichen Motiven die Nähe zu China. Die Nachfolgestaaten Jugoslawiens und Albanien treibt zum Beispiel die Enttäuschung um, dass es mit ihrem EU-Beitritt nicht vorangeht. Der Türkei nicht ganz unähnlich, suchen sie sich deshalb neue Allianzen, neue Großmächte; neben der Volksrepublik steht bei einigen von ihnen auch Russland hoch im Kurs. Länder wie Polen und Ungarn, die innerhalb der EU aufgrund ihrer Haltung zur Flüchtlingsfrage, zur Demokratie und zum Rechtsstaat als Störenfriede gelten, dienen sich China an, weil sie sich vom Westen gedemütigt und isoliert fühlen. Zwischenzeitlich zählten auch Rumänien, Tschechien und die Slowakei zu diesen enttäuschten Außenseitern.

Was aber alle östlichen BRI-Länder eint, ist die Hoffnung auf engere Handelsverflechtungen mit China und auf verstärkte Investitionen aus der Ferne. Das galt und gilt vor allem in schwierigen Zeiten, etwa nach der Finanzkrise oder in der Pandemiezeit, als traditionelle westliche Investoren ausfielen, und es hat immer auch das Ziel, eine allzu große Abhängigkeit von der EU, ja vom «Westen» zu vermeiden. Diese Art der östlichen Verbrüderung führte schon 2012 zu einem neuen Austauschformat, das sich «Zusammenarbeit zwischen China und den mittel- und osteuropäischen Ländern (CEE)» nennt, kurz China-CEE. Auf Initiative des Pekinger Außenministeriums trafen sich damals in Warschau die Regierungschefs aus sechzehn Ländern der Region mit dem chinesischen Ministerpräsidenten Wen Jiabao, um die grenzüberschreitende wirtschaftliche Zusammenarbeit zu fördern. Dabei beschwor man durchaus auch eine historisch-ideologische Nähe, da schließlich alle Teilnehmer nolens volens einmal zum kommunistischen Lager gezählt hatten. Seitdem wird der Gipfel auch «16+1» genannt und zumeist jährlich in wechselnden Haupt- oder Großstädten veranstaltet. Die Zusammensetzung hat sich über die Jahre nur leicht verändert, 2019 stieß Griechenland zur Gruppe (wodurch sie dann «17+1» hieß), 2021 verabschiedete sich das Gründungsmitglied Litauen aus dem Kreis (so dass man zu «16+1» zurückkehrte).

Seit 2013/2014 sind das Spitzentreffen, sein Sekretariat in Peking und die Nationalkoordinatoren in den CEE-Ländern in das Projekt der Neuen Seidenstraße eingebunden. Ausdrückliches Ziel ist es seitdem, entlang der Entwicklungsachsen die Kooperation in der Infrastruktur, in Transport und Logistik, im Handel, im Tourismus und in anderen Branchen auszubauen. In den «weicheren» Feldern geht es um einen engeren Austausch in Kultur, Bildung, Wissenschaft, Forschung und in der Zivilgesellschaft. Wen Jiabao, begleitet von etwa 350 Unternehmensvertretern aus seiner Heimat, versprach auf dem ersten Gipfel in Warschau, den Warenaustausch seines Landes mit der CEE-Region bis 2015 auf 100 Milliarden Dollar zu steigern. Zugleich stellte Peking für Investitionen einen Fonds von 500 Millionen Dollar sowie Kreditlinien über 10 Milliarden Dollar bereit. Dieser Topf leerte sich schon bis 2014 weitgehend und wurde deshalb mit weiteren drei Milliarden Dollar aufgefüllt. Im Folgejahr hieß es, acht von zehn angekündigten Projekten seien begonnen worden, allerdings verfehlte das Handelsvolumen mit 70 Milliarden Dollar die für 2015 anvisierte Höhe. Diese Hürde wurde erst fünf Jahre später übersprungen, wie 2021 auf dem virtuellen «17+1»-Gipfel bekannt wurde. Was die Kredite angeht, so stellten die Staatsbanken ICBC und CDB 2016 und 2017 weitere 13 Milliarden Dollar für die CEE-Region bereit.

Wie viel ist seitdem passiert? Auch hier ist die Lage nicht Schwarz-Weiß, und sie ist schwer zu überblicken. In letzter Zeit macht sich in Osteuropa immer mehr Skepsis über den Sinn der aufwendigen Jahrestreffen breit. Einige Regierungen zeigen Peking daher die kalte Schulter oder verringern zumindest ihr Profil. Beim online abgehaltenen Gipfel 2021 schalteten sich aus den zwölf EU-Staaten nur in der Hälfte der Fälle Staats- oder Regierungschefs zu. Stattdessen schickten sie einfache Minister ins Rennen. Ein ziemlicher Fauxpas, wenn man bedenkt, dass an dem Treffen erstmals der chinesische Staats- und Parteichef Xi Jinping teilnahm.

Klar ist: Einige Länder hatten sich von China mehr versprochen und verbuchen die Zusammenarbeit jetzt unter: «Außer Spesen nichts gewesen». Beispiel Tschechien: Bei einem Besuch von Xi in Prag hieß es 2016, China wolle dort bis 2020 rund zehn Milliarden Dollar investieren. Doch sind dieser Ankündigung kaum Taten gefolgt. Auf der Beteiligungsseite lassen sich seit 2013 nicht einmal 900 Millionen Dollar nachweisen, wovon der Großteil auch noch von dem privaten Mischkonzern CEFC China Energy stammte, der 2020 insolvent ging. Größere öffentliche Bauvorhaben mit chinesischem Hintergrund sind überhaupt nicht zu ermitteln.

Zweites Beispiel Litauen: Als das Parlament in Vilnius 2021 beschloss, dem «17+1»-Zirkel den Rücken zuzuwenden, begründete die Regierung den Schritt damit, dass die Zusammenarbeit mit Peking «fast keinen Mehrwert» gebracht habe. Tatsächlich lässt sich im «Investitionsverfolger» des American Enterprise Institute zwischen 2013 und 2021 kein einziges größeres chinesisches Projekt in Litauen ermitteln, weder auf der M&A-Seite noch im Infrastrukturbereich, weder inner- noch außerhalb der Seidenstraße. Ähnliche Enttäuschungen und Rückschritte gab es auch anderswo, selbst bei einem Vorzeigeprojekt. 2014 beschloss der «16+1»-Gipfel die Modernisierung der maroden und bisher eingleisigen Bahnstrecke zwischen den

Hauptstädten von Ungarn und Serbien, Budapest und Belgrad. Die Ertüchtigung sollte 1,7 Milliarden Dollar kosten und 2017 beendet sein. In jenem Jahr war sie aber noch lange nicht fertig – sie ist es bis heute nicht –, während die Kosten stark gestiegen waren und sich jetzt auf 2,1 Milliarden Dollar beliefen. Inzwischen ist auf serbischer Seite von 350 Millionen und auf ungarischer Seite von drei Milliarden Dollar die Rede. Den Löwenanteil finanziert auch hier die staatliche chinesische Exim-Bank, allein die Zinsen, die Budapest zahlen muss, sollen 600 Millionen Dollar betragen. Der schleppende Ausbau in Ungarn hängt auch damit zusammen, dass die EU dort auf ergebnisoffenen Ausschreibungen und fairen Bieterverfahren nach europäischem Recht besteht. Demgegenüber ist es China in Serbien und anderswo gewohnt, als Financier mitzureden, wer den Zuschlag bekommt. Nicht selten geht er dann an eigene fernöstliche Bauunternehmen oder solche, die Peking oder seinen Partnern aus anderen Gründen genehm sind oder nahestehen.

Gleichwohl wäre es übertrieben zu sagen, die Seidenstraße bestehe in Osteuropa nur aus heißer Luft. Das zeigt ein Blick in die Datenbanken des Investment-Trackers, der die BRI-Engagements gesondert ausweist. Im Feld der Fusionen und Übernahmen hat es in den sechzehn CEE-Ländern seit 2013 zwar nur 30 Beteiligungen über rund neun Milliarden Dollar gegeben. Im Bereich «Construction» aber, der sich auf die Infrastruktur bezieht, spuckt das Programm 37 Projekte im Wert von fast 14 Milliarden Dollar aus. Insgesamt hat China also in den EU- und Nicht-EU-Staaten der Region 23 Milliarden Dollar in Vorhaben investiert, die der Neuen Seidenstraße zuzurechnen sind. In Westeuropa, dem eher BRI-skeptischen Teil des Kontinents, sind die Zahlen zu den M&As in derselben Zeit viel höher: 45 Transaktionen für fast 37 Milliarden Dollar. Was den Infrastrukturausbau angeht, lassen sich aber nur halb so viele chinesische Aktivitäten finden wie im Osten, nämlich zwanzig Vorhaben über nicht einmal sieben Milliarden Dollar.

Was China mit «16+1» bezweckt

China hat in Osteuropa multiple Interessen. Der Markt ist, insgesamt betrachtet, durchaus verlockend. Der Nachholbedarf ist groß, die Infrastruktur überholungsbedürftig, Grund und Boden sowie die Arbeitskräfte sind viel billiger als im Westen. Die östlichen EU-Länder nutzt Peking als Tor nach Europa, böse gesprochen als Einflugschneise. Schließlich ist die Gemeinschaft nominal betrachtet noch immer die zweitgrößte Volkswirtschaft der Welt – hinter den USA zwar, aber vor China. In den Nicht-EU-Mitgliedern profitiert Peking auch davon, dass die Regularien dort weniger streng sind, etwa was das Arbeitsrecht angeht, die Umweltauflagen oder die Transparenz bei Vergabeverfahren. Gleichzeitig sind viele der Länder so klein, dass sie China in den Verhandlungen wenig entgegenzusetzen haben und ihm förmlich aus der Hand fressen.

Die Regierungschefs hatten zwar geglaubt, auf den «16+1»-Gipfeln den Asiaten geeint und selbstbewusst entgegentreten zu können, «auf Augenhöhe», wie man heute sagt. Tatsächlich entstehen dort aber fast keine multilateralen Verträge, sondern zumeist Separatvereinbarungen zwischen China und einzelnen Ländern oder Ländergruppen, wobei natürlich Peking als dominierender Part auftritt. Schuld an der fehlenden Geschlossenheit sind nicht zuletzt die Entwicklungsunterschiede unter den CEE-Ländern, die Partikularinteressen und Animositäten. Das Durchschnittseinkommen des EU-Mitglieds Tschechische Republik ist viermal so hoch wie das von Bosnien, Albanien verhandelt ungern an der Seite Serbiens, Montenegro hat kaum etwas gemeinsam mit dem Baltikum.

Außerhalb der EU sticht Chinas Interesse an den Westbalkanstaaten ins Auge, die sozusagen im Wartezimmer der Gemeinschaft auf Einlass warten. Fast 60 Prozent aller Infrastrukturprojekte der Seidenstraße in der CEE-Region konzentrieren sich auf diese fünf Länder. Eingerahmt von den EU-BRI-Partnern Kroatien und Griechenland, liegen Montenegro und Albanien strategisch günstig an der Adria, auch Bosnien-Herzegowina hat einen kleinen Zugang zum Mittelmeer. Serbien wiederum ist mit sieben Millionen Einwohnern die mächtigste und selbstbewussteste Regionalmacht. Sie unterhält gute Beziehungen zu Russland, und sie grenzt gleich an vier EU-Staaten, namentlich Rumänien, Bulgarien, Ungarn und Kroatien. Nicht zuletzt deshalb entfällt der Löwenanteil der chinesischen CEE-Aktivitäten auf Serbien. Etwas anderes kommt hinzu: In kaum einem anderen Landstrich ist die Verquickung der Seidenstraßen- mit der Going-out-Strategie so gut sichtbar wie auf dem Westbalkan. Dort zählen bis auf ein einziges Immobilienprojekt ausnahmslos alle chinesischen Investitionen zu den Schlüsselbranchen der Made-in-China-Initiative: Energie, Versorger, Mobilität, Industrie oder Werkstoffe.

Die politische Dünnhäutigkeit Chinas und die Verquickung der Seidenstraße mit politischen Absichten – auch diese Zusammenhänge lassen sich in Osteuropa erkennen. Regelrecht zerrüttet ist das Verhältnis zwischen China und Litauen, seit Taiwan Ende 2021 in Vilnius eine diplomatische Vertretung eröffnen durfte. Als Strafe für die Quasi-Anerkennung der «abtrünnigen Provinz» blockiert Peking seit Januar 2022 litauische Importe und hat das kleine EU-Land sogar aus seiner Zolldatenbank gestrichen, als existierte es gar nicht. Verstimmungen gibt es auch mit anderen CEE-Ländern. Polen und Tschechien etwa galten lange als besonders enge Vertraute im Osten der EU. 2019 jedoch begannen sie sich Gedanken über die Öffnung ihres Mobilfunknetzes für den chinesischen Anbieter Huawei zu machen. Dem Konzern aus Shenzhen wird eine allzu große Nähe zum kommunistischen Regime nachgesagt und dass er seine sensible Technik im Ausland nachrichtendienstlich oder für Sabotageakte zweckentfremden könnte. Tschechien verbot seinen Regierungsbeamten daher, Huawei-

und ZTE-Geräte zu nutzen und warf dem chinesischen Botschafter in Prag vorsätzliche Täuschung in Bezug auf Huawei vor. Polen nahm sogar den Landeschef des Unternehmens unter dem Verdacht der Spionage fest. Die beiden Regierungen standen und stehen mit ihren Zweifeln an Huawei nicht allein da, doch sie wurden von Peking besonders stark beschimpft. Wohl weil die enttäuschten Machthaber geglaubt hatten, Prag und Warschau im Rahmen der Neuen Seidenstraße und der «16+1»-Versprechungen gefügiger und ihrer Sache gegenüber loyaler gemacht zu haben.

Emilian Kavalski, Professor für Chinesisch-Eurasische Beziehungen am Ableger der britischen Nottingham-Universität im chinesischen Ningbo, sieht diese Konfrontation im Zusammenhang mit dem Kräftemessen zwischen der Volksrepublik und den USA, dem wichtigsten NATO-Partner Polens und Tschechiens. Auch die EU habe ihren Mitgliedern signalisiert, dass sie über eine allzu enge Fraternisierung mit der asiatischen Hegemonialmacht nicht besonders glücklich ist. Das aber sei nicht der alleinige Grund für die wachsende Entfremdung zwischen den osteuropäischen Ländern und Peking, sagt Kavalski. Vielmehr mache sich dort eine immer größere Enttäuschung darüber breit, dass China viel versprochen, aber wenig gehalten habe: «Nicht, dass der chinesische Handel und die chinesischen Investitionen in den CEE-Ländern nicht zugenommen hätten. Im Gegenteil, sie haben zugenommen, aber in den meisten Fällen nur geringfügig: Ihr Niveau bleibt hinter der Lautstärke der chinesischen Rhetorik zurück.»

Und doch hat es China geschafft, mit Hilfe der «osteuropäische Seidenstraße» einen Fußabdruck mitten in der EU zu hinterlassen. «16+1» sei mehr als ein Gipfeltreffen mit Absichtserklärungen, sagt der Wissenschaftler, das Format werde immer deutlicher zu einer regionalen Institution, einer chinesischen Einrichtung auf europäischem Boden. «Wie die BRI zeigt, ist Peking keine flüchtige Präsenz auf dem Kontinent, sondern ein

Akteur, der hier bleiben wird.» China sei bereits «umfassend» und «komplex» in Europa «verstrickt» und setze seine wirtschaftliche Potenz nicht zuletzt dazu ein, «jene Normen, Regeln und Vereinbarungen anzufechten, für welche die EU steht». Auf diese Weise trage Peking erheblich dazu bei, die geopolitischen Gegebenheiten auf dem Kontinent zu verändern und sich hier unentbehrlich zu machen. «Kurz gesagt lässt sich behaupten, dass China bereits eine vollwertige europäische Macht geworden ist», so Kavalski.

Trojanisches Pferd? Pekings politischer Einfluss via Osteuropa

Chinas Einflussnahme in Osteuropa findet sehr geschickt statt, wie eine Studie der Carnegie-Stiftung vom Oktober 2021 ergeben hat. Peking präsentiere sich als Alternative zum Westen, indem es schwächeren und schwankenden Ländern Komplettlösungen zur ökonomischen Entwicklung anbiete, prototypisch etwa in der Planung, Finanzierung und Ausführung aufwendiger Energie- oder Verkehrsprojekte. Das gelinge dort besonders gut, wo die Zivilgesellschaft und die Institutionen brüchig seien und wo die Eliten den Staat für sich vereinnahmten – eben genau in Ost-, Ostmittel- und Südosteuropa. «Ein Paradebeispiel dafür ist Ungarn, wo der Mangel an öffentlicher Kontrolle und Transparenz sowohl China als auch den lokalen Eliten zugutekommt und Korruption und Kleptokratie weiter anheizt», so die Carnegie-Forscher.

Überdies könne Peking in diesen Ländern seine «Soft Power» ausspielen und seine «strategischen Botschaften» unters Volk bringen, das soll wohl heißen: seine Propaganda. In Ermangelung eines breiten Angebots an freier Presse oder freier Wissenschaft erfolge diese Berieselung dann oft ohne größere «Gegennarrative», so die Stiftung. Als ein solcher Versuch kann die Beteiligung des schon erwähnten Mischkonzerns CEFC an dem tschechischen Kommunikationsunternehmen Empresa Media gelten. Wie die Zeitung «The Diplomat» berichtet, änderte sich die China-Berichterstattung des zugehörigen Fernsehsenders «TV Barrandov» und der Zeitschrift «Tyden» fundamental nach der Investition von 2015. Es habe anschließend nur noch Peking-freundliche Beiträge gegeben und ungewöhnlich viele Schilderungen der Seidenstraße und des «16+1»-Formats.

Als sehr publikumswirksam erwies sich Jahre später die ostentative Bereitschaft Pekings, in der Covid-19-Pandemie Schutzausrüstung, Medizintechnik, Medikamente und schließlich auch Impfstoffe in die Region zu liefern. Ungarn ist das einzige Land der EU, dass das fernöstliche Vakzin Sinopharm verwendet. Es ist dort mit einem Anteil von achtzehn Prozent der drittwichtigste Impfstoff hinter Biontech und Astra-Zeneca. Zum Einsatz kann es deshalb kommen, weil sich Budapest mit einem eigenen Gesetz über die Brüsseler Bestimmungen hinwegsetzt, wonach Sinopharm in der EU noch nicht zugelassen ist. Auch Serbien verimpft dieses Produkt und wurde dafür prompt mit der Ansiedlung eines eigenen Sinopharm-Werkes belohnt, des ersten in Europa. Die «Neue Zürcher Zeitung» nennt diese Art der Corona-Politik süffisant «Chinas Vakzin-Diplomatie».

Andere nehmen die Lage ernster. Die Washingtoner Denkfabrik Carnegie sieht in dem chinesischen Vordringen in der CEE-Region durchaus Gefahren. Der wachsende Einfluss habe das Zeug dazu, «Regierungsdefizite zu verschärfen, die Stabilität zu untergraben und die Fähigkeit der EU zu erschweren, in wichtigen Fragen einen Konsens zu erzielen». Dem Carnegie-Papier zufolge versucht China über die Osteuropa-Schiene sowohl den europäischen Konsens als auch den transatlantischen Schulterschluss zu erschüttern, und zwar in Themen, die zu Pekings Achillesfersen gehören, etwa den Menschenrechten, Taiwan, dem Südchinesischen Meer, Hongkong oder Xinjiang.

Peking spürt durchaus einen Rückschritt in dieser Strategie des Spaltens, die einige Kommentatoren als «Trojanisches Pferd in der EU» bezeichnet haben, genannt wurden schon die Widerstände in Tschechien, Polen, Litauen. Die Carnegie-Stiftung ergänzt, dass sich auch in Rumänien die Stimmung gegen China drehe, vor allem unter jüngeren Leuten. Eine jüngere Studie aus Bukarest mit dem schönen Namen «Wer beschwört den Drachen?» verknüpft ökonomische und politikwissenschaftliche Ansätze und kommt zu dem Schluss: «Trotz Chinas Bemühungen, Schwachstellen in der Region auszunutzen, scheint sein politischer Einfluss noch relativ gering zu sein. Selbst die wirtschaftliche Bedeutung kann nicht mit den westlichen Geschäftsbeziehungen mithalten.»

Das mag richtig sein. Aber das große Reich konnte mit der durchdachten Verbindung von Wirtschaftsinteressen, politischem Einfluss und Propaganda durchaus schon Erfolge feiern. Als jüngste Fälle erwähnen die Carnegie-Fachleute, wie es dem ungarischen Ministerpräsidenten Viktor Orbán im Frühling und Sommer 2021 gelang, die Verurteilung der Vorgänge in Hongkong durch die EU zu blockieren. In der Studie heißt es: «Ungarn ist nach wie vor bereit, China zu helfen, weil die Regierung die Tür für chinesische Investitionen öffnen, diplomatische Unterstützung für Ungarns demokratischen Rückschritt gewinnen und zugleich Brüssel übermitteln möchte, dass Budapest durchaus politische und wirtschaftliche Alternativen hat.» Das zeigte sich auch in der Uiguren-Frage. Im März 2021 trug Budapest zwar die Sanktionen mit, die die EU gegen chinesische Beamte wegen möglicher Menschenrechtsverletzungen in Xinjiang erlassen hatte. Der ungarische Außenminister Peter Szijjarto bezeichnete die Strafmaßnahmen aber als «schädlich» und «sinnlos».

Ähnliche Fälle hatte es früher schon gegeben. 2017 legte die griechische Regierung ihr Veto gegen einen EU-Beschluss ein, mit dem China für seine Menschenrechtsverletzungen vor dem

Menschenrechtsrat der Vereinten Nationen in Genf kritisiert werden sollte. Das war das erste Mal, dass die Gemeinschaft in dieser Frage nicht mit einer Stimme sprach und deshalb als geschwächt wahrgenommen wurde. Chinas wachsende Verbindungen nach Griechenland in jener Zeit lassen nicht an einen Zufall glauben: Nur ein Jahr zuvor hatte Cosco in Piräus die Mehrheit an den Hafenanlagen übernommen, und erst einen Monat lag es zurück, dass der Umschlagplatz bei Athen mit dem Weltmarktführer in Schanghai eine Vereinbarung zur Steigerung des gegenseitigen Frachtaufkommens geschlossen hatte.

Ein möglicher Fall von vorauseilendem Gehorsam hatte sich auch 2016 schon gezeigt. Als in jenem Jahr der Internationale Schiedsgerichtshof in Den Haag Pekings Gebietsansprüche im Südchinesischen Meer zurückwies, wollte die EU diesen Spruch eigentlich «begrüßen»; diese Formulerung ist ein starkes Signal in der diplomatischen Rhetorik. Doch Griechenland, Ungarn und auch Kroatien stellten sich quer und schwächten die Erklärung so ab, dass die Gemeinschaft den Beschluss der Richter nur noch «zur Kenntnis nahm».

Warum war Kroatien bei diesen Querdenkern dabei? Seit gerade einmal drei Jahren EU-Mitglied, rückte das Land damals ebenfalls näher an China heran, vermutlich wegen der Planung seines größten Infrastrukturprojekts. 2016 verhandelte Zagreb mit der EU und mit anderen Akteuren, darunter Peking, über den Bau einer strategisch und touristisch wichtigen Brücke an der Adria. Sie sollte dort entstehen, wo die kroatische Küste und damit auch das EU-Gebiet unterbrochen sind, weil Bosnien-Herzegowina an dieser Stelle einen schmalen Meerzugang hat. Der Transit über den dünnen bosnischen Streifen Richtung Dubrovnik, der die Aus- und Wiedereinreise in die EU erfordert, lässt sich aber umgehen, indem Reisende rechtzeitig vom kroatischen Festland auf die vorgelagerte Peljesac-Halbinsel übersetzen. Diese verläuft parallel zur Küste am bosnischen

Hoheitsgebiet vorbei Richtung Südosten, so dass man die EU nicht verlassen muss.

Um die kleine Bucht zu überqueren, ist schon lange eine Brücke geplant, aber vor sechs, sieben Jahren nahm das Vorhaben endlich Gestalt an – dank der Chinesen. Nach langem Hin und Her mit den Ausschreibungen und der Finanzierung wurde 2017 offiziell bekanntgegeben, dass neben zwei anderen Konsortien auch der Staatskonzern China Road and Bridge Corporation zu den Bewerbern zählte. Vier Monate später erhielt das Konsortium dann auch wirklich den Zuschlag für das Prestigeprojekt. Die Chinesen verlangten für den Bau 2,1 Milliarden Kuna, nach heutigem Kurs 313 Millionen Dollar. Das Angebot war nicht nur um ein Fünftel günstiger als das der Mitbewerber aus Österreich beziehungsweise aus Italien und der Türkei, das Pekinger Bauunternehmen versprach auch, die Arbeiten sechs Monate vor der Fertigstellungsfrist zu beenden.

Tatsächlich war das fast zweieinhalb Kilometer lange Bauwerk, das größte Infrastrukturvorhaben Kroatiens und eines der umfangreichsten Brückenprojekte der EU, im Juli 2021 rechtzeitig fertig. Mit allen Anschlusskosten betrugen die Investitionen am Ende mehr als 620 Millionen Dollar, doch zumindest die Chinesen blieben zeitlich wie finanziell weitgehend in ihrem Rahmen. Diesmal mussten sie nicht einmal ihr eigenes Geld mitbringen, denn das stellte weitgehend die EU bereit. Dass die Gemeinschaft ausgerechnet einen kommunistischen Staatsbetrieb bezahlt, führte zu einigem Kopfschütteln, auch haben die unterlegenen Anbieter gegen die Vergabe an China geklagt. Doch das Verfahren hielt der Überprüfung stand, weil die europäischen Märkte jedermann diskriminierungsfrei offenstehen, der sich an die Regeln hält. Genau das ist eines der Themen im folgenden Kapitel: Sollte sich Europa gegen den chinesischen Zugriff stärker wehren, und wenn ja, wie? Oder wäre es besser, die Offenheit beizubehalten, sie aber reziprok auch in Fernost einzufordern?

ERSTE ABWEHRVERSUCHE GEGEN DIE EXPANSION

Alte Bande: Die Provinz Shandong und ihr Interesse an Deutschland

Mitten in der Altstadt von Yantai, 8000 Kilometer Luftlinie von Berlin entfernt, überrascht den Besucher eine Inschrift aus imperialer Vergangenheit. «Kaiserlich Deutsches Postamt» steht im Giebel eines prächtigen Klinkerbaus. Vor etwa zehn Jahren wurde die Fassade des Eckhauses restauriert, seitdem erstrahlen die Buchstaben in frischem Gold.

Briefmarken gibt es in dem alten Gebäude schon lange nicht mehr, dafür bittet der heutige Besitzer freundlich zum Tee. Er betreibt hier eine einfache Herberge, die Zimmer sind klein, fensterlos, muffig. Der Putz platzt von den Wänden, die Renovierung hat es nicht bis ins Innere des Gemäuers geschafft. «Früher war alles deutsch hier, habe ich gehört», sagt der Mann mit den fettigen Brillengläsern. «Heute kommen nur noch ein paar von euren Touristen und Geschäftsleuten.»

Bis zum Ersten Weltkrieg stand Yantai, eine Hafenstadt im Norden der chinesischen Provinz Shandong, unter Einfluss des Kaiserreichs von Wilhelm II. Damals Tschifu, Zhifu oder Cheefoo genannt, war die Stadt zwar nicht offizieller Teil des Pachtgebiets Kiautschou im Süden der Halbinsel. Sie blieb aber bis zur deutschen Niederlage eng mit dem Schutzgebiet um den Hauptort Tsingtau (Qingdao) verbunden.

Anders als die japanischen Kolonialherren, die auf die Europäer folgten, sind die Deutschen und ihr Erbe bis heute hoch angesehen. In Qingdao stellt die alte Brauerei «Tsingtao» noch immer Chinas berühmtestes Bier her. In der evangelischen Christuskirche finden nach wie vor Gottesdienste statt (auch auf Deutsch), und der ehemalige Gouverneurspalast zieht jedes Jahr eine halbe Million Besucher an. Mao Tse-tung höchstpersönlich hat hier 1957 einen Monat lang gewohnt. Bis heute wird sein Bett frisch bezogen.

Sogar einige Ausdrücke der ehemaligen Amtssprache haben sich gehalten. Ein Kanaldeckel heißt hier «Gu Li», eine Dame «Da Ma». Weil «da» auf Chinesisch zugleich «groß» oder «alt» bedeutet, hat ihr die Volksetymologie eine «Xiao Ma» zur Seite gestellt, eine junge oder kleine Dame. Derlei hübsche Bezeichnungen gibt es nur in dem früheren Kolonialgebiet.

Bei so viel historischer Nähe wundert man sich in der Provinz Shandong, die deutlich mehr Einwohner zählt als die Bundesrepublik, über die Zurückhaltung der heutigen Deutschen. Sie unterhalten kein Konsulat hier, ihre Politiker kommen nur selten zu Besuch, und auch die Unternehmer sind in dem Landstrich viel weniger aktiv als in Peking, Schanghai oder Kanton (Guangdong). Und das, obgleich Yantai und Qingdao zu Chinas wichtigsten Handelshäfen gehören. In den beiden Ballungszentren leben 17 Millionen Menschen.

Umgekehrt zieht es die hiesigen Konzerne mit Macht nach Deutschland. Die Hisense-Gruppe aus Qingdao, ein führender Hersteller von Fernsehapparaten, hat ihre Europazentrale in Düsseldorf errichtet. Bis 2017 war der Elektronikriese Premiumsponsor des Bundesligavereins Schalke 04. Der andere bekannte Platzhirsch der Stadt, Haier, hat sogar deutsche Wurzeln. Der Weltmarktführer von Haushaltsgeräten begann Mitte der 1980er Jahre in einer Kooperation mit dem schwäbischen Kühlschrankbauer Liebherr. Von diesem übernahm er die zweite Hälfte des Namens, der auf Chinesisch «Li Bo Hai Er» lautete.

Auch über das Logo zollen die Asiaten den Deutschen Respekt. Viele Jahre lang zeigte das Haier-Signet zwei Knaben in Badehosen, einen schwarzhaarigen chinesischen und einen blonden europäischen, der ein Speiseeis in der Hand hält. Das Bild soll zum einen die verlässliche Kühlung der Eisschränke symbolisieren, zum anderen das gemeinsame Größerwerden mit dem Partner aus Württemberg.

Längst sind die Chinesen ihren Ziehvätern von einst über den Kopf gewachsen. Liebherr Hausgeräte erzielt mit 6300 Mitarbeitern Erlöse von rund 1,1 Milliarden Dollar im Jahr. Haier Qingdao schafft mit zehnmal so vielen Mitarbeitern einen zwanzigmal so hohen Umsatz. Berühmt-berüchtigt ist der Vater des Erfolgs, der Vorstandsvorsitzende Zhang Ruimin. Als junger Werksleiter ließ er seine Arbeiter Dutzende brandneue, aber fehlerhafte Kühlschränke mit Vorschlaghämmern zertrümmern. Mit der vehementen Aktion wollte er die schlechte Verarbeitung der chinesischen Produktion im Vergleich zu den westlichen Marken anprangern. Zhang griff auch selbst zum Hammer und soll dabei gesagt haben: «Wenn wir diese Kühlschränke heute nicht zerstören, wird der Markt die ganze Firma zerstören.» Eines der Werkzeuge ist als ewige Mahnung am Firmensitz in Qingdao ausgestellt.

Deutschland ist für Haier nicht nur als Markt und Qualitätsvorbild interessant, sondern auch zur Wachstumsfinanzierung. Der Konzern war der erste, der an der Börse in Frankfurt ein Zweitlisting über die neue chinesische Plattform Ceinex beantragte. Bislang war die Gesellschaft nur in Schanghai notiert, wo sie 42 Milliarden Dollar wert ist. Da die Börsen auf dem chinesischen Festland für ausländische Anleger schwer zugänglich sind, handeln große Unternehmen ihre Anteile auch in Hongkong, Singapur und New-York. Neben diese «H-», «S-» und «N-Aktien» ist das Papier von Haier als erste «D-Aktie» getreten.

Wie sich Yantai Taihai und State Grid in Berlin blutige Nasen holten

Auch aus Yantai, wo das deutsche Postamt steht, drängen die Unternehmen nach Europa. Das spektakulärste Beispiel heißt Yantai Taihai und hat seinen Sitz im Stadtteil Laishan unweit des Militärflughafens. Gegründet 1996, verarbeitet die Firma Metalle für die Nuklearindustrie, etwa durch Schmieden, Schmelzen, Gießen. 2013 übernahm Taihai die Mehrheit an seinem langjährigen Partner Manoir Industries aus Paris, der neben der Energiewirtschaft auch die Luftfahrt- und Rüstungsindustrie beliefert.

Fünf Jahre später holten die Yantaier in Deutschland zu einem Doppelschlag aus. Zunächst kauften sie die insolvente Tubes Production AG (DTP) in Duisburg auf. Der Mittelständler stellt Präzisionsrohre aus Zirkonium für die Atomindustrie her. Wenig später wollten die Chinesen auch den Münsterländer Metallverarbeiter Leifeld Metal Spinning übernehmen. Der Traditionsbetrieb von 1891, der aus einer Böttcherei und einer Schlosserei hervorgegangen ist, produziert Werkzeugmaschinen.

In den 1970er Jahren entwickelte die in Ahlen ansässige Gesellschaft die weltweit ersten Maschinen zur Herstellung von Glasflaschen und von Aluminiumrädern. Heute ist sie auf die spanlose Metallumformung spezialisiert, etwa auf materialsparende Drückmaschinen für die Fertigung von Haushaltswaren. Mit Anlagen von Leifeld lassen sich aber auch Bremskolben, Triebwerksteile für Flugzeuge oder Komponenten für Trägerraketen herstellen. Und offenbar auch Bauteile für Kernkraftwerke.

Zwar findet die gesamte Produktion nach wie vor in Deutschland statt. Doch expandierte die Gründerfamilie Leifeld schon früh nach Frankreich und England. Nach der Übernahme durch den Medienunternehmer und früheren «Premiere»-Chef Georg Kofler 2007 kamen Vertriebsbüros in den Vereinigten Staaten und China hinzu. Die Volksrepublik ist inzwischen der wichtigste Markt für die Westfalen.

Der Kontakt nach Fernost führte 2018 zu dem Übernahmeangebot von Yantai Taihai und Manoir. Allerdings durchkreuzte im August jenes Jahres das Bundeswirtschaftsministerium überraschend diese Pläne. Es drohte mit einer Untersagung des Verkaufs und brachte die Transaktion dadurch zum Platzen. Das war das erste Mal, dass Berlin einem chinesischen Unternehmen den Vorstoß nach Deutschland verweigerte.

Das Haus, das damals von Peter Altmaier (CDU) geführt wurde und auch für die Energiepolitik zuständig war, begründete seine Bedenken damit, dass Leifeld ein wichtiges Unternehmen für die Nuklearindustrie sei, das man nicht in ausländische Hände geben dürfe. Kaum ein halbes Jahr zuvor hatte dieses Argument noch nicht gegolten: Der insolventen Duisburger DTP, die ja auch mit der Nukleartechnik verbunden war, hatte das Ministerium ohne Zögern eine Unbedenklichkeitsbescheinigung für den Verkauf an Yantai Taihai erteilt. Im Falle von Leifeld reichten die Chinesen den Antrag dann gar nicht erst ein, als klar war, dass Berlin mauern würde.

Dass die Luft für Bieter aus Fernost damals schon dünner wurde, zeigte sich auch in der Stromwirtschaft. Nur eine Woche vor dem abgeblasenen Leifeld-Verkauf war der Einstieg der staatlichen State Grid Corporation of China beim Berliner Übertragungsnetzbetreiber 50 Hertz Transmissions gescheitert. Auch hier machte die Bundesregierung Sicherheitsbedenken geltend, denn kritische Infrastrukturen wie Stromnetze müssten geschützt werden. 20 Prozent von 50 Hertz gehörten einem australischen Infrastrukturfonds, die dieser eigentlich für eine Milliarde Euro an State Grid verkaufen wollte.

Diesem Ansinnen machte das Wirtschaftsministerium einen Strich durch die Rechnung. Anders als bei Leifeld konnte es den Deal aber nicht untersagen, weil ein solches Veto damals erst ab einer Beteiligung von 25 Prozent möglich war. Deshalb verfielen Altmaiers Leute auf einen Trick: Sie drängten den 80-prozentigen Mehrheitseigentümer von 50 Hertz, die belgische Elia-Gruppe, ihr Vorkaufsrecht zu nutzen und die von den Australiern erworbene Beteiligung umgehend weiterzuverkaufen: an die KfW-Bankengruppe, die Bund und Ländern gehört. Angeblich soll das Finanzinstitut die Anteile irgendwann wieder privatisieren, doch vorerst ist jetzt der deutsche statt der chinesische Staat Miteigentümer von 50 Hertz.

Aus der Bundesregierung war damals zu hören, es sei dringend nötig, die Zügel straffer zu ziehen. Schon manche frühere Akquisition der Chinesen hätte man verhindern müssen, etwa 2016 den oben ausführlich geschilderten Verkauf des Augsburger Roboterherstellers Kuka an den Hausgeräteproduzenten Midea aus Kanton, die bis dahin umfangreichste chinesische Transaktion in Deutschland überhaupt. Juristisch war die Untersagung seinerzeit nicht möglich, denn das Ministerium besaß nur im Falle strategisch wichtiger deutscher Unternehmen ein Mitspracherecht. Als ein solches galt Kuka nicht, und so waren dem SPD-Wirtschaftsminister Sigmar Gabriel, der sich gegen Midea ausgesprochen hatte, die Hände gebunden. Sein Appell, es müsse ein europäischer Investor gefunden werden, verhallte bekanntermaßen ungehört.

Damit es künftig leichter fiele, die Asiaten aufzuhalten, wurde die sogenannte Außenwirtschaftsverordnung noch unter der alten schwarz-roten Bundesregierung mehrfach verschärft. In der ursprünglichen Fassung war zum Beispiel die genannte Regelung festgeschrieben, dass Berlin nur bei Beteiligungen von 25 oder mehr Prozent ein Veto einlegen konnte. Bei 50 Hertz waren es weniger, so dass sich die Verordnung als stumpfes Schwert erwiesen hatte und mühsame Winkelzüge nötig waren, um das Unternehmen unter deutscher Kontrolle zu behalten. Aus dem Fall lernend, senkte die Bundesregierung in einem ers-

ten Schritt Ende 2018 die Prüfschwelle «kritischer Infrastrukturen» von 25 auf zehn Prozent. Darunter fielen zum Beispiel
Unternehmen für die Sicherheit in der Informationstechnik,
aber eben auch Stromnetze, so dass 50 Hertz und die anderen
deutschen Übertragungskonzerne seitdem gegen ähnliche Vorstöße wie die von State Grid geschützt sind.

Endlich gegenhalten: Deutschlands «Industriestrategie 2030»

In einem nächsten Schritt stellte Altmaier eine sogenannte «Industriestrategie 2030» vor, auch sie diente letztlich dazu, China
auf Abstand zu halten. Der Ursprungsentwurf vom Februar
2019 ging sehr weit, er sah zum Beispiel eine «Beteiligungsfazi-
lität» vor: einen öffentlichen Geldtopf, aus dem heraus der
Bund Teile bedeutender Unternehmen hätte kaufen können,
um die Veräußerung «sensibler und hochrelevanter Technologien» ans Ausland zu verhindern. Ein anderes Instrument mit
dem verwirrenden Namen «neues volkswirtschaftliches Ver-
hältnismäßigkeitsprinzip» sollte es dem Staat ermöglichen, Alliierte aus der Wirtschaft um sich zu scharen, um gemeinsam
die Übernahme deutscher Technologieführer zu verhindern.
Das sollte über «Ermutigungen» und «Unterstützungen» der
Partnerunternehmen laufen, also über mehr staatlich-finan-
zielle Einflussnahme aus Berlin in der Privatwirtschaft.

Auch sah die Industriestrategie de facto eine Bestandsgarantie für bestimmte, sogar namentlich genannte Großunternehmen
vor, etwa für die Deutsche Bank, Siemens und Thyssen-Krupp.
Deren «dauerhafter Erfolg» sei im «nationalen wirtschaftlichen Interesse», hieß es in dem Papier. In dieser Formulierung
schien Altmaiers alter Wunsch durch, die Herausbildung nationaler und europäischer «Industriechampions» zu fördern, um

Großanbietern aus anderen Weltgegenden Paroli zu bieten. So hatte er gemeinsam mit der Pariser Regierung die Fusion der Bahntechniksparten von Siemens aus Deutschland und Alstom aus Frankreich ermöglichen wollen, auf dass diese geeint dem übermächtigen chinesischen Konkurrenzkonzern CRRC hätten entgegentreten können. Diesem Ansinnen, das eine Änderung des EU-Wettbewerbsrechts und der Fusionskontrolle erfordert hätte, machte die Europäische Kommission dann allerdings einen Strich durch die Rechnung. Gleichwohl hielt Altmaier auch weiterhin an seinem Ziel fest, die Spitzenstellung deutscher und europäischer Unternehmen zu ermöglichen oder zumindest zu sichern.

Doch auch Altmaiers neue Pläne mussten erheblich Federn lassen. Diesmal sperrte sich vor allem die deutsche Wirtschaft dagegen. Dem Industrieverband BDI gingen die staatlichen Eingriffe und die Einschränkungen des freien Wettbewerbs viel zu weit, der Mittelstand und die Familienunternehmer bemängelten, in dem Papier so gut wie gar nicht vorzukommen. Die Ende November 2019 vorgestellte Endfassung der Industriestrategie war deshalb vergleichsweise zahm und zahnlos, sie enthielt weder den öffentlichen Beteiligungsfonds noch den bedingungslosen Schutz der nationalen und europäischen Konzerne. Jetzt war nur noch recht allgemein von besonders bewahrenswerten Schlüsselbranchen wie der Auto-, Chemie- und Stahlindustrie die Rede sowie von «Hidden Champions», also den mittelständischen Marktführern. Die Verstaatlichungsfantasien wichen einer «nationalen Rückgriffsoption», womit die längst bestehende und bei 50 Hertz ja auch schon genutzte Möglichkeit gemeint war, dass sich die KfW in einen Übernahmepoker einschalten konnte.

Trotz der Rückschläge blieb sich Altmaier treu in seinem Bestreben, die deutsche Wirtschaft gegen China zu stärken. So machte er keinen Hehl daraus, dass sich sein industriepolitisches Programm auch aus der Absicht speiste, Fälle wie die

Kuka-Übernahme künftig zu verhindern. Strategisch bedeutsame Unternehmen, so sein Diktum, müssen besser geschützt werden, gegen Konzerne aus Drittstaaten ebenso wie gegen ausländische Regierungen, die über ihre Staatsbeteiligungen Einfluss nehmen wollten. Genau diesem Ziel diene die Industriestrategie, stellte Altmaier klar: «Wenn die öffentliche Ordnung oder Sicherheit in Deutschland beeinträchtigt sein könnte, können wir die Reißleine ziehen und einen Aufkauf prüfen und falls nötig verbieten.» Wichtig an dieser Formulierung ist, dass schon eine «voraussichtliche Beeinträchtigung» ausreichen soll, um prüfen und untersagen zu können, zuvor hatte dazu eine «tatsächliche Gefährdung» vorliegen müssen. Altmaier orientierte sich mit dieser Wendung an der so genannten EU-Screening-Verordnung, die kurz vorher in Kraft getreten, in Deutschland aber noch nicht ratifiziert worden war.

Der CDU-Politiker verwies zugleich darauf, dass Anbieter aus der Bundesrepublik immer dann Nachteile erlebten, wenn die Konkurrenz anderswo – gemeint war China – von der Regierung verhätschelt werde. «Deutsche Unternehmen befinden sich nicht nur im Wettbewerb um die besten Produkte, sondern zunehmend im Wettbewerb mit Wirtschaftssystemen, die stark auf staatliche Interventionen und protektionistische Marktabschottung setzen», so der Minister. «Das ist ein ungleicher Kampf, den immer mehr unserer Unternehmen verlieren.» China könne in Deutschland agieren wie jeder andere Auslandsinvestor auch, andersherum seien deutsche Unternehmen im Reich der Mitte aber noch immer von einigen Branchen ausgeschlossen. Altmaier erkannte also ziemlich klarsichtig das enge Zusammenspiel zwischen Wirtschaft und Politik in Fernost: den gemeinsamen Schutz der eigenen heimischen Märkte bei gleichzeitigem konzertierten Vorgehen im Ausland. Das «Handelsblatt» urteilte nach der Vorstellung der Abwehrpläne in Berlin, des Ministers industriepolitischer Aktionismus sei letztlich auf die Einsicht zurückzuführen, «dass chinesische Investoren dabei helfen, strategische Ziele der chinesischen Regierung zu verfolgen».

Ihr müsst leider draußen bleiben:
Strengere Investitionsprüfungen

Der wichtigste und beständigste Teil der Industriestrategie war die Ankündigung, im so genannten Investitionsprüfungsrecht die Daumenschrauben für Fremdbeteiligungen fester anzuziehen. Diese Gesetzesänderungen dauerten allerdings noch gut fünf Monate, weil zunächst die neuen europäischen Regeln eingearbeitet werden mussten. Diese Screening-Verordnung der EU unterbreitete erstmals auf europäischer Ebene Empfehlungen für die systematische Untersuchung (Screening) und mögliche Untersagung von Direktinvestitionen aus Drittstaaten. Und zwar solchen, die in einem einzigen Mitgliedsstaat oder in mehreren «voraussichtlich die Sicherheit oder die öffentliche Ordnung beeinträchtigen». Die Verordnung sieht unter anderem folgende «kritische Infrastrukturen» als relevant für die Sicherheit und öffentliche Ordnung an: Energie, Verkehr, Wasser, Gesundheit, Kommunikation, Medien, Datenverarbeitung, Verteidigung und Finanzinfrastrukturen. Hinzu treten als besonders sensible Branchen: die Künstliche Intelligenz, die Robotik, das Halbleiterwesen, die Cybersicherheit, die Luft- und Raumfahrt, die Quanten-, Nuklear-, Nano- und Biotechnik. Zu schützen gelte es zudem «die Versorgung mit kritischen Ressourcen», einschließlich der Nahrungsmittelsicherheit.

Neu ist auch, dass die Empfängerländer im Sinne der Verordnung nachfragen können und sollen, wer die Erwerber sind und wer dahinter steckt. Die Europäische Kommission und die Einzelstaaten dürfen seither beim Durchwinken oder Aufhalten der Projekte berücksichtigen, «ob der ausländische Investor direkt oder indirekt von der Regierung eines Drittstaats kontrolliert wird, einschließlich staatlicher Stellen oder der Streitkräfte, unter anderem aufgrund der Eigentümerstruktur oder in Form beträchtlicher Finanzausstattung». Möglich ist zudem die Prüfung, ob der Kaufinteressent schon früher an Aktivitäten beteiligt gewesen sei, «die Auswirkungen auf die Sicherheit oder die öffentliche Ordnung in einem Mitgliedstaat hatten».

Dem Europäischen Rat und dem Europa-Parlament ging es mit der Verordnung, wie es in ihrem Titel heißt, um die «Schaffung eines Rahmens für die Überprüfung ausländischer Direktinvestitionen in der Union». Der Rechtsakt ist somit eine Aufforderung an die Mitgliedsstaaten, eigene, aber mit der Verordnung abgestimmte und somit in ganz Europa vergleichbare Regelungen zu formulieren und durchzusetzen. In Deutschland ist das durch Änderungen im Außenwirtschaftsgesetz im Sommer 2020 erfolgt. Die zugehörige Außenwirtschaftsverordnung wurde sogar mehrfach verändert, entscheidend für die Verschärfung der Investitionskontrolle war die Neufassung vom Frühjahr 2021.

Mit dieser jüngsten Novelle fügt sich das deutsche «Screening» nun komplett in den Rechtsrahmen der EU ein. Kernelement des Erlasses sind neue Meldepflichten für Investitionen in Hoch- und Zukunftstechnologiesektoren, in der Außenwirtschaftsverordnung auch als «Emerging Technologies» bezeichnet. Dazu gehören die schon von der EU genannten Wirtschaftszweige, zuvörderst Künstliche Intelligenz, Halbleiter, autonomes Fahren und Fliegen, Robotik, sicherheitsrelevante Software-, IT-, Daten-, Netzwerk- und Kommunikations-Anwendungen, Quanten- und Nukleartechnik sowie Luft- und Raumfahrt. Obgleich die Verordnung, wie das Vorbild der EU, kein Drittland beim Namen nennt, zeigt schon diese Liste, gegen wen sie gerichtet ist: Die Wirtschaftszweige sind praktisch identisch mit den Zielobjekten der Made-in-China-Strategie.

Was aber genau gilt seitdem in Deutschland? Unabhängig

vom Herkunftsland kann das Bundeswirtschaftsministerium jede beabsichtigte Beteiligung von zehn Prozent oder mehr prüfen (und untersagen), wenn das inländische Zielobjekt in der Rüstungsindustrie oder in Feldern tätig ist, welche voraussichtlich die «wesentlichen Sicherheitsinteressen der Bundesrepublik Deutschland» beeinträchtigen; das ist zum Beispiel bei der Datenverarbeitung von Verschlusssachen der Fall. Für diese «sektorspezifische Prüfung» gilt eine Meldepflicht. Daneben existiert noch die etwas laxere, aber viel mehr Fälle betreffende «sektorübergreifende Prüfung». Sie gilt für alle Unternehmen aus Drittstaaten mit Ausnahme der EU und der Europäischen Freihandelsassoziation Efta (Norwegen, die Schweiz, Island und Liechtenstein). Das Verfahren erfasst sämtliche Erwerbungen dieser nicht-europäischen Konzerne, für die meisten Wirtschaftszweige gilt jedoch keine Meldepflicht.

Strenger sieht es in den sensiblen Branchen der sektorübergreifenden Prüfung aus; für diese «Fallgruppen», deren Zahl von elf auf siebenundzwanzig fast verdreifacht wird, besteht eine Meldepflicht. In bestimmten Fällen gilt sie schon ab einer Beteiligungsschwelle von zehn Prozent, etwa in der «kritischen Infrastruktur»: Energie, Gesundheit, IT und Telekommunikation, Transport und Verkehr, Medien und Kultur, Wasser, Finanz- und Versicherungswesen, Ernährung, Staat und Verwaltung. In anderen Bereichen greift die Begutachtung erst ab 20 Prozent, etwa bei den Kraft- und Luftfahrzeugen, bei Werkstoffen, Ressourcen, Optoelektronik, Künstlicher Intelligenz, Cybersicherheit, bei additiver Fertigung oder integrierten Schaltungen. Die Neufassung regelt erstmals, dass unter bestimmten Voraussetzungen auch wiederholte Investitionen desselben Ausländers in ein Unternehmen prüfungsrelevant sind. Damit will man vermeiden, dass sich fremde Geldgeber über mehrere kleinere Zukäufe unterhalb der Prüfungsschwellen peu à peu in ein deutsches Unternehmen hineinschleichen – wie das Midea bei Kuka gelungen war.

Interessant ist allerdings, dass sich der Augsburger Fall vermutlich auch nach den heutigen Vorschriften nicht vermeiden ließe. Denn die Ausführungen in der Außenwirtschaftsverordnung zur Entwicklung und Produktion von Robotern beschränken die Prüfung auf solche Geräte, die hochexplosive Stoffe handhaben, die strahlungsgehärtet sind, die in Höhen von mehr als 30000 Metern oder in Tiefen ab 200 Metern arbeiten. Tatsächlich heißt es auch in einer Erklärung des Wirtschaftsministeriums unumwunden, «sicherheitspolitisch weniger sensible Anwendungsfelder einzelner Zukunftstechnologien sind auch künftig nicht im Fokus der Investitionsprüfung. Dies gilt zum Beispiel für Industrieroboter.» Mit anderen Worten: Die Vorgänge bei Kuka haben die Politik zwar wachgerüttelt, sie könnten sich aber trotz der verschärften Industrieprüfung wiederholen.

Das europäische Dilemma zwischen Offenheit oder Abschottung

Deutschland und die EU stecken in einem Dilemma. Auf der einen Seite halten sie die Fahne des freien Wirtschaftens hoch, der offenen Märkte, des regelbasierten Austausches. Das Bekenntnis zu dieser Offenheit hat sogar noch zugenommen, seit die Vereinigten Staaten protektionistische Töne anschlagen, beginnend unter dem republikanischen Präsidenten Donald Trump, aber in gewissem Maße durchaus fortgesetzt unter seinem demokratischen Nachfolger Joe Biden. Auf der anderen Seite hat Europa – spät, aber endlich – erkannt, dass diese liberale Grundhaltung dann Gefahren birgt, wenn sich die übrigen großen Wirtschaftsblöcke nicht daran halten, sondern, im Gegenteil, die vermeintliche Abwehrschwäche der EU ausnutzen, um sich dort weitgehend unbehelligt ins warme Nest zu setzen.

Mit Bezug auf die USA sei hier an die kaum einzuschränkende Informations- und Marktmacht ihrer Internetkonzerne erinnert, die in Europa erst langsam zur Verantwortung gezogen und zum Steuerzahlen verpflichtet werden. Was China angeht, versuchen Brüssel und die europäischen Hauptstädte, der lange ignorierten Going-Out-Strategie etwas entgegenzusetzen. Wie sehr sie sich dabei winden und des genannten Dilemmas bewusst sind, zeigt sich in den Rechtfertigungen zu den gründlicheren Investitionsprüfungen. So schreibt das Wirtschaftsministerium in Berlin: «Auch künftig wird die Bundesregierung eine ausländische Direktinvestition nur im Ausnahmefall untersagen. Deutschland ist und bleibt ein offener Investitionsstandort, aber dort wo Sicherheitsinteressen berührt sind, muss es eine genaue Prüfmöglichkeit geben.» Und in der Screening-Verordnung der EU heißt es gleich zu Beginn fast entschuldigend für die weiter unten folgenden Auflagen: «Ausländische Direktinvestitionen tragen zum Wachstum in der Union bei, indem sie die Wettbewerbsfähigkeit verbessern, Arbeitsplätze und Skaleneffekte schaffen, Kapital, Technologien, Innovation und Fachwissen einbringen und neue Märkte für die Ausfuhren der Union öffnen.»

Dennoch ist klar, dass sich die Europäische Union mittels des strengeren Screenings der Made-in-China-Initiative entgegenstellt, nicht grundsätzlich, wohl aber da, wo sie als unfair begriffen wird. Neben den Deutschen stehen die Franzosen der chinesischen Kauflust besonders skeptisch gegenüber, und das spätestens seit 2018. Damals meldete der Shandonger Leifeld-Interessent Yantai Taihai, dass ihm etwa zeitgleich mit seinem Rückschlag im Münsterland auch Frankreich in den Rücken gefallen sei. Die Regierung in Paris habe dem Konzern untersagt, die restlichen Anteile von Manoir zu erwerben. Die französische Öffentlichkeit, die – anders als die deutsche – eine nationale Industriepolitik seit Jahrzehnten gewohnt ist, hegt schon lange Vorbehalte gegen den asiatischen Großaktionär und generell gegen den «Ausverkauf strategisch wichtiger Unternehmen».

Dass die Zurückhaltung nicht nur in Osteuropa wächst, sondern auch im Westen, zeigt sich in Italien. Obgleich das Land bei der Neuen Seidenstraße mitmacht, tritt die Regierung von Mario Draghi seit ihrer Amtsübernahme im Februar 2021 den Chinesen eher schmallippig entgegen. Innerhalb nur eines Jahres hat Rom schon drei Übernahmeversuche aus der Volksrepublik abgewehrt, im November etwa den Vorstoß des Unternehmens Zhejiang Jingsheng Mechanical, dem amerikanischen Hersteller Applied Materials das Italiengeschäft mit Siebdruckanlagen abzukaufen. Bei ihrem Veto berief sich die Regierung darauf, dass es in dem Deal auch um die Halbleiterherstellung gehe und dass gemäß den neuen europäischen und italienischen Regelungen solche strategischen Wirtschaftszweige geschützt werden könnten. Zuvor hatte die Draghi-Administration schon den Verkauf eines Herstellers von Gemüsesaatgut und eines Anlagenbauers für die Halbleiterindustrie verhindert.

Unterdessen hat auch die Europäische Kommission ihre Waffen nachgeschärft. Angeführt von der für Wettbewerbsrecht zuständigen streitbaren Vizepräsidentin Margrethe Vestager, legte die Brüsseler Großbehörde Mitte 2021 ein Gesetzesprojekt vor, das die in der Screening-Verordnung angelegte Zurückweisung von Staatsunternehmen oder stark subventionierten privaten Investoren genauer in den Blick nimmt. Künftig müssen Interessenten, die eine europäische Firma mit einem Umsatz von 570 Millionen Dollar oder mehr kaufen wollen, offenlegen, ob sie in den vergangenen Jahren Beihilfen und sonstige öffentliche Zuwendungen von mehr als 57 Millionen Dollar erhalten haben. Bei Ausschreibungen greift die Offenlegungspflicht ab einem Auftragsvolumen von 280 Millionen Dollar.

Noch ist unklar, ob alle Mitgliedstaaten diese Vorschläge umsetzen, aber der Vorstoß erfolgte nicht zufällig mitten in der Pandemie. Zum einen macht sich die Gemeinschaft Sorgen, dass China Corona-geschädigte Betriebe gleichsam zum Schnäppchenpreis einsacken könnte. Zum anderen will man sicherstellen, dass die Aufkäufer nicht systematisch europäische Hersteller von Medizintechnik, Impfstoffen oder Medikamenten unter ihre Kontrolle bringen. Im Gegenteil lautet die Devise der EU seit geraumer Zeit, die Abhängigkeit von China oder auch von Indien in diesen Branchen zu verringern und die Produktion nach Europa zurückzuholen. Besonders gravierend zeigte sich dieser Missstand zu Beginn der Ansteckungswelle im Frühjahr 2020, als es in Europa nicht genügend Schutzausrüstung gab, etwa Masken, Handschuhe, Kittel, Desinfektionsmittel, auch die Vorprodukte fehlten.

Plumper Name, plumpes Konzept: Die Konnektivitätsstrategie der EU

Eine ähnliche Verteidigungshaltung wie gegen «Made in China» nimmt Europa auch gegen den zweiten Strang der chinesischen Investitionsoffensive Richtung Europa ein, die Neue Seidenstraße. Wie bei der Abwehr zweifelhafter Unternehmenskäufe preschte auch bei der Zurückweisung dieser Infrastrukturvorstöße die französische Regierung schon recht früh und recht deutlich voran. Staatspräsident Emmanuel Macron trat dem Lieblingsprojekt von Xi Jinping ausgerechnet in der Höhle des Löwen entgegen, nämlich in der westchinesischen Metropole Xi'an, wo die alte und die neue Seidenstraße ihren Ausgang genommen haben. Im Januar 2018 warnte Macron dort unmissverständlich: «Diese Straßen können nicht die einer neuen Hegemonie sein, die alle Transitländer zu Vasallen macht.» Das war unerhört deutlich und kam bei den Gastgebern natürlich nicht gut an. Zurückhaltendere Regierungschefs wie Angela Merkel oder der neue Kanzler Olaf Scholz hätten es vermutlich vorsichtiger formuliert. In der Sache aber sind sich die großen Länder weitgehend einig, dass sich die Union selbstbewusster gegen die Chinesen in Stellung bringen muss.

Ein erster Versuch mündete im Herbst 2018 in die «EU-Asien-Konnektivitätsstrategie». Was so sperrig und eurokratisch klingt, war nichts anderes als eine Abwehrinitiative gegen Chinas BRI-Strategie. Denn Brüssel und die Mitgliedsstaaten fürchten zweierlei: Regionen wie Zentralasien oder den Westbalkan an China zu verlieren und durch dessen wachsenden Einfluss in Osteuropa sogar innerhalb der EU ausgebootet zu werden. Das abschreckende Beispiel heißt Afrika, wo Peking, wie man in Brüssel sagt, Milliarden investiere und finanziere und dadurch die Empfängerstaaten immer abhängiger von sich mache, zu «Vasallen» eben, wie Macron so unverblümt sagte. Die Konnektivitätsstrategie sollte China an der europäischen Haustür einen Riegel vorschieben. Zwar ließ sich kein griffiger Name finden, auch die Projekte und die Finanzausstattung waren lange unklar. Zudem wollte die europäische Diplomatie vermeiden, dass die Strategie als Gegenbewegung zu Peking verstanden wurde. Hinter den Kulissen hieß es aber ganz klar: «Sie ist de facto – wenn auch nicht in der öffentlichen Kommunikation – die Antwort auf die Belt-and-Road-Initiative Chinas.»

In einem Brief an die damalige EU-Außenbeauftragte Federica Mogherini zu der neuen Linie schrieb ein europäischer Minister 2018 unmissverständlich: «Die globalen politischen wie wirtschaftlichen Kräfteverschiebungen in Richtung Asien bedeuten für uns Europäer, dass wir uns mit den asiatischen Gesellschaften und Volkswirtschaften intensiver vernetzen müssen.» Peking trete «mit einem attraktiven Narrativ und enormen Ressourcen» in Erscheinung, denen Europa etwas entgegensetzen müsse: «Es kann nicht in unserem Interesse sein, den Aufbau eines eurasischen Infrastrukturnetzes allein China zu überlassen, nicht zuletzt, da diese Netze bis weit in unsere Nachbarschaft und in die EU hineinreichen.»

Während Macron mit seiner Kritik zwar deutlich war, aber letztlich nebulös blieb, sprach der Minister in dem Brief die Abhängigkeiten entlang der neuen Seidenstraße konkret an. «Viele Empfängerstaaten machen vermehrt die Erfahrung, dass die chinesischen Kredite und Investitionen bisweilen mit Einbußen bei der wirtschaftlichen und politischen Handlungsfähigkeit einhergehen.» Hier müsse sich Europa als Alternative empfehlen. Zum einen sei die Vernetzung, die Konnektivität, die China vorantreibe, ein Gründungszweck der EU gewesen; seitdem habe die Gemeinschaft viel Erfahrung gesammelt. Zum anderen biete Europa «regelbasierte multilaterale Ordnungsvorstellungen» – also Rechtsstaatlichkeit, Demokratie, Pluralismus, Nachhaltigkeit –, die eine attraktive Alternative zu China darstellten.

Die Konnektivitätsstrategie hatte sich einiges vorgenommen: Luftverkehrsabkommen mit asiatischen Ländern, eine Zusammenarbeit im Gesundheitswesen, die Förderung des Schienenverkehrs und des Klimaschutzes in Afrika, daneben zahlreiche Kooperationen zu Energie- und Digitalnetzen. «Konnektivitätspartnerschaften» hat die EU auch mit Japan und Indien geschlossen, ähnliche Abkommen plant sie mit den Asean-Ländern und mit Afrika. Doch es stellte sich schon bald heraus: Die Konnektivitätsstrategie klang nicht nur hölzern, sie war es auch. Außer Absichtserklärungen ist von ihr nicht viel geblieben, was auch daran lag, dass sie nicht ausreichend mit Geld und Organisationsstrukturen unterlegt war. Außerdem verhielt es sich damit wie mit vielen europäischen Herausforderungen: Es war fast unmöglich, die Einzelinteressen der Mitgliedstaaten unter einen Hut zu bringen. Das galt allzumal für den beabsichtigten Gegenschlag zur Seidenstraße, welcher ja, wie gesehen, in Europa mehr Länder angehören, als sich von ihr fernhalten.

Wirtschaft und Politik wachen auf:
China als Systemrivale

Lange Zeit ließ die deutsche Wirtschaft auf China nichts kommen. Menschenrechtsvertreter und kritische Journalisten, die Unternehmen davor warnten, sich allzu eng an den großen Markt zu binden, und die dazu aufriefen, vor den autoritären Tendenzen nicht die Augen zu verschließen, wurden ignoriert oder als Störenfriede geschmäht. Als wichtigstes Gegenargument galt, dass Politik und Wirtschaft zwei getrennte Paar Schuhe seien und dass man die Asiaten nicht darin bevormunden dürfe, welches gesellschaftliche, politische oder rechtsstaatliche System sie sich gäben. Beim Bier in Peking oder Schanghai sagte der eine oder andere deutsche Manager sogar freimütig, Chinas schnelle Entwicklung zeige doch, wie gut der gewählte Weg funktioniere, dass man hier noch «durchregieren» könne, dass sich derart große Länder ohnehin nur mit harter Hand führen ließen – das abschreckende demokratische Beispiel war Indien – und dass möglicherweise nicht China auf dem Holzweg sei, sondern der Westen.

In gewisser Weise trug die Politik diese überkonziliante Haltung der Geschäftsleute mit. Deutsche Regierungsvertreter drangen zwar immer wieder auf die Wahrung der Menschenrechte und empfingen Vertreter der – ausgedünnten – chinesischen Zivilgesellschaft. Den offenen Konflikt mit Peking aber haben alle Bundesregierungen gemieden, egal welcher Couleur. Zum einen, weil Berlin einen «Wandel durch Annäherung» anstrebte, der allerdings, wie man heute weiß, zu guten Teilen in einen «Wandel durch Anbiederung» abgeglitten ist. Zum anderen, weil Chinas wirtschaftlicher Einfluss zwischenzeitlich so groß geworden war, dass sich Deutschland nicht ohne gewaltigen eigenen Schaden von dem Riesenreich hätte distanzieren können. China, das zeigt sich immer klarer, ist inzwischen «systemrelevant» für die Weltwirtschaft und damit auch für das exportorientierte Deutschland.

Doch sowohl die deutsche Politik als auch die deutsche Geschäftswelt sind inzwischen aufgewacht. Sie haben erkannt, dass sie den chinesischen Drachen weder reiten noch zähmen können, dass nicht sie ihn an der Leine führen, sondern er sie. Plötzlich sind deshalb völlig neue kritische Töne über China zu hören, so etwa vom Bundesverband der Deutschen Industrie (BDI). «Die deutsche und europäische China-Politik der letzten Jahrzehnte fußte auf der Annahme, China würde sich durch die Weiterentwicklung seiner Wirtschaft und als Partner des globalen Welthandels mehr auf die offenen Marktwirtschaften zubewegen. Diese Konvergenzthese ist nicht mehr haltbar», schrieb die Organisation im Frühjahr 2020. Und weiter: «Das Konzept ‹Wandel durch Handel› ist an seine Grenzen gestoßen. China ist im Begriff, sein politisches, wirtschaftliches und gesellschaftliches Modell zu verwirklichen.»

Der BDI war lange einer der größten «China-Versteher» in Europa, ein «Panda-Hugger», ein «Umarmer des Pandabären», wie man im angelsächsischen Raum sagt. Doch selbst er ist inzwischen zu der Ansicht gelangt, dass das westliche und das fernöstliche Modell auf «unterschiedlichen Grundannahmen» basieren: «das Leitprinzip der unsichtbaren Hand des Marktes auf der einen, die starke Hand der chinesischen Regierung auf der anderen Seite». Das dortige Wirtschaftssystem erscheint dem Verband als Mischform aus staats- und marktwirtschaftlichen Elementen, in welcher der Geschäftsalltag durch vielfältige Eingriffsmöglichkeiten der öffentlichen Hand geprägt ist. Auch der BDI sieht hierin eine starke Verbindung zur oben ausführlich betrachteten MIC-2025-Strategie: «Der Staat übt nach wie vor eine starke direkte und indirekte Rolle aus – insbesondere, wenn es um den Aufbau nationaler und internationaler Champions ‹Made in China› geht», so das Verbandspapier.

Erstmals hatte der BDI Anfang 2019 in einem Grundsatzpapier klargemacht, dass er China nun nicht mehr nur als Partner für den Westen sieht, sondern als «systemischen Wettbewerber». Das liege vor allem an der Regierungsnähe des Geschäftsbetriebs. Die wachsende Konkurrenz aus Fernost sei «nicht allein Ausdruck eines dynamischen Unternehmertums in China, sondern auch maßgeblich durch gezielte staatliche Förderung und Lenkung begründet. Kernstück ist hier die industriepolitische Strategie ‹Made in China 2025›». In dem 24 Seiten starken Memorandum appellierten die Berliner Lobbyisten an die Bundesregierung, die EU-Institutionen und die anderen Mitgliedsstaaten, sich gemeinsam gegenüber der Großmacht im Fernen Osten zu positionieren: «Den wirtschaftlichen und politischen Herausforderungen durch China ist kein EU-Mitgliedstaat alleine gewachsen. Antworten auf Chinas Einparteiensystem und staatlich gelenktes Wirtschaftssystem kann nur ein starkes und vereintes Europa geben.» Sonst staatlicher Intervention eher abhold, forderte der «Verband der Verbände» sogar explizit eine deutsche und europäische Industriepolitik: «Die EU braucht eine ehrgeizige Industriepolitik für den Standort Europa und seine Unternehmen, die sich auf Innovation, intelligente Regulierung, Sozialpartnerschaft, Infrastruktur und Freihandel konzentriert.»

Eine neue China-Strategie der EU

Die Bundesregierung nahm sich diese dringenden Anregungen ebenso zu Herzen wie die EU. In Berlin entstand Altmaiers Industriestrategie, also im Grunde genau der industriepolitische Ansatz, den sich die Wirtschaft kurz zuvor gewünscht hatte. Die Vorschläge schossen aber über das Ziel hinaus, so dass sie dem BDI missfielen und runtergekocht werden mussten. In Brüssel verabschiedete im März 2020 die Europäische Kommission eine wegweisende Mitteilung an das Europa-Parlament und an den Rat der Staats- und Regierungschefs unter dem Titel «EU-China – Strategische Perspektive». Darin wird einerseits an die wohlwollenden Beziehungen erinnert, wie sie in der sogenannten Strategischen Agenda 2020 und in der europäischen China-Strategie von 2016 zum Ausdruck kommen. Das neue Papier benennt aber erstmals ziemlich ungeschminkt auch die Unterschiede und Rivalitäten zwischen den Blöcken. In der EU wachse «das Bewusstsein, dass sich das Gleichgewicht der durch China geschaffenen Herausforderungen und Chancen verschoben hat. In den letzten zehn Jahren haben die Wirtschaftskraft und der politische Einfluss Chinas ebenso massiv wie rapide zugenommen, worin sich seine Ambition widerspiegelt, eine führende Weltmachtstellung zu erlangen.»

China könne «nicht länger als Entwicklungsland betrachtet werden, sondern ist zu einem wichtigen globalen Akteur und einer führenden technologischen Macht geworden», heißt es in dem Papier weiter, das auch auf die Auswirkungen von «Made in China» und der Seidenstraße eingeht und in ungewohnt deutlicher Form Forderungen an Peking stellt: «Chinas zunehmende Präsenz in der Welt, auch in Europa, sollte mit einer größeren Verantwortung für die Aufrechterhaltung der regelgestützten internationalen Ordnung sowie mit mehr Gegenseitigkeit, weniger Diskriminierung und größerer Offenheit seines Systems einhergehen.» China habe zwar erklärt, sich reformieren zu wollen, den Ankündigungen bisher aber wenig Taten folgen lassen.

Es fehle dem großen Land an politischen Konzepten und Verwirklichung derselben, «die seiner Rolle und Verantwortung gerecht werden». Dann folgt der entscheidende Absatz, der ähnlich auch schon im BDI-Konzept zu finden war: «China ist in verschiedenen Politikbereichen ein Kooperationspartner, mit dem die EU eng abgestimmte Ziele verfolgt, ein Verhandlungspartner, mit dem die EU einen Interessenausgleich finden muss, sowie zugleich ein wirtschaftlicher Konkurrent in Bezug auf technologische Führung und ein Systemrivale, der alternative Governance-Modelle propagiert. Dies erfordert einen flexiblen und pragmatischen EU-Gesamtansatz, der eine grundsätzliche Verteidigung von Interessen und Werten ermöglicht.»

Das sind neue, große Worte: «Systemrivale», «alternative Governance-Modelle», also nichtwestliche Arten der Regierungsführung, «Verteidigung von Interessen und Werten». Im weiteren Verlauf des Textes wird auch klar, was damit gemeint ist, nämlich nicht zuletzt «Made in China 2025». Dieses Konzept ziele darauf ab, «einheimische Marktführer aufzubauen und sie dabei zu unterstützen, in strategischen Hochtechnologiesektoren eine globale Vormachtstellung zu erlangen». Zugleich schirme China seine eigenen Märkte auf vielfältige Weise ab, biete also nicht dieselben Zugänge, die es von anderen erwarte. «Wirtschaftsbeteiligte aus der EU sind beim Zugang zum chinesischen Markt beschwerlichen Auflagen unterworfen, wie zum Beispiel der Gründung von Joint-Ventures mit lokalen Unternehmen oder der Weitergabe von Schlüsseltechnologien an chinesische Partner.» So gehe es nicht weiter, schreibt die Kommission: «Angesichts des Umfangs unserer Handels- und Investitionsbeziehungen ist es wichtig, ausgewogenere und stärker auf Gegenseitigkeit beruhende wirtschaftliche Beziehungen zu entwickeln.»

Der Aufruf empfiehlt Peking und der EU zehn «Maßnahmen» zur Verbesserung der Beziehungen, darunter eine engere Orientierung an den «drei Säulen der Vereinten Nationen», nämlich Menschenrechten, Frieden/Sicherheit sowie Entwicklung. Außerdem müsse Chinas Austausch mit der EU «stärker auf Gegenseitigkeit beruhen», weshalb über «Subventionen und den erzwungenen Technologietransfer» zu reden sei. Etwas verklausuliert heißt es auch, die europäische Konnektivitätsstrategie solle China dazu bringen, im Ausland – gemeint ist entlang der Seidenstraße – «die gleichen Grundsätze zu befolgen» wie die EU, nämlich in den Partnerländern für Stabilität, nachhaltige Wirtschaftsentwicklung und verantwortungsvolle Staatsführung zu sorgen.

Ein Punkt des Katalogs nimmt das Mitbieten chinesischer Unternehmen bei europäischen Infrastrukturvorhaben auf und erinnert damit an das umstrittene Brückenprojekt in Kroatien: Es müsse künftig sichergestellt werden, «dass bei öffentlichen Aufträgen nicht nur der Preis, sondern auch hohe Arbeits- und Umweltstandards berücksichtigt werden». Zudem gehe es darum, «die wettbewerbsverzerrenden Auswirkungen ausländischer staatlicher Beteiligungen und Finanzierungen auf den Binnenmarkt vollständig zu beseitigen». Gesucht sei überdies ein gemeinsamer EU-Ansatz zur Sicherheit digitaler Infrastrukturen, etwa hinsichtlich der 5-G-Mobilfunknetze. Schließlich fordert die Kommission die Mitgliedstaaten eindringlich zur Anwendung der neuen Screening-Verordnung auf, «um Sicherheitsrisiken durch ausländische Investitionen in kritische Vermögenswerte, Technologien und Infrastrukturen aufzudecken und dafür zu sensibilisieren».

Etwas holprig in Beamtendeutsch verpackt, sind diese Forderungen doch sehr deutlich und markieren für die EU zumindest auf dem Papier eine neue, selbstbewusstere China-Strategie. Das Reagieren und «Machen-Lassen» sind einer größeren aktiven Tatkraft, mehr Vorausschau, Gestaltungswillen und dem Pochen auf internationale Standards gewichen – die eben keine «westlichen» sind, sondern über die Vereinten Nationen, die Welthandelsorganisation und andere globale Vereinbarungen auch für China gelten. Damit hat Brüssel, ähnlich wie Berlin, nicht nur die lange geleugnete Systemrivalität zur Volksrepublik anerkannt, sondern zeigt auch seine Waffen vor.

Das Europa-Parlament nimmt kein Blatt vor den Mund

Wie so oft, geht das Europa-Parlament mit seinen Forderungen noch deutlich weiter als die Kommission. In einem «Bericht über die neue China-Strategie der EU» aus dem Sommer 2021, der das Kommissionspapier aufgreift, schreibt der Ausschuss für auswärtige Angelegenheiten, dass China eine immer dominantere globale Rolle als ökonomische und außenpolitische Macht zukomme. Und zwar durch «seine Investitionsstrategie, seine Strategien ‹Going Global› und ‹Made in China 2025› sowie die Initiative der Neuen Seidenstraße». Für die Europa-Abgeordneten birgt dieses geballte Vordringen erheblichen Sprengstoff, weil es «die EU vor ernsthafte politische, wirtschaftliche, sicherheitspolitische und technologische Herausforderungen stellt, was wiederum erhebliche und dauerhafte Folgen für die Weltordnung hat und eine Bedrohung für den regelbasierten Multilateralismus und demokratisch zentrale Werte darstellt».

Der Parlamentsausschuss nimmt kein Blatt vor den Mund. Er geißelt China als kommunistischen Einparteienstaat, der demokratische Werte wie individuelle Freiheiten nicht teile. Nach wie vor sei Peking für Menschenrechtsverletzungen verantwortlich und setze sich über bilaterale und multilaterale Verpflichtungen hinweg. So betreibe das Regime «die systematische Verfolgung» von Uiguren, Tibetern, Mongolen und anderer ethnischer Minderheiten. Zu den Unterdrückten gehörten auch Menschenrechtsverteidiger, sozial engagierte Bürger, religiöse Gruppen, Journalisten, Demonstranten gegen Ungerechtigkeiten sowie «alle abweichenden und oppositionellen Stimmen, insbesondere in Hongkong». Mit Bezug auf die expansive Außenwirtschaftspolitik erinnern die Abgeordneten daran, dass Xi Jinping 2017 «geschworen» habe, «dass China bis 2049 im Hinblick auf die vereinte nationale Stärke und den internationalen Einfluss eine globale Führungsrolle einnehmen wird».

Das Hohe Haus in Straßburg und Brüssel findet, dass Europa im Umgang mit den Machthabern bisher viel zu handzahm aufgetreten sei. Die «Maßnahmen des guten Willens und die unverbindlichen Zusagen» hätten nicht ausgereicht, «um das Engagement Chinas für die Werte zu erhöhen, die für die EU grundlegend sind». Dabei stünden der Union durchaus Instrumente zur Verfügung, um Pekings Rechtsverletzungen zu ahnden, etwa Sanktionen gegen Einzelpersonen oder Organisationen. Insgesamt, so das Europa-Parlament, sei es höchste Zeit, endlich eine noch «entschlossenere, umfassendere und konsistentere China-Strategie der EU zu entwickeln». Und zwar eine, «in deren Mittelpunkt die Verteidigung unserer Werte steht und mit der eine regelbasierte multilaterale Ordnung gefördert wird».

Das vom Volk gewählte Parlament nimmt als hochlegitimierter Mahner und als demokratisches und rechtsstaatliches Gewissen der EU eine wichtige Stellung ein, auch wenn seine Appelle in der Kommission und im Europäischen Rat oft ungehört verhallen. In diesem Falle aber hatten die Äußerungen insofern besondere Brisanz, als die chinesische Regierung wenige Monate zuvor fünf Europa-Abgeordnete und ihre Familien mit Einreisesperren und Geschäftsverboten belegt hatte, darunter den grünen China-Experten Reinhard Bütikofer. Sanktionen hagelte es auch gegen chinakritische Wissenschaftler und Institutionen in der EU, etwa gegen die Berliner Denkfabrik MERICS. Mit den Abstrafungen reagierte Peking wiederum auf EU-Sanktionen gegen chinesische Beamte, denen Brüssel Massenverhaftungen von muslimischen Uiguren sowie weitere Menschenrechtsverletzungen in Xinjiang vorgeworfen hatte. Zuvor waren schon die USA, Großbritannien und Kanada auf ähnliche Weise gegen den Machtmissbrauch in der Provinz vorgegangen.

Der gegenseitige Schlagabtausch schaukelte sich immer weiter hoch und erreichte am Ende auch eine entscheidende handelspolitische Dimension: Im Mai 2021 legte die EU die Verhandlungen mit China über ein Investitionsabkommen auf Eis – nachdem man acht Jahre lang darum gerungen hatte und sich endlich einig geworden war. Das Europa-Parlament entschied mit großer Mehrheit, die Beratungen erst dann wieder aufzunehmen, wenn Peking die Strafmaßnahmen gegen die Volksvertreter und die anderen geschmähten Akteure zurücknehme. Das chinesische Außenministerium sprach daraufhin von einer «konfrontativen Haltung» der EU und dass diese sich auf unziemliche Weise in innere Angelegenheiten einmische. Zugleich warb die Regierung weiterhin für das Investitionsabkommen, es sei ausgewogen und gewinnbringend für beide Seiten.

Das so genannte Umfassende Investitionsabkommen zwischen der EU und China ist so etwas wie der Berliner Flughafen in den chinesisch-europäischen Beziehungen, eine Großbaustelle, die sich seit Jahren hinzieht, an deren Vollendung zwischenzeitlich kaum noch jemand glaubte, die aber von großer Bedeutung ist und, einmal fertiggestellt, allen Beteiligten einen erheblichen Nutzen bringen kann. Ende 2020 gab die EU bekannt, dass die Beratungen nun endlich abgeschlossen seien und es nur noch an der Ratifizierung fehle. Im Hinblick auf das Investitionsvolumen bezeichnete die Kommission die Vereinbarung als das ehrgeizigste Abkommen, das China jemals eingegangen sei. Die Direktinvestitionen der EU in die Volksrepublik hätten sich seit dem Jahr 2000 auf mehr als 140 Milliarden Euro aufsummiert, in die Gegenrichtung seien 120 Milliarden Euro geflossen. Das sind zwar riesige Beträge, verglichen mit dem chinesischen Potential will die EU aber noch viel mehr daraus machen – und genau dabei soll das Abkommen helfen.

Ein Investitionsabkommen als Dauerbaustelle
und Hoffnungsträger

Lange Zeit hatte China versucht, die Vereinbarung mit der EU allein auf den Schutz von Investitionen zuzuschneiden, also etwa auf die Sicherung des eingesetzten Kapitals und der Vermögenswerte gegen Enteignung oder auf die Streitbeilegungsmechanismen in Form von Schiedsgerichten. Doch das ging den EU-Verhandlern nicht weit genug, zumal sie Teile dieser Fragen längst in bilateralen Vereinbarungen und über die Welthandelsorganisation WTO geklärt sahen. Die Europäer bestanden von vornherein darauf, dass der Vertrag auch den offenen Marktzugang sicherstellen müsse. Europas Unternehmen sollten sich endlich ebenso leicht, umfassend und ungehemmt in China engagieren dürfen, wie das seit jeher andersherum der Fall war – und wovon die hohe Zahl an Fusionen und Übernahmen beredten Ausdruck gibt.

Mit dem Ende 2020 nach zähen Verhandlungen erreichten Vertrag sieht sich Brüssel am Ziel. «Dank des Investitionsabkommens werden EU-Investoren einen besseren Zugang zu einem schnell wachsenden Markt mit 1,4 Milliarden Verbraucherinnen und Verbrauchern erhalten und in China unter faireren Wettbewerbsbedingungen konkurrieren können», schreibt die Kommission in einer Einschätzung. «Dies ist wichtig für die globale Wettbewerbsfähigkeit und das künftige Wachstum der EU-Industrie.» Geradezu euphorisch und durchaus auch selbstbeweihräuchernd heißt es weiter: «Das Gesamtpaket ist deutlich ambitionierter als das, was China zuvor zugesagt hat.» Vielleicht fällt die Bewertung etwas zu optimistisch aus, denn nicht alle Stolpersteine konnten beiseite geräumt werden. Zudem hat sich China schon in vielen Verträgen, etwa als WTO-Mitglied, zu Regeln verpflichtet, die es dann nicht einhielt.

Es ist insofern unwahrscheinlich, dass sich die Investitionsbedingungen in beiden Volkswirtschaften wirklich vollständig angleichen, dass ein «Level Playing Field› entsteht, wie man heute sagt: ein ebenes Spielfeld, bei dem die Europäer nicht länger den Ball eine Steigung hinauf Richtung gegnerisches Tor schießen müssen. Andererseits verschärft die EU ihrerseits die Übernahmeregeln, kehrt also vom vollständigen «Laisser-faire» der vergangenen Jahrzehnte ab, so dass es durchaus sein kann, dass die Spielbedingungen insgesamt fairer und weniger einseitig zugunsten Chinas ausfallen. Das Investitionsabkommen, so es denn kommt und eingehalten wird, bildet dafür eine entscheidende Grundlage. Im verarbeitenden Gewerbe, das die Hälfte der europäischen Direktinvestitionen aufnimmt, fallen die meisten bisherigen Beschränkungen weg, mit der wichtigen Ausnahme von Branchen mit Überkapazitäten, von denen es in China immer mehr gibt. Dennoch gilt, so frohlockt die Kommission, dass die zugesagte neue Offenheit in der Industrie jener in Europa entspreche: «Derart weitreichende Marktzugangsverpflichtungen ist China gegenüber keinem anderen Partner eingegangen.»

Tatsächlich ist es zum Beispiel ein großer Schritt, dass Peking zugesagt hat, die Zwangs-Joint-Ventures in vielen Branchen abzuschaffen, darunter in der für Deutschland so wichtigen Automobilindustrie. Bedeutende Veränderungen stehen auch in den Dienstleistungen an, deren Zugang bisher besonders fest verrammelt war. Im Bank- und Versicherungswesen, in der Vermögensverwaltung und beim Handel mit Wertpapieren fallen in Zukunft die Obergrenzen für ausländische Beteiligungen weg sowie ebenfalls die Verpflichtung zur Bildung von Gemeinschaftsunternehmen. Letzteres gilt auch für viele andere Felder, etwa private Krankenhäuser, Immobilienservices, Beratung, Werbung oder Umweltdienstleistungen einschließlich der Abwasser- und Müllentsorgung.

Die Brüsseler Unterhändler glauben auch, Chinas Staatsunternehmen, die dreißig Prozent der Wirtschaftsleistung ausmachen, etwas zurückgepfiffen zu haben. Sie würden zu mehr Transparenz verpflichtet sowie dazu – eigentlich eine Selbstverständlichkeit –, «im Einklang mit wirtschaftlichen Erwägungen zu handeln und beim Kauf von Waren oder Dienstleistungen nicht zu diskriminieren». China müsse zudem seine Subventionen im Dienstleistungsgewerbe offenlegen und habe sich dazu bekannt, den erzwungenen Technologietransfer zu verhindern. Damit die Asiaten nicht eigene intransparente Standards setzen, um Ausländer auszubooten, regelt der Vertrag den gleichberechtigten Zugang europäischer Unternehmen zu den so genannten normgebenden Gremien. China wird außerdem verpflichtet, für mehr Berechenbarkeit und Fairness bei Zulassungen zu sorgen, die Rechtssicherheit zu stärken und insbesondere das Recht auf gerichtliche Überprüfung zu gewährleisten, auch in Wettbewerbsangelegenheiten.

Ein bis zuletzt strittiger und wohl noch immer nicht endgültig geklärter Punkt ist, wie sich China zur Zwangsarbeit positioniert. Die EU dringt darauf, dass Peking ein entsprechendes Übereinkommen der Internationalen Arbeitsorganisation IAO umsetzt, womit zum Beispiel die Zwangsarbeit von Uiguren nicht mehr zulässig wäre. In dem Investitionsvertrag heißt es dazu aber lediglich, dass China auf die Ratifizierung der IAO-Regeln «hinarbeitet». In Frankreich hat diese Zurückhaltung zwischenzeitlich dazu geführt, dass Paris das Abkommen nicht verabschieden wollte, und auch im Europa-Parlament gibt es deshalb Bedenken. Auf Ablehnung stößt dort und in einigen Mitgliedsstaaten auch eine Regelung des Papiers zu Nichtregierungsorganisationen. Dem Passus zufolge behält Peking weiterhin das Recht, über ausländische Investitionen in solche NGOs zu entscheiden. Außerdem darf es gesetzliche Regeln mit dem Ziel erlassen, an die Spitze der Organisationen chinesische Staatsbürger zu setzen.

Diese Knebelung ist ein Grund dafür, warum nicht nur Vertreter der europäischen Zivilgesellschaft das «Comprehensive

Agreement on Investment» (CAI) kritisch sehen, sondern auch Teile der Wirtschaft. Der deutsche Industrieverband BDI schreibt in einer Analyse, der strittige Artikel 9 in Anhang II gebe Peking die Möglichkeit, «die Handlungsspielräume ausländischer NGOs auch weiterhin nach Belieben einengen zu können. Damit setzt China ein weiteres politisches Zeichen, ausländische NGOs mehr und mehr unter chinesische Kontrolle bringen zu wollen.» Diese Einschränkungen beträfen «auch Vertreter des offenen westlichen Gesellschaftsmodells wie Wirtschaftsverbände und politische Stiftungen» und seien daher «nicht im Interesse der Wirtschaft».

Die Industrie ist insgesamt skeptisch, ob das Abkommen 2022 oder 2023 wirklich ratifiziert werden kann. Inhaltlich loben die Verbände die Regeln zu mehr Transparenz, zu weniger Auflagen, zu den Subventionen, zur Knowhow-Weitergabe, zur Normung und zum marktgerechten Verhalten der Staatsbetriebe. Viele Benachteiligungen ausländischer Investoren blieben aber bestehen. «Das CAI löst strukturelle Ungleichgewichte im Marktzugang nicht auf», so der BDI. Es gebe weiterhin zahlreiche Eingriffs- und Blockademöglichkeiten der chinesischen Behörden, auch bleibe das System der Negativlisten in Kraft; dort sind all jene Branchen aufgeführt, für die Einschränkungen gelten. Hingegen habe Peking einen großen Verhandlungserfolg erzielt, dass nämlich die Europäische Union der Volksrepublik «auf unbestimmte Zeit die Offenheit des eigenen Marktes zusichert». Vor diesem Hintergrund sei Europa noch lange nicht am Ziel, fasst der BDI zusammen: «Die deutsche Industrie fordert deshalb von der Europäischen Kommission, dass der Druck auf China, weitere Zugeständnisse in Richtung Reziprozität und Wettbewerbsgleichheit zu machen, aufrechterhalten bleibt.»

Eigentor oder Tor zur Welt? Das Global Gateway

Zumindest eines kann die Industrie der EU nicht vorwerfen: Untätigkeit. Trotz anderer großer Herausforderungen wie der Corona-Krise kümmert sich Brüssel mit Verve und in immer kürzeren Abständen um das Großthema Volksrepublik. Der jüngste Schritt, um deren wirtschaftlicher Ausdehnung auf dem Planeten etwas entgegenzusetzen, heißt Global Gateway. Übersetzen lässt sich das als «globales Tor» oder auch «Portal zur Welt». Zumindest dem Namen nach haben die Brüsseler Strategen also etwas gelernt, denn im Grunde ist das Gateway die inhaltliche und sprachliche Fortführung der in jeder Hinsicht verunglückten Konnektivitätsstrategie aus dem Herbst 2018.

Diese hatte nie wirklich vom Boden abgehoben, und schon gar nicht war sie in der Lage gewesen, der Neuen Seidenstraße etwas entgegenzusetzen. Während es keinerlei Listen über irgendwelche Konnektivitäts-Investitionen in dieser Zeit gibt, hat China seit 2019 rund 103 Milliarden Dollar in Bauprojekte entlang seiner BRI-Routen gesteckt, und zwar in fast 300 Projekte auf allen Erdteilen außer Australien. Im Bereich der Fusionen und Übernahmen ordnet der Investment-Tracker des American Enterprise Institute knapp 120 Vorhaben für 77 Milliarden Dollar der Neuen Seidenstraße zu. Besonders bitter für die Brüsseler Eindämmungsbemühungen: Immerhin zwölf der insgesamt 180 Milliarden Dollar flossen nach Europa, direkt in die EU hinein oder in ihren Hinterhof.

Das Global Gateway soll solche Blamagen vermeiden helfen. Aus der Taufe gehoben und mit viel Tamtam vorgestellt wurde das Konzept im Dezember 2021. In der Präsentation dazu heißt es ausdrücklich, die neue Initiative baue auf der Konnektivitätsstrategie ebenso auf wie auf den Konnektivitätspartnerschaften mit Indien und Japan sowie auf früheren regionalen Kooperationen, darunter der Östlichen und der Südlichen Partnerschaft und den Investitionsplänen für den Westbalkan. Das Ziel der Zusammenführung all dieser Programme ist es, möglichst schlagkräftig und aus einer Hand Europa und die Welt besser zu vernetzen, zu «konnektieren», und dabei zum gegenseitigen Nutzen moderner zu machen. Wobei diese Ertüchtigung nicht nur wirtschaftlich, infrastrukturell und technisch gemeint ist, sondern auch politisch, etwa in Fragen der Klima- und Kulturpolitik, der Demokratisierung und der Rechtsstaatlichkeit.

Ohne dass dies so benannt würde, ist diese Herangehensweise klar als Gegenmodell zu Chinas Doppelstrategie des «Going-Out» zu sehen, sei es über «Made in China» oder die Neue Seidenstraße. Man braucht nicht zwischen den Zeilen zu lesen, um diese Stoßrichtung aus den Worten von Josep Borrell herauszuhören. Wörtlich sagte der Kommissionsvizepräsident und Beauftragte für Außen- und Sicherheitspolitik bei der Vorstellung des Gateway: «Ein stärkeres Europa in der Welt bedeutet ein entschlossenes Engagement gegenüber unseren Partnern, das fest in unseren Grundprinzipien verankert ist. Mit der Global-Gateway-Strategie bekräftigen wir unsere Vision eines Netzes von Verbindungen, das auf international anerkannten Standards, Regeln und Vorschriften beruhen muss, damit gleiche Wettbewerbsbedingungen gegeben sind.»

Über ihr «Tor zur Welt» will die EU in fünf «zentrale Partnerschaftsbereiche» in aller Welt investieren, in Digitales, Klima und Energie, Verkehr, Gesundheit sowie Bildung und Forschung. Das soll über technische und monetäre Kooperationen erfolgen, etwa Finanzhilfen, günstige Darlehen oder Haushaltsgarantien. Dieser Ansatz diene letztlich der «Schließung der weltweiten Investitionslücke», kündigt die Gemeinschaft an. Das allerdings nicht um jeden Preis und zu jeder Bedingung, sondern stets in enger Verbindung mit übergeordneten ethischen Leitlinien: «Bei Global Gateway geht es um die Steigerung von Investitionen, durch die die demokratischen Werte und hohe Standards, eine gute Regierungsführung und Transparenz, Partnerschaften auf Augenhöhe sowie grüne, saubere und sichere Infrastrukturen gefördert und Investitionen des Privatsektors mobilisiert werden.»

Dabei will die EU die beabsichtigten Hilfen nicht als Almosen verstanden wissen, sondern unterstreicht, dass sie «den strategischen Interessen der Europäischen Union dienen». Um die Aufgabe zu stemmen, soll sich das so genannte Team Europa zusammenfinden: die Kommission, die Mitgliedsstaaten sowie die Förder- und Entwicklungsinstitute, etwa die Europäische Investitionsbank und die Europäische Bank für Wiederaufbau und Entwicklung. Diese Geldhäuser sollen auch die Privatwirtschaft heranziehen, «um Investitionen zu hebeln, die einen echten Wandel bewirken». Entscheidend in der Finanzfrage ist den EU-Planern ein weiterer großer Unterschied zu China. Sie versprechen, das Gateway werde so angelegt, dass sich die Investitionsrisiken und die Schuldentragfähigkeit der Empfänger beherrschen ließen.

In einem nächsten, noch nicht bewilligten Schritt ist daran gedacht, eine neuen Finanztopf für das Gateway zu schaffen, eine sogenannte Exportkreditfazilität, «um die Schlagkraft der EU in diesem Bereich insgesamt noch zu erhöhen». Dieser Fonds soll europäischen Unternehmen unter die Arme greifen, die sich um Aufträge in Drittstaaten bemühen, zum Beispiel in Ausschreibungen am Bau oder in anderen Infrastrukturprojekten. Auch bei dieser Idee geht es unausgesprochen, aber doch unmissverständlich wieder darum, verlorenes Terrain von China zurückzugewinnen. Das Ziel sei es, so erklärt die Kommission, europäische Bieter in Märkten zu unterstützen, «auf denen sie zunehmend mit ausländischen Wettbewerbern konkurrieren müssen, die von ihren Regierungen massiv unterstützt werden».

All das klingt gut durchdacht und deutlich angriffslustiger als früher. Anders als in der nebulösen Konnektivitätsstrategie sind jetzt klare Investitionsbereiche definiert, die strategischen Ziele und finanziellen Hebel sind benannt. Zudem ist das Global Gateway Chefsache. Kommissionspräsidentin Ursula von der Leyen hat die Leitung übernommen, weitere Kommissarinnen und Kommissare stehen ihr zur Seite. Es gehe ihr um «intelligente Investitionen in hochwertige Infrastrukturen, bei denen im Einklang mit den demokratischen Werten der EU und den internationalen Normen die höchsten Sozial- und Umweltstandards eingehalten werden», sagte von der Leyen bei der Vorstellung des Programms in Brüssel: «Die Global-Gateway-Strategie zeigt auf, wie Europa resilientere Verbindungen mit der Welt aufbauen kann.»

Die Frage ist nur, ob das Angebot attraktiv genug ist für den Rest der Welt. Manche Länder haben kein Interesse an hohen Umwelt-, Klima-, Sozial- oder Arbeitsstandards, auch die Aussicht auf Rechtsstaatlichkeit, Demokratie und Korruptionsbekämpfung wirkt auf viele Eliten eher abstoßend als einladend. Sie würden sich mit den Auflagen wohl anfreunden, wenn das Geld oder die Vorhaben nur so zu erhalten wären. Solange aber China eine Alternative ohne große Kompromisse und Abstriche anbietet, sind die Verlockungen groß, eher der Neuen Seidenstraße oder der Made-in-China-Initiative zu folgen als dem Global Gateway.

An den verfügbaren Mitteln jedenfalls wird es in Europa nicht scheitern. Für das Global Gateway, so gab von der Leyen bekannt, sollen bis 2027 rund 300 Milliarden Euro an Investitionen mobilisiert werden. Das sind etwa 340 Milliarden Dollar, ein Heidengeld! Die Summe übersteigt die gesamte jährliche Wirtschaftsleistung, das Bruttoinlandsprodukt, in sechzehn der siebenundzwanzig Mitgliedsstaaten der EU. Wie erwähnt, weiß niemand so richtig, mit wie viel Geld die Seidenstraßen-Initiative ausgestattet ist. Aber die in den ersten acht Jahren eingesetzten Mittel erreichen eine ähnliche Höhe wie das jetzt veranschlagte EU-Budget. Hier wie dort geht es allerdings nicht nur um frische Finanzquellen, also um ein eigenes Budget für die Projekte, sondern auch darum, das ohnehin verfügbare Geld in die ausländische Infrastruktur zu kanalisieren. Im Falle der EU stammen 135 Milliarden Euro aus dem bereits bestehenden «Fonds für nachhaltige Entwicklung Plus», weitere achtzehn Milliarden stellt der reguläre EU-Haushalt bereit. Die übrigen 145 Milliarden sollen dann die Entwicklungs- und Förderbanken aufbringen. Klar ist somit, dass Europa mindestens eines aus dem Fernen Osten gelernt hat: Wer in der Welt mitspielen will, darf nicht kleckern, sondern muss klotzen.

CFIUS und B3W: Die amerikanische Abwehr als Vorbild?

Während sich die Europäer sowohl in der Investitionskontrolle als auch im Einhegen der Seidenstraße noch sortieren, haben die Amerikaner die Abwehr der Chinesen schon regelrecht institutionalisiert. 2018 trat ein Gesetz mit dem langen Titel Foreign Investment Risk Review Modernization Act in Kraft, launig «Firrma» abgekürzt. Die Neuregelung führte hohe Gebühren für behördliche Übernahmeprüfungen ein und gab dem zuständigen Ausschuss mehr Kompetenzen, dem Committe on Foreign Investment in the United States (CFIUS). Zuvor hatte die Stelle nur vollständige Akquisitionen geprüft, neuerdings werden auch Minderheitsbeteiligungen und Gemeinschaftsunternehmen daraufhin abgeklopft, ob sie «Gefahren für die nationale Sicherheit» darstellen.

Ursprünglich konzentrierte sich das CFIUS, das Transaktionen verzögern oder ganz blockieren kann, auf militärische Anwendungen. Die Grenzen zur zivilen Nutzung waren aber ähnlich verschwommen wie die räumliche Reichweite der CFIUS-Zuständigkeit. So wollte 2016 der ostchinesische Fujian Grand Chip Investment Fund das nordrhein-westfälische

Elektronikunternehmen Aixtron kaufen und scheiterte letztlich daran, dass Präsident Barack Obama über das CFIUS die Veräußerung der amerikanischen Tochtergesellschaft untersagte.

Besonders emsig nutze Obamas Nachfolger Donald Trump das De-Facto-Veto für Firmenübernahmen. 2017 unterband er den Verkauf des Chipherstellers Lattice Semiconductors nach China. 2018 sorgte er dafür, dass der Sicherheitsbegriff viel weiter ausgelegt wurde als früher. Seitdem umfasst er auch Rohstoffe, Lebensmittel, Telekommunikation oder Datenverarbeitung. Mit dieser Rechtfertigung im Rücken, versuchte Trump 2020, die soziale Netzwerkanwendung TikTok (Douyin) in Amerika kaltzustellen: CFIUS wies den chinesischen Eigentümer Byte-Dance an, TikToks US-Aktivitäten an ein amerikanisches Unternehmen zu veräußern. Dagegen aber haben sich die Asiaten erfolgreich vor Gericht gewehrt, unter Trumps Nachfolger Joe Biden wurde die Sache bisher nicht weiterverfolgt.

Interessanter Weise war die Frühphase von CFIUS in den 1970er und 1980er Jahren in eine Zeit gefallen, in der die Amerikaner glaubten, Übergriffe der japanischen Wirtschaft abwehren zu müssen. 1988 etwa ging es darum, den Versuch von Fujitsu zurückzuweisen, den kalifornischen Halbleiterhersteller Fairchild Semiconductors zu übernehmen. 30 bis 35 Jahre später sind es jetzt die agilen Chinesen, gegen die die Behörde zu Felde zieht. Das Firrma-Gesetz diente vor allem dazu, im Feld der Investitionen das Bemühen von US-Präsident Donald Trump zu flankieren, sich gegen Pekings zunehmende Wirtschaftsmacht zu behaupten. Diese Vorstöße sind auch als US-chinesischer «Handelskrieg» bezeichnet worden.

Als Teil seiner America-First-Kampagne hatte Trump immer wieder hohe Schutzzölle erlassen, um das riesige Handelsbilanzdefizit gegenüber den Chinesen zu verringern. Im Bereich der Investitionskontrolle ließ es immer mehr fernöstliche Unternehmen auf eine Liste mit unliebsamen Gesellschaften setzen, weil sie in Rüstungsgeschäfte verwickelt seien oder auf andere Weise Amerikas Sicherheit gefährdeten. Diese Konzerne werden auf vielfältige Weise in den USA geschnitten, so dürfen amerikanische Staatsbürger keine Anteile an ihnen halten. Die meisten Einträge beziehen sich auf große Staatsbetriebe, aber auch die private Huawei-Gruppe ist darunter. In Europa gibt es solche Bannlisten bisher nicht, weshalb viele der Konglomerate hier ungehindert investieren können, etwa der auch in Deutschland aktive Luft- und Rüstungskonzern Avic.

Neben die strenge Investitionsprüfung ist in Amerika auch ein Konzept getreten, um Chinas Neue Seidenstraße in die Schranken zu weisen. Es soll «eine bessere Welt wiederaufbauen» und heißt daher Build Back Better World, abgekürzt B3W. Auslöser für den Plan war die Corona-Pandemie, in deren Verlauf Zahlen bekannt wurden, wonach die Investitionslücke in den Entwicklungsländern auf 40 Billionen Dollar angewachsen sei, also auf 40 000 Milliarden Dollar – mehr als das Hundertfache dessen, was das europäische Global Gateway an Mitteln zur Verfügung stellt. Beschlossen wurde B3W auf Initiative von US-Präsident Joe Biden im Juni 2021 auf einem Gipfel der sieben führenden Wirtschaftsmächte (G7) im britischen Cornwall. Dabei wurde vereinbart, die genannte Lücke bis 2035 deutlich zu verkleinern, und zwar über eine Infrastruktur-Initiative in Ländern mit Mittlerem und Niedrigem Einkommen. In einem Vorbereitungspapier für das G-7-Treffen hieß es, diese brauchten jedes Jahr 1,5 bis 2,7 Billionen Dollar an Extrainvestitionen, um die nachhaltigen Entwicklungsziele der Vereinten Nationen zu erreichen.

Konkrete Beträge kamen in Conwall nicht auf den Tisch, doch ist in einem Kommuniqué des Weißen Hauses von «Hunderten Milliarden Dollar für Infrastrukturinvestitionen» die Rede. Dieses Papier macht auch gleich zu Anfang klar, dass es Biden mit dem G-7-Beschluss um den «strategischen Wettbewerb mit China» gegangen ist. Die Anwendungsgebiete der Initiative sind ganz ähnlich wie jene des Global Gateways, etwa Klima, Digitales und Gesundheit. Auch B3W will privates Kapital mobilisieren, auch B3W sieht sich als Gegenentwurf zu nichtnachhaltigen Konzepten, womit, natürlich, die chinesischen gemeint sind. Demgegenüber führe der amerikanische Vorschlag zu einer «werteorientierten, qualitativ hochwertigen und transparente Infrastrukturpartnerschaft unter der Führung großer Demokratien». Die Projekte achteten vor allem auf gute Regierungsführung und hohe Standards, darunter im Umwelt- und Klimaschutz, in Fragen des Arbeits- und Sozialrechts und bei der Korruptionsbekämpfung.

Bundeskanzlerin Angela Merkel (CDU) sagte nach der Besiegelung der B3W-Partnerschaft: «Wir müssen uns schon damit auseinandersetzen, dass China recht erfolgreich Infrastrukturprojekte betreibt. Da können wir nicht tatenlos zuschauen.» In England wurde eine Arbeitsgruppe für das Mammutprojekt eingerichtet, die 2022 erste Einsatzpläne erarbeiten will, dann unter deutscher G-7-Präsidentschaft. Im laufenden Jahr sollen auch B3W und das Global Gateway enger zusammenwachsen, ihren ersten gemeinsamen Auftritt hatten sie schon im November 2021 auf der Weltklimakonferenz in Glasgow, noch bevor die europäische Initiative überhaupt offiziell begonnen hatte. Der Wettbewerb also hat begonnen, zwischen der BRI-Initiative aus dem Osten und der Anti-Seidenstraße aus dem Westen.

Schluss

EUROPA KANN DIE SINISIERUNG NICHT AUFHALTEN, ABER MITGESTALTEN

Chinesisch lernen ist eine gute Idee

Immer mehr Deutsche lernen Chinesisch, und das ist auch gut so. Zwar stagniert die Zahl der Schüler im Moment, wie das Bildungsnetzwerk China beklagt, und sie ist geringer als in Nachbarländern wie Frankreich. Aber im Vergleich zu Beginn der 2000er Jahre hat das Interesse stark zugenommen. Zu Recht, denn zum einen ist Mandarin eine hoch anregende Sprache mit grammatikalischen und musikalischen Überraschungen und vielen hübschen Wörtern. Dass Eisenbahn wörtlich «Feuerwagen» heißt, dürfte nicht nur Karl-May-Freunde begeistern. Ein Kinofilm ist ein «Stromschatten», eine Ampel ein «Rotgrünlicht» und ein Fahrstuhl eine «elektrische Leiter». Auch außerhalb der Technik geht es wunderbar anschaulich zu. Ehepartner heißen «Liebesmenschen», ein Lehrer ist ein «alter Meister», Tiere nennt man «bewegliche Dinge» und entsprechend den Zoo einen «Garten für bewegliche Dinge». Und schließlich: Das Zeichen für «gut» besteht aus den Symbolen für Frau und Kind.

Es ist aber auch deshalb weise, Chinesisch zu lernen, weil der Einfluss des großen Landes immer mehr wächst. Das gilt für Politik, Kultur und Sport, wie sich ganz aktuell an den Olympischen Winterspielen in Peking gezeigt hat, vor allem aber gilt es für die Wirtschaft und die Infrastruktur, mit denen sich dieses Buch beschäftigt. In keiner anderen Epoche der Weltgeschichte ist eine Volkswirtschaft derart schnell derart mächtig geworden wie die chinesische in den vergangenen 40 Jahren. Sie wächst nicht nur auf ihrem eigenen Territorium in unvergleichlicher Geschwindigkeit, sondern strebt mit ihren Waren und ihrem Kapital auch erfolgreich hinaus in die Welt, wo immer mehr Unternehmen, Häfen, Eisenbahnlinien oder Kraftwerke chinesisch werden.

Die Stärke dieser Expansion hat ihren Grund einerseits in dem riesigen Heimatmarkt, der die nötigen Ressourcen an Geld, Menschen und Material bereitstellt. Zum anderen unterstützt eine geschickte Doppelstrategie den Gang in die Ferne: die Initiative «Made in China 2025», mit der das Land bis 2049 zum Technologieführer und zur Wirtschaftsweltmacht aufsteigen will, sowie das Konzept der Neuen Seidenstraße, das größte internationale Infrastrukturvorhaben, das die Welt je gesehen hat. Es stellt sicher, dass sich Chinas Handel weiter ausdehnen kann, dass das Land leichteren Zugang zu Rohstoffen erhält, dass es seine Überkapazitäten abbaut und insgesamt seine Verbindungen in die Welt steigert und zugleich diversifiziert.

Dabei erweist sich das eigenartige Konstrukt einer «gelenkten Marktwirtschaft» als hochwirksam. Über seine Staatsunternehmen und -banken, über die Devisenfreigaben sowie über die strengen behördlichen Vorgaben, Kontrollen und Untersagungen stellt Peking sicher, dass das «Going-Out» im Sinne der staatlichen strategischen Planungen verläuft, auch jenes der formal privaten Investoren. Es ist unübersehbar, dass die Führung damit auch politische Zwecke verfolgt, geopolitische ebenso wie sicherheitspolitische. Diese Absichten ordnen sich ein in die Visionen des «Chinesischen Traums» von Staats-, Partei- und Militärchef Xi Jinping, der seinem Land zu alter

Größe zurückverhelfen und es damit nicht nur wirtschaftlich, sondern eben auch machtpolitisch an die Weltspitze setzen will.

In Europa und Deutschland feiert China mit seinem Doppelschlag aus «Made in China» und der BRI-Initiative große Erfolge. Systematisch haben sich staatliche und private Investoren in die avisieren Schlüsselbranchen eingekauft. In traditionellen Industrien wollen sie vom nächsten Technologiesprung profitieren, etwa im Autobau zur E-Mobilität und zum autonomen Fahren, in der Energieerzeugung zur klimafreundlichen Stromerzeugung, in der Luftfahrt zum Flugtaxi. Sie setzen aber auch auf moderne Hightech-Branchen wie etwa auf die Halbleiterwirtschaft, die individualisierte Medizin oder die Industrie 4.0 samt Künstlicher Intelligenz und Robotik.

In all diesen Feldern erweitern fernöstliche Aufkäufer ihr Portfolio in Europa ganz gezielt, was aber schon lange nicht mehr bedeutet, dass sie Produktion und Knowhow nach China verlagern. Statt die Kaufobjekte auszusaugen, binden sie sie mit der vorhandenen Ausstattung und Belegschaft in ihre wachsenden internationalen Wissens- und Wertschöpfungsketten ein. Sowenig wie Audi oder die BASF sämtliche Entwicklungs- und Produktionsschritte in der Heimat bündeln, so wenig haben das auch die Chinesen vor. Entscheidend ist für sie – wie bei den deutschen Vorbildern –, dass sie die Technologie-, Marken- und Marktführerschaft erlangen, dass sie die Kontrolle behalten und, natürlich, viel Geld damit verdienen.

Im Bereich der Neuen Seidenstraße liegen Chinas Erfolge vor allem in Osteuropa sowie in Griechenland. Die Strategie erweist sich immer dann als besonders zugkräftig, wenn die Empfängerländer durch schwierige Zeiten gehen, was etwa in der Finanzkrise der Fall war, bei Griechenland in der Staatsschuldenkrise, später auch während der Corona-Pandemie. Über den «17+1»-Zusammenschluss Ost- und Südosteuropas mit China erhält die Volksrepublik nicht nur Zugang zum Westbalkan, der unter der Zurückweisung durch die EU leidet und deshalb anfällig ist für die Minnegesänge aus Peking, Moskau und Ankara. Das Treffen der 18 Regierungschefs, von denen die meisten EU-Mitglieder sind, ermöglicht den Asiaten auch einen direkten Zugang zur Europäischen Union.

Auf diese Weise ist eine Seitendiplomatie entstanden, die den alten Mitgliedsstaaten und Brüssel zu Recht ein Dorn im Auge ist. Zumal es zwischen West- und Ost-EU auch ohne Spaltpilze aus China schon genügend Reibereien gibt, zum Beispiel in Fragen der Migration, der Rechtsstaatlichkeit oder der Korruptionsbekämpfung. Dabei stellt das «17+1»-Format nur einen Teil des Seidenstraßen-Einflusses in Europa dar, der bis weit in den Westen hineinreicht: Neben Griechenland, Malta und Zypern zählen auch Italien, Portugal, Luxemburg und die Schweiz zur BRI. Inzwischen gehören mehr Länder Europas und auch mehr Länder der EU dem chinesischen Verbund an, als außerhalb stehen. Es ist nicht klar, ob China über diese Kanäle bewusst politischen Einfluss ausübt. Auffällig ist jedoch, dass Staaten wie Griechenland, Ungarn oder Kroatien in strittigen Fragen zu China von der europäischen Mehrheitsmeinung abgewichen sind, etwa was die Menschenrechte angeht, die Territorialkonflikte im Südchinesischen Meer oder die demokratischen Rückschläge in Hongkong.

Chinas Systemrelevanz lässt uns keine Wahl

Bedeutet das also, dass Deutschland und Europa zunehmend chinesischer werden, man könnte auch sagen «sinisiert»? Auf der einen Seite ja, denn ohne die Volksrepublik bräche die Wirtschaft bei uns zusammen. Erstmals war im Corona-Jahr 2020 China der wichtigste Handelspartner der EU. Peking gelang damit das, was es auch in vielen anderen Felden anstrebt, die USA vom Thron zu stoßen. Für Deutschland ist die Volksrepublik schon länger die Nummer eins im Warenaustausch. Ganze Branchen hängen davon ab, dorthin zu liefern, aber auch dort zu produzieren, sowohl für den Riesenmarkt selbst als auch für den Export an Drittländer. Die deutsche Automobilindustrie erwirtschaftet zwischen einem Drittel und der Hälfte ihrer Gewinne in und mit China. Die Lage ist ziemlich eindeutig: Das große Reich ist inzwischen systemrelevant für die Weltwirtschaft. Deutschland, Europa, die USA und viele andere Volkswirtschaften sind auf Gedeih und Verderb auf China angewiesen, niemand kann ein Interesse haben, dass die Party dort zu Ende geht.

Diese Abhängigkeiten wachsen, und sie wachsen auch über die Seidenstraße und die Made-in-China-Initiative. Noch aber, und das ist das «Andererseits» in der Antwort auf die Sinisierungs-Frage, halten sich Chinas Investitionen in Europa und Deutschland im Rahmen. In der Analyse der zentralen Branchen und Infrastrukturprojekte sind keine eindeutigen Dominanzen fernöstlicher Unternehmen oder Geschäftsverbünde feststellbar. Es mag Regionen und Wirtschaftszweige mit überdurchschnittlichen Aktivitäten aus dem Reich der Mitte geben, etwa in Montenegros Autobahnbau oder in der portugiesischen Energiewirtschaft. Im Verhältnis aber zu nichtchinesischen Engagements bewegen sich diese Investitionen in engen Grenzen. Nach wie vor ist Europa selbst, vor allem die EU, auf dem alten Kontinent der maßgebliche Investor, auch in dessen östlichem Teil, und zwar sowohl in der Infrastruktur als auch in der Unternehmenslandschaft.

Es stimmt, dass der Umfang der chinesischen Fusionen und Übernahmen stärker zunimmt als aus allen anderen bedeutenden Wirtschaftsräumen, die Aufholjagd ist auch in diesem Feld atemraubend. Noch aber rangieren chinesische Käufer in Europa und Deutschland in den meisten Jahren hinter den anderen ökonomischen Mächten, vor allem natürlich hinter den USA, oft genug aber auch hinter kleineren Nationen wie Kanada oder der Schweiz. Die enormen Summen, mit denen die fernöstlichen Investoren hierzulande um sich werfen, erscheinen weit weniger eindrucksvoll, wenn man sie mit anderen, mit westlichen Transaktionen vergleicht. Die entscheidenden «Mergers & Aquisistions» fanden und finden innerhalb der Vereinigten Staaten statt, dahinter folgen die Länder der EU.

Die größte chinesische Auslandsübernahme überhaupt war 2015 der Erwerb des Schweizer Saatgutriesen Syngenta durch Chem-China für 43 Milliarden Dollar. Das führte damals zu einem Aufschrei und Warnungen vor dem Ausverkauf europäischer Kerninteressen. Aber im Weltmaßstab handelte es sich weder nominell noch inflationsbereinigt um einen großen Happen. Schon das Angebot von Bayer für den Syngenta-Konkurrenten Monsanto im folgenden Jahr fiel größer aus. In Amerika ging es etwa zeitgleich um etwa 90 Milliarden Dollar für den Kauf des Unterhaltungskonzerns Time Warner durch den Telekommunikationsgiganten AT&T. Über die Jahre betrachtet wurde in Dutzenden M&As viel mehr gezahlt, als Chem-China auf den Tisch legte. Als höchster Preis gelten jene 183 Milliarden Dollar, die der britische Mobilfunkanbieter Vodafone 1999 für die deutsche Mannesmann-Gruppe aufbrachte, um an deren Telekommunikationsgeschäft zu gelangen.

Die Einkaufstour wird weitergehen – gezielt

Im historischen und internationalen Vergleich sind chinesische Unternehmen in Europa also noch zurückhaltend investiert. Darin liegen zugleich große Potentiale für die Zukunft. Denn angesichts der andauernden Rückständigkeit zumindest in Teilen der Produktion, der Entwicklung, des Designs, des Managements oder der Markenbildung wird das Interesse an Auslandserwerbungen zunehmen. Um sie zu stemmen, helfen den privaten wie staatlichen Konzernen ihre üppige Finanzausstattung, der Rückhalt der Heimatmärkte und nicht zuletzt die monetären, organisatorischen und politischen Hilfen von Partei und Verwaltung, sofern sich die Geschäftsleute an die vorgegebenen Expansionspfade halten. Diese Vorgaben sind immer wieder modifiziert und präzisiert worden, zuletzt im Frühjahr 2021 bei der Verabschiedung des neuen Fünfjahresplans und Ende des Jahres auf der Zentralen Wirtschaftskonferenz CEWC der Regierung und der Parteiführung.

Entscheidend ist, dass die Auslandsanstrengungen der Erhöhung der Innovationsfähigkeit und der technologischen Eigenständigkeit dienen. Wie gesagt, bedeutet das nicht, die erworbenen Einheiten nach China umzusiedeln, aber die Zugriffe der chinesischen Neueigentümer auf das Knowhow sowie dessen Nutzen für die Modernisierung und Autarkie der eigenen chinesischen Nationalökonomie müssen gewährleistet sein. Auch wenn die im Westen zum Reizwort gewordene Überschrift «Made in China 2025» in den offiziellen Verlautbarungen nicht mehr vorkommt, hat sich an den mittel- und langfristigen Plänen nichts geändert. Nach wie vor zielen alle Anstrengungen darauf ab, bis 2035 in zehn Schlüsselbranchen «entscheidende Durchbrüche» zu erreichen und sich bis dahin zumindest im Mittelfeld der Industrienationen und Wissensgesellschaften zu platzieren. 2049 will man dann industriell und technologisch an der Weltspitze stehen.

Die wichtigsten Zukaufbereiche sind moderner Auto-, Flugzeug-, Eisenbahn- und Schiffsbau, Hightech-Maschinen und Anlagen einschließlich Robotik, Informations-, Kommunikations- und Datentechnik, neue Werkstoffe, Energie, Gesundheit und Pharma. Da sich diese Zielbranchen in Europa ballen und hier vor allem in Deutschland, konzentrieren sich chinesische Investoren auf diese Regionen. Nach einem starken Anstieg der Fusionen und Übernahmen bis 2017 hat die Dynamik seitdem nachgelassen, besonders deutlich in der Corona-Zeit. Befürchtungen im Westen, dass sich die Asiaten diese Schwächephase in Europa auf ähnliche Weise für verstärkte Zukäufe zunutze machen könnten wie in der Finanz-, Euro- und Staatsschuldenkrise, haben sich nicht bewahrheitet.

Das lag vor allem daran, dass die Pandemie auch die chinesische Wirtschaft arg mitgenommen hat. In einer Umfrage sagten fast 90 Prozent jener Betriebe, die in Europa schon engagiert waren, dass «Corona» sie geschwächt habe, rund 40 Prozent sogar in starkem Ausmaße. Gleichwohl plant mehr als die Hälfte der Befragten weitere Investitionen auf dem Kontinent. Ebenfalls mehr als die Hälfte beabsichtigt, über diese Expansion technologisches Knowhow einzustreichen und die eigenen Forschungs- und Entwicklungskapazitäten zu stärken. 40 Prozent wollen sich durch den Kauf neue Produkte sichern, 30 Prozent erhoffen sich einen erleichterten Zugang zum europäischen Markt. Die Zuversicht verwundert nicht, denn die Teilnehmer an dieser Erhebung der Beratungsgesellschaft EY hatten zu fast 90 Prozent gute oder sehr gute Erfahrungen in der EU gesammelt. Die meisten von ihnen waren auf der Suche nach geeigneten Unternehmen und Standorten übrigens in Deutschland gelandet.

Die Virusausbreitung und eine zwischenzeitlich schwache Konjunktur sind nicht die einzigen Gründe für die sinkende Übernahmedynamik. Bei der Anpassung und strikteren Überwachung der Going-Out-Strategie achtet die Führung in Peking immer stärker darauf, dass die Auslandserwerbungen im Einklang mit dem überwölbenden Ziel stehen, ein «qualitativ höherwertiges», auf Innovationen basiertes Wachstum zu erreichen. Auch dürfen die Käufe nicht dadurch auf Sand gebaut sein, dass sie über Gebühr schuldenfinanziert sind. Von 2017 an haben die Behörden daher immer mehr Investoren zurückgepfiffen, ihnen unstatthafte Übernahmen untersagt – etwa von Immobilien, Sportvereinen, Unterhaltungseinrichtungen – oder sie sogar zur Rückabwicklung gezwungen.

Dafür sind die teilweise hochverschuldeten Konzerne Wanda, Anbang und HNA unrühmliche Beispiele. Letzterem gehörten einst erkleckliche Teile der Deutschen Bank und der Flughafen Frankfurt-Hahn. Auch die jüngste Pleite-Firma Evergrande hat fast drei Milliarden Dollar in ausländische Beteiligungen gesteckt, vor allem in Schweden. Noch ist unklar, was daraus wird. In letzter Zeit geht Peking mit harter Hand auch gegen private Internetkonzerne wie Alibaba und Tencent vor, wohl weil sie zu reich und zu mächtig geworden sind, weil sie aus der Reihe tanzen und weil sie angeblich einen schlechten Einfluss auf die Online-Jugend haben. Dieses Zurechtstutzen könnte den Auslandshunger ebenfalls bremsen, da allein diese beiden Unternehmen 39 Milliarden Dollar über die Grenzen getragen haben, bevorzugt nach Europa.

Zweifelhafte Schrotschusspolitik aus den USA

Dort, in den Zielgebieten, wächst die Skepsis gegen die asiatischen Geschäftsreisenden mit den großen Geldkoffern. In einigen Seidenstraßen-Ländern ist Ernüchterung eingekehrt, weil die Chinesen ihre Investitionsversprechen nicht eingehalten hätten, weil sie ihre eigenen Baukonzerne, Materialien und Arbeiter mitbrächten, weil sich die Kreditkonditionen mit ihren Entwicklungsbanken als Knebelverträge erwiesen und letztlich zu einer Schuldenabhängigkeit der Empfängerstaaten führen könnten. Dazu treten politische und ethische Zweifel, seit klar ist, dass die Volksrepublik im In- und Ausland ihre Muskeln spielen lässt, sei es in Hongkong, Xinjiang, im Süd- und Ostchinesischen Meer oder bezüglich Taiwans.

Immer deutlicher wird, dass sich im autoritären Kommunismus unter Xi Jinping die Menschenrechtsdefizite und die staatliche Überwachung noch verschärft haben und dass seine Rhetorik von der Wiedergeburt der großen chinesischen Nation aggressive und hegemoniale Züge trägt. Länder im Baltikum und in Ostmitteleuropa, etwa Litauen, Tschechien und Polen, vermissen die versprochenen Großinvestitionen und fühlen sich politisch gegängelt und zum Teil sogar ausspioniert von Peking. Auch Italien unter Ministerpräsident Mario Draghi, bis heute das erste G7-Land, das der Seidenstraße beigetreten ist, geht zunehmend auf Distanz zu dem dubiosen Partner vom anderen Ende der Welt.

In Europa herrschte lange Zeit eine gewisse Gleichgültigkeit in Sachen China. Sie speiste sich einerseits aus Hybris gegenüber den historischen Nachzüglern, den Kopierern und andererseits aus Naivität, was die Größe, Schlagkraft und vor allem was den unbedingten Aufstiegswillen des stolzen Volkes anging. Seit dem Zusammenbruch des Ostblocks mit den tiefen wirtschaftlichen, sozialen, politischen und auch identitären Krisen der Nachfolgestaaten konnte man sich im Westen schlechterdings nicht vorstellen, dass aus einem kommunistisch genannten Regime ein ebenbürtiger Partner oder gar überlegener Rivale erwachsen könnte. Genau das ist aber geschehen. China ist mit einem unvorstellbaren Tempo nachgezogen, hat mitunter gleichgezogen, ist im Begriff, den Westen zu überholen.

Europa und Amerika haben auf diese Herausforderung bisher keine Antwort gefunden, die jenseits einer hektischen Schrotschusspolitik läge. Eine solche verfolgte der amerikanische Präsident Donald Trump, der hinter den fernöstlichen Gewalten nicht zu Unrecht mehr witterte als ehrbare Kaufleute. Er erkannte die enorme Kraft, die darin lag, dass sich China zum größten Lieferanten seines Landes aufgeschwungen hatte, zum reichsten Auslandsgläubiger, zum wichtigsten Markt und zentralen Produktionsstandort für Vorzeigekonzerne wie Apple. Gleichzeitig breitete Peking seine Einflusssphäre über die Seidenstraße immer weiter aus, vor allem in Afrika und Asien, und betrieb dort auch recht unverhohlen eine Kanonenbootpolitik.

Auch und gerade in Handelsfragen wird und hat sich die USA immer stärker isoliert. Trump nahm sowohl vom Transatlantischen Freihandelsabkommen TTIP mit der EU Abstand als auch von dessen Pendant im Westen, der Transpazifischen Partnerschaft TPP. Derweil ist China immer mehr bilaterale und multilaterale Verträge eingegangen. Das hat dazu geführt, dass zum 1. Januar 2022 im Pazifikraum die größte Freihandelszone der Welt in Kraft getreten ist, die sogenannte Regionale umfassende Wirtschaftspartnerschaft RCEP. Sie steht für fast ein Drittel der Bevölkerung und Wirtschaftsleistung der Welt. Natürlich ist China dort die Führungsmacht, Amerika gehört nicht dazu. Inzwischen hat Peking auch den Beitritt zur sogenannten Umfassenden und fortschrittlichen Vereinbarung für eine Trans-Pazifische Partnerschaft CPTPP beantragt. Das ist ein weiteres Großbündnis und die Nachfolgevereinbarung des TPP, nachdem sich die Amerikaner daraus zurückgezogen hatten.

Trumps Reaktionen auf Pekings steigenden Einfluss sind bekannt, und sie sind Geschichte. Seine Vorstöße in Sachen Abschottung, Handelskrieg und Investitionsverboten scheiterten auch deshalb, weil sie nicht einem ordnungspolitischen Gewissen entsprangen, dem Wunsch nach einem offenen, aber regelbasierten Wirtschaften, sondern genau dem Gegenteil, der nationalen Nabelschau, dem Protektionismus, ja letztlich den Drohungen eines Schulhofschlägers, der meint, er allein könne die Regeln setzen, um den herum es dann aber recht schnell einsam wird. Indem sich die USA in jener Zeit auch von ihren Verbündeten distanzierten, egal ob in der Handels-, Klima- oder Iran-Politik, schufen sie ein Vakuum, das China gern ausfüllte. So konnte sich ausgerechnet das staatlich gelenkte Wirtschaftssystem mit seinen vielen Regierungskonzernen, mit den verschlossen Branchen und abgeschotteten Finanzmärkten, so konnte sich ausgerechnet der größte Treibhausgasemittent der Welt als neuer Anwalt für den offenen Welthandel und den Klimaschutz stilisieren. Nie gab es einen größeren Bock, der zum Gärtner wurde.

Doch in Ermangelung anderer Führungsfiguren akzeptierte die Weltgemeinschaft die Chinesen zeitweilig in dieser Rolle, gerade für ärmere, instabile oder unsichere Länder entwickelte der vermeintliche Wachwechsel von Washington zu Peking einige Attraktivität. Zu keiner anderen Zeit traten so viele Staaten der Seidenstraßen-Initiative bei wie während Trumps Regierungsjahren. Besonders groß war der Andrang 2017 nach Xi Jinpings Rede auf dem Weltwirtschaftsforum in Davos – der ersten eines chinesischen Staatschefs dort –, wo er indirekt den Isolationismus Amerikas geißelte und China als weltoffene Alternative empfahl.

Die Wahlen in den USA haben 2021 Schlimmeres verhindert. Amerika ist zurück auf der Weltbühne, und allein dieser Regierungswechsel von Trump zu Joe Biden zeigt an, wie widersinnig jede Gleichsetzung des amerikanischen und des chinesischen Regimes vorher gewesen war: Die US-Bürger können ihre Führung durch freie Willensbekundung wieder loswerden, sie haben über den Kongress und die Justiz eine echte Gewaltenteilung mit starken, unabhängigen Bundesstaaten, es gelten Presse-, Meinungsfreiheit und alle anderen Grundrechte, der Pluralismus ist sprichwörtlich. In der Volksrepublik existiert all das nicht.

Der Westen zieht die Zugbrücken hoch

Unter Biden sind die Töne in Richtung der neuen fernöstlichen Supermacht nicht unbedingt milder geworden. Die USA waren das erste große Land, das offen ankündigte, die Olympischen Winterspiele im Februar 2022 in Peking diplomatisch zu boykottieren. Auch der neue Präsident weiß: Trumps Analyse von der wachsenden China-Abhängigkeit der USA und davon, dass

Peking immer autoritärer auftritt und eine dominante Rolle in der Welt anstrebt, war ja nicht falsch. Nur die Mittel dagegen funktionierten nicht, jedenfalls nicht im Alleingang. Und so sucht der Demokrat im Weißen Haus Verbündete für eine China-Strategie des Westens, die diesen Namen wirklich verdient. Neben den Partnern im Pazifik, wo er möglicherweise die von Trump auf Eis gelegten Handelsabkommen reaktivieren oder neu gestalten könnte, sind Bidens Alliierte in erster Linie die EU und Großbritannien.

Natürlich ist es kein Zufall, dass der Westen im Juni und Dezember 2021 kurz hintereinander gleich zwei Alternativen zur Seidenstraße vorstellte; man könnte, um im Bild zu bleiben, auch von Umleitungen zur Seidenstraße sprechen. Auf einem G7-Treffen in England präsentierte Biden zunächst sein Konzept Bring Back Better World (B3W). Ein halbes Jahr später folgte die Präsidentin der Europäischen Kommission, Ursula von der Leyen, mit der EU-Initiative Global Gateway. Beide Programme sollen die riesige Infrastrukturlücke in Schwellen- und Entwicklungsländern ausfüllen helfen, die in der Corona-Krise noch gewachsen ist. Konzentrieren will man sich auf die «harte» und auf die «weiche» oder soziale Infrastruktur, neben Verkehrswegen, digitalen Netzen, Kraft- und Wasserwerken auch auf Krankenhäuser oder Schulen.

Beiden Ideen ist überdies gemein, dass sie zum einen die Nachhaltigkeit in Finanz-, Klima-, Umwelt-, Bildungs-, Sozial- und Genderfragen in den Vordergrund stellen und zum anderen die enge Werteanbindung an Demokratie, Rechtsstaatlichkeit, gute Regierungsführung, Transparenz und Verantwortlichkeit. Unausgesprochen, aber in der Sache sehr deutlich, bilden die amerikanisch und die europäisch angeführten und finanzierten Entwicklungspläne nichts anderes als zwei Gegenmodelle zur Neuen Seidenstraße. Über die G7 und die EU sollen sie zusammenwachsen, womit die Durchschlagskraft noch erhöht wäre und damit bestenfalls auch die Attraktivität unter den Empfängerländern, damit sie künftig bei diesem westlichen Angebot zugreifen und nicht bei den fernöstlichen Verlockungen von «Belt and Road».

Die EU hat außerdem in Fragen der Investitionsprüfungen gegen China aufgerüstet. Auch in dieser Hinscht ist auffällig, dass Brüssel und die Einzelstaaten den ehemaligen US-Führer Trump für seine unnachgiebige Haltung und für seine zweifelhaften Methoden in der Auseinandersetzung mit China zunächst gerügt hatten. Inzwischen aber orientieren sie sich insofern an dem geschmähten Republikaner, als sie ebenfalls strengere Untersuchungen möglicher Unternehmensübernahmen durch Drittstaaten ermöglicht haben. Genau wie in Amerika wurde ein sehr umfangreicher Geltungskreis solcher Kaufobjekte gewählt, die die «Sicherheit» oder die «Öffentliche Ordnung» gefährden könnten. Zwar wurde kein eigenständiges europäisches Kontrollverfahren geschaffen, wohl aber sind jetzt alle Mitgliedsstaaten verpflichtet, Regelungen für die Überprüfung und Kontrolle von Direktinvestitionen in Schlüsselbranchen zu erarbeiten, vor allem hinsichtlich kritischer Infrastrukturen.

Wie andere Regierungen hat auch das Bundeskabinett die europäische Screening-Verordnung in nationales Recht übertragen, im deutschen Falle über das Außenwirtschaftsgesetz und über die zuvor schon mehrfach verschärfte Außenwirtschaftsverordnung. Bisher war Voraussetzung für eine Investitionsprüfung, dass von der beabsichtigten ausländischen Investition eine «tatsächliche Gefährdung» der öffentlichen Sicherheit oder Ordnung der Bundesrepublik Deutschland angenommen wurde. Nun reicht für die Untersuchung die Feststellung einer «voraussichtlichen Beeinträchtigung» in Deutschland oder auch in einem anderen Mitgliedsstaat aus. Das Wirtschaftsministerium hat zudem die Beteiligungsschwellen, von denen an Unbedenklichkeitsbescheinigungen für die Übernahme notwendig sind, zum Teil herabgesetzt.

Außerdem soll auf der Erwerberseite jetzt nachgehakt werden, ob es sich um ein staatlich kontrolliertes oder stark sub-
ventioniertes Unternehmen handelt – auch das dient natürlich
als Breitseite gegen China, denn aus keinem anderen Land der
Welt machen sich so viele «volkseigene Betriebe» ins Ausland
auf wie von dort. Liest man die Listen der gefährdeten Branchen, die Berlin und Brüssel zusammengestellt haben, dann
decken sich diese in großen Teilen mit den Zielsektoren der
Made-in-China-Initiative des Staatsrats in Peking. Europa und
Deutschland wollen vor allem die «kritische Infrastruktur»
schützen, darunter fallen Energie, Gesundheit, IT und Telekommunikation, Transport und Verkehr, Medien und Kultur,
Wasser, Finanz- und Versicherungswesen, Ernährung, Staat
und Verwaltung. Ebenfalls größere Aufmerksamkeit erhalten
künftig zum Verkauf stehende Hersteller von Kraft- und Luftfahrzeugen, Werkstoffen, Ressourcen, Optoelektronik, Künstlicher Intelligenz, Cybersicherheit, Robotern, additiver Fertigung, integrierten Schaltungen und einige mehr.

Wohlgemerkt: Diese Geschäftszweige sind für ausländische
Erwerber nicht etwa gesperrt, auch muss man bei ihnen keine
Zwangs-Joint-Ventures eingehen, wie das in China oft noch
der Fall ist. Aber künftig gelten hier strengere Melde-, Offen-
legungs- und Prüfverfahren, die in Einzelfällen auch abschlägig
beschieden werden können, so dass der Deal dann platzt und
die (chinesischen) Investoren in die Röhre gucken. Der Westen
hat gewissermaßen die Zugbrücken hochgezogen und erwartet,
dass die Gäste erst einmal anklopfen und sich zu erkennen geben, bevor man sie einlässt. Diese Transparenz und die Auflagen zu gewissen sensiblen Branchen sind in anderen Ländern
längst üblich, in China allemal, wo es viele solcher «Negativlisten» gibt, und sie stehen auch im Einklang mit der Welthandelsorganisation WTO, der die Volksrepublik seit genau
20 Jahren angehört.

Chinas Triumphzug geht seinen eigenen Weg

In dieser kurzen Zeit seit 2001 ist China zur zweitgrößten Volkswirtschaft hinter den USA aufgestiegen und wird sie in wenigen
Jahren überholen. Recht besehen hat sie das längst, denn die
zum Vergleich herangezogenen Dollarwerte im Bruttoinlandsprodukt sind in Asien viel mehr wert als in Amerika. Bereinigt
um diese Kaufkrafteffekte, ist die Volksrepublik jetzt schon an
jenem Platz angelangt, der ihr von der Bevölkerungsstärke her
natürlicherweise zusteht: Sie ist die führende Wirtschaftsmacht
auf der Erde. So gerechnet, rangiert übrigens Indien an dritter
Stelle mit weitem Abstand vor Japan und Deutschland. Pro
Kopf bleibt von Chinas Spitzenstellung wenig übrig, da muss
sich das Riesenreich mit Position einhundert zufriedengegeben.

Aber zum einen liegt es damit immerhin über dem Weltdurchschnitt, was früher nie der Fall war. Es sticht bereits einige arme europäische und eurasische Länder aus, Georgien
und die Ukraine zum Beispiel oder Moldau, Bosnien und Albanien. Zum anderen bedeutet ein geringes Durchschnittseinkommen, dass der fernöstliche Hunger noch lange nicht gestillt
ist, dass China nicht ruhen wird, bis es zu den wohlhabenden
Industriestaaten aufgestiegen ist. Neuen Berechnungen zufolge
wird es im kommenden Jahr 2023 innerhalb der Weltbank-
Systematik schon einen Etappensieg erringen: Dann ist China
nicht länger ein Land mit «mittlerem», sondern mit «hohem
Einkommen». Diese Schwelle gilt ab einem Durchschnittswert
von rund 12 500 Dollar im Jahr. Als China seine Öffnungspolitik vor gerade einmal 45 Jahren begann, waren es 150 Dollar.

Es hat lange gedauert, bis der Westen erkannt hat, dass
China auf seinem Triumphzug einen eigenen Weg geht. Es
formt sich die beste aller Welten, indem es vom Kapitalismus
profitiert, vom offenen Welthandel, vom freien Zugang zu Rohstoffen, Wissen, klugen Köpfen und von seinen vielen Wettbe-

werbsvorteilen, etwa den noch immer niedrigen Arbeits- und Energiekosten. Gleichzeitig aber dirigieren und dominieren die Behörden und die Kommunistische Partei das Wirtschaftsgeschehen durch Entwicklungspläne, Gesetzgebung und Verordnungen, durch Staatsbetriebe und Zwangsbeteiligung, durch die Regierungsbanken und Devisenkontrollen, nicht zuletzt durch die einflussreichen Parteizellen in allen größeren Betrieben. Für ausländische Investoren bleibt das große Reich ein nur halb geöffneter Markt, doch angesichts dessen Größe und schnellen Wachstums hat das den westlichen Unternehmen und ihren Regierungen lange gereicht. Die «dosierten» Freiheiten für Geschäftemacher in China waren und sind allemal besser als keine Freiheiten.

Nach 20 Jahren WTO-Zugehörigkeit, nach fast zehn Jahren Neue Seidenstraße und Made-in-China-Initiative ist auch den demokratischen Industriestaaten klar: Das System China funktioniert. Es funktioniert gut, und es ist eben genau das: ein System, ein zwar veränderliches, aber in sich kohärentes politökonomisches Konstrukt mit Regeln, Prämissen und Werten, die sich von den westlichen unterscheiden. Washington, Brüssel und Berlin haben mit ihren Reaktionen in jüngster Zeit gezeigt, dass sie diese Systemkonkurrenz erkennen, ernstnehmen und sich ihr stellen. Das ist wichtig und richtig, weil es bedeutet, dem Irrglauben abzuschwören, Peking werde schon irgendwann auf den «korrekten» Pfad einschwenken: den einer aufgeklärten Bürgergesellschaft in einem demokratischen Rechtsstaat mit offener Wirtschaft.

Auf das «Ende der Geschichte», die Vorstellung, dass sich das westliche Modell von allein durchsetzen werde, weil sich wirtschaftliche und politische Freiheit nicht voneinander trennen ließen, wird man in China vergeblich warten. 100 Jahre nach Gründung der Kommunistischen Partei und 70 Jahre nach Ausrufung der Volksrepublik muss man das «Prinzip China» nicht mögen, im Gegenteil: seine Auswüchse und Übergriffe gilt es zu verurteilen und notfalls zu sanktionieren. Aber die Struktur wird bleiben, ihre Repräsentanten sitzen fest im Sattel, und deshalb man muss sich mit China arrangieren, weil man es nicht ignorieren kann. Es wäre gut, sich daran zu erinnern, dass erst die vergleichsweise unkonditionierte Aufnahme Chinas in die Weltwirtschaft diesen schwierigen Akteur so stark gemacht hat, wie er heute ist. Seine Bedeutung ist nicht vom Himmel gefallen, gewissermaßen hat sich der Westen diesen Golem selbst geschaffen, der jetzt so viele dunkle Schatten wirft.

Nicht mit gleicher Münze zurückzahlen

Diese Mitverantwortung für Chinas Wachstum ändert nichts daran, dass man mit dem kraftstrotzenden und noch immer so unbekannten Gebilde wird umgehen müssen. Die Investitionskontrollen sind ein Anfang, aber ein riskanter. Sie vergrößern den bürokratischen Aufwand und sind ein Rückschritt für die Offenheit der westlichen Wirtschaftsordnung. Dem Staat werden immer größere Eingriffsrechte zugestanden, er prüft nicht nur mehr, sondern kann in die beteiligten Unternehmen auch tiefer eindringen und Transaktionen schneller untersagen. Die den Änderungen vorangegangenen Überlegungen zu einer «Industriestrategie 2030» haben illustriert, dass es von verschärften Übernahmeregeln nur ein kleiner Schritt ist zu einer direkten Staatsbeteiligung, dass also gewissermaßen die Bundesregierung einen Betrieb übernimmt, der sonst an die chinesische Führung beziehungsweise an einer ihrer Konzerne gegangen wäre. Beides ist für private Unternehmen nicht wünschenswert.

Auf ähnlich riskante Weise mit dem Feuer spielte der damalige Bundeswirtschaftsminister Peter Altmaier (CDU), als er die

Bildung nationaler und europäischer «Champions» anregte. Er meinte damit großangelegte Konzernverschmelzungen wie die zwischen den Eisenbahnsparten von Siemens aus Deutschland und Alstom aus Frankreich, um mit breiterer Brust der Konkurrenz aus China entgegentreten zu können. Dafür hätten das europäische Wettbewerbsrecht und die Fusionskontrolle gelockert werden müssen, ein abschreckender Gedanke vor allem für den Mittelstand. Dazu kam es nicht, weil Brüssel die Gedankenspiele aus Berlin und Paris zum Glück durchkreuzte. Doch die Fantasien von Verstaatlichung, stärkerer industriepolitischer Steuerung und Zurückdrängung des Rechts wiesen und weisen in eine bedenkliche Richtung: dass man im Angesicht der chinesischen Bedrohung vergleichbare Geschütze auffahren müsse wie die Asiaten. Damit aber verließe Europa genau jene Standards und ordnungspolitischen Grundfesten, die es eigentlich verteidigen will.

Das abschreckende und letztlich gescheiterte Beispiel aus Donald Trumps USA hat gezeigt, dass eine Marktwirtschaft westlicher Prägung mit öffentlicher Lenkung, Protektionismus und Renationalisierung nicht weit kommt, schon gar nicht ein derart auf Außenhandel und freie Kapitalflüsse angewiesenes Gemeinwesen wie Deutschland. Die Investitionsprüfung hat da ihre Berechtigung, wo sie in begrenzten, genau definierten Bahnen die öffentliche Sicherheit und Ordnung schützt, aber sie darf nicht das Ende der ökonomischen «Willkommenskultur» einläuten, von der Deutschland und Europa in besonderem Maße abhängen, die sie auch ideologisch propagieren und zu Recht den unfreien Blöcken wie China entgegenhalten.

Die Herausforderungen aus dem Fernen Osten dürfen nicht dazu führen, dass wir uns auf dessen Spielregeln einlassen. Erstens beherrschen die Chinesen diese viel besser. Zweitens hat erst das egalitäre und partizipatorisch-pluralistische Prinzip mit seinem Sozialwesen, der Rechtssicherheit sowie der Trennung von Wirtschaft, Politik und Gesellschaft Europa jenen

Wohlstand und jene Kreativität gebracht, die bis heute seine Attraktivität ausmachen. Und zwar für die Europäer selbst, aber auch für viele andere Weltgegenden. Es ist entlarvend, dass rivalisierende Ordnungsmodelle wie das russische, islamische oder eben auch das chinesische mitunter als ebenbürtig oder gar überlegen bezeichnet werden, zuweilen auch von Freunden dieser Regime im Westen, dass diese Länder aber keinerlei Anziehungskraft für Drittstaaten entwickeln. Niemand strebt als Flüchtling oder Arbeitsmigrant nach Peking, Moskau oder Ankara, niemand will dort ein neues Leben beginnen, sucht eine bessere Zukunft für seine Familie, beantragt eine Greencard, will Teil der Gastgebergesellschaft werden.

Wie also reagieren auf Chinas Geltungsdrang, ohne die eigenen Überzeugungen über Bord zu werfen? Die oben genannte staatliche Bewertung und potentielle Untersagung von Übernahmen ist selbst dann, wenn sie richtig praktiziert wird, immer nur ein Defensivinstrument. Sie wird nicht ausreichen, um China wirksam in die Schranken zu weisen. Hinzutreten müssen offensive Antworten. Eine davon ist die doppelte Seidenstraße der USA und der EU, die tatsächlich das Zeug hat, in Weltgegenden zu überzeugen, die zwischen Ost und West schwanken. Es ist dringend erforderlich, dass Washington und Brüssel ihre Anstrengungen möglichst schnell koordinieren, bestenfalls eine gemeinsame Organisation aufsetzen und die auf amerikanischer Seite noch sehr unspezifische Finanzierung festzurren.

In einem nach Trumps Abgang möglich gewordenen neuen transatlantischen Schulterschluss, der auch Großbritannien einschließen muss, liegen große Chancen, um China politisch und wirtschaftlich entgegenzutreten. Das schießt die mögliche Wiederbelebung eines transatlantischen Freihandelsabkommens ein und die Stärkung anderer multinationaler Kooperationen. So könnte die Drei-Meere-Initiative der osteuropäischen EU-Staaten und Österreichs dadurch neue Bedeutung erlangen, dass immer mehr Länder der Region dem chinesisch dominierten «16+1»-Format enttäuscht den Rücken zuwenden. Die Amerikaner stärken das Bündnis seit 2017, drei Jahre später sagten sie ihm eine Finanzspritze von einer Milliarde Dollar zu. Die Unterstützung hat auch damit zu tun, dass die Mitglieder sich für den Ausbau von Terminals für Flüssiggas aus den USA starkmachen und eine skeptische Haltung gegenüber der neuen Ostseegaspipeline Nord Stream 2 zwischen Russland und Deutschland einnehmen.

Damit ist die nächste Aufgabe für eine Neupositionierung der EU im Wettstreit mit China benannt: Sie muss geschlossener auftreten. Der Zwist um die Pipeline ist nur einer von vielen innereuropäischen Konflikten, sie alle verbindet, dass sich die neuen Mitgliedsstaaten von den alten nicht ausreichend respektiert und in ihren Befürchtungen zu wenig ernstgenommen sehen. Auf ganz ähnliche Weise fühlen sich die Beitrittskandidaten auf dem Westbalkan hingehalten und letztlich in die Arme anderer Großmächte gedrängt. Brüssel und die westlichen EU-Staaten sollten mit größerer Aufnahme- und Kooperationsbereitschaft auf die Region als Ganze zugehen, was möglicherweise in eine integrierte «Strategie Ostmittel- und Südosteuropa» münden könnte. Der natürliche Kandidat, um dieses neue Schwerpunktprogramm zu koordinieren, wäre Österreich. Dies auch deshalb, weil der Alpenstaat nicht Mitglied der NATO und deshalb in Russland vergleichsweise unverdächtig ist. Moskau informiert zu halten, ohne es direkt zu involvieren, gehört zu einer der schwierigsten diplomatischen Aufgaben für jede Form der EU-Politik Richtung Osten. Beim Versuch, die richtige Balance zu finden, sollte Wien eine größere Rolle spielen.

Abwehr reicht nicht, Europa selbst muss fitter werden

Schließlich ist es in Fragen der aktiven, offensiven Chinapolitik für die EU entscheidend, das mit Peking vereinbarte Investitionsabkommen endlich in Kraft zu setzen, möglichst schon vor dem Jahr 2023. Der Vertrag hat wie jedes Kompromisspapier viele Schwächen, doch falls er sich wirklich durchsetzen lässt, wird manches einfacher für europäische Investoren im Reich der Mitte. Bisher verschlossene Sektoren sollen künftig für sie geöffnet werden, etwa in der Finanzindustrie und in anderen Dienstleistungen. Im verarbeitenden Gewerbe fallen Joint-Venture-Vorschriften weg, erzwungener Technologietransfer wird verboten, die Rechtssicherheit will man stärken, zudem sollen die Ausländer an der Normensetzung beteiligt werden. Möglicherweise sind diese Aussichten zu schön, um wahr zu sein, doch es gilt, sie auszutesten, weshalb das Vertragswerk so schnell wie möglich ratifiziert und implementiert gehört.

Innerhalb seiner eigenen Grenzen ist es für Europa im Wettbewerb mit anderen Weltgegenden essentiell, schlagkräftiger und moderner zu werden, das heißt agiler, digitaler und gebildeter. Zur Agilität gehört ein großes Entschlackungsprogramm für all das, was innovatives und wirtschaftliches Fortkommen bisher erschwert, seien es Bürokratismus, zu lange Planungen und Genehmigungen, aber auch zu hohe Steuern und Abgaben sowie überbordende Sozial- und Arbeitsstandards. In der Ertüchtigung des Digitalwesens und der Bildung ist zu wünschen und zu fordern, dass die zur Bekämpfung der Pandemie und des Klimawandels bereitgestellten Milliardenbeträge in die richtigen Kanäle fließen, etwa in den Breitband- und Mobilfunkausbau, in Schulen, aber auch in Spitzenuniversitäten und Forschungseinrichtungen.

Die technische und soziale Infrastruktur bereitzustellen, faire Wirtschaftsbedingungen zu schaffen und Innovationsanreize zu setzen, das sind staatliche Aufgaben. Aus den Märkten selbst und aus den Betrieben sollte sich die öffentliche Hand jedoch heraushalten, Interventionismus ist auch dann der falsche Weg, wenn ihn Konkurrenten wie China beschreiten. Beides führt in die Irre: die zweifelhaften Geschäftsgebaren aus Fernost zu kopieren oder sich einzukapseln, wie es die USA unter Trump versucht haben. Das Modell von demokratischer Offenheit und sozialer Marktwirtschaft ist nach wie vor richtig für Deutschland und Europa, es muss aber auf die genannte Weise an die neue Zeit angepasst, «upgegradet» werden. Die Kunst wird in dreierlei bestehen: die EU in ihren Kerninteressen zu schützen und zugleich wettbewerbsfähiger zu machen, die westliche Einigkeit zu stärken – mit Amerika und auch innerhalb Europas – und schließlich in und mit China faire Wettbewerbsbedingungen durchzusetzen.

Die Chancen sind deshalb nicht schlecht, weil Peking selbst erkannt hat, dass es umsteuern muss. Nicht in Fragen von Rechtsstaat und Demokratie, wohl aber in der Wirtschaftspolitik. Auch außerhalb der Corona-Zeit dürfte das Bruttoinlandsprodukt nicht mehr so stark zulegen wie früher. Man strebt ein qualitativ höherwertiges Wachstum an, das sich stärker auf den Binnenkonsum und auf Innovationen stützen soll als auf den Export und die Investitionen in Beton und Stahl. Die Devise der jüngsten Politikvorgaben von Partei und Regierung lautet, nach den Corona- und Konjunkturschocks für mehr Stabilität zu sorgen. In dieser Situation kann sich die Führung langanhaltende Auseinandersetzungen mit ihrem wichtigsten Handelspartner, der EU, nicht erlauben. Und sie braucht das Ausland dringend für die gewünschte ökonomische Neuorientierung und technologische Ertüchtigung. Wenige Jahre vor dem ersten Stichdatum sind die Zielbranchen der Initiative «Made in China 2025» für die Stand- und Zukunftsfestigkeit der neuen Supermacht wichtiger denn je.

Das verschafft Europa eine gute Verhandlungsposition. Diese

wird noch dadurch gestärkt, dass das Verhältnis zwischen den USA und China dauerhaft erschüttert erscheint. In der Ära Trump ist Peking näher an die EU und an andere Regionen herangerückt, um die realen oder erwarteten Ausfälle im Amerikageschäft zu kompensieren. Es sieht nicht so aus, als würde sich unter Joe Biden an der grundsätzlichen transpazifischen Skepsis und dem zunehmenden Abrücken voneinander etwas ändern. Biden dürfte nicht erfreut darüber sein, wenn Europa allzu bereitwillig in diese Bresche springt, hier ist in Brüssel diplomatisches Fingerspitzengefühl gefragt. Aber es ist unwahrscheinlich, dass der Präsident Unternehmer und Nationen mit Sanktionen und Bannflüchen belegt, wie es sein Vorgänger getan hat. Insofern ergibt sich für die Europäische Union die seltene Gelegenheit, aus einer Position der Stärke heraus mit Peking zu verhandeln. Da China in größeren Maße als bisher auf die Partnerschaft angewiesen ist, kann Europa die Bedingungen in der Ferne zumindest in Teilen mitgestalten.

Die fernöstliche Wirtschaft wird der westlichen Welt ihren Stempel aufdrücken, dieser Trend der Sinisierung ist nicht aufzuhalten. Aber wenn wir uns zusammenraufen und die richtigen Schlüsse ziehen, können wir die Entwicklung in unserem Sinne steuern. Im besten Falle wird dann nicht nur Europa immer chinesischer, sondern auch China immer europäischer.

WEITERFÜHRENDE LITERATUR

Ang, Yuen Yuen: How China Escaped the Poverty Trap, 2022

Aust, Stefan /Adrian Geiges: Xi Jinping – der mächtigste Mann der Welt, 2021

Behrens, Uwe: Der Umbau der Welt – Wohin führt die Neue Seidenstraße?, 2022

Behrens, Uwe: Feindbild China – Was wir alles nicht über die Volksrepublik wissen, 2021

Baron, Stefan / Guangyan Yin-Baron: Die Chinesen – Psychogramm einer Weltmacht, 2019

Blanchard, Jean-Marc F. (Hg.): China's Maritime Silk Road Initiative and Southeast Asia – Dilemmas, Doubts, and Determination 2020

Brown, Kerry: China's World – The Foreign Policy of the World's Newest Superpower, 2021

Bu, Yuanshi (Hg.): Chinesische Outbound-Investitionen in Deutschland – Rechtlicher Rahmen, Fälle und Analysen, 2015

Caplan, Martin: The Masterplan With Chinese Characteristics – China's Neo-Imperial Strategy And The End of America's Illusions, 2021

Cardenal, Juan Pablo / Heriberto Araújo: Freundliche Übernahme – Chinas Griff nach Europa, 2017

Cardenal, Juan Pablo / Heriberto Araújo: Der große Beutezug – Chinas stille Armee erobert den Westen, 2014

Carr, Earl A. (Hg.): From Trump to Biden and Beyond – Reimagining US–China Relations, 2021

Chhabra, Tarun (Hg.): Global China – Assessing China's Growing Role in the World, 2021

Chiu, Joanna: China Unbound: A New World Disorder, 2021

Clifford, Paul G.: The China Paradox – At the Front Line of Economic Transformation, 2021

Dietel, Wieland: China auf dem Weg zur Weltmacht, 2021

Darimont, Barbara: Wirtschaftspolitik der Volksrepublik China, 2020

Dollar, David / Yiping Huang / Yang Yao: China 2049 – Economic Challenges of a Rising Global Power, 2020

Drache, Daniel / A T Kingsmith, A. T. / Duan Qi: One Road, Many Dreams – China's Bold Plan to Remake the Global Economy.

Dychtwald, Zak: Young China – Wie eine neue chinesische Generation ihr Land und die ganze Welt verändert, 2021

Economy, Elizabeth C.: The World According to China, 2021

Elsner, Wolfram: Die Zeitenwende – China, USA und Europa «nach Corona», 2021

Elsner, Wolfram: Das chinesische Jahrhundert – Die neue Nummer eins ist anders, 2021

Fannin, Rebecca: Tech Titans of China – How China's Tech Sector is Challenging the World by Innovating Faster, Working Harder & Going Global, 2019

Fenby, Jonathan: Will China Dominate the 21st Century?, 2017

Fitzthum, Robert: Erfolgreiches China – Die Fakten zur Befreiung aus der Armut, zur grünen Umgestaltung und zu menschengerechten Städten der Zukunft, 2021

Fleischer, Jürgen (Hg.): Made in China 2025 – Erfolgsrezepte für deutsche Unternehmen, 2017

Fouskas, Vassilis et al.: China & the USA – Globalisation and the Decline of America's Supremacy, 2020

Frankopan, Peter: Die neuen Seidenstraßen – Gegenwart und Zukunft unserer Welt, 2020

Freymann, Eyck: One Belt One Road – Chinese Power Meets the World, 2020

Gassmann, Tabitha: China – die neue Supermacht? Folgen für Deutschland, Europa und die Welt, 2020

Geinitz, Christian: Chinas verborgene Schätze – Wie wir am nächsten Aufschwung mitverdienen, 2013

Graewe, Daniel: Deutsch-chinesische M&A Transaktionen im Mittelstand – Rahmenbedingungen, Erfolgsfaktoren, Umsetzung, 2020

Griffith, Richard T.: Revitalising the Silk Road – China's Belt and Road Initiative, 2017

Griffith, Richard T.: The Maritime Silk Road – China's Belt and Road at Sea, 2020

Goldman, David P.: You Will Be Assimilated – China's Plan to Sinoform the World, 2020

Grzanna, Marcel: Eine Gesellschaft in Unfreiheit – Ein Insiderbericht aus China, dem größten Überwachungsstaat der Welt, 2020

Hamilton, Clive / Mareike Ohlberg: Die lautlose Eroberung – Wie China westliche Demokratien unterwandert und die Welt neu ordnet, 2020

Hartmann, Wolf D. / Wolfang Maennig / Run Wang: Chinas neue Seidenstraße – Kooperation statt Isolation, 2017

Hartmann, Wolf D.: Im Bann des Drachens – Das westliche Ringen mit dem Aufstieg Chinas, 2018

Hannas, William C.: China's Quest for Foreign Technology – Beyond Espionage, 2020

Hausstein, Alexandra (Hg.): Industrie 4.0 / Made in China 2025 – Gesellschaftswissenschaftliche Perspektiven auf Digitalisierung in Deutschland und China, 2018

Hernig, Markus: Die Renaissance der Seidenstraße – Der Weg des chinesischen Drachens ins Herz Europas, 2018

Hillman, Jonathan E.: The Digital Silk Road – China's Quest to Wire the World and Win the Future, 2021

Hillman, Jonathan E.: Emperor's New Road – China and the Project of the Century, 2020

Hirn, Wolfgang: Chinas Bosse – Unsere unbekannten Konkurrenten, 2018

Holslag, Jonathan: The Silk Road Trap – How China's Trade Ambitions Challenge Europe, 2019

Horesh, Niv: An East Asian Challenge to Western Neoliberalism – Critical Perspectives on the ‹China Model›, 2019

Hüther, Dominik: Chinesische Beteiligungen an deutschen Unternehmen – Risiken und Chancen für den Industriestandort Deutschland, 2019

Khanna, Parag: Unsere asiatische Zukunft, 2019.

Kishore, Mahbubani: Hat China schon gewonnen? Chinas Aufstieg zur neuen Supermacht, 2021

Kneissl, Karin: Wachablöse – Auf dem Weg in eine chinesische Weltordnung, 2017

Kolodko, Grzegorz: China and the Future of Globalization – The Political Economy of China's Rise, 2020

Krastev, Ivan: Das Licht, das erlosch – Eine Abrechnung, 2021

Kroeber, Arthur R.: China's Economy – What Everyone Needs to Know, 2020

Kronauer, Jörg: Der Rivale – Chinas Aufstieg zur Weltmacht und die Gegenwehr des Westens, 2019

Kühnert, Stefan: Der digitale Wettlauf – USA, EU, China und die übrige Welt, 2022

Lardy, Nicholas R.: The State Strikes Back – The End of Economic Reform in China?, 2019

Le Corre, Philippe / Alain Sepulchre: China's Offensive in Europe, 2016

Lee, Felix: Macht und Moderne – Chinas großer Reformer Deng Xiaoping, 2014

Lee, Kai-Fu: AI-Superpowers – China, Silicon Valley und die neue Weltordnung, 2019

Leitl, Christoph: China am Ziel! Europa am Ende?, 2020

Leonard, Mark: The Age of Unpeace – How Connectivity Causes Conflict, 2022

Liu, Wei et al. (Hg.): China's Belt and Road Initiatives – Economic Geography Reformation, 2019

Loitsch, Tobias (Hg.): China im Blickpunkt des 21. Jahrhunderts – Impulsgeber für Wirtschaft, Wissenschaft und Gesellschaft, 2019

Ma, Winston: The Digital War – How China's Tech Power Shapes the Future of AI, Blockchain and Cyberspace, 2021

Maçães, Bruno: Belt and Road – A Chinese World Order, 2020

Magnus, George: Red Flags – Why Xi's China Is in Jeopardy, 2019

Mattheis, Philipp: Ein Volk verschwindet – Wie wir China beim Völkermord an den Uiguren zuschauen, 2022

McMahon, Dinny: China's Great Wall of Debt – Shadow Banks, Ghost Cities, Massive Loans, and the End of the Chinese Miracle, 2018

Michopoulos, Alexander: Der deutsche Mittelstand und die strategischen Übernahmen durch chinesische Konzerne – Über die «Made in China 2025»-Strategie der chinesischen Regierung, 2019

Miller, Tom: China's Asian Dream – Empire Building along the New Silk Road, 2019

Müller, Markus Hans-Peter / Jonas Polfuß: Deutschland und China zwischen Kooperation und Konkurrenz – Eine vergleichende Analyse der Sozialen und Sozialistischen Marktwirtschaft, 2021

Naisbitt, Doris / John Naisbitt / Laurence Brahm: Im Sog der Seidenstraße – Chinas Weg in eine neue Weltwirtschaft, 2019

Nanto, Dick K.: China's Dance with the Foreign Devils – Foreign Companies and the Industrial Development of China, 2016

Naughton, Barry: The Rise of China's Industrial Policy, 1978 to 2020, 2021

Naß, Matthias: Drachentanz: Chinas Aufstieg zur Weltmacht und was er für uns bedeutet, 2021

Notan, Peter: Is China Buying the World, 2013

Nylander, Johan: The Epic Split – Why ‹Made in China› is going out of style, 2020

Orlik, Thomas: China – The Bubble that Never Pops, 2020

Pelso, Jonathan: Wireless Wars – China's Dangerous Domination of 5G and How We're Fighting Back, 2021

Pillsbury, Michael: The Hundred-Year Marathon – China's Secret Strategy to Replace America as the Global Superpower, 2015

Pily, Karl: Asia 2030: Was der globalen Wirtschaft blüht, 2018

Reichart, Thomas: Das Feuer des Drachen – Was Chinesen antreibt, wo sie dominieren und warum sie über uns lachen, 2020

Riemensperger, Frank / Svenja Falk: Neues wagen – Deutschlands digitale Zukunft zwischen den USA und China, 2020

Reilly, James: Orchestration – China's Economic Statecraft Across Asia and Europe, 2021

Rein, Shaun: The End of Copycat China – The Rise of Creativity, Innovation, and Individualism in Asia, 2015

Riecke, Torsten: Europas Stunde – Der Kampf der großen Mächte und die Renaissance eines unterschätzten Kontinents, 2020

Roberts, Godfree P.: Why China Leads the World – Talent at the Top, Data in the Middle, Democracy at the Bottom, 2020

Rupold, Hermann: Supermacht China – Die chinesische Weltmacht aus Asien verstehen, 2020

Scherrer, Christoph: America Second?: Die USA, China und der Weltmarkt, 2021

Scheuer, Stephan: Der Masterplan – Chinas Weg zur Hightech-Weltherrschaft, 2018

Schuman, Michael: Die ewige Supermacht – Eine chinesische Weltgeschichte, 2021

Schuster, Michael: Chinese Evergrande Crisis – How China Could CRASH the Global Economy in 2022, 2021

Shambaugh, David: China's Leaders – From Mao to Now, 2021

Shambaugh, David: China Goes Global – The Partial Power, 2014

Shepard, Wade: On the New Silk Road – Journeying through China's Artery of Power, 2022

Sieren, Frank: Zukunft? China! Wie die neue Supermacht unser Leben, unsere Politik, unsere Wirtschaft verändert, 2020

Simo, Hermann: Hidden Champions – Die neuen Spielregeln im chinesischen Jahrhundert, 2021

Smith, Richard: China's Engine of Environmental Collapse, 2020

Sodian, Angelika: Im Jahr des Tigers – Warum es noch nicht zu spät ist, von China zu lernen, 2020

Sommer, Theo: China First – Die Welt auf dem Weg ins chinesische Jahrhundert, 2019

Stefanov, Alexandra / Claudia Bünte / Till-Hendrik Schubert: Digitalisierung Made in China – Wie China mit KI und Co. Wirtschaft, Handel und Marketing transformiert, 2021

Strittmatter, Kai: Die Neuerfindung der Diktatur – Wie China den digitalen Überwachungsstaat aufbaut und uns damit herausfordert, 2020

Tse, Edward: China's Disruptors – How Alibaba, Xiaomi, Tencent, and Other Companies are Changing the Rules of Business, 2016

Turrin, Richard: Cashless – China's Digital Currency Revolution, 2021

Wagner, Daniel: The Chinese Vortex – The Belt and Road Initiative and its Impact on the World, 2020

Weber, Isabella: How China Escaped Shock Therapy – The Market Reform Debate, 2021

Wilcox, Philip: The Future is Autonomous – The U.S. and China Race to Develop the Driverless Car, 2020

Winter, Martin: Chinas Aufstieg, Europas Ohnmacht – Das große Spiel um unsere Zukunft, 2021

Wolf, Siegfried: The China-Pakistan Economic Corridor of the Belt and Road Initiative – Concept, Context, and Assessment, 2020

Yang, Jan Y. / Lei Chen / Zheng Tang: Chinese M&As in Germany – An Integration Oriented and Value Enhancing Story, 2018

Zhu, Tian: Catching Up to America – Culture, Institutions, and the Rise of China, 2021

Das Verzeichnis führt nur Monographien und Sammelbände auf.

Einige Teile dieses Buches sind schon in der F.A.Z., F.A.S. oder auf FAZ.NET erschienen.

Dank

Ich danke meiner Familie herzlich für ihre liebevolle Unterstützung, insbesondere meiner Frau Cordula, die mir stets den Rücken freigehalten hat.

Danke auch an den Verlag C.H.Beck für den Auftrag zu diesem Buch, namentlich an Matthias Hansl vom Lektorat, der gut daran tat, nicht locker zu lassen.

China bei C.H.Beck

Daniel Leese
Maos langer Schatten
Chinas Umgang mit der Vergangenheit
2020. 606 Seiten mit 25 Abbildungen und 1 Karte. Gebunden

Matthias Naß
Drachentanz
Chinas Aufstieg zur Weltmacht und was er für uns bedeutet
2. Auflage. 2022. 320 Seiten mit 20 Abbildungen und 2 Karten.
Gebunden

Klaus Mühlhahn
Historische Bibliothek der Gerda Henkel Stiftung
Geschichte des modernen China
Von der Qing-Dynastie bis zur Gegenwart
2. Auflage. 760 Seiten mit 34 Abbildungen und 25 Karten. Leinen

Thomas O. Höllmann
Historische Bibliothek der Gerda Henkel Stiftung
China und die Seidenstraße
Kultur und Geschichte von der frühen Kaiserzeit bis zur Gegenwart
464 Seiten mit 80 farbigen Abbildungen auf Tafeln. Leinen

Theo Sommer
China First
Die Welt auf dem Weg ins chinesische Jahrhundert
2. Auflage. 496 Seiten mit 12 Abbildungen, 6 Grafiken und 8 Karten.
Broschiert
Beck Paperback Band 6405

Helwig Schmidt-Glintzer
Das neue China
Vom Untergang des Kaiserreichs bis zur Gegenwart
6., überarbeitete Auflage. 2014. 127 Seiten mit 3 Karten. Broschiert
C.H.Beck Wissen in der Beck'schen Reihe Band 2126